Höfe, Bauern, Hungerjahre

Gisbert Strotdrees

Höfe, Bauern, Hungerjahre

Aus der Geschichte der westfälischen Landwirtschaft 1890–1950

Landwirtschaftsverlag GmbH
Münster-Hiltrup

Titelbild: Peter August Böckstiegel (1889–1951)
„Meine Eltern bei der Kornernte vorm Haus“ 1921, Öl/Leinwand.

Landwirtschaftsverlag GmbH, 48084 Münster

3. Auflage

Gesamtherstellung: LV Druck im Landwirtschaftsverlag GmbH

Gedruckt auf chlorfrei gebleichtem Papier

Printed in Germany

ISBN 3-7843-2731-1

Inhalt

Vorwort

Der vorliegende Band widmet sich der Geschichte der Bauern und der Landwirtschaft Westfalens in der ersten Hälfte des 20. Jahrhunderts. Er schließt damit an den zweibändigen „Bilderbogen der westfälischen Bauerngeschichte“ an, in dem Hermine von Hagen und Hans-Joachim Behr die Entwicklung der westfälischen Landwirtschaft von den Anfängen bis zum ausgehenden 19. Jahrhundert darstellten.

Hier nun steht eine in jeder Hinsicht wechselvolle Periode deutscher und westfälischer Geschichte im Mittelpunkt: die Zeit vom Aufschwung der Landwirtschaft im ausgehenden Kaiserreich bis hin zu den Not- und Hungerjahren der „Zusammenbruchgesellschaft“ nach 1945.

Nie zuvor haben politische und wirtschaftliche Entwicklungen den Alltag der Menschen so unmittelbar und direkt geprägt wie gerade in dieser Zeit. Wie war das beispielsweise im „Steckrübenwinter“ des Ersten Weltkrieges, als bitter hungernde Städter bettelnd über Land zogen, von Hof zu Hof? Wie erlebten die westfälischen Bäuerinnen und Bauern die Jahre zwischen Revolution und Inflation? Wie die Zeit der schweren Wirtschafts- und Agrarkrise? Wählten alle Bauern in Westfalen die Nazi-Partei? Profitierten sie von der Agrarpolitik des NS-Regimes, von Marktordnung und „Erzeugungsschlacht“? Der Zweite Weltkrieg und der Zusammenbruch, die Jahre des Hamsterns, Hungerns und des Kungelns auf dem Schwarzmarkt: Wie sah der Alltag der Bäuerinnen und Bauern aus?

Der vorliegende Band, aus einer Artikelserie im „Landwirtschaftlichen Wochenblatt Westfalen-Lippe“ entstanden, gibt Antworten auf diese Fragen. Hier kommen Zeitzeugen „von unten“ zu Wort – Bäuerinnen und Bauern, die noch aus eigenem Erleben berichten können.

Ihre Aussagen werden ergänzt durch Zitate aus privaten Tagebüchern, Briefen und amtlichen Dokumenten. Zahlreiche Quellen, an verstreuten Orten aufgespürt, werden hier erstmals veröffentlicht. Die mündlichen Berichte und die schriftlichen Quellen gewähren zusammengenommen einen Einblick in die historische Entwicklung der westfälischen Landwirtschaft.

Gisbert Strotdrees

Vom Agrar- zum Industriestaat (1890–1914)

Die Landwirtschaftskammer in Münster um 1910.

Die Preise fielen, die Junker protestierten

Kurz nach der Reichsgründung war es um die Aussichten in der Landwirtschaft nicht gerade zum besten bestellt. Seit etwa 1870 eroberte sich billiges Getreide aus Großbritannien, Rußland und sogar aus den USA einen sicheren Absatzmarkt im kaiserlichen Deutschland. Obwohl es von weither kam, war das importierte Getreide preisgünstiger als das inländische.

Die Einfuhren setzten die hiesigen Preise für Weizen und Roggen unter Druck. Die westfälischen Kornbauern, vor allem aber die preußischen Junker, die auf ihren riesigen Gutsbetrieben östlich der Elbe hauptsächlich Getreide anbauten, bekamen den Preisverfall deutlich zu spüren. Auf ihr Drängen führte die Reichsregierung des „Eisernen" Kanzlers Bismarck erstmals Schutzzölle ein. Ab 1880 mußten Importeure für jede Tonne eingeführten Getreides 10 Mark, wenige Jahre später sogar 50 Mark zahlen. Vor der ausländischen Konkurrenz waren die deutschen Getreidebauern nun abgeschirmt. Die Geburtsstunde der staatlichen Agrarprotektion hatte geschlagen.

Doch die Zölle hatten auch ihre Kehrseite: In Deutschland stiegen die Nahrungsmittelpreise für Verbraucher an. Außerdem stand zu befürchten, daß die USA und Großbritannien für Industriegüter, die aus Deutschland geliefert wurden, ebenfalls Einfuhrzölle erheben könnten.

Diese negativen Folgen erkannte Bismarcks Nachfolger, der Reichskanzler Leo von Caprivi. Als er 1891 neue Handelsverträge mit Österreich-Ungarn, Belgien und Italien abschloß, machte er sich bei den Bauern und Gutsbesitzern unbeliebt. In den Verträgen wagte er es nämlich, den Einfuhrzoll für Getreide zu senken.

Für die Verbraucher wurde das tägliche Brot nun wieder billiger. Der „Neue Kurs" Caprivis ermöglichte außerdem, daß die Ausfuhr deutscher Industriegüter allmählich wieder anstieg. Die gesamte Wirtschaft erholte sich von einer tiefen Depression. Deutschland rückte zur zweitstärksten Industriemacht der Welt auf.

Für die Landwirtschaft jedoch waren die Zeiten alles andere als rosig. Die Kornpreise schienen beinahe ins Bodenlose zu purzeln. Sie fielen nicht nur um 15 Mark pro Tonne – so hoch war die Zollsenkung Caprivis –, sondern um bald 100 Mark. Allein dem ungeliebten Kanzler war dies nicht anzulasten. Vielmehr war ein Weltmarkt entstanden, der das Getreide zu ungleich günstigeren Preisen anbot als die deutschen Getreidebauern.

Dennoch stand – zumindest für die ostelbischen Junker – der Hauptschuldige an dieser Misere eindeutig fest. Allein in Caprivis Zollpolitik sahen sie die Ursache des Preissturzes. Aus Empörung und Enttäuschung rief der schlesische Gutspächter Ruprecht-Ransern 1892 zum offenen Widerstand auf: „Ich schlage nichts mehr und nichts weniger vor, als daß wir ernstlich gegen die Regierung Front machen. Wir müssen aufhören zu klagen, wir müssen schreien! Aber wir müssen, damit unser Geschrei nicht auch wieder ungeachtet verhallt, gleichzeitig handeln. Nur dadurch, daß wir rücksichtslose und ungeschminkte Interessenpolitik treiben, kann vielleicht die Existenz der heutigen Landwirte gerettet werden! Darum müssen wir uns zu einer einzigen agrarischen Partei zusammenschließen."

Einen unerhört radikalen Ton hatte Ruprecht-Ransern da angeschlagen. Damals war es für viele Zeitgenossen auf dem Land schlicht unvorstellbar, gegen die Regierung in Berlin anzukämpfen. Wenig später war denn auch in einem Flugblatt zu lesen: „So mancher alte Landwirt wird den Kopf schütteln über den Vorschlag des jugendlichen Heißsporns . . ."

Der Aufruf fiel auf fruchtbaren Boden. Schon ein Jahr später, 1893, gründeten Ruprecht-Ransern und Freiherr von Wangenheim in Berlin den „Bund der Landwirte". Ihm traten innerhalb von zwei Jahren über 200000 Mitglieder bei. Unter ihnen waren viele Kleinbauern, und auch einige westfälische Getreidebauern waren vertreten.

Der „Bund der Landwirte" verstand sich als Vertreter der gesamten Landwirtschaft – vom kleinen Bauern bis zum Großgrundbesitzer. Es waren aber die adligen Junker, die den Ton angaben. Sie verfolgten angriffslustig und unnachgiebig ihre eigenen Interessen. In Westfalen konnte der „Bund der Landwirte" nicht so recht Fuß fassen. Seine Versuche, mit dem Westfälischen Bauernverein zusammenzuarbeiten, wurden mehrfach abgewiesen.

Überraschend schnell gewann der

„Bund der Landwirte“ allerdings in der Reichspolitik an Einfluß; zeitweilig war er sogar als Partei direkt im Reichstag vertreten. Durch seine antisemitische Propaganda, seine großdeutschen, imperialistischen Glaubensgrundsätze vergiftete er – wie neben ihm auch andere Verbände – die innenpolitische Atmosphäre im Kaiserreich nachhaltig.

Auf seinen mächtigen Druck hin entließ Kaiser Wilhelm II. schon 1894 den Reichskanzler Caprivi. Schließlich erreichte der „Bund der Landwirte“ 1902 sein wichtigstes Ziel: Reichskanzler Bernhard von Bülow hob die Getreidezölle von 35 auf 75 Mark pro Tonne an.

Der überschwappende Weltgetreidemarkt war damit eingedämmt, und die hochverschuldeten Gutsherren waren vor dem finanziellen Ruin bewahrt. Freilich stiegen auch die Verbraucherpreise. Ein Industriearbeiter mußte – nach vorsichtigen Schätzungen des Volkswirtschaftlers Lujo Brentano aus dem Jahr 1911 – jährlich 13 bis 18 Tage mehr arbeiten, um die neuen Zollbelastungen auszugleichen.

Doch es gab noch einen anderen Weg, die Agrarkrise zu überwinden. „Die Landwirte können sich“, so empfahl damals der Agrarwissenschaftler Esslen, „durch eine ‘ausweichende Anpassung’ helfen, das heißt durch Übergang von der vorwiegenden Erzeugung von Brotfrüchten zur Herstellung anderer Produkte: Fleisch, Milch, Butter, Käse, Handelsgewächse, Holz und anderes mehr, deren Preise unter dem Einfluß der auswärtigen Konkurrenz nicht in demselben Maße gelitten haben wie diejenigen des Getreides.“

Die westfälischen Bauern hatten sich schon seit Bismarcks Zeiten nicht allein auf die Zollschranken verlassen, sondern bereits von sich aus diesen Weg „ausweichender Anpassung“ beschritten. Das fiel ihnen um so leichter, als in ihrer unmittelbaren Nähe ein Absatzmarkt entstand, der nicht nur ihr Getreide, sondern auch all ihre anderen Produkte aufnahm – das Industrierevier an der Ruhr.

„Preußens wilder Westen“: Ein neuer Markt für Bauern

Franziska und Robert Powilke hatten in einem kleinen ostpreußischen Dorf gerade geheiratet. Nun bereiteten sie sich auf eine lange, beschwerliche Reise vor. Wohin es gehen sollte, vertraute die junge Ehefrau am 11. März 1869 ihrem Tagebuch an:

„Es ist mir eine Beruhigung, daß unsere Ziege Klärchen und die vier Legehühner jetzt mit in das ferne Gelsenkirchen fahren, wo mein Robert schon seine Arbeit auf der Kohlenzeche zugesprochen bekommen hat. Ich weiß ja nicht, was uns in dem Kohlengebiet erwartet, von dem man manches Gute hört vom Geldverdienen, aber auch manches, was einem Angst macht. Und ich werde ja auch ganze Tage allein sein, wenn Robert zur Zeche muß. Auf den Feldern vom Baron haben wir meistens zusammen gearbeitet, aber Frauen nehmen sie auf der Kohlenzeche ja nicht an. Da habe ich wenigstens Klärchen und die Hühner und ein bißchen Zuhause.“

So wie das junge Landarbeiter-Ehepaar zog es Hunderttausende aus den ostpreußischen Provinzen in den „wilden Westen“ Preußens. Die Großindustrie im Ruhrgebiet lockte mit Löhnen, die den ostelbischen Landarbeitern unermeßlich hoch erschienen. Die Menschen hofften, ihr karges, ländliches Leben unter der Knute der adligen Gutsherren gegen ein besseres Los im Industrierevier austauschen zu können.

Als das Ehepaar Powilke um 1870 aufbrach, waren im Ruhrgebiet bereits die ersten Keimzellen der Industrialisierung entstanden. Die Gegend aber war noch eher ländlich geprägt. Erst die folgenden vierzig Jahre veränderten das Gesicht der Region zwischen Ruhr, Emscher und Lippe.

Wo vor nicht allzu langer Zeit die Menschen hauptsächlich von Ackerbau, Viehzucht und Kleinhandwerk gelebt hatten, rotierten nun Zechenräder. Der Kohlebergbau, die Eisen- und Stahlverhüttung und bald auch die chemische Industrie waren die Motoren, die einen ungestümen industriellen Fortschritt antrieben. Hier gab es um 1880 erst 3100 Koksöfen, im Jahr 1913 aber waren es schon 18000; im gleichen Zeitraum stieg die Förderung von Steinkohle um das Fünffache, die Roheisenproduktion sogar um das Sechsfache an.

Die wachsenden Zechen und Stahlhütten warben allerorts um neue Arbeitskräfte. Vom Ruhrgebiet ging ein mächtiger Sog aus, der das gesamte Reich erfaßte. Mehr als 600000 Menschen strömten zwischen 1880 und 1907 in die westfälischen Industriestädte.

Überhaupt stieg die Bevölkerung Westfalens sprunghaft an: Um 1880 lebten hier etwa 2 Millionen Menschen – dreißig Jahre später hatte sich diese Zahl bereits verdoppelt. In keiner anderen Provinz wuchs die Zahl der Menschen so rasch an.

Städte schossen wie Pilze aus dem Boden. Kleine, unbekannte Dörfer wie Gelsenkirchen, Oberhausen und Bochum, entlegene Landstriche wie das Emschertal und das Hellweggebiet entwickelten sich zu gewaltigen Industriezentren.

Auf dichtestem Raum drängte sich hier eine entwurzelte Bevölkerung. Wo immer die Menschen auch herkamen – sie waren aus ihrer traditionellen, meist ländlichen Welt herausgerissen. Ihre Lebens- und Arbeitsbedingungen waren denkbar schlecht. In den Fabriken und vor allem im Bergbau gab es häufig Unfälle, gegen die die Arbeiter nur unzureichend abgesichert waren. Sie wohnten in dürftigen, oft menschenunwürdigen Mietskasernen, die „nicht zu groß zum Wohnen, wohl aber zum Bezahlen waren“, wie ein Industriearbeiter in seinen Erinnerungen schreibt.

Die Durchschittslöhne waren zwar zwischen 1895 und 1907 um mehr als ein Drittel gestiegen. Dennoch war es der Familie eines Industriearbeiters – wie die Historikerin Helga Grebing schreibt – kaum möglich, „gleichzeitig sich satt zu essen, gesund zu wohnen und ausreichende Kleidung zu haben“. Viele Menschen sahen sich um ihre einstigen Hoffnungen betrogen. In Unruhen und Streiks verschafften sie sich Luft.

Die Industriearbeiter und Handwerksgesellen organisierten sich in den christlichen und sozialistischen Gewerkschaften, und sie sammelten sich unter den Fahnen der Sozialdemokratie. Das Ruhrgebiet wurde zum brodelnden Schmelztiegel des Industrieproletariats.

Wie das junge Ehepaar Powilke hatten viele Arbeiter ihre Hühner und Ziegen – die „Kühe des kleinen Mannes“ – aus ihrer Heimat mitgebracht. In Schrebergärten und Kolonien wurde Gemüse gezogen, hinter Bretterverschlägen wurden Federvieh und

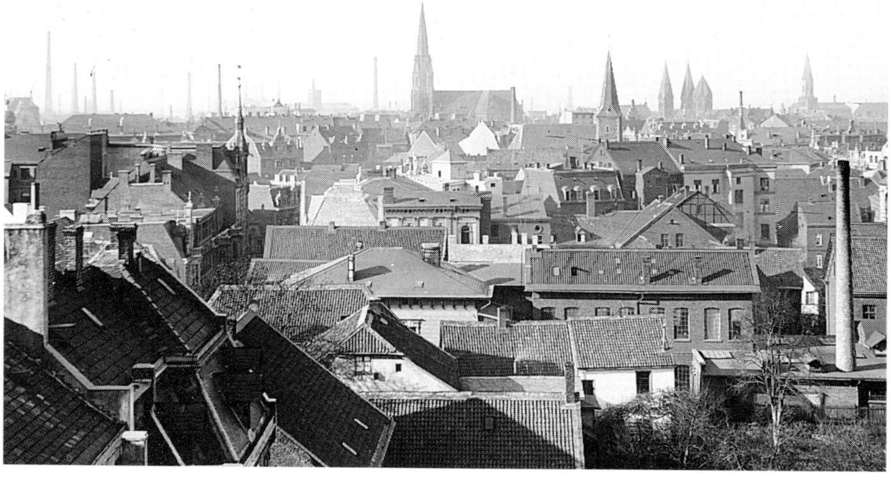

Kaninchen gehalten. Dadurch konnten die Industriearbeiter ihr spärliches Einkommen zwar ein wenig aufbessern, aber nicht ihren gesamten Bedarf an Lebensmitteln decken.

In die neuen Ballungsräume des Ruhrreviers mußten die Nahrungsmittel von außen, und das hieß vor allem: aus der westfälischen Landwirtschaft „importiert“ werden. Den Bauern öffnete sich ein schier grenzenloser Markt, von dessen Ausmaßen noch um 1870 niemand zu träumen gewagt hätte. Getreide, Fleisch, Kartoffeln, Milch und Obst – die geradezu explodierenden Städte nahmen alles auf, was die Bauern anbieten konnten.

Nicht nur die Bauern, die im näheren Umland von Gelsenkirchen, Bochum oder Dortmund ihre Acker- und Wiesenflächen bewirtschafteten, spürten dies. Im Zuge der Industrialisierung war auch das Straßen- und Eisenbahnnetz ständig verbessert und weiter ausgebaut worden. Deshalb wurden auch die Landwirte, deren Höfe weit entfernt lagen, von der Nachfrage im Ruhrgebiet erfaßt. So verlor die westfälische Landwirtschaft keineswegs ihre Bedeutung, als sich das deutsche Reich unverkennbar und unwiderruflich vom Agrar- zum Industriestaat wandelte.

Bochum, um 1850 noch eine ländliche Kleinstadt (Bild oben), wandelte sich wie viele andere Städte an Rhein und Ruhr binnen weniger Jahrzehnte zu einer Großstadt, geprägt von Bergbau und Stahlindustrie (Bild unten, um 1920).

Westfalens Ackerbau auf neuen Wegen

Bald werde die Zeit kommen, „da wir kein Getreide mehr einzuführen brauchen, da Korn und Obst und Wein auf den deutschen Feldern wachsen, soviel, daß auch noch weitere Millionen davon satt werden und das deutsche Volk aus seines eigenen Bodens Kraft sich weiter mehrt an Macht und Zahl". Dieses Ziel sah der Agrikulturchemiker Paul Wagner bereits 1903 in greifbarer Nähe. Aus seinen Worten sprechen ein unerschütterlicher Nationalstolz und der Glaube an das stetige Wachstum der Landwirtschaft. Doch war sie wirklich schon so weit fortgeschritten?

Die Industrialisierung hatte einen umwälzenden Strukturwandel in Gang gesetzt, der die Bauernhöfe in einigen Regionen fast ganz verdrängte. Als preußische Beamte im Jahr 1907 die Bevölkerung in Westfalen zählten, lebten etwa 680000 Menschen von der Landwirtschaft (24 Prozent aller Beschäftigten); in den Stahlhütten, Kohlezechen und Chemiefabriken aber arbeiteten 2,3 Millionen Menschen (54 Prozent). Dreißig Jahre zuvor waren noch etwa gleichviel Menschen in der Industrie und in der Landwirtschaft beschäftigt. Das Bild hatte sich also vollkommen gewandelt – Deutschland war auf dem Weg in die moderne Industriegesellschaft.

Von der Landwirtschaft wurde, obwohl ihr Gewicht abnahm, viel verlangt. Die Industrie hatte unzählige Menschen in das Ruhrrevier gelockt, und sie alle mußten ernährt werden. Die Landwirte konnten im Ackerbau mit der stürmischen Entwicklung Schritt halten, weil schon früh die entscheidenden Weichen gestellt worden waren.

Im 19. Jahrhundert hatte Westfalen ein neues und dichteres Verkehrsnetz an Straßen und Eisenbahnen erhalten. Die landwirtschaftlichen Erzeugnisse konnten nun selbst von weither günstig in die Städte transportiert werden; auf dem Rückweg gelangten Dünge- und Futtermittel auf die Höfe.

Gegen Ende des 19. Jahrhunderts tauchten auf den Höfen die ersten Landmaschinen auf, die natürlich noch sehr einfach konstruiert waren. Drill- und Erntemaschinen, Düngerstreuer oder Heuwender erleichterten selbst den kleinen Bauern die mühselige Arbeit.

Außerdem hatten findige Köpfe schon seit Anfang des 19. Jahrhunderts neue Dünge- und Anbaumethoden entwickelt. Nun gab die emporschnellende Nachfrage des Ruhrgebiets den entscheidenden Anstoß, daß immer mehr Bauern die neuen Verfahren und Erkenntnisse in die Tat umsetzten:

- Heidegebiete, Moore und andere ertraglose Flächen wurden urbar gemacht. So wurden beispielsweise im Kreis Wiedenbrück in den Jahren 1900 bis 1908 fast 10000 ha Ödland kultiviert.
- Nasse Sumpfwiesen wurden trokkengelegt, magere Naturwiesen wurden erschlossen und bewässert. Dadurch stiegen die Grünlanderträge erheblich.
- Handelsdüngemittel aus der heimischen Industrie (Thomasmehl, schwefelsaurer Ammoniak, Superphosphat) und aus dem Ausland (Chilesalpeter, Guano) eroberten sich einen festen Platz. Davon profitierten vor allem die Bauern auf den weniger

Auf dem Hof Hügelmeyer nahe Osnabrück: Steigerung der Rübenerträge durch Düngung.

fruchtbaren Böden des Münsterlandes. Doch obwohl der Verbrauch des „Kunstdüngers“ um ein Vielfaches zunahm, blieb der Stallmist bis auf weiteres der wichtigste Nährstofflieferant.

■ Durch die bessere Düngung brauchten die Bauern ihr Ackerland nicht mehr brachliegen zu lassen. In Westfalen sank der Anteil des „ruhenden Landes“ zwischen 1878 und 1914 um ein Drittel. Hier bauten die Landwirte nun Kartoffeln, Futterrüben und mancherorts auch Gemüse an.

Die Hackfrüchte waren überhaupt Dreh- und Angelpunkt des landwirtschaftlichen Wachstums. Die Kartoffel hatte sich längst als Nahrungsmittel durchgesetzt; sie diente aber – neben der Futterrübe – auch als Viehfutter. Da ihr Anbau beträchtlich zunahm, konnte mehr Vieh gehalten werden. Es fiel mehr Stalldung an, der wiederum die Äcker verbesserte.

In den Jahren 1878 bis 1912 wuchs der Hektarertrag bei Kartoffeln um die Hälfte, bei den Futterrüben sogar noch beträchtlicher. Da immer mehr Bauern diese Früchte anbauten, stiegen die Erntemengen in Westfalen

- bei Kartoffeln von 700000 t auf 1,41 Mio. t,
- bei Futterrüben von 474000 t auf 1,76 Mio. t.

Von den Getreidefeldern fuhren die Bauern mehr Korn in ihre Scheunen als früher, denn auch hier setzten sich moderne Dünge- und Anbauverfahren und die erfolgreiche Züchtung neuer Saaten durch. Vor allem der „Petkuser Hochleistungsroggen“ wurde für die Bauern zum feststehenden Begriff. Aus der berühmten Züchtung des Gutsbesitzers Ferdinand von Lochow aus Petkus in der Mark Brandenburg stammten um 1910 schon zwei Drittel des Saatgutes in Westfalen. Zwischen 1878 und 1912 erhöhte sich der Hektarertrag in Westfalen bei

- Roggen von 14,3 dt auf 18,5 dt,
- Weizen von 17,0 dt auf 23,1 dt,
- Gerste von 13,4 dt auf 17,0 dt,
- Hafer von 14,7 dt auf 17,1 dt.

Die Ernten von Weizen und Roggen, die auf den fetten Lößböden zwischen Dortmund und Paderborn gediehen, übertrafen sogar die durchschnittlichen Erträge der Landwirtschaft im Deutschen Reich. Die Bauern in der reichen Börde hatten da schon einen gewissen Grund zum Stolz, der freilich von so manchem Zeitgenossen anders gedeutet wurde.

Das scheinbar grenzenlose Wachstum des Ackerbaus in Westfalen wie auch im ganzen Reich beflügelte viele Ökonomen und Agrarpolitiker. Ein Zauberwort machte im Reichstag und an den Universitäten die Runde – „Selbstversorgung“. Im Jahr 1913, also kurz vor Beginn des ersten Weltkrieges, erklärte der Deutsche Landwirtschaftsrat dem deutschen Kaiser Wilhelm II.: „Es steht außer jedem Zweifel, daß die deutsche Landwirtschaft technisch im Stande ist, nicht nur die jetzige Bevölkerung des Reichs, sondern auch die künftig vermehrte Volksmenge mit den wichtigsten Nahrungsmitteln zu versorgen.“

Nun, die Landwirtschaft hatte zwar viel geleistet, doch konnte sie damals den gewaltigen Bedarf der Industriegesellschaft nur zu etwa vier Fünfteln decken. Das Deutsche Reich blieb auf Nahrungsmittelimporte angewiesen; selbst die Bauern und Gutsherren wirtschafteten ja nicht unabhängig vom Ausland, denn schließlich kam ein gut Teil ihrer Futter- und Düngemittel aus dem Ausland. So konnte also von einer Selbstversorgung nicht die Rede sein – wie im ersten Weltkrieg schmerzlich offenbar werden sollte.

Höhere Getreideerträge durch Düngemittel auf dem Hof Lütke Wentrup nahe Münster.

Mit „Dungmaschinen“ aus der Krise

So mancher Kornbauer in der Soester Börde und am Hellweg ängstigte sich um sein verläßliches Einkommen, seitdem um 1875 die Getreidepreise bedenklich ins Trudeln geraten waren. Das Gespenst der Verschuldung und des Bankrotts ging auf westfälischen Bauernhöfen um. Gab es einen Ausweg aus der Krise?

Aufmerksame Landwirte beobachteten damals, daß die Milch- und Fleischpreise erstaunlich stabil blieben, ja sogar nach oben kletterten. Der Grund lag auf der Hand: Gerade bei Fleisch, Fett, Milch und Butter war der Bedarf der hart arbeitenden Industriebevölkerung an der Ruhr groß. Diese Produkte vertrugen aber keine langen Transportwege, und die notwendige Kühltechnik steckte noch in den Kinderschuhen. Deshalb blieb die auswärtige Konkurrenz nahezu ausgeschaltet. Die westfälischen Bauern – und ihre rheinischen Standesgenossen – konnten an der Viehhaltung allein verdienen. Bislang hatten sie das Vieh nur als lästige „Dungmaschinen“ verschmäht; jetzt bot es ihnen eine gewinnversprechende Alternative zum Getreideanbau.

Die Viehhaltung erlebte in Westfalen zwischen 1880 und 1914 einen kräftigen Aufschwung; dafür sorgte allein schon die enorme Nachfrage in den Industriestädten. Auch in der Landwirtschaft waren die Voraussetzungen günstig:

■ Es gab genug Viehfutter, seit die Bauern ihre bisher brachliegenden Felder dazu nutzen konnten, Kartoffeln und Futterrüben anzubauen. Die Viehtröge füllten sich bald auch mit nährstoffreichen ausländischen Handelsfuttermitteln. Vor allem aber begannen die Bauern, ihr Getreide an das Vieh zu verfüttern. Das Korn wurde zu Fleisch „veredelt“, es wurde buchstäblich „auf die Beine gestellt“.

■ Während die Tiere früher mit dem Futter versorgt wurden, das für sie gerade anfiel, setzten sich nun rationelle Fütterungsmethoden durch.

■ Durch die staatlich geförderte Leistungszucht kamen bessere Tiere in den Stall. Seit 1880 entstanden überall Schweine- und Rinderzuchtvereine, und schließlich wurde 1891 der überregionale Schweinezuchtverband gegründet.

Viehmarkt auf dem Marktplatz in Soest um 1910.

Aus zeitgenössischen Statistiken ist zu entnehmen, daß es im Jahr 1892 in Westfalen noch 603000 Stück Rindvieh gab. Im Jahr 1914 aber waren es mehr als 850000 Stück.

Auch die Zahl der Pferde stieg von 133000 (1892) auf 186000 (1914). Im Regierungsbezirk Arnsberg erlebte die Pferdehaltung den größten Zuwachs; hier wurden ständig Arbeitspferde für die Kohlengruben gebraucht.

Geradezu atemberaubend expandierte die Schweinehaltung. Eine Statistik aus dem Jahre 1892 weist für Westfalen knapp 640000 Schweine aus. Acht Jahre später waren es schon 885000, und 1914 war die Zahl sogar auf 1,7 Mill. Stück emporgeschossen.

Aber nicht nur der Zahl nach nahmen die Schweine zu. Das alte westfälische Landschwein wurde durch Kreuzungen zum widerstandsfähigeren und größeren „veredelten Landschwein“ herangezüchtet. Damit erhöhte sich auch die Produktion von Schweinefleisch. Sie stieg von 62000 Tonnen (1891) auf knapp 170000 Tonnen (1914). Gleichzeitig nahm der Anteil des verkauften Fleisches von 25 Prozent auf über 80 Prozent zu. Diese Zahlen belegen, daß die Schweinehaltung in der Agrarkrise zur wichtigsten Einnahmequelle der westfälischen Bauern geworden war.

Die Veredlungswirtschaft setzte sich damals vor allem in Minden-Ravensberg, im Tecklenburger Land und im Münsterland durch, wo der Getreideanbau ohnehin nicht viel hergab. Erstaunlicherweise verbreitete sie sich – wenn auch weniger stark – selbst auf den Höfen der Hellwegregion. Eigentlich profitierten die Bördebauern mit ihrem intensiven Weizen- und Roggenanbau am meisten unter den westfälischen Landwirten von den staatlichen Schutzzöllen. Doch gerade in der reichen Börde wirkte der Schock des Preissturzes und der vielgescholtenen „Caprivi-Zeit“ nach. Wer wollte auch schon seine Hand dafür ins Feuer legen, daß die umstrittenen Zollschranken noch lange gelten würden?

Der Generalsekretär des Westfälischen Bauernvereins, Dr. Buer, urteilte damals, daß diese „in verhältnismäßig kurzer Zeit fortgeschrittene Entwicklung der Leistungsfähigkeit unserer Landwirtschaft ein glänzendes und beredtes Zeugnis“ ausstelle. Er wußte aber auch: „Wenn die Folgen der Agrarkrisis in manchen Gegenden nicht so schroff und scharf hervorgetreten sind, so ist es nicht zum wenigsten den vorzüglichen Leistungen auf dem Gebiete der Viehzucht zu verdanken.“

Und in der Tat: Die westfälischen Bauern hatten sich nicht allein auf lautstarke Proteste und höhere Schutzzölle verlassen. Sie fingen den konjunkturellen Abschwung auf, indem sie ihre Produktion von Getreide auf tierische Erzeugnisse verlagerten. Die Chancen, die ihnen der Markt an der Ruhr bot, hatten sie schnell erkannt und geschickt genutzt. Mit dem Wandel zur modernen Industriegesellschaft hatten sie leben gelernt, und sie spürten immer deutlicher, daß auch sie von der Industrialisierung profitieren konnten.

Deshalb stand Westfalen auch besonders gut da, als die preußische Regierung noch vor Ausbruch des Ersten Weltkrieges untersuchen ließ, wie hoch die Bauernhöfe und Gutsbetriebe ihrer Provinzen verschuldet waren. Mehr als 90 Prozent der Höfe Westfalens waren kaum oder gar nicht verschuldet. Nur auf knapp 5 Prozent der Höfe lasteten hohe Schulden. Auch im Vergleich mit den anderen zwölf preußischen Provinzen gab die westfälische Landwirtschaft ein recht gesundes Bild ab. Geringer verschuldet waren lediglich die Bauern des Rheinlandes und Hessen-Nassaus.

Vielleicht hat hier die berühmte Legende von der „guten alten Zeit“ ihren einzig wahren Kern. Nicht allen, aber doch den meisten Bauern ging es gut, und natürlich meinten manche sogar, es könnte doch noch ein bißchen besser gehen. An sie dachte der linksliberale Politiker Eugen Richter, als er in einer Rede im Berliner Reichstag hintersinnig vermerkte, die Bauern richteten sich nach der Devise: „Lerne zu klagen, ohne zu leiden.“

Vom Pflug an den Hochofen: Landarbeiter zogen in die Städte

Ein Mangel an guten ständigen Arbeitern ist auch heute noch zu verzeichnen. Die einheimischen Arbeiter können der Nachfrage nach Arbeitskräften nicht genügen, obgleich Maschinenarbeit, wo es eben angeht, auch in den Kleinbetrieben überall eingeführt wird." Diese Sätze stammen aus der Feder des Direktors der Landeskulturgesellschaft in Lohne, Andreas Schulze-Henne. Einen Stoßseufzer glaubt man noch heute zu vernehmen, wenn man seinen Bericht aus dem Jahr 1903 an den Regierungspräsidenten in Arnsberg weiterliest: „Der Zug geht eben in die großen Städte, wo mehr Vergnügungen geboten werden, oder zur Industrie, wo mehr verdient wird, und was dort abgestoßen wird, kommt zur Landwirtschaft."

Landarbeiter waren damals gesuchte Arbeitskräfte. Die wachsende Industrie bot ihnen höhere Löhne und kürzere Arbeitszeiten. Für sie schien es in der Stadt ungeahnte Möglichkeiten des Aufstiegs zu geben; auf dem Hof waren und blieben sie eben Landarbeiter, die von einem oder wenigen möglichen Arbeitgebern abhängig waren.

Die Tagelöhner, die auf dem Lande ein armseliges, klägliches Leben führten, zogen als erste vom Land in die Stadt. Dies konnte die Landwirtschaft noch verkraften, obwohl es so manchem Bauern wohl Kopfschmerzen bereitet hat, geeigneten Ersatz zu finden. Weitaus empfindlicher war die Abwanderung der Heuerlinge. Gegen geringe Pacht bewirtschafteten sie eine kleine Heuerstelle; gleichzeitig waren sie verpflichtet, auf dem Hof ihres Bauern an festgelegten Tagen mitzuhelfen. In den Fabriken, Zechen und an den Hochöfen verdienten sie nun mehr Geld. Sie bewirtschafteten ihre Heuerlingsstellen fortan im Nebenerwerb oder gaben sie auch ganz auf. Ihre Kinder wurden nun nicht mehr Knechte und Mägde beim Bauern, sondern wanderten gleich in die Industrie ab.

„Die Heuerlinge", so glaubte ein Beobachter um 1900 feststellen zu können, „existieren nur noch in den Köpfen der Professoren!" So weit war es vielleicht noch nicht, aber überall war sichtbar, daß das traditionelle Heuerlingswesen vor der Auflösung stand.

Für die Bauern war guter Rat teuer: Sie mußten die Landarbeiter, die auf den Höfen blieben, höher entlohnen, um sie überhaupt noch zu halten. Überdies bemühten sich die Bauern, ihre Arbeiter durch besondere Trinkgelder und Geschenke zu Weihnachten, zum Schützenfest oder zu Erntedank an den Hof zu binden. Obwohl die Landarbeiterlöhne stiegen, blieben sie bis zum Ersten Weltkrieg unter denen der Industriearbeiter. Die Landflucht hielt an.

Getreidebauern stellten für die Saat- und Erntezeit Saisonarbeiter aus den ostelbischen Gebieten, aus Galizien, Ungarn und Holland ein. Viehbetriebe dagegen brauchten ganzjährig zusätzliche Hilfskräfte. Sie stützten sich mehr und mehr auf die Arbeit von Knechten und Mägden. Dieses Gesinde war nun nicht mehr fest, sondern nur für ein oder zwei Jahre vertraglich an den Hof gebunden.

Der Sog der Industrie erfaßte auch das Gesinde. Nicht selten verließen die Saisonarbeiter, die Knechte oder Mägde vorzeitig den Hof.

Wie die Landwirtschaftskammer, gerade erst gegründet, das Problem sah, ist ihrem Jahresbericht für 1900 zu entnehmen: „Der Abzug vom Land in die Stadt hält noch fortwährend an. Wenige kehren zurück, und die, welche zurückkommen, sind durchweg für die Landwirtschaft verlorene Leute und unbequeme Elemente. Einerseits sind es alte und kranke, für ländliche Arbeiten unbrauchbare Personen, andererseits solche, welche nicht arbeiten wollen und, durchtränkt mit den sozialdemokratischen Lehren, noch die Unzufriedenheit der anderen heimischen Arbeiter hervorrufen."

Allen Ernstes debattierten die Kammermitglieder damals über den Vorschlag, die Freizügigkeit der Landarbeiter per Gesetz aufzuheben. Dieses Vorhaben wurde verworfen, und die Kammer schlug andere Wege ein: Sie eröffnete im Februar 1900 in Münster ein Arbeitsamt für ländliche Arbeiter und Dienstboten. Auch in den einzelnen Kreisen und Gemeinden wurden Vermittlungsbüros eingerichtet. Die Bauern waren nun nicht mehr allein auf die privaten Vermittlungsagenten angewiesen, die die schwierige Lage der Bauern geschickt zu nutzen wußten.

Das Arbeitsamt vermittelte im ersten Jahr 185 Personen, im Jahr 1904 853 Personen – ein mageres Ergebnis,

Die Arbeit auf dem Hof verlangte viele Arbeitskräfte. Die Bauern mußten ihre Landarbeiter höher entlohnen, um sie überhaupt zu halten. Die wachsende Industrie bot den Landarbeitern bessere Löhne und kürzere Arbeitszeiten.

denn die Kammer hatte sich mehr davon versprochen.

Noch einen weiteren Vorschlag griff die Kammer auf: Sie unterstützte größere Hofbesitzer darin, Landarbeiter dauerhaft anzusiedeln. Die Landwirte errichteten für die Arbeiter sogenannte „Einwohnerhäuser". Sie waren mit einem kleinen Stück Land ausgestattet, das die Landarbeiter zu günstigen Preisen erwerben konnten. Doch auch hier blieb der gewünschte Erfolg aus.

Die Begründung mag ein Landarbeiter jener Zeit geben, der im Jahr 1908 sein Einwohnerhaus in der Nähe Dortmunds aufkündigte. Dem überraschten Landwirt erklärte er: „Die von Ihnen vorgeschlagene Ansiedlung geht lediglich darauf hinaus, uns Arbeiter wieder unter die Knute des Gutsbesitzers zu bringen. Darauf fallen wir nicht herein. Der Industriearbeiter lacht uns was aus, daß wir überhaupt noch auf dem Lande arbeiten. Er ist besser dran als wir, der verdient viel Geld, und wenn er krank wird und nicht mehr arbeiten kann, ist für ihn gesorgt. Was soll ich mit der Ansiedlung machen, wenn ich in Not gerate? Dann habe ich nichts zu fordern, dann bin ich ein armer Teufel, und will nicht auf das Gnadenbrot des Gutsherrn angewiesen sein."

Tote Fische in der Lippe

Rätselhaftes beobachtete der Holzschuhmacher Wilhelm Hölken aus Lünen, als er Anfang Mai 1912 durch die Lippeniederungen ging. Die Luft stank nach Moder und Teer, das Flußwasser schimmerte in allen Regenbogenfarben, und unzählige tote Fische trieben an der Wasseroberfläche. Aufgeregt meldete Wilhelm Hölken dem Kanalbauamt in Lünen seine Entdeckung.

Flugs machten sich die Beamten auf den Weg. Nachdem sie das Wasser genau untersucht hatten, berichteten sie dem Regierungspräsidenten in Münster: „Am 10. Mai ist eine beträchtliche Verunreinigung des Lippewassers verursacht worden, wodurch unzählige Fische abgestorben sind. Die gefangenen und aufgesammelten Fische waren ungenießbar, sie schmeckten nach Teer, Ammoniak oder Carbolineum." Die Beamten hegten den Verdacht, daß die Kokerei der Zeche „Victoria" in Lünen, die „anscheinend die Kläranlagen nicht in Ordnung" halte, die Lippe verunreinigt habe.

Dies sollte sich bald bestätigen, doch noch Schlimmeres kam zutage. Ein Inspektor des Kanalbauamtes fand heraus, daß die Kokerei, die erst wenige Monate in Betrieb war, noch gar keine Kläranlage unterhielt! Die giftigen Abwässer wurden lediglich auf eine Kohlenhalde geleitet, und von dort waren sie nun in die Lippe gesikkert.

Unverzüglich forderte der Regierungspräsident die Zechenleitung auf, diese unerträglichen Mißstände zu beseitigen. Die Zeche errichtete bald ein provisorisches Klärbecken, das aber viel zu klein war. Schon nach wenigen Monaten schwappte es über. Anfang März 1913 kam es deshalb erneut zu einem großen Fischsterben.

Vielen Fischzüchtern platzte nun der Kragen. In ihren Teichen nämlich, die mit Wasser aus der Lippe durchspült wurden, gingen nun schon zum zweiten Mal innerhalb eines Jahres die Fische ein. Es hagelte Protestbriefe. Der Gutsverwalter des Freiherrn von Twickel, Odenbreit, strengte sogar mit sieben Nebenklägern einen Prozeß auf Schadenersatz an, „weil durch die fortwährende Zuführung der giftigen Abwässer eine Erneuerung des Fischbestandes unmöglich gemacht wird," wie er dem Regierungspräsidenten schrieb. Unter diesem Druck sah sich die Zechenleitung gezwungen, endlich eine funktionstüchtige Kläranlage zu installieren.

Solche Vorfälle waren damals nicht selten. Der Einleitung industrieller Abwässer aus der Chemie- und Stahlindustrie waren kaum gesetzliche Schranken gesetzt. In den Amtsstuben der staatlichen Behörden und bei den Gerichten häuften sich schon seit dem Ende des 19. Jahrhunderts die Beschwerdebriefe und Klagen der westfälischen Fischereiverbände.

Allerdings war der Grad der Verschmutzung nur selten so eindeutig wie bei der Lünener Zeche „Victoria". Niemand wußte genau, wie stark die Flüsse im Industrierevier verschmutzt waren und wie sich die verdünnten chemischen Stoffe auf die Fische und Pflanzen auswirkten. Auf Wunsch der westfälischen Fischer richtete deshalb Josef König, Leiter der Landwirtschaftlichen Versuchsstation in Münster, im Jahr 1907 eine fischereibiologische Versuchsstation ein; die Federführung übernahm der Zoologe August Thienemann.

Der besorgte Fischereiverein für Westfalen und Lippe betraute Thienemann 1911 mit der Aufgabe, den gesamten Lauf der Ruhr unter die Lupe zu nehmen. Das Ergebnis seiner Untersuchung war niederschmetternd. Die ersten vierzig Flußkilometer waren noch sauber, aber bald schon mußte er in sein Arbeitsbuch eintragen, daß im Ruhrbett nur noch eine „gelbe Suppe mit Schaum" fließe.

Der Sauerstoffgehalt des Wassers nahm ständig ab; Thienemann fand noch bis Mülheim kleinere Wassertiere und Fische, die jedoch „nicht mehr genießbar" waren. Unterhalb der Mülheimer Friedrich-Wilhelm-Hütte glaubte er, seinen Augen nicht mehr zu trauen. Erschreckt notierte Thienemann: „Ruhr besteht hier nur aus Abwasser! 28° Celsius. Braunschwarze Brühe, die stark nach Blausäure riecht und absolut tot ist!!"

Auch an der Emscher sah es schon damals nicht viel besser aus. Die industriellen Abwässer gefährdeten die Trinkwasserversorgung der Städte. Das Wasser mußte von weit her, meist aus den neuen Talsperren im Sauerland, in das Ruhrrevier transportiert werden.

Der Landwirtschaft setzten die verunreinigten Flüsse ebenso zu. Viele Bauern konnten ihre Wiesen nicht mehr bewässern, und ihre Tiere durften sie mit dem Flußwasser auch nicht tränken. Die Fischzucht war vielerorts vollkommen unmöglich geworden.

Diese Schattenseiten der Industrialisierung wurden in der Landwirtschaft schon früh erkannt. Bereits 1878 hatte der Deutsche Landwirtschaftsrat, das Spitzengremium aller landwirtschaftlichen Organisationen im Reich, Gesetze zum Gewässerschutz gefordert. Trotzdem dauerte es bis 1908, ehe die Reichsregierung überhaupt einen ersten Gesetzentwurf erarbeitete.

Die endgültige Entscheidung wurde aber immer wieder vertagt, verschoben und verzögert – zu groß war der Einfluß der Industriellen auf die Gesetzgebung. Sie fürchteten, daß ihre Großunternehmen durch den Gewässerschutz eingeengt werden könnten. Carl Duisberg von den Bayer-Farbwerken, einer der angesehensten und einflußreichsten Männer der deutschen Industrie, trug ein bekanntes und schlagkräftiges Argument vor: „Man soll uns nicht mit einem Reichsabwässergesetz Schwierigkeiten bereiten, wo jeder Mann weiß, daß die chemische Industrie ohne Abwässer gar nicht leben kann, und wir doch zu denen gehören, die große wirtschaftliche Werte schaffen." Doch die betroffenen Bauern und Fischer waren ganz anderer Meinung.

Der Deutsche Landwirtschaftsrat mochte drängen, wie er wollte – auf der Reichsebene wurde ein Gewässerschutzgesetz immer wieder abgeblockt. Die Gesetzentwürfe und Vorlagen verschwanden schließlich in den Schubladen der Ministerien.

Der industriellen Wasserverschmutzung konnte damals nur ein Riegel vorgeschoben werden, weil es in einzelnen kleinen Provinzen wie Hessen, Baden, Württemberg und Sachsen bereits Wasserschutzgesetze gab. Aber den westfälischen Bauern half das wenig, denn ausgerechnet in Preußen, dem größten und am weitesten industrialisierten Bundesstaat, fehlte ein ordentlicher Gewässerschutz. Es galten zwar seit 1901 sogenannte „Ministerialverfügungen", aber sie waren, wie Josef König seinerzeit urteilte, „wiederum zu allgemein und unbestimmt gehalten, als daß sie in den Händen der ausführenden Organe praktische Erfolge zeitigen könnten".

Auch der Westfälische Bauernverein stimmte in diese Klage ein. Er richtete deshalb im September 1909 eine dringende Petition an die preußische Regierung, um für die betroffenen Bauern ein Wasserschutzgesetz zu erstreiten.

In aller Öffentlichkeit und hinter den Kulissen lieferten sich bald die Vertreter von Landwirtschaft und Industrie scharfe, heftige Auseinandersetzungen. Zu gegensätzlich waren ihre Interessen und ihre Ziele. Erst im Jahr 1912 verabschiedete das Preußische Abgeordnetenhaus endlich das Wasserschutzgesetz, das übrigens erst 1957 durch das Wasserhaushaltsgesetz der Bundesrepublik abgelöst wurde.

Seit 1912 konnten die preußischen Behörden die Einleitung industrieller Abwässer verbieten – allerdings nur, wenn „überwiegende Rücksichten des öffentlichen Wohls" dies notwendig machten. Hier klaffte eine Lücke, die von der Industrie weidlich ausgenutzt wurde.

Gift aus rauchenden Schloten

Jahrelange Beobachtungen haben gelehrt, daß die industriellen Abgase mit ihrem Flugstaub ein schleichendes, sehr häufig tödlich wirkendes Gift für das Wachstum der Bäume und Pflanzen in der Nachbarschaft bilden." Fast könnte man meinen, diese Beobachtungen stammten aus einem brandaktuellen Umweltbericht unserer Tage – aber sie sind mehr als siebzig Jahre alt! Sie finden sich in einer brisanten Studie, die 1915 von der Landwirtschaftlichen Versuchsstation in Münster veröffentlicht wurde.

Die ersten Pflanzenschäden durch industrielle Abgase wurden in Westfalen sogar noch viel früher, nämlich bereits lange vor der Jahrhundertwende, entdeckt. Damals entstanden in der Ruhrregion Eisen- und Stahlhütten, Kokereien und chemische Großbetriebe. Ihre Backsteinschlote galten als Symbole eines unbändigen, scheinbar grenzenlosen Fortschritts.

Doch der schwarze Rauch, den die Schornsteine ungefiltert ausstießen, enthielt Unmengen an Ruß und Staub, an schwefliger Säure und anderen Schadstoffen. Industriefabrikanten und Ingenieure vertrauten geradezu blind auf die Selbstheilungskräfte der Natur. Ein Chemiker schrieb 1907 in einer Fachzeitschrift: „Das unendliche Luftmeer, das unsere Wohnstätten umgibt, vermag diesen Schädling, die Säuren des Kohlenrauchs, bei richtiger Behandlung leicht unschädlich zu machen."

Viele Fabrikanten dachten damals ähnlich. Das „Luftmeer" schluckte aber nicht alles, was die Industrie ihm zumutete. Der Rauch ging auf die umliegenden Wälder, Wiesen und Äcker nieder. Schrebergärtner und Bauern sahen sich um die Früchte ihrer Arbeit betrogen, denn ihr Obst, ihr Gemüse und ihre Feldfrüchte gediehen nicht mehr so recht. So mancher Bauer konnte seine Milchkühe nicht mehr auf die Weiden treiben, da das Gras, wenn es überhaupt wuchs, für die Tiere ungenießbar war. Auch Förster schlugen damals bereits Alarm: Die wenig widerstandsfähigen Nadelbäume in der Ruhrregion erkrankten und starben allmählich ab. Es ist also nicht richtig, wenn heute von „neuartigen Waldschäden" die Rede ist.

Einige Bauern schlossen sich bereits 1880 in Wanne-Eickel zum „Verein der Landwirte gegen Schädigung durch industrielle Anlagen" zusammen; ähnliche Interessenverbände wurden später auch in anderen Industriestädten gegründet. Im Jahr 1913 wurde schließlich sogar ein überregionaler „Rheinisch-Westfälischer Schutzverband gegen Rauch- und Bergschäden" aus der Taufe gehoben.

Diese bäuerlichen Schutzverbände forderten von den „Schlotbaronen", den Rauchausstoß zu begrenzen und für die bisherigen Schäden einen finanziellen Ersatz zu leisten. Manche Bauern zogen sogar vor Gericht, allerdings hatten sie nur selten Erfolg. Auf Gesetze konnten sie sich kaum berufen. Außerdem wehrte sich die Industrie mit zweifelhaften Gutachten. Darin wurde behauptet, Mißernten und Ertragsausfälle seien auf Nährstoffmangel im Boden, ungenügende Düngung und falsche Wirtschaftsführung der Bauern zurückzuführen.

Es war nur allzu durchsichtig, was diese Gutachten erreichen sollten. Einer der damals besten Kenner des

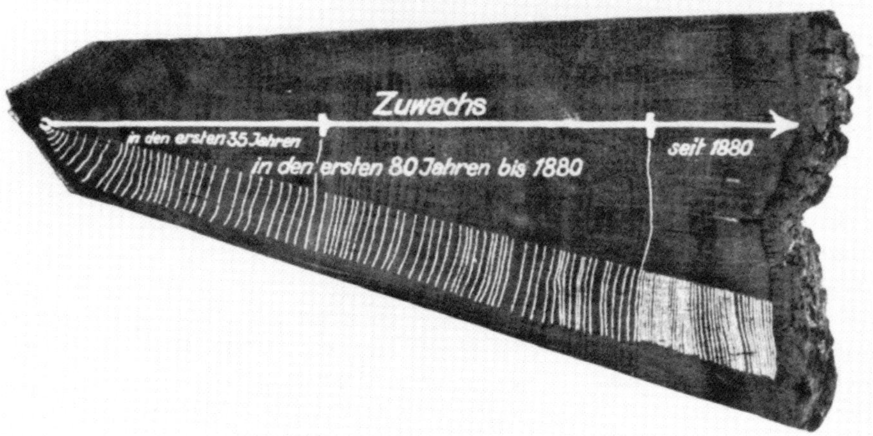

Der Rundschnitt stammt aus einer hundertjährigen Eiche, die Mitte der 20er Jahre im Forst Gräfingholz bei Dortmund gefällt wurde. An den Jahresringen läßt sich der Beginn der Industrialisierung ablesen.

28jähriger Kiefernbestand in einem Wald bei Herten, photographiert im Sommer 1926. Seit ihrer Anpflanzung waren die Kiefern industriellen Abgasen ausgesetzt.

Zum Vergleich ein gleichaltriger Kiefernwald in „rauchfreiem Gebiet" bei Dorsten. Mit weißen Strichen ist die Größe der Hertener Kiefern (links) eingezeichnet.

Rauchschadenproblems, der sächsische Forstexperte Wislicenus, sprach es offen aus: Diese Behauptungen – so wurde er in der „Landwirtschaftlichen Zeitung" zitiert – zielten nur darauf ab, „die Verantwortung für die Rauchschäden und die Last ihrer Bekämpfung von den Schultern der Industrie und des Bergbaues auf die betroffenen Landwirte abzuwälzen".

Um diese Fragen grundsätzlich zu klären, nahm sich die Landwirtschaftliche Versuchsstation in Münster der „Rauchplage" in Westfalen an. Ihr wissenschaftlicher Mitarbeiter Heinrich Niggemeier begann mit einer ausführlich angelegten Versuchsreihe. Seine Ergebnisse stellte er in dem eingangs zitierten Bericht vor.

Einwandfrei konnte er belegen, daß die Bäume starben und die Erträge der Obst- und Getreideernten im Industrierevier sanken, weil „die Menge schädlicher Gase und sonstiger industrieller Verunreinigungen der Luft beständig zugenommen und bereits eine Höhe erreicht hat, die vielfache Besorgnisse erregt".

In einem Liter Regenwasser, im fast industrielosen Münster 1913/14 gemessen, fand er durchschnittlich 21 mg Schwefelsäure; in Dortmund aber waren es 136 mg! Zum Vergleich: Im Ruhrgebiet wurden 1979/80 im Jahresdurchschnitt 5,2 mg/l gemessen. Durch diesen ätzenden Regen wurden bereits damals Gebäude erheblich geschädigt. Für die Bauern aber waren andere Ergebnisse bedeutsamer:

■ Auf einem Roggenfeld im Windschatten einer Zeche erntete Niggemeier 8 dt Korn. Die Getreideernte auf einem gleich großen, aber ungeschädigten Roggenfeld fiel jedoch dreimal so hoch aus. Hier nämlich wog Niggemeier 24,8 dt ausgedroschenen Roggen. Ähnlich hoch waren die Ernteeinbußen bei den Rüben; bei einigen Kartoffelstauden war sogar – wie Niggemeier bündig notierte – „Ertrag gleich Null"!

■ Auf Weiden und Wiesen, so stellte er fest, „verschwinden bei andauernder Raucheinwirkung die guten Gräser und es treten Unkraut und minderwertige Gräser an ihre Stelle".

■ Versuchskaninchen, die er mit „rauchbeschädigtem Klee" fütterte, setzten rund ein Drittel weniger Fleisch an als die mit „gesundem Klee" gefütterten Tiere.

Zum Schluß zog Niggemeier ein Fazit, das wenig hoffnungsvoll stimmte: „In vielen Fällen ist überhaupt ein geregelter landwirtschaftlicher Betrieb nicht aufrechtzuerhalten, da der Landwirt stets mit teilweisen und oft sehr erheblichen Ausfällen des erwarteten Ernteertrages rechnen muß."

Aber was war zu tun? Einige Fabriken hatten schon gehandelt, indem sie ihre Schornsteine höher in den Himmel ragen ließen. Freilich wurden dadurch die Schadstoffe in entferntere Gegenden geblasen. Manche Kokereien filterten auch schon ihre Rauchgase, so gut es ging. Diese Gegenmaßnahmen waren aber eher spärlich, und mit ihnen wurde die „Rauchplage", die den Menschen in Stadt und Land so zusetzte, nicht wirkungsvoll bekämpft.

Die Diskussion um die Rauchschäden rückte vollends in den Hintergrund, als der Erste Weltkrieg begann. Das Ruhrgebiet wurde zur „nationalen Waffenschmiede". In diesem Rüstungsboom verschwendete niemand mehr einen Gedanken daran, den Rauchausstoß der Schlote zu verringern. Selbst als die Landwirtschaftskammer die Studie Niggemeiers veröffentlichte, gab es kein nennenswertes Echo – das Thema „Rauchschäden" lockte keinen Industriellen mehr aus der Reserve. Für die Bauern im Ruhrrevier gab es da wenig Grund zur Hoffnung.

So fing es mit der Milchkontrolle an

Wenn ich die Kühe nicht nötig hätte zur Düngererzeugung, so würde ich nicht mehr halten, als für den Haushalt zur Milchproduktion notwendig ist, denn nach meiner Buchführung schließt das Konto des Viehstalls immer mit einem Verlust ab." Für den westfälischen Gutsbesitzer, der dies im Jahr 1840 seinem jungen Eleven erklärte, war die Haltung von Kühen noch ein notwendiges Übel. Das mag heute unverständlich erscheinen, war aber bis weit in das 19. Jahrhundert hinein durchaus typisch: Es mangelte an geeignetem Futter, und Kühe gaben denkbar wenig Milch, so daß es bisweilen kaum für den eigenen Hof reichte – ganz zu schweigen von einem Verkauf.

Das änderte sich erst ab etwa 1870. Eine Revolutionierung der westfälischen Milchwirtschaft bahnte sich an: Der Anbau von Feldfutter und Hackfrüchten wurde intensiviert, und auch der Zukauf von importiertem Kraftfutter nahm stetig zu. Die zahlreichen landwirtschaftlichen Vereine begannen damit, die neuen Methoden der Tierzüchtung anzuwenden. Die Fortschritte waren unübersehbar. Der Milchwirtschaft aber kam eine Idee besonders zugute: die Milchkontrolle.

Die Geburtsstunde der Milchkontrollvereine schlug 1895 in Dänemark. Dort hatten sich Landwirte zusammengeschlossen, um die Milchproduktion durch regelmäßige Kontrollen und durch Züchtung zu verbessern.

Auch in Westfalen reichen die Wurzeln weit zurück. Einzelne Großbauern hatten schon um 1880 damit begonnen, Qualität und Menge der Futtermittel zu überprüfen und dies mit ihren Milcherträgen zu vergleichen. Es war nur noch eine Frage der Zeit, bis sie sich nach dänischem Vorbild zusammenschlossen.

Der erste Milchkontrollverein gründete sich am 1. Mai 1903 in Münster. Er umfaßte 16 Bauernhöfe mit mehr als 200 Kühen. Schon ein Jahr später übernahm es die Landwirtschaftskammer, das Milchkontrollwesen umfassend zu organisieren. Bis 1910 waren in zwölf Vereinen 153 Bauern organisiert. Insgesamt wurde die Leistung von etwa 2500 Milchkühen überprüft.

Die Landwirtschaftskammer überwachte die Milchkontrolleure, und sie unterstützte die Vereine finanziell. Aus ihren Ergebnissen entwickelten Fachleute der Kammer neue Fütterungs- und Zuchtmethoden. Außerdem wachte sie darüber, daß alle Vereine ähnlich vorgingen, um deren Leistungen überhaupt auch vergleichen zu können. In einem Bericht aus dem Jahr 1910 heißt es: „Die Arbeitsweise ist in den meisten Vereinen derart eingerichtet, daß der Kontrollbeamte Probewägungen innerhalb von 14 Tagen bis drei Wochen vornimmt, zur Fettbestimmung Proben entnimmt und an einem Tage in jeder Woche untersucht."

Die Vereine waren vor allem im Münsterland verbreitet; im nördlichen Westfalen gab es nur wenige, im Sauerland und im Siegerland gar keine Vereine. Hier war der bäuerliche Kleinbesitz stark zersplittert, und eine

Ausbildungskurs der westfälischen Landwirtschaftskammer für Milchkontrolleure im Jahr 1906.

organisierte Milchkontrolle war nur schwer möglich.

Noch hielten sich die Bauern skeptisch zurück. Es gab Vereine, die sich schon nach kurzer Zeit wieder auflösten. Viele Bauern scheuten die zusätzlichen Kosten. Außerdem brachte die Milchkontrolle eine besondere Verpflichtung mit sich: Die Kontrolleure, die von Hof zu Hof zogen, mußten beköstigt werden. Oft übernachteten sie auch auf dem Bauernhof. Überdies mißtrauten viele Bauern dem fremden „Eindringling". Nur widerwillig ließen sie die Kontrolleure in ihren Kuhstall.

Die zwölf Vereine in Westfalen konnten beachtliche Erfolge verbuchen, obwohl sie erst so wenige Jahre arbeiteten. Ihre Durchschnittserträge lagen 1910 um 3800 l, in Lippstadt und Wiedenbrück sogar über 4000 l. Aus den Jahresberichten der Vereine ist allerdings nicht zu erkennen, ob es bei den Kontrollmessungen immer mit rechten Dingen zuging . . .

Wie dem auch sei: Selbst heute mögen die modernen Milchviehzüchter solche Zahlen noch respektvoll anerkennen. Damals erregten sie großes Aufsehen unter den Bauern. Der Abschlußbericht der Landwirtschaftskammer aus dem Jahr 1910 vermerkt denn auch mit stolzem Unterton: „Der Milchertrag ist um über 300 kg gestiegen. Der Futterwert ist um 15 Mark gestiegen, der Milchwert um 35 Mark, so daß sich hier eine bessere Futterverwertung zeigt, die durch zweckmäßigere Futterverteilung und durch Ausmerzen der unrentablen Tiere hervorgerufen wurde."

Trotz dieser Anfangserfolge gab es noch einiges zu tun, denn der Fettgehalt der Milch lag mit durchschnittlich 3 Prozent in allen Vereinen nicht gerade hoch. Den Grund sah die Kammer darin, „daß die Milch in den seltensten Fällen nach Fettgehalt bezahlt wird, das Interesse des Züchters hieran also nur gering ist". Ein kleiner Wermutstropfen also, aber jeder spürte, daß hier der richtige Weg beschritten wurde, die Milchviehhaltung zu modernisieren.

Als diese Ergebnisse in der „Landwirtschaftlichen Zeitung" und in Sonderbroschüren der Kammer unter das Volk gebracht wurden – Mundpropaganda tat ihr übriges –, war das Eis gebrochen. Viele Bauern interessierten sich nun lebhaft für die neuen Methoden. Innerhalb der nächsten vier Jahre verdoppelte sich die Zahl der Vereine. Sie umschlossen nun 379 Bauern mit mehr als 6000 Kühen.

Der Erfolg der neuen Erkenntnisse war unübersehbar: Lieferte eine Kuh um 1870 nur etwa 1300 l im westfälischen Gesamtdurchnitt, so war dieser Ertrag im Jahr 1912 auf 2500 l emporgeschnellt. In allen drei westfälischen Regierungsbezirken war die gesamte Milchproduktion erheblich angestiegen (Münster: 171 Prozent, Minden: 144 Prozent, Arnsberg: 96 Prozent).

Diese Aufbauarbeit der Kammer wurde im Ersten Weltkrieg zerschlagen. Die Milchkontrollvereine mußten – mit einer Ausnahme – ihre Arbeit einstellen. Erst ab 1920 nahmen sie ihre Tätigkeit allmählich wieder auf.

Das Wetter kam per Drahtbericht

Kühl und naß waren die ersten beiden Juniwochen des Jahres 1906. Noch am Vitustag (15. 6.) war der Himmel von grauen Regenwolken verhangen, und es war ungewöhnlich kalt; in der Nacht war das Thermometer sogar auf 5° Celsius abgesunken. Die Landwirte hofften auf besseres Wetter, denn die Heuernte stand bevor, doch daran war noch nicht zu denken.

Ungeduldig blätterten da viele Bauern im Hundertjährigen Kalender, um ein wenig in die Zukunft zu schauen – zumindest, was das Wetter anging. Nicht selten war der Hundertjährige Kalender neben der Bibel das einzige Buch im Bauernhaus, und für manche war er fast ebenso „heilig".

Andere schworen auf die überlieferten Spruchweisheiten, mit denen sich schon die Vorfahren ihren Reim auf das Wetter gemacht haben. Ging es nach den Bauernregeln, so waren die Aussichten trübe, denn im Münsterland hieß es: Wie der Vitustag sich hält, so hält sich auch der ganze Herbst.

So weit in die Zukunft wagte man sich im Märkischen Land und in der Börde nicht vor, denn dort galt die Regel: „Op Vit ännert sick de Tied". Und das Wetter schlug diesmal tatsächlich um. Schon einen Tag später wurde es sommerlich warm und trokken, und bald türmten sich abends die ersten Gewitterwolken auf.

Doch an diesem Vitustag im Jahr 1906 änderte sich noch etwas anderes: Gegen Mittag hingen in den Schaukästen der westfälischen Dörfer, Landgemeinden und Städte erstmals telegraphische Wetterkarten aus – samt Prognose für die nächsten 36 Stunden!

Das sorgte natürlich für Aufsehen unter den Bauern. Viele drängelten sich vor den Anschlagkästen und betrachteten neugierig bis skeptisch die hellblaue Wetterkarte. Ein Gewirr schwarzer Linien, Zahlen, Fähnchen und anderer merkwürdiger Zeichen war dort eingedruckt. Die Bauern studierten rätselnd die Karte, und schließlich zog so mancher kopfschüttelnd von dannen.

Die Stimmung unter den Bauern beschrieb der Landwirtschaftslehrer Dahling aus der Mindener Winterschule wohl treffend, als er notierte: „Alles Neue wird hier vorläufig mit Mißtrauen aufgenommen. Die Landwirte legen noch zuviel Wert auf ihre eigenen Wetterbeobachtungen, die ihnen, wenn sie zutreffen, im Gedächtnis bleiben, wenn sie nicht zutreffen, aber vergessen werden." Voller Hoffnung auf den technischen Fortschritt setzte Dahling hinzu: „Mit der Zeit wird sich der Nutzen der Wettervorhersage auch hier im Kreise Bahn brechen."

Die Wettervorhersage bewährte sich in anderen Gebieten des Deutschen Reiches schon lange. Sachsen hatte bereits 1878 mit der Ausgabe von Wetterkarten begonnen. Auch in Bayern, Brandenburg und Hessen-Nassau waren versuchsweise Witterungsdienste eingeführt worden.

Sie hatten sich bald als so zuverlässig und brauchbar erwiesen, daß auch das Preußische Landwirtschaftsministerium im Juni 1901 beschloß, für ganz Norddeutschland einen Wetterdienst einzurichten. Es müsse das Ziel sein, so hieß es in einer Denkschrift, möglichst rasch und billig Wetterkarten zu verbreiten, „damit der deutsche Landwirt die tatsächlichen Beobachtungen des Tages kennen und beurteilen lerne, um sich in einem gewissen Grade seine Prognosen selbst zu bilden". Eigentlich taten das die Bauern ja schon immer, nun aber sollte es höchst wissenschaftlich zugehen. Fünf Jahre nach dem Beschluß wurde an diesem denkwürdigen Vitustag anno 1906 die erste Wetterprognose für Westfalen ausgegeben.

Die telegraphischen Drahtberichte, die von nun an jeden Morgen gegen 11 Uhr in den Postämtern eintrafen, kamen aus dem meteorologischen Observatorium in Aachen. Täglich hatten die Aachener Wetterkundler alle Hände voll zu tun. Schon in aller Herrgottsfrühe breitete sich unter ihnen betriebsame Unruhe aus, denn bevor ihre Prognose „stand", mußte viel geprüft, gerechnet und gezeichnet werden.

Gegen acht Uhr morgens trafen nämlich bereits die Witterungsberichte aus den 150 kleinen Wetterstationen ein, die über ganz Westfalen verstreut lagen. Eine Stunde später kam eine umfangreiche Depesche der Hamburger Seewarte an, die die Beobachtungen von siebzig europäischen Stationen enthielt. Aus diesen Meldungen entwarfen die Meteorologen eine Wetterkarte, und schließlich wagten sie eine Prognose für den nächsten Tag. Von Aachen aus wurde der Wetterbericht unverzüglich an sämtliche Postämter übermittelt. Spätestens um die Mittagszeit hing er selbst in den entlegensten Dörfern Westfalens aus. Die Telegraphie machte es möglich!

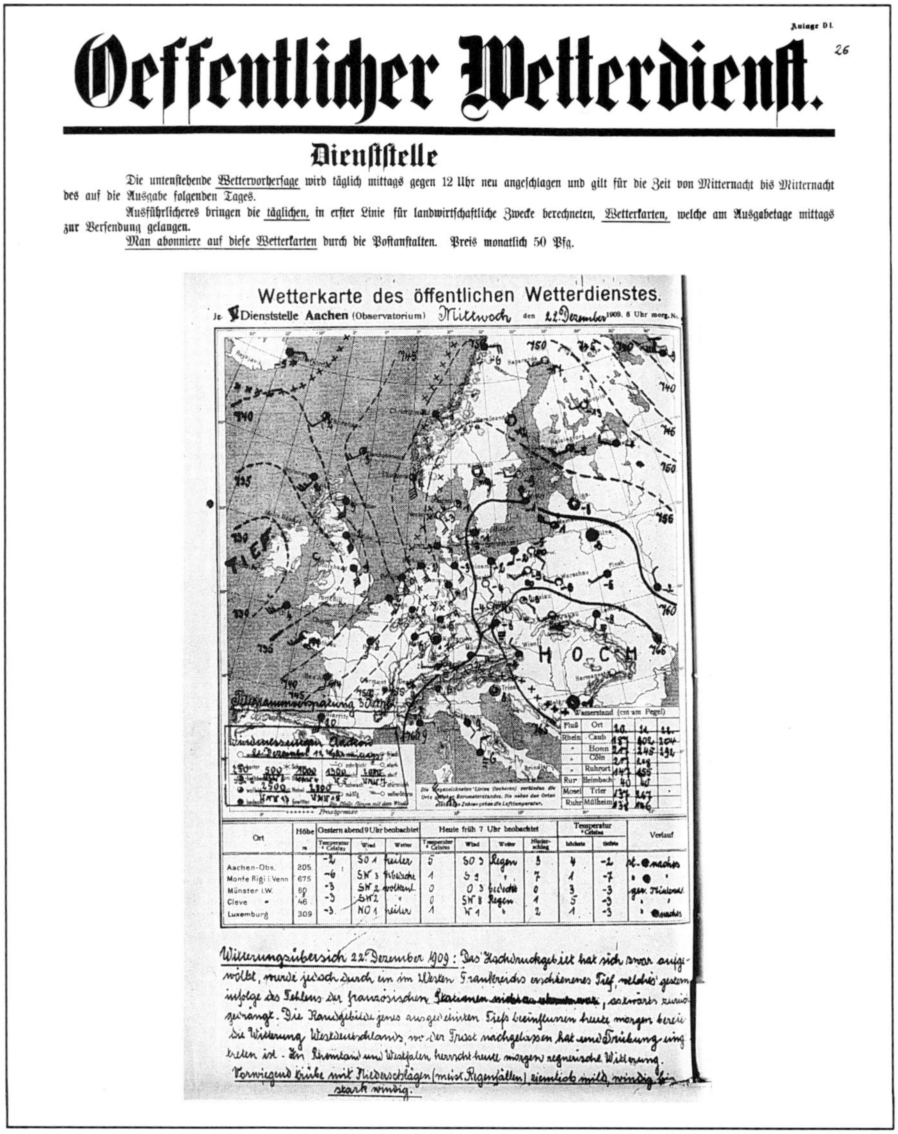

Die Wetterkarten der Meteorologischen Station in Aachen – hier eine Karte für den 22. Dezember 1909 – werden seit dem Sommer 1906 in den Anschlagkästen der westfälischen Dörfer ausgehängt.

Nun fuhren aber die Bauern nicht jeden Tag ins Dorf, um sich dort die Wetterkarte und die Prognose für den nächsten Tag anzuschauen. Dafür fehlte die Zeit – und anfangs auch das Vertrauen. Da wußte man sich rasch zu helfen. Glücklicherweise kamen die Depeschen so rechtzeitig an, daß die Dorflehrer sie den Schulkindern noch vor dem letzten Klingelzeichen in die Hefte diktieren konnten. So hielt jeder aufgeschlossene Bauer noch am Nachmittag die Vorschau für den nächsten Tag in Händen.

In den ersten Wochen gab es allerdings noch ein anderes Hindernis: Das Telegramm mit der Prognose, vor allem aber die komplizierte Wetterkarte deuteten viele Bauern noch falsch. Deshalb wurden sie auf Vortragsabenden der landwirtschaftlichen Kreisvereine in die Geheimnisse der Meteorologie eingeweiht. So konnte sich mancher Landwirt bald sein eigenes Urteil über die Witterung der nächsten Tage bilden.

Doch es dauerte seine Zeit, bevor sich die telegraphische Wettervorhersage ihren festen Platz in der westfälischen Landwirtschaft eroberte. Winterschullehrer, Amtmänner und Landwirte, die von der Aachener Wetterwarte gegen Ende des Jahres zu einem Bericht aufgefordert waren, meinten einhellig, die Prognosen seien „vorwiegend zutreffend“ gewesen. Nur anfangs seien die Meldungen von den Bauern überhaupt nicht ernst genommen worden. Amtmann Wyneken aus Bochum schrieb: „Die Landwirte machten sich lustig darüber, wenn mal das Wetter sich anders zeigte als vorhergesagt, während die richtigen Vorhersagen wenig beachtet wurden.“ Doch bald muß sich unter den Bauern herumgesprochen haben, daß ihnen die Prognosen durchaus nutzen konnten, denn Wyneken beendete seinen Bericht mit der Feststellung: „Auch die Landwirte begannen zum Schluß des Sommers, sich in ihren Ernteanordnungen für den folgenden Tag mit Erfolg nach den Vorhersagen zu richten.“

Mit dem Pferdestammbuch ging's in der Zucht bergauf

Wenn ich über einige bestehende Mißstände in der Pferdezucht spreche, so glauben Sie ja nicht, daß ich nur schlechtmachen will. Aber da meine Zeit sehr kurz bemessen ist, ist es wichtiger, die noch bestehenden Fehler zu besprechen, als sich in Lobsprüchen zu ergehen über die gemachten Fortschritte."

So manchem Zuhörer mag wohl ein leichter Schreck in die Glieder gefahren sein, als Kurt Graf Sponeck, Leiter des Pferdegestüts in Warendorf, daranging, die Mängel der westfälischen Pferdezucht offenzulegen – und das auch noch vor den Honoratioren der Landwirtschaftskammer, die sich im Mai 1901 in Dortmund zur Hauptversammlung zusammengefunden hatten.

Gründe zur offenen Kritik hatte Sponeck genug, denn um die Pferdezucht war es in Westfalen damals nicht gut bestellt, obwohl sie auf einer langen Tradition aufbaute. Bereits 1826 war das königliche Landgestüt in Warendorf gegründet worden. Mit 13 ostpreußischen Hengsten hatte das Gestüt damit begonnen, die kräftigen und oft recht groben Stuten, die damals für Westfalen tyisch waren, zu verbessern. Dennoch kreuzten viele Pferdezüchter weiterhin wild drauflos – mit Pferden, die sie häufig aus anderen Gegenden einführten. So verwundert es nicht, daß Graf Sponeck beklagt, die Pferdezucht sei „im Laufe der Jahre degeneriert".

Außerdem verkümmerten damals viele junge Pferde in dunklen, muffigen Ställen, denn die Weiden waren knapp und teuer. Weidegang war offensichtlich noch ein Fremdwort für viele Züchter. Die Aufzucht im Stall, so meinte Graf Sponeck, sei „genau dasselbe, als wenn Sie ein Kind im Bette liegen lassen, bis es halb erwachsen ist, es dann herausnehmen und verlangen, daß es angestrengt körperlich arbeite". Trotz dieser gravierenden Mängel in der westfälischen Pferdezucht brauchten sich die Pferdezüchter eigentlich nicht über mangelnde Absatzmöglichkeiten zu beklagen. Sie konnten die Pferde, wenn sie nur gebrauchsfähig und ausdauernd waren, an das Militär verkaufen. Oft aber entsprachen die in Westfalen gezogenen Pferde nicht den militärischen Anforderungen, so daß viele Tiere anderwärts eingekauft wurden.

Es hatte also Grund genug gegeben, die Pferdezucht weiter zu verbessern. Auf Initiative des „Bauernkönigs" Burghard Freiherr von Schorlemer-Alst hatte sich bereits 1888 in Steinfurt der erste Pferdezuchtverein gegründet; andere folgten noch vor der Jahrhundertwende. Die Zuchtvereine führten Hengst- und Stutfohlen aus Belgien und Oldenburg ein. Vereinzelt gab es auch schon Leistungsprüfungen und Stutbücher.

Diese Aufbauaktivitäten übersah auch Graf Sponeck nicht – trotz der warnenden Einleitung seines Vortrages. Er schlug allerdings vor, allge-

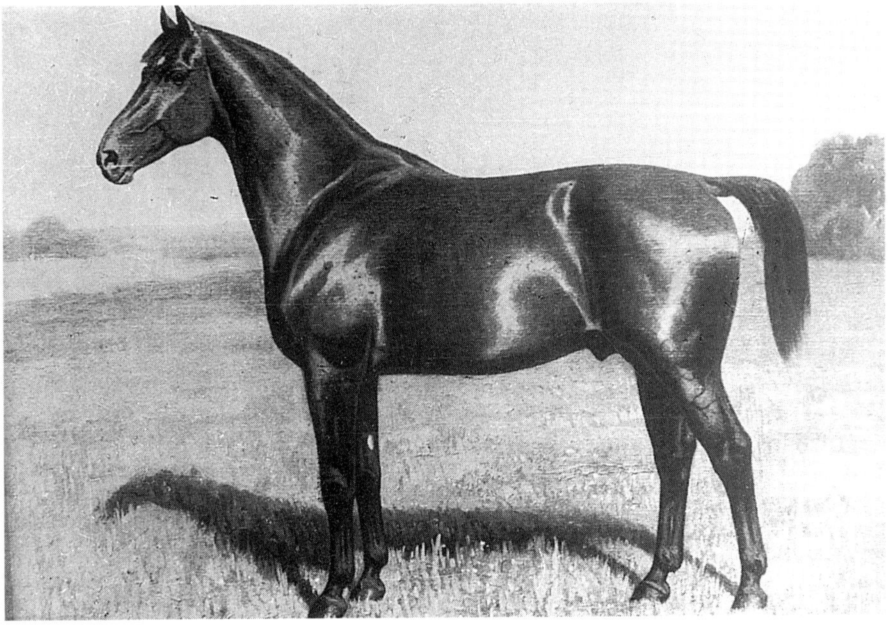

Der Fuchshengst „Herrscher", 1900 geboren, begründet die erste Hengstlinie des Westfälischen Pferdestammbuchs.

meingültige Zuchtregeln einzuführen, wie es sie in den Zuchtverbänden anderer Provinzen schon längst gab. Alle Stuten sollten in Stutbüchern eingetragen und nur Hengsten ihrer eigenen Rasse zugeführt werden. Die Pferde sollten in Warm- und Kaltblut eingeteilt und durch Brände gekennzeichnet werden. „Durch diese Maßregel", so meinte Graf Sponeck, „soll dem Kreuzen von Warmblut und Kaltblut ein Riegel vorgeschoben werden."

Seine Vorschläge trugen bald Früchte. Seit 1903 wurden alle westfälischen Stuten in Stutbücher eingetragen; außerdem wurden erste Stutenschauen abgehalten. 1904 beschlossen alle westfälischen Züchter, sich in einer gemeinsamen Stutbuchvereinigung zusammenzuschließen. Das Westfälische Pferdestammbuch war geboren.

An seiner Gründung waren vier Männer maßgeblich beteiligt, die die größte Pionierarbeit für die westfälische Pferdezucht leisteten: Ignaz Freiherr von Landsberg hatte schon als Vorsitzender der Landwirtschaftskammer die Pferdezucht gefördert; er wurde auch der erste Vorsitzende des Stammbuches. Ihm standen Carl Freiherr von Schorlemer, Direktor des Landgestüts von 1901 bis 1919, und Zuchtinspektor Wilhelm Manitius zur Seite. Der königliche Ökonomierat Anton Holtmann-Hamerle, der der Stutbuchkommission angehörte, sorgte dafür, daß eine einheitliche Linie bei der Zucht eingehalten wurde. Höchstpersönlich überwachte er den Zukauf reingezogener Hengste und Stuten.

Neben den verschiedenen Zuchtmethoden, die nun planmäßig angewandt wurden, führte das westfälische Stammbuch eine bahnbrechende Neuerung ein: die Leistungsprüfungen. Sie waren schon in der ersten Satzung der frisch gegründeten Züchtervereinigung vorgeschrieben. Damit beschritt das Pferdestammbuch vollkommen neue Wege, denn über viele Jahre hielten im gesamten Deutschen Reich nur die westfälischen Züchter solche Prüfungen ab.

In den Jahren 1904 und 1905 wurden die Leistungsprüfungen für Stuten und Hengste noch in Burgsteinfurt durchgeführt. Später dann fanden sie alljährlich im September in Warendorf statt, wo sie sich – in veränderter Form – bis heute erhalten haben.

Hier mußten die Pferde unter dem kritischen Auge der Gutachter ihre Qualität unter Beweis stellen – beispielsweise im Dauerfahren, im Trab- und Galoppreiten, im Jagdspringen und Dressurreiten. Die Anforderungen, die in den Prüfungen vor dem Ersten Weltkrieg an die Pferde gestellt wurden, waren aber noch bescheiden, so daß sie sich auf die Zuchtauswahl recht wenig auswirkten. Damals aber war es wohl wichtiger, daß die westfälischen Züchter einen Treffpunkt hatten, an dem sie ihre Erfahrungen austauschen konnten. Die Warendorfer Prüfungen wurden allmählich zu einem festlichen Ereignis, das nicht nur Züchter, sondern auch Pferdekenner und -liebhaber aus der ganzen Provinz anzog.

Die Erfolge der westfälischen Landespferdezucht ließen nicht lange auf sich warten. Bereits auf der DLG-Ausstellung in Düsseldorf im Jahr 1907 zogen die westfälischen Pferde die kritischen Blicke der Prüfer auf sich, und schließlich wurden sogar sieben Tiere prämiiert. Einer der damals wohl besten Pferdekenner, Professor Nathusius, fällte ein lobendes Urteil: „Nur selbst gezogenes Material wurde von Westfalen ausgestellt, dies hat noch nie ein so junger Zuchtbezirk gewagt. Die Zuchtleiter dürfen große Genugtuung haben über ihren Erfolg."

Vom kleinen Dorfschmied zur Landmaschinenfabrik

Auf einem modernen Bauernhof sind Maschinen überhaupt nicht mehr wegzudenken. Wo früher noch viele Menschen mit ihren einfachen Handarbeitsgeräten nötig waren, um die mühselige tägliche Arbeit zu verrichten, bedient heute oft eine Person mehrere Maschinen, die die gleiche Arbeit in einem Bruchteil der Zeit erledigen. Auf keinem landwirtschaftlichen Gebiet hat sich in den letzten hundert Jahren so viel verändert wie bei den Geräten, mit denen die Bauern ihre Felder bestellen, die Ernte einbringen und ihr Vieh versorgen.

Die Anfänge der Mechanisierung in der Landwirtschaft liegen weit in der Vergangenheit zurück. Dorfschmiede und kleine Handwerker waren es, die die ersten, noch sehr einfachen Maschinen für die Landwirte anfertigten.

Bereits um 1850 setzten westfälische Bauern die ersten Maschinen zum Dreschen der Ernte und zum Häckseln, wenig später auch zur Saat und Ernte des Getreides ein. Firmen aber, die diese Maschinen bauen konnten, gab es in Deutschland noch kaum. Deshalb mußten die ersten Exemplare aus England, das im Landmaschinenbau um einiges voraus war, importiert werden. Durch den langen Transport verteuerten sich natürlich solche Anschaffungen. Einige Bauern beauftragten deshalb hiesige Handwerker, die britischen Maschinen nach Plänen oder auch nach bloßer Betrachtung nachzubauen.

Auf diese Weise kam auch der Bauer Johann Hülsken aus Kirchhellen zu der ersten Dreschmaschine im Vest Recklinghausen. In einem zeitgenössischen Bericht heißt es: „Die Schreinerarbeiten machte ein Albert Hüttermann aus Damm bei Wesel. Am 24. Juni 1852 wurde er von Johann Hülsken abgeholt. Am 25. Juni besichtigten sie eine Maschine bei Stensbeck und Neustein im Stift Essen, anschließend ging's nach Mülheim, wo bei der Gießerei Grillo die Eisenteile in Auftrag gegeben wurden. Am 28. Juni fing Hüttermann an zu arbeiten, bis zum 16. Februar 1853. In dieser Zeit machte er: Dreschmaschine, Wannemühle, Sieb, Vordermaschine, Türen im Wagenschuppen, fünf Fenster im Scheunenkeller, vier am Kornboden, Häckselbank, eine Kommode mit vier Schubladen."

Mit dem Bau der Dreschmaschine führte der Schreiner Hüttermann also nur einen besonderen Auftrag unter den vielen anderen gewöhnlichen Arbeiten des Bauern aus. Anscheinend hat ihm der Nachbau des Dreschkastens keine Schwierigkeiten bereitet, obwohl das mit der gewöhnlichen Schreinerarbeit nicht mehr viel gemein hatte. Die ersten Dreschmaschinen waren aber noch so einfach konstruiert, daß sie von beschlagenen Handwerkern nachgebaut und sogar eigenständig umgeändert oder verbessert werden konnten.

Ein anderes Beispiel für die Anfänge der Landmaschinenindustrie ist die Schmiede Rosenbaum in Holthausen im Kreis Steinfurt. Für die umliegenden Bauern wurden hier bereits ab 1860 Dreschmaschinen, Göpel, Rüben- und Strohschneidemaschinen gebaut, neben den üblichen und vertrauten Schmiedearbeiten. Damals arbeitete der Schmied mit einem, manchmal auch mit zwei Gesellen. Das war also noch ein kleiner Handwerksbetrieb, der allerdings vielseitig orientiert war.

Andere Handwerksbetriebe spezialisierten sich bald ausschließlich darauf, Landmaschinen herzustellen. Sie versuchten, mit neuen Erfindungen und Weiterentwicklungen ihren Kundenkreis zu vergrößern. Bereits in den 1870er Jahren annoncierte eine ganze Reihe dieser kleinen Fabrikanten in der „Landwirtschaftlichen Zeitung".

Für die Bauern wurde es immer schwerer, die vielfältigen Produkte der Landmaschinenhersteller in Westfalen und anderen Regionen zu durchschauen und zu beurteilen. Deshalb gründete der westfälische Bauernverein 1888 in Münster eine Prüfungsstation für Landmaschinen. Hier wurden die unterschiedlichen Erzeugnisse auf ihre Tauglichkeit geprüft und Preise für besonders gelungene Konstruktionen vergeben; die Prüfungsstation veranstaltete außerdem noch Vorführungen und Ausstellungen.

Um die Jahrhundertwende erlebte die neue Landmaschinenindustrie in Westfalen einen großen Aufschwung. Der Landwirtschaft ging es finanziell gut, und so konnten sich viele Bauern die neuen Maschinen leisten. Im Jahr 1907 wurden bereits 96 westfälische Landmaschinenhersteller gezählt, zwölf Jahre zuvor waren es erst 60!

Die kleinen Betriebe beschäftigten 1895 im Durchschnitt 11 Arbeiter, im Jahr 1907 waren es sogar mehr als 16 Arbeiter. Nur selten aber hatte eine hiesige Landmaschinenfirma mehr als 20 Beschäftigte. Regelrechte Großfabriken mit mehr als 100 Arbeitern gab es damals in Westfalen noch gar nicht.

Solche großen Landmaschinenfabriken – wie etwa die Mannheimer Lanz-Werke –, die in alle Regionen Deutschlands und sogar ins Ausland lieferten, waren damals marktführend. Dennoch konnten auch kleinere westfälische Firmen ihre Anteile am hiesigen Markt behaupten und auch auswärts so manchen Erfolg erzielen – beispielsweise die Dreschmaschinenfirmen Buschhoff und Geringhoff in Ahlen, oder auch die Firma „Westfalia" in Oelde, die Milchzentrifugen und später auch Melkmaschinen herstellte.

Die Vielfalt der Maschinen nahm rasch zu. Meist spezialisierten sich die einzelnen Firmen auf wenige Maschinenarten, manchmal sogar nur noch auf ein Produkt. Immer mehr bestimmten größere Landmaschinenfabriken das Bild.

Manche westfälischen Kleinbetriebe konnten sich aber dennoch bis nach dem ersten Weltkrieg behaupten, weil sie ihre Landmaschinen ständig weiterentwickelten und dadurch mit der allgemeinen Entwicklung Schritt hielten. Stellvertretend sei hier die Firma Niemeyer aus Riesenbeck genannt, die sich im Bau von Kartoffelrodern einen guten Ruf erwarb.

Die kleinen Handwerker und Dorfschmiede allerdings, die die ersten Landmaschinen angefertigt hatten, spielten um 1900 kaum noch eine Rolle. Die immer komplizierteren Maschinen konnten sie nicht mehr nachbauen. Außerdem zahlte sich das nicht mehr aus. Ihnen blieb, als die größeren Firmen in Westfalen ihre Vertriebsnetze aufbauten, vornehmlich die Aufgabe, die Maschinen an die örtlichen Bauern weiterzuverkaufen und zu reparieren.

Schmiede des Landwirtes und Schmiedes Friedrich Hackler in Feudingen im Wittgensteiner Land. Solche Dorfschmiede und kleine Handwerker fertigen seit etwa 1850 die ersten, einfachen Maschinen für Landwirte.

Wer aber waren nun die neuen Unternehmer? Was stellten sie her und wie brachten sie ihre Produkte „an den Mann"? Um eine Antwort zu finden, soll hier der Werdegang zweier Betriebe – Hagedorn in Warendorf und Ottomeyer in Steinheim – vorgestellt werden.

Heinrich Hagedorn wurde 1843 als Sohn eines Schmiedes in einer kleinen Gemeinde bei Osnabrück geboren. Mit 30 Jahren gründete er in Warendorf eine eigene kleine Werkstatt. Ringsum wohnten zahlreiche größere und finanzkräftige Bauern. Das war günstig für sein Vorhaben, Landmaschinen zu bauen, die es zu dieser Zeit auf den Höfen noch kaum gab.

Hagedorn begann mit dem Bau von Häckselmaschinen, Kartoffelquetschen, Pflügen und Göpelwerken. Daneben erhielt er aber auch von den Warendorfer Textilbetrieben und Brauereien immer wieder Aufträge, andere Maschinen herzustellen.

Nach 20 Jahren war die Werkstatt zu klein geworden. Sie wurde an einen anderen Platz in der Stadt verlegt und zu einer kleinen Fabrik ausgebaut. Anfangs mußten die erforderlichen Arbeitsmaschinen noch mit der Hand oder mit Göpeln angetrieben werden. Als das Geschäft florierte, kaufte Hagedorn eine Dampfmaschine als Antriebsaggregat. Jetzt konnten Maschinen in erheblich größerer Stückzahl als bisher gefertigt werden. Sie wurden nicht mehr nur an die Bauern der umliegenden Gemeinden verkauft, sondern auch in weite Teile des Münsterlandes und in die angrenzende Provinz Hannover geliefert.

Als der Firmengründer 1895 verstarb, übernahmen zwei Söhne das Geschäft. Einer von ihnen gründete sogar noch eine Fahrrad- und Nähmaschinenhandlung.

Im Jahr 1902 konnten die Gebäude der ehemaligen Warendorfer Eisengießerei erworben werden. Hagedorn profitierte vom wirtschaftlichen Aufschwung der Jahrhundertwende, der auch die Landwirtschaft erfaßte. Zusätzliche Produktionshallen wurden gebaut und neue Mitarbeiter eingestellt. Die Firma baute jetzt auch größere und kompliziertere Maschinen wie Heuwender, Grasmähmaschinen und Kartoffelroder. Die Produkte erwarben sich bald einen guten Namen; einige wurden sogar bis in das Allgäu verkauft.

Die Größe der Belegschaft schwankte in den meisten Jahren zwischen 50 und 100 Beschäftigten. Schmiede, Schweißer, Schlosser, Anstreicher und Schreiner sorgten dafür, daß die vielen Produkte gebrauchsfertig die Werkshallen in Warendorf verließen.

Ab etwa 1925 beteiligte sich die Firma Hagedorn sogar an der Entwicklung eines Kleinschleppers. Noch bis 1950 wurden in Warendorf Schlepper gebaut. Die Firma trug damit nicht nur zur Mechanisierung, sondern auch zur Motorisierung der westfälischen Landwirtschaft bei.

Um den Absatz der Maschinen sicherzustellen, war ein guter Kontakt zu den Kunden besonders wichtig. Sehr früh schon betreuten einige Werksvertreter eine ihnen zugeteilte Region, in der sie systematisch die möglichen Kunden aufsuchten. Durch diese intensiven Kontakte konnten Verbesserungsvorschläge der Bauern, die täglich mit den Hagedorn-Maschinen arbeiteten, direkt bei der Konstruktion und Fertigung neuer Typen berücksichtigt werden. Erst vor wenigen Jahren mußte die traditionsreiche münsterländische Landmaschinenfirma, die in der ländlich geprägten Region einen bedeutenden Wirtschaftsfaktor dargestellt hatte, schließen.

Eine andere Entwicklung nahm die ostwestfälische Firma Ottomeyer in Steinheim. Friedrich Ottomeyer (1838–1895), ein Bauernsohn aus dem lippischen Wellentrup, begann 1863 als Lohndrescher mit zwei englischen Lokomobilen, Dreschmaschinen und Sägen. Er war einer der allerersten Lohnunternehmer im westfälischen Raum.

Nach wenigen Jahren kaufte er eine aufgegebene Mühle in Steinheim. Er baute neue Werkstätten, in denen seine im Lohnbetrieb eingesetzten Maschinen repariert, aber auch kleinere Maschinen wie Pflüge, Eggen und Ringelwalzen gebaut wurden. Schon nach kurzer Zeit blühte dieses Geschäft, und so gab Friedrich Ottomeyer den Lohndrusch schließlich auf. Nun lag sein Hauptarbeitsgebiet in der Reparatur der großen Dreschmaschinen. Außerdem verkaufte er Landmaschinen größerer Hersteller an die Landwirte. Im Bedarfsfall übernahm er auch die Reparatur dieser Maschinen.

Die Söhne des Firmengründers reisten bereits seit 1901 mit einem Auto durch das Land, um Maschinen zu verkaufen, Ersatzteile zu liefern und Aufträge für das Unternehmen hereinzuholen. Gleichzeitig waren Monteure der Firma unterwegs, um die Maschinen direkt beim Kunden zu reparieren. Wie wichtig dieser Kundendienst für den Verkauf fremder und selbstgebauter Maschinen war, zeigte die Aussage des Lohndreschers Karl Meyer aus Kalletal-Lüdenhausen in Lippe:

„Mein Vater hat den ersten Dreschsatz von der Firma Ottomeyer gekauft. Die hatte die Generalvertretung von Lanz und machte auch die Reparaturen. Später hat Ottomeyer auch Dreschmaschinen gebaut, und die waren auch nicht schlechter als die von Lanz. Die Firma Ottomeyer war ein Spezialist für Dreschmaschinen und überhaupt für landwirtschaftliche Maschinen, und die war hier in der Nähe, ungefähr 35 km von hier. Die waren immer schnell zur Stelle, wenn es mal nötig tat, daß man ihre Hilfe brauchte, und da haben wir uns immer dran gehalten."

Die beiden Landmaschinenfirmen hatten unterschiedliche Schwerpunkte. Hagedorn widmete sich mehr der Maschinenherstellung, Ottomeyer mehr dem Verkauf und der Reparatur. Beide Firmen aber erkannten früh die Bedeutung einer guten Verkaufsorganisation. Sie – wie auch die übrigen Landmaschinenproduzenten – hatten es ja nicht mit wenigen Großabnehmern zu tun, sondern mit zahllosen größeren und kleineren Landwirten, deren Höfe über das Land weit verstreut lagen. Erst durch diesen engen Kundenkontakt florierte der Absatz der Produkte.

Ralf Vogeding

Lokomobile machten der Landwirtschaft Dampf

Ein ohrenbetäubender Knall weckte im Herbst 1906 die Kötter und Bauern in Clarholz-Heerde bei Gütersloh aus ihrer Mittagsruhe. Auf einem Bauernhof in ihrer Nachbarschaft war der Kessel einer Lokomobile explodiert. Die wuchtige Dampfmaschine war erst kurz vorher angeheizt worden, um eine Dreschmaschine anzutreiben.

Die Arbeiter hatten gerade zu Mittag gegessen und saßen, als die Maschine zerbarst, noch in der Küche; zehn Minuten später hätte dieses Unglück einige Menschenleben gekostet. Glimpflich kamen auch die drei Töchter der Hofbesitzerin davon, die auf der Tenne das Vieh gefüttert hatten. Der Luftdruck hatte sie zu Boden geschleudert, und die heißen Dämpfe des geplatzten Kessels hatten ihre Hände und Füße verbrüht.

Der Schreck war den Arbeitsleuten lähmend in die Glieder gefahren. Die heftige Luftdruckwelle hatte etliche Fenster zersplittert, die Schrankwand in der Küche nach innen geschleudert und die Tür zertrümmert. Aus einigen Fachwerkwänden waren die Steine herausgedrückt.

Es verging einige Zeit, ehe sich die erschrockenen Arbeiter aufgerappelt hatten, hinausstürzen konnten und den ganzen Schaden sahen. „Die dicke Gußplatte am Kopfe der Lokomobile", so beschrieb ein herbeigeeilter Zeitungsredakteur später die Zerstörungen, „hatte zunächst einen der dikken Bogenpfosten zermalmt, wodurch der waagerechte Giebelbalken

Die Lokomobile diente in Westfalen hauptsächlich als Antrieb für eine Dreschmaschine (oben); Dampfpflüge waren hier nur selten in Gebrauch (unten).

um drei Fuß nach außen geschoben wurde; der Brettergiebel wurde zerstückelt, der senkrechte Giebelbalken stürzte in Stücken zu Boden. An die 1500 Ziegel sind von beiden Seiten des Daches herabgefallen und zerbrochen, die Grundmauern des Hauses haben starke Risse bekommen. Das Vieh in den Ställen wurde, soweit es stand, umgeworfen, wodurch es indessen einen nennenswerten Schaden nicht erlitten hat."

Der Rumpf der Lokomobile war fünfzig Meter über den Hof geschossen und hatte noch den Eckpfosten eines Schuppens umgerissen, bevor die zerstörte Maschine einen Steinwurf weiter liegenblieb.

Ein verschlossenes Ventil war die Ursache der Katastrophe. Ob es ein säumiger Arbeiter zu öffnen vergessen hatte, ob es durch Staub und Dreck verstopft oder gar defekt war – der Überdruck im Kesselinneren hatte sich angestaut, ohne entweichen zu können, und ließ schließlich den Kessel explodieren. „Der Knall", so bemerkte der Journalist damals, „ist zwei Stunden weit gehört worden."

Solche Unglücke indes konnten den Siegeszug nicht aufhalten, den die fahrbaren Dampfmaschinen gegen Ende des 19. Jahrhunderts in Westfalen angetreten hatten. Die bahnbrechende Idee, eine zweizylindrige, stehende Dampfmaschine auf ein Fahrgestell zu setzen und mit ihr über lederne Riemen andere Arbeitsmaschinen anzutreiben, stammte von dem britischen Konstrukteur Alexander Dean. Eine andere britische Firma erprobte fast gleichzeitig die neue Technik. Um 1850 war die Lokomobile ausgereift, als Wärmeausnutzung und Kraftübertragung grundlegend verbessert waren. So hatten sich die britischen Erzeugnisse bereits einen ausgezeichneten Namen erworben, als in den USA und auf dem Kontinent die ersten Fabriken damit begannen, Lokomobile zu bauen. Bevor die Lokomobile nach Westfalen kam, wurden die Dreschmaschinen von einem Göpel angetrieben: Pferde oder Rinder drehten einen Zugbaum im Kreis, und ihre Zugkraft setzte über Zahnräder, Wellen und Gelenke Dreschmaschinen oder Häcksler in Gang.

Die erste Dampfdreschmaschine in Westfalen wurde bereits 1862 auf einer Ausstellung des landwirtschaftlichen Provinzialvereins in Bielefeld den staunenden Bauern vorgeführt. Erst um 1890 setzte sich die neue Technik der Lokomobile allgemein durch.

Die Stahlkolosse wurden mit Holz und Kohle, manche sogar mit Stroh beheizt. Ein Zehntel des ausgedroschenen Strohs reichte aus, um die Maschinen mit dieser ständig nachwachsenden Energiequelle zu füttern. Mit ihrer Kraft von 10 bis 20 PS konnten die Lokomobile größere und technisch ausgereiftere Dreschmaschinen antreiben als die einfachen Göpel.

Die leistungsstarken Dampfdrescher wurden, wenn sie nicht aus den Lanz-Werken in Mannheim stammten, in westfälischen Firmen hergestellt. Buschhoff und Geringhoff in Ahlen, Petermann in Warendorf und Ottomeyer in Steinheim waren technisch versiert und gut ausgestattet; sie bauten vor allem Dreschmaschinen, und einige wagten sich sogar an den Lokomobilbau.

Die Bauern, die eine Lokomobile betrieben, mußten strenge und umfassende Sicherheitsvorkehrungen beachten. Zu groß war die Brandgefahr durch umherfliegende Funken. Auch eine Explosion der Dampfkessel, wie sie im Herbst 1906 den Bauernhof in Clarholz-Heerde verwüstete, war zumindest in der Frühzeit der Lokomobile nicht selten.

Anfangs mußte jeder Gebrauch eines Dampfdreschers sogar bei der Ortspolizeibehörde gemeldet werden. Diese und andere strenge Sicherheitsvorschriften wurden erst allmählich gelockert – nicht zuletzt aufgrund energischer Proteste der landwirtschaftlichen Vereine. Für die gesamte Provinz Westfalen galt seit dem 1. Juli 1908 eine neue „Polizeiverordnung betreffend Aufstellung, Beschaffenheit und Betrieb von beweglichen Kraftmaschinen". Sie enthielt aber noch immer sehr detaillierte Anweisungen, um die Feuersicherheit zu gewährleisten, um Belästigungen zu verringern und polizeiliche Kontrollen zu erleichtern. Die Feuerversicherungen wurden nicht müde, alljährlich im Herbst in den Lokalzeitungen auf diese Vorschriften hinzuweisen, denn auch sie mußten daran interessiert sein, die Zahl der Hof- und Scheunenbrände möglichst niedrig zu halten.

Doch manche Gefahren blieben unvorhersehbar: Ein Clarholzer Bauer transportierte damals – so berichtet die Ortschronik – eine Lokomobile über die Emsbrücke an der Brocker Mühle. Unter der gewichtigen Last der Maschine gab die Brücke nach und stürzte zusammen ...

Maschinenstürmer und „Dömperkiärls"

Der Dreschflegel bleibt unbenutzt in der Ecke der Scheune, wo er verstaubt und verwittert – seine Arbeit ist getan!" So steht's zu lesen im Fürstlich-Lippischen Kalender anno 1904. Und in der Tat: Das Maschinendreschen hatte sich seit 1890 allmählich durchgesetzt und fast überall in Westfalen das mühselige, zeitraubende Ausflegeln und Sieben des Korns abgelöst. Mancherorts rotierten noch die Pferdegöpel, meist aber trieben fauchende Dampflokomobile die hohen Dreschkästen an. Zur Freude der Bauern droschen sie das Korn sauberer und schneller aus, als es der beste Flegeldrescher je vermocht hätte.

Aber so mancher Landarbeiter war über die moderne Technik gar nicht erfreut. Ein Bauer aus Sielhorst im Kreis Lübbecke berichtet: „Mein Schwiegervater erzählte später mal, als er 1903 die erste Dreschmaschine angeschafft hatte, sei eines Tages ein dicker Knüppel in der Maschine gewesen. Wahrscheinlich hatten die Heuerlinge, die täglich am Hof beschäftigt wurden, Angst, ihren Arbeitsplatz zu verlieren." Einen ähnlichen „Maschinensturm" gab es auch in Hartum bei Minden.

Proteste und Sabotageakte von Landarbeitern gegen die neuen Maschinen, die ihnen die Arbeit „raubten", waren aber in Westfalen selten. Viele Landarbeiter waren ohnehin mit ihrem Lohn und ihrer Arbeit bei den Bauern nicht zufrieden und wanderten in das Industrierevier ab.

Die neue Dreschmaschinentechnik kam den Bauern also gelegen. Sie ersetzte ihnen – zumindest beim arbeitsaufwendigen Korndreschen – die fehlenden Landarbeiter.

Doch zunächst konnten nur größere Höfe die teuren Maschinen anschaffen. Allein die Lokomobile kostete um 1880 bei Lanz in Mannheim rund 4000 Mark; für den Dreschkasten mußten noch einmal etwa 3000 Mark auf den Tisch geblättert werden. Landwirte, die sich die fast unerschwinglichen Geräte allein nicht leisten konnten, schlossen sich zum Kauf zusammen.

Diese ersten Maschinengenossenschaften Westfalens entstanden um die Jahrhundertwende. So gründeten im Jahr 1892 immerhin 34 Bauern von kleinen und mittleren Höfen in Isselhorst bei Gütersloh eine „Dampf-Dreschmaschinen-Genossenschaft". In einem Vertrag vereinbarten sie die Nutzungsrechte und die Pflege der Maschinen. Im Frühjahr legten die Bauern die Dreschtermine fest. Wenn es dann soweit war, mußte der Bauer, der dreschen wollte, die Maschinen mit einem Pferdegespann vom vorigen Hof abholen. Die Genossenschaft arbeitete anfangs so erfolgreich, daß sie sich bald einen zweiten Dreschsatz zulegte. In anderen Orten wie Geseke und Büren gab es um 1914 sogar zwei Dreschgenossenschaften mit je 20 bis 30 Bauern.

Denoch waren die Genossenschaften in Westfalen nicht sehr weit verbreitet. Von den etwa 1000 Dampfdreschsätzen, die hier kurz vor dem Ersten Weltkrieg liefen, waren nur 50 in genossenschaftlicher Hand. Bis 1920 lösten sich die meisten Genossenschaften wieder auf. Überall hatten sie mit ähnlichen Schwierigkeiten zu kämpfen, wie sie ein Bauer aus Wewelsburg beschreibt:

„Die vier Bauern mit der Genossenschaft haben nur kurzfristig, ich glaube keine vier Jahre, gemacht. Schriftlich war überhaupt nichts gemacht. Jeder hatte den Dreschplatz, wie er wollte, ohne daß jemand die besondere Wartung hatte, das ging auf die

Dampfdreschen im Sommer 1916 auf einem Hof in Oberbauerschaft bei Lübbecke.

Der Schlepper löst in den 20er Jahren die Lokomobile ab: Dreschsatz des Lohnunternehmers Fritz Quebe aus Stemwede.

Dauer nicht gut.“ Viele Genossenschaften behielten auch alte Maschinen sehr lange, denn man wollte ja möglichst billig dreschen. So gab es häufig Reparaturen. Bis zum Streit unter den Mitgliedern fehlte dann auch nicht mehr viel. Oft mangelte es am gemeinschaftlichen Verantwortungsgefühl für die Maschinen. Mißtrauisch und dickköpfig, wie einige Bauern waren, fiel es ihnen schwer, sich auf die Erfordernisse einer Maschinengenossenschaft einzustellen.

Das Wasser wurde den Genossenschaften aber vor allem von einem vollkommen neuen Berufszweig abgegraben: dem Lohnunternehmer. Einzelne Bauern waren es, die die hohe Investition gewagt hatten und nun mit dem fahrbaren Ungetüm von Hof zu Hof zogen. Dort droschen sie gegen Lohn das Korn aus; manche häckselten auch noch das Stroh.

Bis 1914 gab es in Westfalen bereits rund 750 Lohndrescher. Viele lebten nur noch nebenbei von ihrer Landwirtschaft; andere hatten eine Landmaschinenwerkstatt, eine Mühle oder ein Holzsägewerk, das sie im Winter mit der Lokomobile in Gang setzten.

In der Hauptdreschzeit stellten sie einen Maschinisten ein, der für die Lokomobile zuständig war. Meist arbeitete auch noch ein Garbeneinleger mit. Von Juli bis Weihnachten, manchmal sogar bis in den März hinein, zogen diese „Dömperkiärls“, wie die Bauern sie nannten, oft kilometerweit durch die Ortschaften, um ihren festen Kundenstamm zu bedienen. Manche waren sogar regelrecht auf weiter Wanderschaft. So hievte der Lohndrescher Kasberg aus Ottmarsbocholt, als es in der Umgegend nichts mehr zu dreschen und zu verdienen gab, seine zwei Dreschsätze auf einen Eisenbahnwaggon und fuhr mitsamt seinem Bedienungspersonal an den Niederrhein. Dort wurde auf großen Gütern bis in den Frühling hinein weitergedroschen.

Der Verdienst der „Dömperkiärls“ war nicht hoch. Reparaturen und Ersatzteile für die Maschinen, aber auch Bindegarn, Maschinenöl und Schmierfette schlugen ordentlich zu Buche. Außerdem wurde die Lokomobile regelmäßig von örtlichen Beamten geprüft. Diese vorgeschriebene „Kesselrevision“ mußte der Lohnunternehmer zusätzlich bezahlen.

Am Ende einer arbeitsreichen Dreschsaison blieb den Dreschern damals nicht viel Geld in der Kasse. So ist aus alten Anschreibebüchern eines Liesborner Lohndreschers zu entnehmen: In der Dreschsaison 1908/9 hatten Dreschkasten und Lokomobile an 153 Tagen bei 100 Kunden in den Bauerschaften um Liesborn gearbeitet. Reibungslos waren die Maschinen gelaufen, teure und zeitraubende Reparaturen hatte es diesmal nicht gegeben. Dem Lohndrescher blieb in der Abrechnung mehr Geld als in den früheren Jahren. Der Maschinist wurde mit 435 Mark entlohnt. Der Garbeneinleger, der zeitweilig mithalf, erhielt 347 Mark. Für den Besitzer lag der Gewinn bei 1230 Mark. Selbst in diesem recht günstigen Jahr verdienten die beiden Arbeiter weniger als ein Bauersknecht. Sie mußten sich in der übrigen „dreschfreien“ Zeit noch anderwärts verdingen.

Der Gewinn des Liesborner Lohnunternehmers lag sogar weit unter den Jahreseinkünften eines selbständigen Handwerkers in der Gegend. Die Drescherei warf nur einen Zugewinn ab. Ohne den kleinen landwirtschaftlichen Betrieb, den er noch bewirtschaftete, hätte er seine Familie nicht ernähren können.

Kriegswirtschaft an der „Heimatfront“ (1914–1918)

Kriegspropaganda: Hindenburgs Aufruf an die Landwirtschaft zur Lebensmittelspende, November 1916.

Der Kriegsausbruch wurde begeistert gefeiert

Der 2. August kam, ein sonnenheller Tag. Die Bauern waren so richtig in der Arbeit, und alle hatten nur den einen Gedanken, ihre Ernte unter Dach und Fach zu bringen. Die Zeitung, die die meisten im Sommer abbestellten, blieb in diesen Tagen ungelesen liegen. Dann kam aber der Gendarm, jagte auf seinem Rad an uns vorbei und rief immer 'Mobil! Mobil!'"

Mit diesen Worten beschreibt Sophie Wiehering, eine Kleinbäuerin aus Dielingen im Norden Westfalens, wie sie den Ausbruch des Ersten Weltkrieges erlebte.

Den Kriegsausbruch feierte man überall mit einer überschwenglichen patriotischen Begeisterung – auch in Dielingen: „An Arbeit war nicht mehr zu denken, auf einmal stand alles still. Die des Kaisers Rock getragen hatten, eilten ins Dorf, um Näheres zu erfahren. Und als sie zurückkehrten, waren sie ganz andere Menschen geworden. Alle hatten die feste Zuversicht, daß Deutschland siegen würde. Keiner dachte an ein Unglück. In ihrer Begeisterung sangen sie vaterländische Lieder: das Preußenlied, das Deutschlandlied und 'Die Wacht am Rhein'. Und Männer sangen mit, die sonst nie ein Lied anstimmten . . ."

In diesen heißen Augusttagen hätte sich niemand auch nur im entferntesten vorstellen können, daß der Krieg mehr als vier Jahre dauern würde. Schließlich hatte Kaiser Wilhelm II. den ersten Soldaten, die an die Front ausrückten, hochmütig versprochen: „Bevor die Blätter fallen, seid Ihr wieder in der Heimat." Viele dachten noch an den kurzen deutsch-französischen Krieg 1870/71 zurück. Niemand zweifelte am baldigen Sieg der deutschen Truppen.

Wie aber war es überhaupt zum Kriegsausbruch gekommen? Schon lange hatten sich die europäischen Großmächte einander waffenstarrend belauert. Besonders mißtrauisch blickte man aus London, Paris und Moskau auf das ehrgeizige und wirtschaftlich erstarkende Deutsche Reich. Die Berliner Reichsregierung betrieb eine aggressive Außenpolitik des „Säbelrasselns". Sie vergrößerte das Heer und baute eine gewaltige Flotte von Schlachtschiffen und U-Booten auf. Die Reichsführung um Kaiser Wilhelm II. und Reichskanzler Bethmann-Hollweg war fest davon überzeugt, daß ein Krieg gegen den „Erbfeind" Frankreich und den „Todfeind" Rußland unvermeidlich sei, wenn das deutsche Kaiserreich seine Machtstellung in Europa verteidigen und weiter ausbauen wollte.

Die Reichsregierung fühlte sich von außen, aber auch von innen eingekreist. Seit den letzten Reichstagswahlen 1912 hatten die liberale Fortschrittspartei, das katholische, vor allem im ländlichen Westfalen verankerte Zentrum und die SPD erstmals

Mobilmachung in Münster in den ersten Augusttagen 1914.

eine Mehrheit der Wähler hinter sich. Diese Parteien drängten nachhaltig auf demokratische Reformen des autoritären Obrigkeitsstaates. Dazu aber war die konservative adlige Führung überhaupt nicht bereit. Für sie galt es, diese doppelte Einkreisung durch eine „befreiende Tat" zu sprengen.

Die schwelenden Spannungen entluden sich, als am 29. Juni 1914 serbische Nationalisten in Sarajewo den österreichischen Thronfolger ermordeten. Österreich-Ungarn war entschlossen, sofort gegen Serbien vorzugehen; die deutsche Regierung versprach Wien volle Unterstützung. Im Berliner Auswärtigen Amt wußte man: Bricht ein österreichisch-serbischer Krieg aus, würde das zaristische Rußland für das kleine Serbien Partei ergreifen und seine Truppen mobilisieren.

Genau das geschah auch – binnen vier Wochen spitzte sich die Krise dramatisch zu. Der Schlüssel, um den Konflikt noch diplomatisch beizulegen, lag in Berlin. Doch die politisch Verantwortlichen – Kaiser, Reichskanzler und die militärische Führung – unternahmen wenig, um den Frieden zu erhalten. Im Gegenteil: Die Krise betrachteten sie mehr und mehr als günstige Gelegenheit, um ihre inneren und äußeren Gegner ausschalten zu können und den Griff nach der Vorherrschaft in Europa zu wagen. Bald ging es Schlag auf Schlag: Am 31. Juli wurde der „Zustand drohender Kriegsgefahr" ausgerufen, am 1. August erklärte Deutschland dem Zarenreich, am 3. August Frankreich den Krieg. Das allerdings wurde der Bevölkerung verschwiegen. Sie war der felsenfesten Überzeugung, daß der Krieg dem Reich von seinen Feinden „aufgezwungen" sei. Der Kaiser bestärkte diese Legende, als er in seiner feierlichen Proklamation „An das Deutsche Volk" von einem „tückischen Überfall" mißgünstiger Feinde sprach, die „uns den Erfolg unserer Arbeit neiden".

Bielefeld im Sommer 1914: Jubelnd verabschiedet die Bevölkerung die Soldaten.

Mit diesen Worten begann schon die Kriegspropaganda, die die Wahrheit entstellte. Ein führender Admiral, der in Berlin die Julikrise aus nächster Nähe miterlebt hatte, notierte in seinem Tagebuch am 1. August die entlarvenden Sätze: „Die Morgenblätter bringen die Ansprachen des Kaisers und des Reichskanzlers an das vor dem Schloß bzw. dem Kanzlerpalais versammelte begeisterte Volk. Stimmung glänzend. Die Regierung hat eine glückliche Hand gehabt, uns als die Angegriffenen hinzustellen."

Nach der Wahrheit fragte längst niemand mehr. Auf dem Land und in den Städten löste der Kriegsausbruch eine Welle stürmischer Begeisterung aus. Reibereien und Spannungen schienen wie hinweggefegt. Alle waren stolz darauf, die Mobilmachung erleben zu dürfen. Tief beeindruckt von der allgemeinen Aufbruchstimmung schrieb der Landrat des Kreises Münster: „Die Mobilmachung und der Aufruf des Kaisers an das deutsche Volk und die Kämpfer haben eine Begeisterung in der gesamten Bevölkerung, ohne Ansehen der Parteistellung, hervorgerufen, wie sie in der Weltgeschichte bisher wohl nicht zu verzeichnen war. Mutig und freudig

Bekanntmachung.

Wegen Erklärung des Zustandes drohender Kriegsgefahr werden das Tierschaufest am 20. August in Altenhundem und alle damit zusammenhängenden Veranstaltungen hiermit

aufgehoben.

Namentlich findet auch die Verlosung nicht statt. Bereits verkaufte Lose werden zurückgenommen und der Betrag erstattet werden.

Olpe, den 1. August 1914.

Der Vorsitzende
des Landw. Kreisvereins Olpe.

Bekanntmachung des Landwirtschaftlichen Kreisvereins Olpe.

sind Jung und Alt in den Krieg gezogen.“

Als bald die ersten Soldaten ausrückten, ließ sich niemand dieses Schauspiel entgehen. Überall eilten die Menschen neugierig und hoffnungsvoll an die Straßen. Die marschierenden Truppen wurden begeistert gefeiert. Sie wurden mit Blumen geschmückt, und viele steckten ihnen auch Lebensmittelpakete und andere Geschenke zu. Pausenlos rollten in den ersten Augustwochen die Eisenbahnzüge an die Front. Die Soldaten malten siegesgewisse, prahlende Losungen an die Waggonwände:

„Alle Schuld rächt sich auf Erden, Frankreich muß westfälisch werden! Jeder Schuß ein Ruß, jeder Stoß ein Franzos!“

Noch ahnte niemand, daß ein langer, katastrophaler Krieg bevorstand, der das Land mit Hunger und Elend überzog und an Schrecken alles bisher Dagewesene übertraf.

An der „Heimatfront“ zogen dunkle Schatten auf

Der Ausbruch des Ersten Weltkrieges löste in den Städten wie auf dem Land eine unglaubliche Woge der Begeisterung aus. In der allgemeinen Jubelstimmung beachtete kaum jemand, daß sich schon in den ersten Kriegswochen auch der Arbeitsalltag auf den Höfen vollkommen änderte. Der Krieg warf bereits dunkle Schatten über das Land, noch bevor er eigentlich begonnen hatte.

Im Paderborner Land brannte an diesem 31. Juli 1914 – es war ein Freitag – die Sonne in das reife Getreide. Auf den Kornfeldern, die an der Landstraße zwischen Paderborn und Detmold lagen, schnitten die Bauern und Knechte unablässig das Korn, banden Frauen und auch Kinder emsig die Garben zusammen. Kaum einer von ihnen hob den Kopf, als am späten Nachmittag zwei Husaren der Paderborner Garnison hastig vorbeigaloppierten. Was war auch daran schon außergewöhnlich?

Die beiden Reiter preschten nach Marienloh, einem kleinen Dorf in der Senne. Dort ritten sie eilig von Hof zu Hof mit einer wichtigen Order. Binnen zwei Stunden, so hieß es, sollten die Bauern ihre Hofpferde, die im Frühjahr als militärdiensttauglich gemustert worden waren, nach Paderborn bringen. Denn: „Es gibt Krieg!“ Diese Kunde verbreitete sich in Windeseile und versetzte das kleine Dorf Marienloh, wie die Gemeindechronik vermerkt, „in Bestürzung und große Aufregung“.

In den Jubel mochten einige Bauern nicht so recht einstimmen. Ausgerechnet jetzt, da die Ernte noch nicht eingebracht war, sollten sie die Pferde, ihre einzige vollwertige Zugkraft auf Feld und Hof, abliefern. Aber es kam nicht ganz so schlimm wie erwartet. Die Paderborner Militärkommission musterte nicht alle, sondern nur einen Teil der Pferde an. Außerdem bezahlte sie die Tiere mit gutem Geld – pro Pferd zwischen 1000 und 1200 Goldmark.

Am folgenden Montag, dem 3. August, mußten die ersten fünf Wehrpflichtigen aus dem Dorf an die Front ausrücken – fünf junge Männer, deren Arbeitskraft nur schwer zu ersetzen war. Doch die Erntearbeit durfte nicht ins Stocken geraten, denn sie war gerade jetzt, im Krieg, wichtiger als je zuvor. Deshalb entschied der Paderborner Landrat von Laer zwei Tage später, alle Landschulen des Kreises unverzüglich zu schließen. Die Schulkinder sollten für ihre eingezogenen Väter und Brüder in der Getreideernte mithelfen.

Überall in Westfalen verliefen die ersten Tage nach Kriegsbeginn ähnlich wie im Paderborner Land. Die Arbeitspferde wurden eingezogen. Junge Männer erhielten ihren Gestellungsbefehl, aus Begeisterung meldeten sich viele sogar freiwillig. Auch viele Bauern wurden mitten aus der Ernte „zu den Fahnen gerufen“, wie es beschönigend hieß.

Das schien zunächst hinnehmbar, denn allgemein glaubte man, zu Weihnachten sei der Krieg beendet –

Soldatenmusterung in Münster.

selbstverständlich nach einem Sieg der deutschen Truppen. Anfangs überschlugen sich auch die Siegesmeldungen. Das deutsche Heer überfiel und besetzte die neutralen Nachbarländer Belgien und Luxemburg, und es stürmte weit in den Norden Frankreichs ein. Doch der deutsche Vormarsch endete im September 1914 in einem Fiasko. An der Marne stoppten die französischen und britischen Truppen den Angriff, die Front erstarrte in einem grimmigen, brutalen Stellungskrieg. Erleichtert hörte deshalb die deutsche Bevölkerung die überraschenden Siegesnachrichten aus dem Osten. Bei Tannenberg in Ostpreußen besiegten Generaloberst Paul von Hindenburg und sein Stabschef Erich von Ludendorff unerwartet das überlegene russische Heer. Doch der angestrebte „Siegfrieden“ war um keinen Deut nähergerückt, im Gegenteil: Die Aufmarschpläne der Militärs waren im Westen vollkommen fehlgeschlagen. Der Krieg, so wußte die Führung um Reichskanzler Bethmann-Hollweg, konnte jetzt nur noch mit einem Waffenstillstand beendet werden, zu gewinnen war er nicht mehr, der Krieg konnte nur noch verlängert werden . . .

Die zensierte Presse strich zwar immer noch ungebrochene Siegeszuversicht heraus. Bald aber war nicht mehr abzustreiten, daß der Krieg viel länger dauern würde als zunächst erwartet.

In den ersten Kriegsmonaten läuteten noch jedesmal feierlich die Kirchenglocken, wenn eine neue Siegesmeldung eintraf. Häufiger aber erklang bald das dumpfe Totengeläut. In vielen Familien trafen Trauerbotschaften ein. Immer mehr Väter, Ehemänner und Söhne erlitten, wie in den schwarzumrandeten Heeresmitteilungen verharmlosend zu lesen stand, „den Heldentod auf dem Feld der Ehre“. Die Tage des Jubels waren vorbei, Kriegsernüchterung stellte sich ein. An der sogenannten „Heimatfront“ kam im Spätherbst 1914 die Einberufungsmaschinerie voll in Gang. Ob Händler oder Arbeiter, Bauer oder Knecht, Familienvater oder Junggeselle – sie alle wurden eingezogen, niemand wurde mehr ausgelassen.

Die Bauern, die bereits im Militärdienst standen, konnten bis auf weiteres nicht mehr damit rechnen, die Soldatenuniform abzulegen. Auf den Höfen mußten nun Frauen, Kinder und Greise Ernte und Feldbestellung erledigen, so gut sie konnten. Nur selten gelang es, einen Familienangehörigen vom Soldatendienst „loszueisen“.

Selbst in besonders schwerwiegenden Fällen blieb die Militärbürokratie hart und unnachgiebig. In vielen Städten und Dörfern Westfalens trug sich ähnliches zu, wie es aus Herrntrop, einem kleinen Dorf im südlichen Sauerland, überliefert ist. Als einer von vielen war dort der 40jährige Bauer Peter Heinemann zur Infanterie eingezogen. Er war verheiratet und hatte fünf Kinder. Seine Frau Alwine wurde immer wieder bei der „Kreis-Ersatz-Kommisson“ in Olpe vorstellig. Dort versuchte sie unermüdlich, ihren Mann zu „reklamieren“, weil doch, wie sie sagte, dem Hof der Bauer und den Kindern der Ernährer fehle.

Als Alwine Heinemann wieder einmal in der Amtsstube auftauchte, herrschte ein Beamter sie grob an: „Was wollen sie eigentlich? Seien Sie doch froh, daß Sie an den vielen Kindern eine Stütze haben!“ Aus ihr platzte die langunterdrückte Wut heraus: „Ja, besonders hier an der Jüngsten . . .“ Verbittert zeigte sie noch auf ihre einjährige Tochter Maria, die sie auf dem Arm trug, und zog dann unverrichteter Dinge wieder nach Hause. Ihr ging es wie vielen Bäuerinnen: Sie mußte jetzt allein sehen, wie sie fertig wurde.

Die Landwirtschaft stürzte in eine tiefe Krise

Vollmundig hatten vor dem Krieg führende Agrarpolitiker immer wieder verkündet, die Landwirtschaft könne die Bevölkerung aus „eigener Scholle" ernähren. Wer aber in den Vorkriegsjahren unvoreingenommen hinsah, dem bot sich ein anderes Bild. Westfalens Landwirtschaft erlebte zwar eine ungeahnte Blüte, aber sie war in hohem Maße importabhängig. Aus dem Ausland wurden Dünge- und Futtermittel geliefert. Erst diese umfangreichen Importe hatten in den Vorkriegsjahren das beispiellose Wachstum in Ackerbau und Viehzucht ermöglicht. Von einer „Selbstversorgung aus des eigenen Bodens Kraft" zu reden, wie es damals so mancher Agrarpolitiker tat, war deshalb trügerisch und illusionär. Die Probe aufs Exempel ließ nach Kriegsausbruch nicht lange auf sich warten.

Bereits Ende August 1914 verhängte die britische Regierung eine umfassende Seeblockade. Plötzlich fiel mehr als ein Fünftel aller Nahrungsmittel, die vor dem Krieg aus dem Ausland kamen, weg.

Die Lücken sollte die einheimische Landwirtschaft schließen, doch auch sie war empfindlich getroffen. Die ausländischen Lieferungen an Guano, Chilesalpeter und Rohphosphat blieben aus. Die Vorräte reichten kaum mehr für die Frühjahrsbestellung 1915. Immerhin war die Versorgung mit Kali nicht gefährdet, weil der Rohstoff im Inland ausreichend vorhanden war. Kali aber konnte die fehlenden anderen Düngemittel nicht ersetzen. Salpeter hätte noch künstlich hergestellt werden können, aber die chemische Industrie wurde voll und ganz in den Dienst des Militärs gestellt. Sprengstoff war gefragt, nicht Stickstoffdünger . . .

Doch nicht nur die Einfuhrsperre versetzte der Landwirtschaft einen schweren Schlag. Nach der Mobilmachung mangelte es überall auch an Arbeitskräften.

Bereits im Dezember 1914 schlug der Mindener Regierungspräsident von Borries Alarm: Die Frühjahrsbestellung sei in Gefahr, wenn man die Bauern nicht vom Heeresdienst beurlaube. Sein Appell verhallte ungehört. Um die Jahreswende 1914/15 kam sogar die Rekrutierung erst richtig in Gang. Im Januar 1915 stellte von Borries fest: „Die Sachlage ist inzwischen sehr viel ungünstiger geworden, weil zahlreiche landsturmpflichtige Landwirte eingezogen sind. Sie sind bei dem überwiegenden Mittel- und Kleinbesitz des Bezirks häufig die einzigen männlichen Kräfte der Hofwirtschaft und daher eigentlich dauernd, jedenfalls in der wichtigsten Bestellzeit, unentbehrlich."

Diese zweite Warnung war erfolgreicher. Viele Bauern erhielten im Frühjahr 1915 Fronturlaub. Wer Glück hatte, durfte auch im Sommer 1915 noch einmal zur Ernte auf seinen Hof zurückkehren. Doch je länger der Krieg dauerte, um so weniger konnten die Bauern damit rechnen, vom Heeresdienst freigestellt zu werden. Aus

Pferdemusterung auf dem Kesselbrink in Bielefeld, kurz nach Kriegsbeginn.

den Statistiken der westfälischen Landkreise geht hervor, daß im Krieg etwa jeder zweite Landarbeiter und vier von zehn Bauern zum Militär eingezogen waren.

Erst allmählich wurde erkennbar, daß sich eine Krise anbahnte. Weil viele Bauern die Herbst- und Frühjahrsbestellung noch hatten erledigen können, fiel die erste Kriegsernte 1915 wider Erwarten recht günstig aus. In den folgenden Kriegsjahren aber wandte sich das Blatt. Auf den Höfen fehlte es nahezu an allen Betriebsmitteln, die eine gute Ernte garantiert hätten. So gingen bei allen Feldfrüchten die Erträge katastrophal zurück. Im Vergleich zur letzten Vorkriegsernte 1913 sanken die Hektarerträge bis 1918 in Westfalen bei

- Roggen von 20,0 dt auf 16,4 dt,
- Weizen von 22,8 dt auf 17,4 dt,
- Gerste von 19,0 dt auf 12,9 dt,
- Hafer von 21,5 dt auf 13,8 dt.

Der gesamte Getreideertrag halbierte sich von 1,1 Mill. t auf 580000 t. Noch verheerender war der Rückgang bei den Kartoffeln. Im Jahr 1915 war die Ernte noch auf 1,8 Mill. t gestiegen, 1918 wurden nur noch 860000 t geerntet.

Auch in der Viehzucht ging es rasch bergab. Durch die Seeblockade gab es kaum noch Futtermittel. Den Bauern aber war strengstens untersagt, Getreide an das Vieh zu verfüttern; jeder Zentner Korn wurde nun dringend benötigt, um der Bevölkerung das tägliche Brot zu sichern. An das Verbot hielten sich aber nur wenige Bauern. Sie standen – wie die westfälische Landwirtschaftskammer schon im Dezember 1914 klagte – vor einem unlösbaren Dilemma: „Wenn weiterhin die Futtermittelpreise in übermäßige Höhen klettern, werden die Produzenten gezwungen sein, Kartoffeln und – trotz der bestehenden Verbote – Brotgetreide zu nutzen, um ihr Vieh am Leben zu halten."

Die staatlichen Behörden befürchteten eine allgemeine Versorgungskrise, denn alles schien für 1915 auf eine schlechte Getreide- und Kartoffelernte hinzudeuten. Die Regierung, die inzwischen mehr schlecht als recht die Kriegswirtschaft zu lenken versuchte, verordnete deshalb eine umfangreiche Zwangsabschlachtung der Schweine. Was nun kam, prangerte der damals berühmte Agrarwissenschaftler Fritz Beckmann als die vollkommen unsinnige „Bartholomäusnacht des Borstenviehs" an: Binnen weniger Wochen wurden nämlich im Frühjahr 1915 in Westfalen 632000 Schweine – mehr als ein Drittel des Bestandes! – geschlachtet; im gesamten Reich waren es fast 9 Mill. Tiere.

Selbst junge Schweine, die noch kaum Fleisch abwarfen, gerieten unter das Messer. Doch nicht nur deshalb war der sogenannte „Schweinemord" völlig verfehlt. Recht bald erwies sich nämlich, daß die Kartoffelernte sehr viel höher ausfiel als erwartet. Jetzt fehlten die Schweine, um den Überfluß an Kartoffeln zu bewältigen. Außerdem wurden nach dem berüchtigten „Schweinemord" Fett und Fleisch, das es für kurze Zeit im Überfluß gab, sofort verkauft und verzehrt. Vorräte wurden fast gar nicht angelegt. Bald tat sich eine „Fettlücke" auf – mit verheerenden Folgen für die kommenden Kriegsjahre.

Auch der Rindviehbestand ging allmählich zurück. Weil die Grünlanderträge im Laufe des Krieges fielen, sank die Zahl der Rinder und Kühe um knapp ein Fünftel des Vorkriegsbestandes. Nachdem das Militär die besten Pferde beschlagnahmt hatte, wurden viele Kühe wieder als Zugtiere gebraucht. Da war es kein Wunder, daß auch die Milchleistung zurückging.

Alles in allem: Der erste Weltkrieg beendete schlagartig die Blütezeit der westfälischen Landwirtschaft. Sie war um Jahrzehnte zurückgeworfen. Die Menschen konnten nicht mehr ausreichend ernährt werden. Der Hunger wurde in den Städten bald allgegenwärtig.

Nach dem „K-Brot“ kam die Zwangswirtschaft

Auf dem Wochenmarkt in Paderborn kam es wenige Tage nach Kriegsausbruch zu einem erregten Tumult. Die Marktbesucher waren aufgebracht, denn Bauern verlangten plötzlich horrende Wucherpreise für die Kartoffeln. Ein Pfund hatte in der letzten Friedenswoche noch vier bis sechs Pfennig gekostet, jetzt aber verlangten einige Bauern 15 bis 18 Pfennig! Sie versuchten, das war offenkundig, aus der angeheizten Kriegsstimmung Kapital zu schlagen.

Einige der empörten Paderborner zeigten den Bauern sofort, daß sie sich nicht alles gefallen ließen. Sie stürmten auf die vollbeladenen Holzkarren und schoben die Seitenbretter hoch. Die „Wucherkartoffeln“ rollten, ehe sich die Bauern versahen, auf die Straße. Eilig bedienten sich einige. Der Tumult endete erst, als die Polizei in das Handgemenge eingriff. Fürs erste waren die Bauern gewarnt . . .

Solche Zwischenfälle ereigneten sich in den ersten Kriegsmonaten häufig, und nicht nur in Paderborn. Es gärte in den Städten. Die Lebensmittel wurden teurer und knapper. Überdies hielten Bauern Vorräte zurück – in der Hoffnung, später einen höheren Gewinn dafür einstreichen zu können. War es da nicht verständlich, daß die Städter auf die Bauern nicht gut zu sprechen waren?

Aber bei allem Spekulantentum und Wucher unter den Landwirten: Für den Lebensmittelmangel in den Städten waren sie nicht allein verantwortlich. Die Heeresverwaltung hatte große Kontingente aufgekauft, die nun auf den städtischen Märkten fehlten. Außerdem nahm das Militär die Eisenbahn vollkommen in Beschlag, so daß der Transport von Getreide und Fleisch, von Milch und Eiern in die Ruhrgebietsstädte zeitweilig fast unmöglich war. Vor allem aber verhinderte die britische Seeblockade, daß Lebensmittel aus dem Ausland importiert wurden. All dies führte bereits in den ersten Kriegsmonaten zu einem dramatischen Engpaß in der Lebensmittelversorgung.

In den Städten drohten erste Hungerrevolten auszubrechen. Noch immer aber glaubte die Reichsregierung an ein baldiges Ende des Krieges. Deshalb begnügten sich die staatlichen Behörden zunächst damit, Einsparungsmaßnahmen zu verordnen. Die Mühlen wurden angehalten, das Getreide stärker zu vermahlen. Die Bäkkereien mußten dem Weizenmehl einen festgelegten Anteil Roggenmehl beimischen. Als die Getreidevorräte immer bedenklicher zusammenschrumpften, wurde den Bäckern vorgeschrieben, den Brotteig mit Kartoffeln zu verlängern. Auf den Brotlaib hatten sie den Buchstaben „K“ einzuritzen. So entstand das berüchtigte „K-Brot“. Als „Kriegsbrot“ feierten es unverbesserliche Patrioten, und andere bezeichneten es schlicht als das, was es war, ein abscheulich schmekkendes „Kartoffelbrot“.

Um die Jahreswende änderte sich die Situation vollends. Der „kurze, siegreiche Herbstspaziergang unserer Krieger nach Paris“, den die Kriegspropaganda heraufzubeschwören versucht hatte, war gescheitert. Was niemand zunächst hatte wahrhaben wollen, wurde bittere Wirklichkeit – das Deutsche Reich mußte sich auf einen unabsehbar langen Krieg einrichten. Jetzt führte kein Weg mehr daran vorbei: Die Regierung mußte in die Landwirtschaft eingreifen, um die unzureichenden Lebensmittelvorräte einigermaßen gerecht zu verteilen.

Im Januar 1915 wurden sämtliche Getreidevorräte, die noch in den Vorratskammern der Mühlen und in den Bauernscheunen lagen, per Gesetz beschlagnahmt. Die Bauern mußten das Korn zu festgesetzten Preisen an die „Kriegsgetreidegesellschaft“ abliefern. Diese neu errichtete staatliche Behörde kontrollierte fortan den Weiterverkauf in die Städte. Das Getreide wurde nicht nur zentral erfaßt, sondern auch streng rationiert. An die Menschen in den Städten wurden Brotkarten ausgegeben, die sie von nun an beim Bäcker vorlegen mußten, wenn sie Brot kaufen wollten.

Nach und nach wurde dieses System der Zwangswirtschaft ausgeweitet. Bis Ende 1916 erfaßte es nahezu alle landwirtschaftlichen Produkte. Fleisch, Milch, Butter, Kartoffeln – nichts blieb mehr dem freien Handel überlassen. Für die Städter gab es diese Waren nur noch auf Lebensmittelkarten. Ein umfangreiches Geflecht staatlicher Behörden schrieb den Bauern vor, was sie in welchen Mengen wann abzuliefern hatten. Bald verging keine Woche mehr, in der sie von neuen Verordnungen, Kontrollen und Beschlagnahmungen unbehelligt blieben. Die Landwirte konnten nun nicht mehr über ihre Erzeugnisse frei

Die Heeresverwaltung benötigt große Mengen an Getreide, das in den Städten in den ersten Kriegswochen knapp wird.

verfügen. Ihnen blieb nur die erlaubte Selbstversorgerration; alles weitere mußten sie an städtische oder regionale Verteilungsstellen abgeben.

Je tiefer die Zwangswirtschaft in den Hofalltag einschnitt, um so ablehnender wurden die Bauern. Die einen kritisierten – nicht zu Unrecht –, daß die preußische Regierung die ostelbischen Junker begünstige. Die anderen wandten ein, daß die Kontrollen in benachbarten Kreisen und Provinzen lockerer gehandhabt würden. Und wieder andere argwöhnten, daß ihr Hofnachbar bevorzugt werde.

Besonders hart setzte die Zwangswirtschaft den Kleinbauern in Westfalen zu. Nicht selten kam es vor, daß per Verordnung alle Bauern eine Kuh abliefern mußten – und da machte es viel aus, ob ein Kleinbauer eine von seinen drei Kühen oder ein Gutsbesitzer eine von seinen dreißig Kühen abgeben mußte!

Trotz dieser Unterschiede brach auf dem Lande nie ein offener Konflikt aus. Wenn ein Bauer mehr als der andere unter der Zwangswirtschaft litt, so war doch bedeutsamer, daß alle Bauern litten.

Außerdem zog die Kriegswirtschaft einen breiteren Trennungsstrich zwischen Stadt und Land. Die Landwirte hegten den argen Verdacht, daß allein die Bevölkerung in den Städten von der Zwangswirtschaft profitierte. Die Bauern warfen den Beamten vor, sich den städtischen Interessen gebeugt und die Landwirtschaft verraten zu haben. Der Landrat in Halle brachte die tiefe Verbitterung der Bauern auf den Punkt, als er schrieb: „Die Bauern glauben, daß die Zentralstellen ihre Entscheidungen nach den Wünschen der Industriearbeiterschaft treffen, ohne dem Produzenten Gehör zu geben. Die Bevölkerung meines Kreises hat den Eindruck, daß die Entscheidungen vielfach von der Furcht vor den städtischen Massen diktiert sind.“

Ein Schöppinger Bauernhof im Krieg

Der Schöppinger Bauer Hubert Banning (Name geändert) war gerade erst 18 Jahre alt, als der Krieg ausbrach. Recht gut kann er sich noch an diese Zeit erinnern: „Anfangs nahmen wir den Krieg ja noch auf die leichte Schulter. Der Krieg wurde ja auch verherrlicht, in der Schule zum Beispiel. Wir dachten, das ist bald wieder zu Ende. Aber Mitte September 1914, da mußten wir zum zweiten Mal nach Ahaus zur Pferdemusterung, und da ahnten wir, daß das wohl länger dauern würde.“

Mit diesen Worten berichtet Hubert Banning aus einer Zeit, die er auf einem Hof in Schöppingen erlebt hat. Die Schilderungen des betagten Bauern sind sicher nicht typisch für alle Höfe in Westfalen. Dennoch geben seine Erinnerungen einen Einblick, wie Krieg und Zwangswirtschaft den bäuerlichen Arbeitsalltag veränderten.

Vom Soldatendienst blieb Hubert Banning verschont. Er wurde damals zurückgestellt, weil er den Hof seiner beiden älteren Vettern bewirtschaften sollte, die bereits im Herbst 1914 eingezogen waren. So arbeitete Hubert Banning in den Kriegsjahren auf dem, wie er sagt, „verwaisten“ 40-ha-Hof seiner Vettern. Dort ging ihm nur ein älterer Onkel noch zur Hand, und ab und zu halfen auch Nachbarn mit.

Bald kam eine zusätzliche Arbeitskraft auf den Hof – ein französischer Kriegsgefangener. „Einmal ist er zu mir gekommen und sagte nur: 'Krieg – Grand Malheur, Grand Malheur!' Da hab ich noch gedacht, unser Erbfeind ist das nicht. Das wollte uns die Propaganda immer einbleuen. Nein, das sind Leute wie wir auch!“

Der Franzose war mit anderen Ge-

Sommer 1916 in Füchtorf bei Warendorf: Ein Landwirt fährt mit zwei französischen Kriegsgefangenen Korn ein.

fangenen aus Belgien, Polen und Rußland auf einem nahen Bauernhof untergebracht. Dort hatte man einen Speicher zum Kriegsgefangenenlager umgerüstet.

Bei vielen Bauern gehörten die Gefangenen nach kurzer Zeit schon beinahe zur Familie. Fast überall saßen sie wie selbstverständlich am gemeinsamen Mittagstisch, obwohl das nicht erlaubt war. Manche Gefangene konnten aber auch an einen schlechten Herrn geraten – „da gab's gute Bauern, und da gab's schlechte Bauern", meint Hubert Banning. Überwiegend seien die Gefangenen aber gut behandelt worden. Ein Wachtposten habe sogar einmal die Landwirte in der Schöppinger Bauerschaft gewarnt: „Nun füttert mir die 'Kunden' nicht so gut, sonst kann man da nicht mit umgehen!" Aber die Kriegsgefangenen mußten schwer arbeiten, denn schließlich sollten sie die eingezogenen Arbeitskräfte ersetzen. „Bei uns", so erinnert sich der betagte Landwirt, „bekamen sie ordentlich zu essen – das war ganz selbstverständlich, und dann schafften sie auch was."

Im Januar 1915, daran erinnert sich Hubert Banning noch sehr gut, begann dann die Zwangswirtschaft. Vor dem Krieg wurde das Korn, das auf dem Hof nicht gebraucht wurde, an die Genossenschaft oder an Händler verkauft – je nachdem, wer gerade am meisten Geld zahlte. Diese Zeiten waren nun vorbei. Die Bauern durften das Korn nur noch an die neuen staatlichen Bewirtschaftungsstellen abliefern. „Wir bekamen regelmäßig eine Nachricht von der Kreisernährungsstelle, wieviel Getreide wir abzuliefern hatten. Das Korn brachten wir auf dem Pferdewagen zum Bahnhof in Metelen. Von da aus wurde es dann an die Mühlen geliefert." Bezahlt wurde das Korn nach festgesetzten Höchstpreisen; „damit", so der Bauer, „kamen wir einigermaßen über die Runden."

Für jeden Landwirt war genau vorgeschrieben, wieviel Korn er abzugeben hatte. „Hier auf den schweren Böden konnten die Bauern ihr Soll erfüllen, und da blieb dann auch wohl manchmal etwas über. Auf leichteren Böden hielten die Bauern das nicht so gut ein. Die konnten das auch gar nicht, die mußten schon etwas zurückhalten, wenn sie existieren wollten." Deshalb, so meint Hubert Banning, wurden die „Sandbauern" auch viel häufiger kontrolliert.

Kontrollbeamte, so wird von anderen westfälischen Bauernhöfen berichtet, stellten manchmal ein ganzes Gehöft auf den Kopf. Sie wußten recht genau, was sie suchten, denn die örtlichen Behörden führten über jeden Betrieb eine genaue Liste. Alles „Wissenswerte" war darin exakt festgehalten: die Größe des Haushalts und der Viehställe, die zugelassene Getreidemenge für die Ernährung der Bauersfamilie, für das Vieh und die kommende Einsaat, und darüber hinaus noch Anbauflächen und abgelieferte Getreidemengen.

Aus diesen Aufzeichnungen ging hervor, welcher Bauer seinen Verpflichtungen nicht nachkam. Ihm statteten die Suchtrupps dann unliebsamen Besuch ab. Wenn sie auf einem Hof versteckte Reserven entdeckten, beschlagnahmten sie sie sofort entschädigungslos. Die Kontrolleure waren sogar berechtigt, im Wohnhaus zu suchen, und da wurde dann selbst unter Betten und in Schränken nach unerlaubten Vorräten gefahndet. Kein Wunder, daß viele Bauern auf die Zwangswirtschaft nicht gut zu sprechen waren.

Von solchen Durchsuchungen blieb Hubert Banning aber verschont. Er konnte immer ausreichend Getreide abliefern, wie es verlangt wurde – und das, obwohl Dünger nur noch in knappen Rationen ausgeteilt wurde. Darüber schüttelt Hubert Banning noch heute den Kopf: „Da gab's hier einmal eine Versammlung. Jedem Bauern wurde für 100 Morgen Ackerland 1 Zentner Dünger zugeteilt – das war soviel wie gar nichts!" Daß er dennoch den Hof einigermaßen über Wasser halten konnte, lag vor allem an den fruchtbaren Schöppinger Ackerböden. Hier gingen die Erträge nicht so drastisch zurück wie etwa auf den Sandböden im östlichen Münsterland.

Deshalb meint Hubert Banning zum Schluß: „Wir konnten uns im ganzen Krieg noch behelfen. Andere Bauern waren schlimmer dran, die Kleinen hatten oft nicht mal einen Gefangenen. Und in den Städten, da war das noch viel schlimmer. Die Leute hatten ja nichts zu essen. Das war eine große Hungersnot. Wenn es auf dem Land auch nicht gut aussah – hungern brauchte damals kein Bauer."

Lebensmittelkarten: Keine Garantie gegen Hunger

Die Lebensmittelfürsorge für den Winter liegt jedermann sehr am Herzen. Die gute rationelle Einteilung hat bisher die Hoffnung der Feinde, Deutschland auszuhungern, zunichte gemacht. Deutschland ist nicht unterzukriegen, weder in wirtschaftlicher noch in politischer oder militärischer Hinsicht."

Diese Durchhalteparolen waren im Herbst 1916 in der „Beckumer Volkszeitung" zu lesen. In allen westfälischen Zeitungen fand sich ähnliche Kriegspropaganda. Den städtischen Lesern sollte der Eindruck vermittelt werden, als sei die Versorgung mit Lebensmitteln und anderen Bedarfsgütern nicht erschüttert.

Daß dem nicht so war, spürte jeder am eigenen Leibe. Zwar waren im Laufe des Jahres 1916 alle Güter des täglichen Bedarfs rationiert. Die ausgegebenen Lebensmittelkarten garantierten aber noch lange nicht, daß die Verbraucher die Waren auch erhielten, die auf dem Papier abgedruckt waren.

In ländlichen Kleinstädten – wie etwa Beckum – konnten die Bürger diese rationierten Lebensmittel, die überwiegend von den Bauernhöfen der Umgebung stammten, in den „Tante-Emma-Läden" auch kaufen – vorausgesetzt natürlich, daß sie die entsprechenden Marken auf die Ladentheke legten. In den ersten beiden Kriegsjahren gab es hier nur selten Engpässe.

In Gelsenkirchen, Dortmund, Essen und anderen Ruhrgebietsstädten sah es jedoch weitaus schlimmer aus. Die Brotversorgung blieb zwar auch hier über die gesamten Kriegsjahre hinweg erstaunlich stabil. Fleisch und Kartoffeln aber wurden nur selten angeboten – und wenn, dann in knapp bemessenen Mengen. Oft gab es an den Verkaufsstellen gerade einmal die Hälfte der festgesetzten Rationen zu kaufen.

Der Lebensmittelmangel hatte vor allem zwei Gründe: Weil die Ernteerträge sanken und die Fleischvorräte zusammenschrumpften, war das Nahrungsmittelangebot knapp. Wie wenig es bereits Anfang 1916 in den Ruhrgebietsstädten noch zu verteilen gab, zeigt eine Verfügung des preußischen Landwirtschaftsministers Clemens von Schorlemer-Lieser: Um den Fleischmarkt zu entlasten, wies er auf die Bedeutung der „durchaus wohlschmeckenden jungen Saatkrähen" hin!

Der zweite Grund lag im chaotischen Durcheinander der Kommunal- und Provinzbehörden, die für die Nahrungsmittelversorgung der bevölkerungsreichen Ruhrregion zuständig waren. Mit dieser unerwarteten neuen Aufgabe waren sie vollkommen über-

In den Jahren des Ersten Weltkrieges bleiben die Mahlzeiten in städtischen Haushalten äußerst kärglich. Auf den hinteren Tellern ist der durchschnittliche Tageskonsum eines erwachsenen Verbrauchers vor 1914 zusammengestellt. Von links nach rechts: Zucker, Kartoffeln, Brot, Fleisch, Wurst, Eier, Butter, Käse, Kaffee und Milch. Die vordere Reihe zeigt die amtlichen Zuteilungen im Krieg.

Umlagerter Gemüsestand auf dem Münsteraner Wochenmarkt um 1916.

fordert. Außerdem konkurrierten sie miteinander, über die Köpfe von Bauern und Verbrauchern hinweg.

Erst im Mai 1916 wurde eine zentrale Behörde, das „Kriegsernährungsamt", aus der Taufe gehoben. Hier sollten die Fäden der Zwangswirtschaft zusammenlaufen, doch die Behörde blieb, wie der Historiker Martin Schumacher urteilt, ein „Schwert ohne Schärfe". Der sozialdemokratische Abgeordnete Otto Wels zog vor dem Reichstag eine traurige Bilanz: „Das Kriegsernährungsamt hat in den zwei Jahren seines Bestehens gewiß fleißig gearbeitet, Anordnungen, Verfügungen zu vielen Hunderten herausgebracht – aber eine Besserung der Verhältnisse hat es nicht erreicht. Die Unzufriedenheit in der ganzen Bevölkerung ist einer tiefgehenden Erbitterung gewichen."

In der Tat richtete das Kriegsernährungsamt nicht viel aus. Die Versorgungslage spitzte sich im Ruhrgebiet drastisch zu, noch bevor es im Winter 1916/17 zum verheerenden „Steckrübenwinter" kam.

Wer viel Geld verdiente, konnte neben den amtlichen Rationen unter der Hand zusätzliche Lebensmittel kaufen; die Schleichhändler verlangten allerdings gepfefferte Preise. Kaum ein Arbeiter in Bergwerk oder Stahlhütte konnte sich das leisten. Sie erhielten einen viel zu geringen Lohn. Zwar waren die Arbeiterlöhne in den Kriegsjahren gestiegen, die Lebensmittelpreise aber waren weitaus steiler in die Höhe gegangen. Den Ruhrarbeitern reichte das Geld oft nicht einmal für das Allernotwendigste, ganz zu schweigen von den teuren Schleichwaren.

Angesichts dieses Elends forderten die Durchhalteparolen der zensierten Presse den Galgenhumor der hungernden Menschen geradezu heraus. Die Verbraucher schimpften und spotteten über das mangelhafte Kartensystem. Aus Hochlarmark bei Gelsenkirchen ist ein „Markenrezept" überliefert, das wohl auch in anderen Ruhrgebietsstädten kursierte: „Man nehme die Fleischkarte, wälze sie in der Eierkarte und brate sie in der Butterkarte schön braun. Kartoffelkarte und Gemüsekarte werden gekocht, und die Menükarte hinzugegeben. Um schnell und intensiv zu kochen, lege man die Kohlenkarte und Spirituskarte darunter und zünde sie an. Als Nachtisch brühe man die Kaffeekarte aus und füge die Milchkarte hinzu. Feinschmecker lösen die Zukkerkarte darin auf. Nach dem Essen wasche man sich mit der Seifenkarte und trockne sich am Bezugsschein." Da blieb wohl jedem Leser das Lachen im Halse stecken.

„Fettkrawall“ und Kartenfälscher in Bielefeld

Nicht im hungernden Ruhrgebiet, sondern in Bielefeld kam es im Mai 1916 zum ersten westfälischen „Fettkrawall“. Der Bürgermeister der aufstrebenden Industriestadt berichtete später an die Regierung: „Durch die allgemeinen Ernährungsschwierigkeiten trat Unruhe in der Bevölkerung ein, die sich infolge der hinzutretenden Knappheit an Fetten zu stürmischen Auftritten vor den Marktständen der Butterverkäufer steigerte und zu einem größeren Auflauf am 10. 5. 1916 vor dem Rathaus führte und von der Polizei aufgelöst werden mußte.“

Dieser Vorfall zeigt, daß die katastrophal schlechte Lebensmittelversorgung nicht nur den großen Industriezentren zwischen Ruhr, Emscher und Lippe zusetzte. Doch warum verschafften sich ausgerechnet die Hausfrauen im ostwestfälischen Bielefeld in lautstarken Protesten Luft? Was brachte sie dazu, Wochenmarktstände zu stürmen und in Sprechchören zum Rathaus zu ziehen? Wäre dies nicht viel eher in den Ruhrgebietsstädten zu erwarten gewesen?

In Bielefeld war im Frühjahr 1916 die Lebensmittelversorgung völlig unzureichend. Rationsmarken für nur 1 Pfund Fleisch und ½ Pfund Speck gab die Stadt monatlich pro Person aus. Reis und Hülsenfrüchte waren mittlerweile im Handel nicht mehr erhältlich. Kaffee war knapp und sehr teuer, und Eier galten auf den städtischen Märkten bereits als eine Sehenswürdikeit. Butter war besonders begehrt. Zwischen Mitte April und Mitte Mai 1916 konnte ein Bielefelder Einwohner nicht einmal mehr als 8 g wöchentlich erhalten – das war für jeden gerade eine Messerspitze pro Woche!

Die Knappheit und Teuerung der Lebensmittel wollte nicht enden, die Bevölkerung war niedergeschlagen und verbittert. Den Bielefeldern platzte schließlich der Kragen, als am 10. Mai 1916 auf dem städtischen Wochenmarkt überhaupt kein Butterverkauf mehr stattfand.

Diesen völligen Mangel hatten Einkäufer aus dem Ruhrgebiet verursacht. Die Händler kauften von den Bauern in den ländlichen Regionen Westfalens sämtliche Buttervorräte auf, und sie zahlten dabei auch jeden geforderten Preis. Für die Bauern war das ein gutes Geschäft und für die Einkäufer ein noch besserer Handel, denn alle Waren ließen sich bei dem gewaltigen Nahrungsmittelbedarf im Ruhrgebiet zu Wucherpreisen mit enormen Gewinnen weiterverkaufen. In der bevölkerungsreichen ostwestfälischen Industriestadt brach indessen die Fettversorgung ganz zusammen.

Doch nicht nur der Hunger plagte die Bielefelder. Der Krieg hatte die Textilindustrie, die vornehmlich hier in Ostwestfalen beheimatet war, in eine tiefe wirtschaftliche Krise ge-

Echt oder gefälscht? Bielefelder Lebensmittelkarten aus dem Ersten Weltkrieg.

stürzt. Während in den Bergwerken und Stahlfabriken des Ruhrgebiets die Rüstungsproduktion auf Hochtouren lief, hatten in Ostwestfalen viele Menschen ihren Arbeitsplatz verloren. Um die große Zahl an Arbeitslosen ernähren zu können, richtete die Stadt Bielefeld acht Kriegsküchen ein, die täglich bis zu 3 500 Personen mit einer billigen Mahlzeit versorgten.

In Bielefeld war die gesamte Versorgungslage so ernst, daß der Magistrat der Stadt die Regierung in Minden auf die besorgniserregenden Ernährungsverhältnisse aufmerksam machte: „Es ist leider zu befürchten, daß infolge dieser ungeheuerlichen Teuerung auf dem Fleischmarkt die notwendige Eiweißversorgung der Bevölkerung dauernd so empfindlich herabgesetzt wird, daß sie weit unter das Maß des Zulässigen sinken wird. Und damit muß die Unterernährung der großen Volksmassen und des heranwachsenden Geschlechts mit allen ihren verderblichen Folgen eintreten."

In dieser Situation suchte die Stadt nach neuen Wegen, die Lebensmittelversorgung langfristig zu verbessern. Die Stadtverwaltung verständigte sich mit den umliegenden Landwirten, und Mitte Juni wurde ein Versorgungsverband zwischen der Stadt und den Landkreisen Bielefeld und Halle gegründet. Die Bauern verpflichteten sich, ihre Produkte zu festgesetzten und angemessenen Preisen zu liefern, während die Stadt Bielefeld den Absatz garantierte. Es war das erste Mal, daß sich Stadt und Land gegen Hunger und Lebensmittelknappheit zusammenschlossen.

Die städtische Versorgung verbesserte sich auffallend, und die Stadt blieb von weiteren Fettkrawallen verschont. Das Bündnis dauerte jedoch nur wenige Monate. Ab Ende 1916 fielen auch in Ostwestfalen sämtliche Lebens- und Futtermittel unter die zentrale staatliche Bewirtschaftung. Das war das Ende regionaler Selbständigkeit.

Die ständigen Sorgen um Arbeit und Brot lasteten drückend auf der Bevölkerung. Die Gemeinden versuchten, so gut es ging, zu helfen. Die letzte Rettung gegen den Hunger waren die Kriegsküchen, deren Besucherzahlen gerade in den Landkreisen Herford, Bielefeld und Halle von Tag zu Tag zunahmen.

Es ist kein Wunder, daß bei diesen großen Schwierigkeiten Wucher und Schleichhandel blühten und kriminelle Händler und Betrüger die Not der Menschen ausnutzten. Anfang 1918 flog in Bielefeld eine geheime Druckerei auf, die massenhaft gefälschte Brotkarten auf den Markt brachte. Der Bielefelder Generalanzeiger sprach bei ihrer Entdeckung von einer „Brotbücherfabrik". Dieser größte Fälschungsskandal während des Krieges beschränkte sich aber nicht nur auf die Stadt Bielefeld. Die geheime Fälscherwerkstatt druckte auch noch für den überregionalen „Bedarf". Zu horrenden Preisen waren in einzelnen Wochen bis zu 46 000 nachgemachte Berliner Brotkarten in Richtung Hauptstadt gegangen.

Angesichts dieser Mengen illegal in Umlauf gebrachter Karten hing die Brotversorgung in Bielefeld und anderen Städten oft nur an einem seidenen Faden. So mußten bis zur Aufdekkung der „Brotbücherfabrik" häufig Sonderlieferungen der Reichsgetreidestelle aushelfen, damit die städtischen Bäckereien überhaupt noch ausreichend Brot backen konnten.

Der Skandal zeigt ziemlich deutlich, daß eine wirksame Kontrolle und Überwachung des Versorgungssystems kaum möglich war. Betrüger, Schieber und Schleichhändler entzogen dem offiziellen Lebensmittelmarkt ständig gewaltige Mengen an Nahrungsmitteln. Den Schaden trugen die ärmeren Volksschichten, deren Rationen stetig weiter herabgesetzt wurden. Ihnen fehlte einfach das Geld, im Schleichhandel zusätzliche Nahrungsmittel zu erwerben.

Anne Roerkohl

Energiesparen im Krieg: Die „Sommerzeit“

Seit einigen Jahren werden im Frühjahr die Uhren auf „Sommerzeit“ umgestellt und im Herbst wieder zurückgedreht. Als die Sommerzeit 1980 eingeführt wurde, war sie eigentlich ein alter Hut. Erstmals wurde die Sommerzeit im April 1916 per Regierungsdekret eingeführt. Sonderbar und auch ein wenig verwirrend war das Gesetz formuliert, denn da hieß es: „Durch Verordnung vom 6. April hat der Bundesrat bestimmt: Der 1. Mai beginnt am 30. April 1916 nachmittags 11 Uhr nach der gegenwärtigen Zeitrechnung.“

Die Zeitumstellung sollte es ermöglichen, „mit den für Beleuchtungszwecken verfügbaren Rohstoffen und Erzeugnissen sparsam umzugehen“, wie der damalige Innenminister von Loebell erklärte. Die Rohstoffvorräte waren bedenklich geschrumpft, und die Rüstungswirtschaft verschlang Unmengen an Energie. Um den Verbrauch an Kohle, Leuchtgas und Petroleum einzuschränken, ergriff die Regierung jede erdenkliche Maßnahme – eben auch die Umstellung der Uhren auf „Sommerzeit“.

Die Rechnung ging in den Städten auf. Bereits im Juli 1916 legte der Oberpräsident von Westfalen, Prinz von Ratibor, erste Zahlen vor. Nach dreimonatiger Sommerzeit hatte beispielsweise das städtische Gaswerk in Herford ein Zehntel weniger Gas abgegeben als im Vorjahr; das dortige Elektrizitätswerk verzeichnete eine Stromeinsparung von etwa 20 Prozent – bei gleicher Zahl der Stromabnehmer. Ähnliche Einsparungen meldeten auch die Ruhrgebietsstädte.

In Bocholt wurde sogar noch mehr eingespart: Das städtische Lichtwerk gab von Mai bis Juli 1916 fast ein Drittel weniger Leuchtgas an die Verbraucher ab als in den Vorjahresmonaten. Ob da jemand auch die Gasuhren vorgestellt hat? Fest steht jedenfalls, daß durch die Zeitumstellung damals erhebliche Mengen an Energie eingespart wurden.

Die Sommerzeit hatte aber noch einen unvorhergesehenen Nebeneffekt. Viele Arbeiter, Handwerker und Angestellte nutzten mehr als bisher die hellen Feierabendstunden, um sich der Gemüse- und Kleintierzucht zu widmen. Jeder neue Kleingarten wurde in dieser schlechten Zeit, wo es immer weniger zu essen gab, als „Erfolg gegen den Hunger“ gefeiert.

Ganz anders sah es in der Landwirtschaft aus. Den Bauern brachte die Sommerzeit nur Nachteile. Bereits zwei Wochen nach der Zeitumstellung druckte die „Landwirtschaftliche Zeitung“ den Leserbrief eines Bauern ab, der das wohl schwerwiegendste Argument vortrug: „Uns geht in der Ernte sehr oft eine gute Abendstunde verloren, indem vormittags das Heu oder Getreide zu lange feucht ist und abends eine Stunde früher Feierabend ist.“

Ähnliche Einwände bekamen auch die landwirtschaftlichen Vereine und die Landwirtschaftskammer zu hören, als sie sich bei den Bauern im Sommer 1916 nach den Folgen der Sommerzeit erkundigten. Diese Umfragen erst zeigten, wie tief die neue Zeitregelung den Arbeitsalltag auf den Höfen veränderte.

In einem Bericht des landwirtschaftlichen Vereins in Halver beispielsweise heißt es, daß sich die verschobene Arbeitszeit und vor allem die nun frühere Mittagspause sehr nachteilig auswirke. Wenn die Mittagspause um 13 Uhr beendet war, hatte die Sonne gerade erst ihren höchsten Stand erreicht, und dann ging es in der größten Hitze wieder aufs Feld. Überhaupt, so ist in dem Bericht aus Halver zu lesen, lasse die „Arbeitslust“ der Heuerlinge, Knechte und Mägde nach, „sobald sie sehen, daß die Fabrikarbeiter schon feiern, sie dagegen noch mindestens eine Stunde und häufig noch viel mehr arbeiten sollen.“

Die Bauern in Halver kritisierten die Sommerzeit aber noch grundsätzlicher: „Die Sonnenzeit beruht auf natürlicher und göttlicher Ordnung, und an dieser soll der Mensch ohne Nachteile für sich selbst nicht rütteln. Diese Ordnungen und Gesetze sind jedenfalls die allein richtigen für die Landwirtschaft wie auch nicht minder für die Städte.“

Von Anfang an stieß die „unnatürliche“ Sommerzeit bei den westfälischen Bauern – wie auch in anderen Regionen Deutschlands – auf Mißbehagen und Ablehnung. Viele kümmerten sich oft gar nicht um die neue Sommerzeit und arbeiteten wie bislang nach der hergebrachten Sonnenzeit. Diese unterschiedliche Zeitrechnung stiftete in den Dörfern viel Verwirrung. Während sich größere Bauern, die Gesinde beschäftigten, nach der neuen Sommerzeit richten mußten, blieb auf den vielen kleinen Höfen und Kotten alles beim Alten; hier liefen die Uhren eben anders.

Damit aber fingen – vor allem für die kleinen Milchbauern – die Probleme erst richtig an. Wegen der neuen Zeitrechnung fuhren die Eisenbahnzüge, die die Milch ins Ruhrgebiet transportierten, eine Stunde früher von den Bahnhöfen ab. Wollten die Bauern ihre Milch abliefern, so waren sie gezwungen, früher als gewohnt zu melken. In der sommerlichen Erntezeit war das nur schwer durchzuhalten.

Viele Bauern gingen im Laufe des Sommers 1916 dazu über, ihre Kühe später am Morgen zu melken; sie behielten die Milch auf ihrem Hof und verarbeiteten sie zu Butter. „Auf diese Verhältnisse“, so bemerkt die westfälische Landwirtschaftskammer in einem Bericht, „dürfte auch die Zunahme der Verwendung von Handzentrifugen in den mittleren und kleinbäuerlichen Wirtschaften gerade während der letzten Monate zurückzuführen sein.“ Gleichzeitig warnte die Kammer, daß dadurch die Versorgung mit Frischmilch, die in den Großstädten ohnehin knapp war, ernstlich gefährdet sei.

Im Herbst 1916, als die Uhren wieder zurückgestellt wurden, schieden sich – wie könnte es anders sein? – an der Sommerzeit die Geister. Die Bauern, die landwirtschaftlichen Vereine und auch die Kammer lehnten sie für das kommende Jahr einhellig ab. Die Bevölkerung in den Städten hingegen, aber auch Handel und Industrie wollten die Sommerzeit auch 1917 wieder eingeführt sehen.

Aus Sicht der Regierungsbehörden war das Experiment einigermaßen gelungen, denn in den Sommermonaten waren erhebliche Mengen an Kohle, Gas und Petroleum eingespart worden, und das allein war im Krieg ausschlaggebend. Deshalb wurde auch in den folgenden Kriegsjahren 1917 und 1918 die Sommerzeit beibehalten. Die Bauern hatten das Nachsehen.

Seit dem Winter 1915/16 blühte der Schleichhandel

Der „Münsterische Anzeiger“ veröffentlichte im November 1915 die Zuschrift eines Münsteraner Bürgers. „Wie kommt es“, so fragte er, „daß auf der Aegidiistraße, die früher an den Markttagen von der Rothenburg bis zur Baugewerkschule Wagen an Wagen mit Kartoffeln zeigte, jetzt nicht etwa ungenügend, sondern nicht ein Wagen, nicht ein Zentner von den notwendigen Erdäpfeln zum Kauf angeboten wird?“

Das war nur eine Scheinfrage, denn wohl kaum einem Münsteraner war entgangen, was sich wenige Tage zuvor auf der Aegidiistraße zugetragen hatte. Bürgermeister Dieckmann hatte dort sämtliche Kartoffeln beschlagnahmen lassen. Der Grund: Die anbietenden Bauern hatten mehr Geld gefordert, als erlaubt war.

Das Angebot war knapp, die Nachfrage groß – kein Wunder, daß die Bauern die festgesetzten Preise in den Wind schlugen und versuchten, möglichst viel für sich herauszuholen; einige allerdings hatten den Bogen überspannt und regelrecht „wucherische Preise“ verlangt, wie in der Kriegschronik der Stadt Münster zu lesen ist. Im Interesse der hungernden Stadtbevölkerung war Bürgermeister Dieckmann dagegen eingeschritten. Jetzt aber blieben die Bauern weg. Sie verkauften ihre Produkte von nun an auf ihren Höfen.

Überall in Westfalen reagierten die Bauern ähnlich auf die strengen Vorschriften der Zwangswirtschaft. Weil sie sich übergangen fühlten, lehnten sie die Preis- und Verteilungspolitik der staatlichen und kommunalen Behörden ab. Die Festpreise, so klagten die Bauern, deckten die steigenden landwirtschaftlichen Betriebskosten immer weniger. Da war es gewinnbringender, die Lebensmittel unter der Hand zu verkaufen. So blühte seit dem Winter 1915/16 in ganz Westfalen eine Alternative zur streng regulierten Wirtschaft auf: der Schleichhandel. Eigentlich mußten die Bauern all ihre Produkte den staatlichen Verteilerstellen verkaufen. Aber das heillose Durcheinander der unkoordinierten Zwangsmaßnahmen lockte die Bauern – wie der Historiker August Skalweit urteilt – zu „passiv auflehnenden Widerständen“ geradezu heraus. Die Bauern unterliefen die Zwangswirtschaft, wo sich nur eine Lücke bot. Recht bald erwarben sie sich den Ruf, ihren Viehbestand, ihre Ackerflächen und ihre Ernteergebnisse geschickt zu untertreiben. Dagegen hatten die Behörden keine rechte Handhabe. Selbst die scharfen Kontrollen richteten da nur wenig aus, denn den meisten Bauern gelang es, ihre Produkte in sicheren Verstecken verborgen zu halten.

So war auf den Höfen noch zu kaufen, was es in den Städten längst nicht mehr gab, auch nicht auf Lebensmittelmarken. Die Städter zogen durch die Dörfer und Bauerschaften, um Kartoffeln, Butter und Fleisch zu erstehen.

Wer Glück hatte, geriet an einen Bauern, der sich die begehrten Waren noch zu halbwegs erschwinglichen Preisen bezahlen ließ. Es gab aber auch Bauern, die ein gewinnträchtiges Geschäft witterten. Aus Geiz und Geldgier nutzten sie die Notlage der hungernden Städter aus, um sich daran gesund zu stoßen. Sie erhoben astronomische Wucherpreise. Die Menschen aus den Städten waren wütend, aber wehren konnte sie sich dagegen nicht.

Auch Schleichhändler witterten profitable Geschäfte. Sie kauften bei den westfälischen Bauern Waren an, die sie dann im nahen Industriegebiet teuer verhökerten. Die Preise im Schleichhandel sind natürlich nur schwer festzustellen, doch soviel steht fest: Manche Händler überschritten die Festpreise um ein Vielfaches. So stand beispielsweise im Herbst 1916 ein Händlerring vor den Schranken eines Essener Gerichts. Die Schieber waren auf frischer Tat ertappt worden, als sie für ein Schwein, dessen Festpreis bei 80 Mark lag, 330 Mark kassierten; ein anderes, schwereres Schwein hatten sie sogar für 520 Mark statt für 95 Mark verschoben!

Auf den westfälischen Bauernhöfen tauchten auch Soldaten mit Pferd und Wagen auf, um Nahrungsmittel zu kaufen. Die Militärkommandos, die die Verletzungen der Zwangswirtschaft ahnden sollten, mißbrauchten ihre privilegierte Stellung. Sie drohten den eingeschüchterten Bauern manchmal sogar mit Gewalt. Die Nahrungsmittel, die die Bauern herausrücken mußten, behielten die Soldaten entweder für sich ein oder gaben sie gegen gutes Geld an andere weiter.

Hauptabnehmer aber war die Industrie. Manche Zeitgenossen bezeichneten die großen rheinischen und westfälischen Fabriken als das eigentliche „Herz des Schleichhandels". Die Industrie besorgte bei den Bauern zusätzliche Lebensmittel und verteilte sie an ihre Beschäftigten. Damit sollten die Arbeiter wohlgesonnen gestimmt und neue Arbeitskräfte angeworben werden.

Im Vorteil waren vor allem die Eisen- und Stahlhütten und andere Industriebetriebe, bei denen als Nebenprodukte Thomasschlacke und andere Düngemittel abfielen. Diese Fabriken trieben einen direkten Tauschhandel mit den Bauern. „Die Konsequenz ist", so meinte der Bielefelder Landrat im Frühjahr 1917, „daß chemische Düngemittel nicht länger auf legalem Wege erhältlich sind." Die ohnehin knappen Düngemittel wurden so auch noch ungerecht verteilt. Bauern, die gute Verbindungen zu Händlern oder zu den Fabriken selbst hatten, verfügten über ausreichend Düngemittel; andere aber gingen leer aus.

Dieser vielfältige Schleichhandel griff im Lauf der Kriegsjahre immer weiter um sich. Im Oktober 1918 mußte der Regierungspräsident von Münster resignierend feststellen, daß 90 Prozent der Kartoffeln aus der neuen Ernte nur noch unter der Hand an die Verbraucher gelangten. Ähnlich war es auch bei anderen Erzeugnissen aus der Landwirtschaft.

Jeder mußte zusehen, wie er an Lebensmittel für sich und seine Familie kam. Es war ein Kampf aller gegen alle. Den Behörden glitt die Kontrolle mehr und mehr aus den Händen.

Je länger der Schleichhandel existierte, um so mehr mußten die Regierungsstellen ihn akzeptieren. Er war zwar unerwünscht, aber doch notwendig, denn er ergänzte eine lückenhafte Zwangswirtschaft. Dem Treiben stand die Regierung bald machtlos gegenüber. Vor dem Krieg hoch angesehen, verlor sie nun allmählich an Glaubwürdigkeit. Bauern, Arbeiter und Bürger zweifelten immer mehr daran, ob die Regierung überhaupt fähig war, Wirtschaft und Staat gerecht zu lenken. Die Unzufriedenheit wuchs, auf dem Land und mehr noch in den Städten.

Bauern und Schleichhändler, die im verbotenen Lebensmittelhandel profitable Geschäfte machen, müssen mit Strafen rechnen, wenn sie gefaßt werden.

Schmuggler schlichen leise durch die Nacht

Geisterhafte Gestalten zogen im Schutz der Dunkelheit durch das einsame und stille Moor. Im weitläufigen Venn zwischen Ahaus und Enschede herrschte reges und doch gespenstig lautloses Treiben. Da schleppte so mancher einen prall gefüllten Sack oder eine Kiepe auf der Schulter. Andere waren mit einem bepackten Bollerwagen oder auch mit Pferd und Holzkarre über die Grenze nach Westfalen unterwegs. Wer nicht wußte, was da vor sich ging, konnte es für einen Spuk halten . . .

Gewiefte Schmuggler brachten verbotene Schieberware unbeobachtet „in Sicherheit“. Josef Elkemann, ein rüstiger Bauer aus Ahaus-Graes, erinnert sich: „Meist waren das nachgeborene Söhne, die hier von den Bauernhöfen der Umgegend kamen, selten auch Handwerker. In den schlechten Kriegsjahren witterten sie gute Geschäfte im Schmuggel.“

Im grenznahen Münsterland hatte es schon immer einzelnen Bauern oder Kleinhändlern in den Fingern gejuckt, die Zollbestimmungen zu umgehen. Nach Ausbruch des Ersten Weltkrieges aber nahm der verbotene Handel über die Grenze hinweg ungeheuer zu. Tabak und Kaffee wurden in der Kriegszeit zu begehrten und gut bezahlten Mangelwaren, und die gab es billig im nahen Holland zu kaufen. So zogen die Schmuggler über die Grenze und kauften dort bei kleinen Händlern ein. „Von hier aus“, so erzählt der Bauer, „war's ja nicht weit bis nach Holland. Die Schmuggler kannten die Händler auf der anderen Seite gut. Oft waren sie ja miteinander verwandt, und das gleiche Platt sprachen sie ja auch!“

Der Einkauf der Schmuggelware war also relativ leicht. Abenteuerlich und gefährlich wurde der zwielichtige Handel erst, wenn es mit den Waren wieder zurück über die grüne, oder besser: über die sumpfige Grenze ging. Es galt schließlich, die patrouillierenden Grenzwachen zu überlisten. Das Moor bot den schmuggelnden Bauern einen ausreichenden Schutz. Hier kannten sie jeden noch so schmalen Pfad und jedes gefährliche Morastloch. Die Zöllner aber kamen oft von Auswärts und waren mit dem unwegsamen Gelände weniger gut vertraut. So konnten sie nur wenig gegen die listigen Schmuggler ausrichten.

Ein Bauer, dessen Gehöft direkt an der Grenze lag, war besonders gerissen. Manchmal lud er sämtliche Grenzkontrolleure ein, um Geburtstag oder Namenstag oder sonst etwas zu feiern – Anlässe gab's ja genug. Da wurde eingeschenkt, bis die Zöllner hinreichend benebelt waren. „Die Nachbarn und andere Schmuggelbekannte“, so weiß Josef Elkemann zu berichten, „hat er dann schon vorher bestellt, und die haben dann rübergeschafft, was das Zeug hielt!“

Solche Methoden konnten die Schmuggler nicht jeden Tag anwenden. Meist versteckten sie ihre „heiße Ware“ in den aufgestapelten Torfhaufen. Dort wurden sie dann nach und nach abgeholt und verhökert.

Der betagte Landwirt aus Ahaus-Graes erzählt aus eigener Erfahrung: „Ein Nachbar, ein kleiner Kötter, hat mich mal gefragt, ob ich nicht für ihn Schmuggelgut aus dem Moor holen könnte. Ich war damals erst 15 Jahre alt. Ein paar Mal bin ich gefahren, schließlich gab's ja auch ein paar Groschen dafür. Manchmal wurde uns wohl mulmig, aber man war damals draufgängerisch!“ Gefährlich war das schon, denn wenn die Zöllner ihn erwischt hätten, hätten sie ihm wohl Pferd und Wagen beschlagnahmt. Oft habe er das aber nicht gemacht, so Josef Elkemann; denn als sein Vater wenig später dahinterkam, verbot er seinem abenteuerlustigen Sohn strengstens, den schmuggelnden Nachbarn ins Moor zu kutschieren.

In den Kriegs- und unmittelbaren Nachkriegsjahren blühte im westfälischen Grenzgebiet der anrüchige Schmuggelhandel. Je weniger es diesseits der Grenze Tabak und Kaffee gab, um so häufiger waren die Schmuggler unterwegs. „Das ganze Dorf“, so erinnert sich der Bauer schmunzelnd, „rauchte damals den holländischen Tabak. Wenn die Zöllner abends mal in die Kneipe kamen, wußten sie wohl, womit die Bauern ihre Pfeifen stopften. Aber sie waren da eben machtlos.“

Bei dieser leicht zu transportierenden Schmuggelware blieb es nicht. Manchmal trieben die Schleichhändler sogar Kühe und Pferde, die sie bei den holländischen Bauern gekauft hatten, nachts über die Moorpfade – ein gefährliches Unternehmen, bei dem nicht wenige erwischt wurden. Das Risiko war groß, aber die geschmuggelten Tiere brachten gutes Geld ein. „Bauern und Viehhändler zahlten die

Wachposten an der deutsch-niederländischen Grenze zwischen Suderwick und Dinxperlo um 1915.

Tiere bald mit Gold aus. Sie fragten nicht lange danach, woher die Tiere kamen."

So versorgten die Schmuggler damals die ganze Gegend nahe der holländischen Grenze. Es gab sogar Schmugglerringe, die bis ins Ruhrgebiet hinein illegale Waren verschoben. Doch angesehen waren sie deswegen nicht. Der Ahauser Bauer meint: „Sie waren alle nicht gut – das war ja halb Stehlerei. Die das taten, sind dabei nicht viel geworden. Einen Schmuggler, der sich daran gesundgestoßen hätte, den gibt's nicht!" Unentwegt bemühten sich die Behörden, das Schmugglerunwesen zu bekämpfen. Doch das war nicht einfach. Je länger der Krieg dauerte, um so häufiger machten Zollbeamte mit den Schmugglern gemeinsame Sache. Die Grenzwachen ließen sich, wenn sie einem Moorgänger auf die Schliche gekommen waren, „auszahlen". In den Kriegs- und Hungerjahren waren sie froh, etwas zusätzliches Geld oder schwarzgeschlachtetes Fleisch zu ergattern.

Die Bestechung der Grenzwachen blieb den Behörden natürlich nicht verborgen. So klagte der Borkener Kreisausschuß im November 1917 dem Regierungspräsidenten in Münster: „Es ist mit Bestimmtheit anzunehmen, daß ein nicht unerheblicher Teil der zur Grenzbewachung kommandierten Militärpersonen dem Schleichhandel nicht fern steht und die gewerbsmäßigen Schmuggler und Schleichhändler unterstützt. Sowohl aus Vernehmungen der Schmuggelhändler als auch aus Gerichtsverhandlungen geht hervor, daß das Grenzpersonal den Schmugglern behilflich ist und sie unterstützt."

Da half es auch nicht viel, besonders strenge Offiziere an die Grenze zu schicken. Nachts warnten sich Schmuggler und Zollposten gegenseitig vor diesen scharfen Kontrolleuren. Den unbestechlichen Offizieren gelang es zwar manchmal, einen Grenzgänger auf frischer Tat zu ertappen, aber meist hatten sie doch das Nachsehen. Den Schmugglern war einfach nicht beizukommen.

Erst als sich die Zeiten ab 1923 wirtschaftlich wieder besserten, ließ der illegale Grenzhandel allmählich nach. Der Schmuggel lohnte sich nicht mehr. Seine Blütezeit war vorläufig vorbei.

Steckrübenwinter im Ruhrgebiet

Im Sommer 1916 bahnte sich ein Debakel an. Fast überall im Reich waren die Kartoffelstauden von Krautfäule befallen. Aufgrund ungünstiger Witterung hatte sich die Krankheit binnen weniger Wochen ausgebreitet. Pflanzenschutzmittel, die die Krautfäule wirksam hätten bekämpfen können, waren damals noch weithin unbekannt. So fiel die Kartoffelernte denkbar schlecht aus. Allein in Westfalen sanken die Ernteerträge von 1,7 Mill. t im Jahr 1915 auf 670 000 t!

Bereits im Herbst zeichnete sich im Ruhrrevier eine Hungerkatastrophe ab. Unermüdlich appellierten die Behörden an die patriotische Verantwortung der Landwirte. Zusätzliche Kartoffeln sollten die Bauern für die Industriebevölkerung zur Verfügung stellen. Daraufhin trafen zwar Lieferungen aus dem Kreis Tecklenburg und anderen kartoffelerzeugenden Kreisen Westfalens im Ruhrgebiet ein, doch das konnte die Hungersnot nicht mehr verhindern.

Die Ruhrgebietsstädte waren mehr denn je auf die Lieferung aus den preußischen Ostprovinzen angewiesen. Hatten die westfälischen Landwirte bis zum Mai 1917 wenigstens die Hälfte ihres Ablieferungssolls erfüllt, so fehlten aus dem Osten noch über zwei Drittel der erforderlichen Mengen.

Und es kam noch schlimmer. Im Winter 1916/17 wurden die tiefsten Temperaturen während des ganzen Krieges gemessen. Diese schlechten Witterungsverhältnisse verhinderten die notwendigen Transporte durch die Bahn. Die wenigen Kartoffeln, die trotzdem noch im Ruhrgebiet eintrafen, waren oftmals angefroren und damit ungenießbar.

Im Winter 1916/17 brach dann die Versorgung völlig zusammen. Der Landrat von Gelsenkirchen schrieb im Januar 1917 an die Provinzregierung in Arnsberg:

„Die unzureichende Kartoffelversorgung und die seit einiger Zeit einsetzende Knappheit an Gemüse jeder Art, der Mangel an Hülsenfrüchten und Teigwaren haben die Ernährungsschwierigkeiten so gesteigert, daß die Stimmung und der Geist der Bergarbeiterbevölkerung darunter in der letzten Zeit sichtlich sehr gelitten hat. Es ist den Leuten auch zu glauben, daß sie körperlich herunter sind. Die Mitglieder von Arbeiterausschüssen, mit denen ich sprach, sagten mir rundweg: 'Wir wissen, daß Heer und Staat uns nötig haben, ohne Kohle bricht alles zusammen; wir sind mit wenigem zufrieden, aber etwas muß da sein. Weshalb will man warten, bis wir aus Kraftlosigkeit feiern, bis die Förderung damit unterbrochen wird?'"

Diese katastrophalen Zustände in Gelsenkirchen waren kein Einzelfall. Über viele Wochen hatte das Ruhrrevier gar keine Kartoffeln mehr. Nur wenig besser war die Versorgung im übrigen Westfalen, wo die Verbraucher immerhin längere Zeit noch auf eingekellerte Vorräte zurückgreifen konnten.

Wenige Wochen vor dem Hungerwinter gibt es im Herbst 1916 auf dem Bielefelder Güterbahnhof noch einmal Kartoffeln zu kaufen.

Die städtischen Behörden retteten sich zunächst damit, als Ersatz Nährmittel und Brot zu verteilen, soweit diese überhaupt vorhanden waren. Aber auch hier gingen die Vorräte bald zur Neige. Übrig blieben nur die berühmt-berüchtigten Steckrüben. Ihr Einzug in den täglichen Ernährungsplan stieß in der Bevölkerung verständlicherweise auf heftigen Widerwillen. Von nun an gab es Steckrüben in jeglicher Form: als Dörrgemüse, in der Marmelade, im Kaffee; um die Mehlvorräte zu strecken, wurden Steckrüben sogar zu Brot verbacken.

Im „Steckrübenwinter" mußten sich auch die Menschen auf dem Land drastisch einschränken. In den beiden ersten Kriegsjahren waren die Selbstversorgerrationen für die ländliche Bevölkerung noch großzügig berechnet gewesen, so daß niemand auf die üblichen Mahlzeiten und Speisen verzichten mußte. Jetzt aber, ab Anfang 1917, wurden die Rationen für Kartoffeln selbst für Landwirte gesenkt. Sie und ihre Angehörigen erhielten nur noch je ein Pfund Kartoffeln in der Woche. Doch das stand nur auf dem Papier. Bevor die Bauern ablieferten, zweigten sie einen ausreichenden Teil der Kartoffelernte für den Eigenverbrauch und auch für den Schleichhandel ab.

Die Kartoffelration der städtischen Bevölkerung hingegen lag bereits erheblich niedriger. Nur die Schwerstarbeiter in den Bergwerken und vor den Hochöfen erhielten höhere Rationen als die Bauern. Ihnen wurde 1¼ Pfund Kartoffeln pro Woche zugebilligt.

Nach einem „Hamsterzug" wandern diese drei Kinder mit dem Kartoffelsack auf der Schulter zu einem Landbahnhof, um ins Ruhrgebiet heimzufahren.

Daß die Lebensmittelrationen für die Stahlarbeiter höher festgelegt wurden, empfanden viele Bauern als ungerecht. Sie fühlten sich in ihrer Standesehre gekränkt. Die Arbeit in Feld und Stall sahen die Bauern ebenfalls als Schwerstarbeit an. Kein Arbeiter in der Fabrik, so schimpften sie, habe einen so langen Arbeitstag. Überhaupt sei ihre Belastung erheblich gestiegen, seitdem es überall an Landarbeitern fehle. Im Mai 1917 beschrieb der Landrat des Kreises Halle die damalige Unzufriedenheit auf den westfälischen Höfen: Die Bauern empfänden es als Ungerechtigkeit, „daß die Industriearbeiter gegenüber den mindestens ebenso schwer arbeitenden und für das Durchhalten ebenso wichtigen Landwirten nur deshalb bevorzugt werden, weil jene mit Unruhen drohen. Sie wollten auch einmal mit Arbeitseinstellung kommen; denn es sei doch einleuchtend, daß die Industriearbeiter nur deshalb dauernd bevorzugt würden, weil die Regierung vor ihnen Furcht habe."

Mit diesen Einwänden lagen die Bauern gar nicht so falsch. Dennoch durften sie nicht übersehen, daß die festgesetzten Rationen in den Städten selten tatsächlich ausgegeben wurden. Nicht zu Unrecht sprach man damals von „Papierkartoffeln". Die Bauern hingegen konnten die Rationen von dem Ablieferungssoll sofort nach der Ernte abziehen. Sie hatten damit immer einen sicheren Kartoffelvorrat im Keller. Es gab zwar Hofkontrollen, doch die Bauern fanden immer Mittel und Wege, sie zu umgehen. Steckrüben als Ersatz für fehlende Kartoffeln kamen deshalb auf dem Land nur sehr selten auf den Tisch. Erst mit der neuen Ernte 1917 verschwanden die

Die Not steht ihnen ins Gesicht geschrieben: Zwei Frauen ziehen bettelnd von Bauernhof zu Bauernhof.

letzten getrockneten Steckrüben aus den Haushaltungen.

Diesen bitteren Winter, in dem es kaum Kohlen zum Heizen und nur Steckrüben zum Essen gab, vergaßen die Menschen in den Städten so schnell nicht. „Noch nach Generationen", so schrieb der Historiker August Skalweit zehn Jahre nach dem Hungerwinter, „wird im deutschen Volke die Erinnerung an die Notzeit mit ihren schweren Opfern an Volkskraft und Volksgesundheit fortleben. Man hat gesagt, wer das Grauen des Schlachtfeldes mit eigenen Augen gesehen hat, sei zum überzeugten Pazifisten geworden. In Deutschland haben auch die Daheimgebliebenen die Schrecken des Krieges kennen und fürchten gelernt."

Anne Roerkohl

Hunger trieb die Menschen auf das Land

Nach dem katastrophalen „Steckrübenwinter" 1916/17 war der bittere Hunger keineswegs gebannt. In den Großstädten des Ruhrgebiets, aber auch in den kleineren, ländlichen Städten Westfalens mangelte es an nahezu allen Grundnahrungsmitteln. Die amtlichen Rationen reichten vorne und hinten nicht aus. Schleichhändler verlangten schwindelerregende Preise. Kaum eine Hausfrau konnte sich das leisten, schon gar nicht, wenn ihr Mann als schlecht bezahlter Industriearbeiter nur sehr wenig Geld nach Hause brachte.

Der Hunger der Menschen ist heutzutage fast unvorstellbar. Die schrecklichen Bilder, die heute aus Ländern der „Dritten Welt" zu uns kommen, vermitteln vielleicht einen Eindruck, wie es damals, im Ersten Weltkrieg, im kaiserlichen Deutschland aussah. Den Menschen blieb kein anderer Ausweg, als selbst aufs Land zu fahren, um bei den Bauern ein Stück Schinken oder Speck, ein paar Kartoffeln oder auch nur eine Handvoll Getreide zu erbetteln.

Überfüllte Hungerzüge gehörten bald zum alltäglichen, traurigen Bild an der „Heimatfront". In der Kriegschronik der Stadt Münster vom 23. September 1917 ist zu lesen:

„Tagtäglich ergießt sich aus den Eisenbahnzügen ein gewaltiger Strom von Hamsterern über das platte Land. Frauen, Kinder und Greise drängen mit Körben und Koffern, Rucksäcken und Handtaschen danach, im Geschwindschritt sich den Vorsprung bei den Bauern zu sichern. In Gruppen oder einzeln wandern die Leute von Gehöft zu Gehöft bis in den tiefen Abend. Viele übernachten draußen oder in den Feldscheunen."

Viele Landwirte hatten Mitleid mit den Hamsterern. Auf welchem Hof noch etwas zu holen war, sprach sich unter den Städtern schnell herum. Die meisten Bauern gaben bereitwillig ein paar Kartoffeln, etwas Getreide oder Obst ab, obwohl selbst bei ihnen immer weniger auf den Mittagstisch kam. „Es gab Tage", so erzählt der Bauer Gustav Wlecke aus Stemwede, „da kamen 30, 40 Leute zu uns auf den Hof. Wir hätten gerne allen etwas gegeben, aber irgendwann ging das nicht mehr – es waren einfach zu viele!"

Zwischen Städtern und Bauern entwickelte sich ein regelrechter Tauschhandel. Wenn es in den Städten auch nichts mehr zu essen gab, so brachten einige Hamsterer doch noch Waren mit aufs Land, die in den Dörfern knapp waren. Sophie Wiechering, eine Kleinbäuerin aus Dielingen im Kreis Minden-Lübbecke erinnert sich: „Mein Mann war ein starker Priemer, und Priem konnten wir im Dorf schlecht auftreiben, weil es dafür viele Liebhaber gab. Ist es verwunderlich, daß er solche Hamsterer bevorzugte, die ihm Tabak besorgen konnten?" Nicht nur Priem, auch Schuhe, Kleidungsstoffe oder einfache Werkzeuge tauschten Hamsterer gegen die heißbegehrten Lebensmittel.

Nicht alle Bauern aber waren damit zufrieden. In den Berichten der west-

Auf allen Bahnhöfen Westfalens das gleiche Bild: Hungernde Städter kehren heim.

fälischen Landratsämter aus dieser Zeit wird immer wieder Klage über Landwirte geführt, die für die Lebensmittel geradezu himmelschreiende Wucherpreise verlangten. Egoistische, gewinnsüchtige Bauern jagten sogar die Hamsterer schimpfend vom Hof. Die Landwirte, die nur gegen einen dicken Batzen baren Geldes ein paar Eier oder ein paar Pfund Kartoffeln herausrückten, waren bei den Hamsterern besonders verhaßt. Vereinzelt soll es sogar vorgekommen sein, daß rachsüchtige Städter ihnen den Hof über dem Kopf angezündet haben.

Den Behörden war die Hamsterei natürlich ein Dorn im Auge. Seit langem funktionierte die Verteilung von Lebensmitteln ohnehin nur noch sehr lückenhaft. Jetzt aber drohte die gesamte Zwangswirtschaft vollends zusammenzubrechen, wenn es nicht gelang, die Hamsterei drastisch zu bekämpfen.

Die Gendarmen waren angehalten, die Züge zu kontrollieren und die vollbepackten Säcke, Handtaschen und Körbe zu durchsuchen. Das kleine Glück der Hamsterer fand manchmal schon an der nächsten Bahnstation ein bitteres Ende. Tag für Tag spielten sich an den kleinen Landbahnhöfen in Westfalen ähnlich traurige Szenen ab, wie sie vom Münsteraner Hauptbahnhof berichtet werden:

„Unter der Traglast gebeugt, krumm und ächzend schleppen sich die zigeunerhaft zerlumpten Menschen zum Bahnhof, um dort nicht selten zu erleben, daß all ihr schweres Mühen durch die Beschlagnahme von Seiten der Gendarmen vergeblich gemacht wird. Dann ergehen sich voll Haß und ohnmächtiger Wut die müden, abgehetzten, ausgemergelten Leute gegen die Beamten, die auch dort nur ihre Pflicht erfüllen."

Dennoch: Weder Kontrollen noch Warnungen, weder Beschlagnahmungen noch Gefängnisstrafen verhinderten das Hamstern. Immer wieder trieb der nackte Hunger die ausgezehrten Städter in die ländlichen Regionen. Sie handelten, wie ein scharfsichtiger Zeitgenosse resignierend feststellte, nach der weitverbreiteten Devise: „Es gibt nur noch Idioten und Verbrecher; Idioten sind die, welche nicht hamstern, und Verbrecher alle übrigen!"

Räte, Ruhrkampf, Inflation (1918–1923)

Kriegsende in Westfalen: Demonstration vor dem Alten Rathaus in Bielefeld im November 1918.

Kriegsende und Revolution

Seit dem kalten Hungerwinter 1916/17 taucht in den Berichten der westfälischen Landräte immer häufiger ein Wort auf: „Friedenssehnsucht". Die Bauern standen noch weitgehend loyal zu Kaiser und Armee. Dennoch waren sie über die strenge Kriegswirtschaft aufgebracht, die ihnen eben diese kaiserliche Regierung beschert hatte. Auf dem Lande staute sich Unmut an.

Vor allem aber in den Städten wuchs die Kriegsmüdigkeit. Im Januar 1918 legten 13000 Bergarbeiter auf 31 Zechen zwischen Hagen und Bokkum-Hövel die Arbeit nieder. Die Provinzialregierung antwortete mit drakonischen Strafen, doch sie konnte weitere Massenstreiks nicht verhindern. Immer wieder protestierten die Industriearbeiter gegen die mangelhafte Lebensmittelversorgung. Außerdem verlangten sie die sofortige Aufnahme von Friedensverhandlungen.

Eine weitere Forderung der streikenden Arbeiter war die längst überfällige Reform des preußischen Dreiklassenwahlrechts. Sie gab auch Teilen der ländlichen Bevölkerung mehr und mehr zu denken. Industriearbeiter, Handwerker und Bauern wollten nicht länger hinnehmen, daß sie politisch weniger galten als der privilegierte Adel, während sie doch in den Schützengräben und an der „Heimatfront" eine ungleich größere Last trugen. Die Regierung konnte über die Wahlrechtsreform nicht hinweggehen, doch schob sie diese Forderung für die Zeit nach dem Kriegsende auf.

Zunächst schien es auch, als stünden die Aussichten auf einen baldigen „Siegfrieden" gar nicht so schlecht. Im März 1918 unterzeichnete die neue russische Revolutionsregierung in Brest-Litowsk widerwillig einen überaus harten Friedensvertrag, den ihr die deutsche Oberste Heeresleitung unter General Erich Ludendorff diktiert hatte. Der deutschen militärischen Führung war damit der Rücken frei, um einen Großangriff in Richtung Westen zu starten, auch hier sollte die Entscheidung herbeigezwungen werden.

Diese Offensive scheiterte im Sommer an dem breiten und kraftvollen Gegenstoß der alliierten Truppen. Am 14. August gestand die Oberste Heeresleitung erstmals ein, daß nunmehr die Lage „aussichtslos" sei; schließlich unterrichtete Ludendorff Ende September insgeheim den Kaiser, daß das deutsche Heer am Ende sei: „Der Krieg ist nicht mehr zu gewinnen, vielmehr steht die endgültige Niederlage unmittelbar bevor."

Die Militärs drängten auf sofortige Waffenstillstandsverhandlungen – die aber sollten andere führen. Ludendorff eröffnete seinen Mitarbeitern: „Ich habe Seine Majestät gebeten, jetzt auch diejenigen Kreise an die Regierung zu bringen, denen wir es in der Hauptsache zu verdanken haben, daß wir so weit gekommen sind. Die sollen nun den Frieden schließen, der jetzt geschlossen werden muß. Sie sollen die Suppe jetzt essen, die sie uns eingebrockt haben." Ludendorff schob das Versagen der Militärs auf die Politiker ab. Die fatale „Dolchstoß"-Legende war lange vor der Revolution geboren.

Mit solchen Lügen und Unterstellungen schlichen sich die Militärs aus der Verantwortung, die sie bislang diktatorisch für sich beansprucht hatten. Einem früheren Waffenstillstand hatten sie sich stets verweigert. In aussichtsloser Lage hatten sie die Soldaten weiter kämpfen und sterben lassen. Jetzt blieb es dem frisch ernannten neuen Kanzler Prinz Max von Baden überlassen, das Schlimmste zu verhüten.

Seine neue Regierung, der erstmals auch Vertreter der Mehrheitsparteien im Reichstag (Liberale, Zentrum und SPD) angehörten, strebte die langersehnte Parlamentarisierung an. Gegen den heftigen Widerstand der konservativen Reichstagsfraktion setzte die Regierung Verfassungsänderungen durch. Aus dem Kaiserreich, das sich gegen Kriegsende allmählich zu einer Militärdiktatur gewandelt hatte, wurde eine parlamentarische Monarchie.

Diese Reformen kamen um Jahre, wenn nicht um Jahrzehnte, zu spät – und jetzt richteten sie auch nicht mehr viel aus. Den Wandel nahm die kriegsmüde Bevölkerung in Stadt und Land überhaupt nicht mehr wahr. Eine andere Nachricht schlug nämlich Ende Oktober wie eine Bombe ein. Bislang hatte die Oberste Heeresleitung wider besseres Wissen optimistische Siegesmeldungen unter die Leute gebracht, nun plötzlich wurde die Bevölkerung von der Nachricht überrascht, daß die Regierung die Siegermächte um einen Waffenstillstand ersuchte.

So war in den letzten Oktobertagen 1918 das Ende des Krieges in Sicht. Er hatte bei allen beteiligten Völkern rund 8,5 Millionen Menschen das Leben gekostet; etwa 2 Millionen deutsche Soldaten waren an der Front ge-

Bergarbeiterstreik in Dortmund im Frühjahr 1918.

9. November 1918 in Münster: Der gerade gebildete Arbeiter- und Soldatenrat wendet sich vom Balkon des Generalkommandos an die Demonstranten.

fallen, davon rund 112000 aus der Provinz Westfalen. An der „Heimatfront" waren außerdem rund 750000 Menschen an Hunger und Unterernährung gestorben.

Immerhin hatten im weitaus größten Teil des Reichsgebietes keine Kampfhandlungen stattgefunden; sie blieben anders als später im Zweiten Weltkrieg der Provinz Westfalen erspart.

Der unmittelbar bevorstehende Waffenstillstand ließ die Menschen aufatmen. Gleichzeitig blickten sie aufgewühlt und beklommen in eine ungewisse Zukunft. Unruhe lag in der Luft. Es bedurfte nur eines Funkens, um das Pulverfaß der lange angestauten Spannungen zur Explosion zu bringen.

Der Funken flog, wo es niemand erwartet hatte – in Wilhelmshaven. Hier lag die gesamte Kriegsflotte vor Anker. Die Marineführung war nicht bereit, sich der neuen Regierung unterzuordnen. Sie gab an die Mannschaften die Order aus, zu einem letzten großen Einsatz gegen die übermächtige britische Flotte auszulaufen, um „die Ehre der Waffengattung" zu retten. Die Admirale riskierten eher den sicheren Massentod der Marinemannschaften, als vor den alliierten Siegern zu kapitulieren.

Dem selbstmörderischen Befehl widersetzten sich die Matrosen in einem spontanen, ungeplanten Aufstand. Hier fiel der Startschuß für die Novemberrevolution, die binnen weniger Tage ganz Deutschland erfaßte.

Was in den Nordseehäfen als spontaner Matrosenaufstand begann, weitete sich rasch zu einer machtvollen Massenbewegung aus. Meuternde Soldaten und streikende Arbeiter protestierten bald überall gegen den abgewirtschafteten monarchistischen Obrigkeitsstaat und seinen obersten Repräsentanten, Kaiser Wilhelm II. Noch war überdies der Waffenstillstandsvertrag nicht unterzeichnet, und so forderten die Menschen nachdrücklicher denn je zuvor das Ende des Krieges.

In Westfalen trugen aufständische Matrosen und Soldaten aus Köln die Kunde von der Revolution über das Land. Überall bildeten sich Arbeiter- und Soldatenräte – bereits am 8. November in Dortmund, Bochum, Gelsenkirchen und Haltern, einen Tag später in Münster, Bielefeld und Detmold. Von hier aus verbreitete sich die Bewegung in Windeseile über die umliegenden Kleinstädte.

In den ländlichen Dörfern und Bauernschaften Westfalens aber blieb es in diesen stürmischen Novembertagen ruhig. Eigentlich hätten auch die Bauern Grund genug gehabt, sich der Umsturzbewegung anzuschließen, denn nichts sehnten auch sie sich mehr herbei als den Frieden und die Aufhebung der verhaßten Zwangswirtschaft, die ihnen die kaiserliche Regierung auferlegt hatte.

Aber offener Protest oder gar Umsturz der kaiserlich-staatlichen Autoritäten – das ging den meisten Bauern doch zu weit. Außerdem lag ihnen, die sich in Westfalen überwiegend zur katholischen Zentrumspartei oder zur deutschkonservativen Partei bekannten, nichts ferner, als sich einer Massenbewegung anzuschließen, in der Sozialdemokraten den Ton angaben. Und schließlich hatten die Bauern nicht den erbärmlichen Hunger kennengelernt, der in den Städten nun Antrieb zum Massenprotest war.

In den Städten und Gemeinden Westfalens hielten in diesen Tagen Arbeiter- und Soldatenräte die Macht in Händen. Sie kontrollierten die Kommunalverwaltungen; ihre Sicherheitswehren übernahmen den Schutz des Eigentums vor Übergriffen und die Sicherung der öffentlichen Ordnung.

Wie in den Provinzen, so überschlugen sich auch in der Hauptstadt Berlin die Ereignisse. Am 9. November 1918 erklärte Reichskanzler Prinz Max von Baden die Abdankung Kaiser Wilhelms II. und des Kronprinzen, und er übergab SPD-Parteiführer Friedrich Ebert das Amt des Reichskanzlers. Unter jubelndem Beifall der Menschenmenge rief Eberts Parteifreund und Staatssekretär Philipp Scheidemann vom Balkon des Reichstages die Republik aus: „Das deutsche Volk hat auf der ganzen Linie gesiegt. Das Alte, Morsche ist zusammengebrochen, der Militarismus ist erledigt. Die Hohenzollern haben abgedankt. Es lebe die deutsche Republik!"

Dies war das Ende der preußisch-deutschen Monarchie. Adel, Großbürgertum und Militär, die führenden Kräfte des Kaiserreichs, schienen in diesen Tagen wie gelähmt. Sie setzten der Revolution weder in Berlin noch anderswo im Reich nennenswerten Widerstand entgegen. „Wie eine hohle Eiche unter einem Windstoß" – so notierte ein monarchietreuer Politiker in seinem Tagebuch – brach das Kaiserreich zusammen.

Doch was sollte nun statt dessen folgen? Die Sozialdemokraten waren unerwartet und unvorbereitet an die Macht gelangt. Sie traten ein schweres Erbe an, das ihnen das Kaiserreich hinterlassen hatte.

Zunächst einmal mußte der Waffenstillstand mit den alliierten Siegern geschlossen werden. Da sich die Militärs geschickt aus der Verantwortung gewunden hatten, blieb es einem Zivilisten, dem Zentrumspolitiker Matthias Erzberger, überlassen, diesen grausamen Krieg zu beenden. Zögernd unterzeichnete er, nachdem Hindenburg ihn insgeheim noch einmal telegrafisch gedrängt hatte, am 11. November 1918 den Waffenstillstand.

Inzwischen hatte Ebert eine provisorische Übergangsregierung, den „Rat der Volksbeauftragten", gebildet, der in einer Art „Notverwaltung" die Regierungsgeschäfte führte. Der Rat der Volksbeauftragten stand vor gewichtigen Problemen, von denen hier nur einige genannt werden können: Die Soldaten mußten von der Front in die Heimat zurückgebracht und möglichst rasch wieder eingegliedert werden. Arbeitsplätze wurden benötigt. Überhaupt mußte die Kriegswirtschaft auf die neuen Bedingungen der Friedenszeit umgestellt werden.

Vor allem aber trug die provisorische Regierung Eberts nun die Verantwortung für eine hungernde Massengesellschaft. Bevor die Wirtschaft wieder ins Lot gebracht werden konnte, mußten die Menschen dringend mit Lebensmitteln versorgt werden. Um die Ernährung sicherzustellen, war der Rat der Volksbeauftragten auf die Bauern angewiesen, die dem entstehenden neuen Staat mißtrauisch oder gar ablehnend gegenüberstanden.

Mit Bauernräten durch die Revolution

Wer in alten, angestaubten Exemplaren der westfälischen „Landwirtschaftlichen Zeitung“ blättert, stößt in den Ausgaben der Jahreswende 1918/19 recht bald auf die sogenannten „Bauernräte“. Obwohl es solche Bauernräte in fast allen westfälischen Dörfern und Gemeinden gegeben hat, gehören sie zu einem der wenig bekannten Kapitel in der Frühgeschichte der Weimarer Republik.

Man könnte vermuten, die Bauern hätten sich – wie die städtischen Arbeiter und Soldaten – spontan zu ländlichen Räten zusammengeschlossen. Doch auf dem Land war alles anders: Die Gründung von Bauernräten wurde „von oben“ verfügt. Die Initiative ging vom „Kriegsausschuß der deutschen Landwirtschaft“ aus, einem Zusammenschluß verschiedener bäuerlicher und großagrarischer Verbände; in diesem Gremium hielt der kämpferische und zutiefst antidemokratische „Bund der Landwirte“, die erzkonservative Interessenvertretung der ostelbischen Junker, das Heft fest in der Hand.

Bereits in den letzten Oktobertagen 1918 war offenkundig, daß der Zusammenbruch des Kaiserreiches unmittelbar bevorstand. Um für alle Fälle gewappnet zu sein, rief der Kriegsausschuß zur Bildung von Orts- und Gemeindeausschüssen auf. Diese ländlichen Gremien sollten die Ernährung über alle Wirren hinweg sicherstellen; außerdem – so hieß es in dem Appell – „sollen sie eine Hilfsorganisation bilden zum Schutz der Personen und zur Sicherung des Eigentums“.

Der Aufruf wurde am 9. November veröffentlicht – und von den Ereignissen überrollt. An diesem Tag wurde die Abdankung des Kaisers bekannt, und der sozialdemokratische „Rat der Volksbeauftragten“ übernahm vorläufig die Regierungsmacht.

Für die Honoratioren im Kriegsausschuß stürzte eine Welt zusammen. Unter ihnen machte sich Krisenstimmung breit, doch erstaunlich schnell gewannen sie wieder einen klaren Kopf. Die Agrarfunktionäre tra-

Aufruf

des Rates der Volksbeauftragten zur Bildung von Bauernräten.

Berlin, 12. November. Die neue deutsche Reichsregierung erläßt folgenden Aufruf:

Die Regierung ruft hiermit alle Schichten der ländlichen Bevölkerung ohne Unterschied der Parteirichtung auf zu gemeinsamer freiwilliger Bildung von **Bauernräten,** um die Volksernährung, die Ruhe und Ordnung auf dem Lande, sowie die ungehinderte Fortführung der ländlichen Betriebe sicherzustellen. Die Reichregirung hat den Wunsch, die staatlichen Eingriffe zur Sicherung der Volksernährung auf das absolut notwendigste zu beschränken, in der Erkenntnis, daß Freigiebikeit und Selbstverwaltung schneller und besser zum Ziele führen, als die beste bürokratische Organisation. Je mehr die ländliche Bevölkerung durch freiwillige selbstgeschaffene Orts- und Gemeindenausschüsse dazu beiträgt, daß schnell und fortlaufend die erforderlichen Lebensmittel zur Sicherung der Volksernährung bereitgestellt werden, desto weniger wird es zu zwangsweisen Eingriffen kommen. Die ländliche Bevölkerung hat es also selber in der Hand, diese auf ein Mindestmaß zu beschränken.

Die ländliche Bevölkerung kann versichert sein, daß die Reichsregierung sie nachdrücklich schützen wird vor allen willkürlichen Eingriffen Unberufener in ihre Eigentums- und Produktionsverhältnisse. Wenn der Hunger niemanden aus der Stadt auf das Land treibt und die von der Front zurückflutenden Soldatenmassen regelrecht verpflegt werden können, wird es solcher Schutzmaßregeln garnicht bedürfen. Deshalb ist die freiwillige Lieferung der erforderlichen Lebensmittelmengen das sicherste Schutzmittel vor Störungen der Ruhe und Ordnung auf dem Lande und garantiert auch am besten den ungestörten Fortgang der ländlichen Betriebe. Dieser Zusammenhänge möge die ländliche Bevölkerung sich bewußt sein und alles tun, was in ihren Kräften steht, das deutsche Volk in dieser schweren Zeit vor dem Verhungern zu schützen. Niemand wird unbilliges von ihr verlangen und sie verantwortlich machen, wenn Transportschwierigkeiten oder andere Umstände Stockungen in der Versorgung der Bevölkerung verursachen. Aber im eigenen Interesse und in dem der Volksgesamtheit muß die Landbevölkerung jetzt die freiwillige Organisierung von Bauernräten in die Hand nehmen.

Erfreulicherweise haben die berufenen Organisationen der deutschen Landwirtschaft sich bereits mit einem solchen Vorschlag an die landwirtschaftlichen Körperschaften Deutschlands gewandt und sich mit der neuen Reichsregierung darüber verständigt. Jetzt gilt es schnell zu handeln, jede Passivität auszuschalten und in freiwilliger gemeinsamer Zusammenarbeit der Bauernräte auf dem Lande mit dem Kriegsernährungsamt und den Arbeiter- und Soldatenräten alle Gefahren abzuwenden, die akute Hungersnot über den einzelnen und über die Volksgesamtheit heraufbeschwören muß.

Bauern, Landarbeiter, Handwerker und Gewerbetreibende auf dem Lande: **Bildet unverzüglich Bauernräte.**

Aufruf des Rates der Volksbeauftragten vom 12. November 1918 zur Bildung von Bauernräten.

ten, geschickt taktierend, die Flucht nach vorne an. Die neue Marschroute beschrieb der Direktor des „Bundes der Landwirte", von Volkmann, in einem Brief folgendermaßen: „In dieser ekelhaften Zeit muß sich der Kriegsausschuß der neuen Regierung fügen und sie insoweit unterstützen, als es ihr ernst ist, Ordnung und Schutz des Besitzes zu wahren."

Noch konnte von Volkmann nicht wissen, wie richtig er damit lag. Weder die Volksbeauftragten noch die sozialdemokratischen Minister Preußens erwogen 1918/19, die Besitzverhältnisse in der Landwirtschaft zu verändern. Sie wußten, daß die Unterstützung der Bauern und Großgrundbesitzer unentbehrlich war, um die Ernährung der hungernden Bevölkerung in den Städten zu sichern. Wie ernst es den Volksbeauftragten war, Ruhe und Ordnung auf dem Land zu wahren, sollte sich den Agrarfunktionären bald zeigen.

Am frühen Abend des 11. November 1918 suchte eine fünfköpfige Delegation des Kriegsausschusses die Reichskanzlei auf. Friedrich Ebert selbst war verhindert, und so verhandelten die Agrarier mit den Volksbeauftragten Philipp Scheidemann und Wilhelm Dittmann.

Der Leiter der Agrarierdelegation, Professor Heinrich Dade, zeichnete ein düsteres Bild von der Zukunft: Sollten die politischen Unruhen auch auf das Land übergreifen, werde dies für die Lebensmittelversorgung der städtischen Bevölkerung eine Katastrophe bedeuten. Deshalb sei es von Nutzen, überall Orts- und Gemeindeausschüsse zu gründen, die gemeinsam mit den landwirtschaftlichen Organisationen die Lebensmittelversorgung sichern und den Schleichhandel bekämpfen könnten.

Die Agrarpolitiker waren überrascht, als die beiden sozialdemokratischen Volksbeauftragten diesem Vorschlag ohne Widerspruch zustimmten. Scheidemann ergänzte, daß man ohnehin bereits über ähnliche „Bauernräte" nachgedacht habe. Er versprach, daß die Regierung alles daransetzen werde, um für die Sicherheit auf dem Lande zu sorgen und die Bildung dieser Bauernräte zu unterstützen.

So bekam das Kind einen anderen Namen. Die Orts- und Gemeindeausschüsse hießen nun „Bauernräte" – ein Name, der fast ein wenig revolutionär klang. Die Agrarier nahmen das bereitwillig hin, denn sie hatten alles erreicht, was sie sich vorgenommen hatten. Nach nicht einmal einstündigem Gespräch verließen sie befriedigt das Gebäude der Reichskanzlei.

Bereits am nächsten Tag stand in einem Aufruf der Regierung zu lesen: „Die Reichsregierung wird die ländliche Bevölkerung nachdrücklich schützen vor allen willkürlichen Eingriffen Unberufener in ihre Eigentums- und Produktionsverhältnisse." Und weiter hieß es: „Jetzt gilt es schnell zu handeln, jede Passivität auszuschalten und alle Gefahren abzuwenden, die akute Hungersnot über den einzelnen und über die Volksgesamtheit heraufbeschwören muß. Bauern, Landarbeiter, Handwerker und Gewerbetreibende auf dem Lande: Bildet unverzüglich Bauernräte!"

Die regierenden Sozialdemokraten vertraten die Interessen der hungernden städtischen Arbeiterschaft; die Verhältnisse in der Landwirtschaft hingegen waren ihnen fremd geblieben. So vertrauten sie die Gründung der Bauernräte allein den landwirtschaftlichen Organisationen an, nicht ahnend, wem sie damit das Feld überließen.

In Ostdeutschland blieb es überwiegend den mächtigen Junkern und ihrem streitbaren „Bund der Landwirte" überlassen, die örtlichen und regionalen Bauernräte aus der Taufe zu heben. Hier saßen sie nun mit den angefeindeten Landarbeiterorganisationen an einem Tisch. Dennoch gelang es ihnen leicht, in diesen Gremien binnen weniger Wochen die Oberhand zu gewinnen. Auf diese Weise sicherten die Junker stillschweigend ihre Machtposition, die sie in den Tagen der Revolution für kurze Zeit gefährdet glaubten. Bald schon konnten sie wieder ihre Kräfte sammeln zum Sturm auf die ungeliebte Republik.

Von Beginn an waren die Bauernräte nur als provisorische Übergangsgremien und als Gegengewicht zu den städtischen Arbeiter- und Soldatenräten gedacht. Als sich die revolutionären Wogen allmählich glätteten und die zum Teil heftig bekämpften städtischen Räte ihren Einfluß verloren, wurden auch die Bauernräte überflüssig. Sie lösten sich im Sommer 1919 wieder auf.

Auch in Westfalen fiel der Aufruf, Bauernräte zu bilden, auf einen fruchtbaren Boden. Hier gab es allerdings nicht jenen schroffen Gegensatz zwischen Junkern und Landarbeitern, wie er für die ostdeutschen Agrarverhältnisse typisch war. Die Entwicklung der westfälischen Bauernräte nahm deshalb auch einen anderen Verlauf.

Bauernräte in Westfalen

Wenn nicht gerade ein großes Fest gefeiert wurde, ging es in der Landgaststätte des tecklenburgischen Heidedorfes Ladbergen ruhig zu. Stammgäste, die sich an der Theke des Wirts Hermann König zum Bier trafen, tauschten neueste Dorfereignisse aus und beredeten die Weltpolitik.

Doch an diesem spätherbstlichen Sonntag, es war der 25. November 1918, wurde es turbulenter. Zahlreiche Bauern und Heuerlinge aus der Umgebung, auch einige Fabrikarbeiter, Handwerker und andere interessierte Ladbergener Bürger drängten in den Saal. Mit Bedacht hatte der Gemeindevorsteher und Landwirt Ernst Snethkamp die Versammlung auf einen Sonntag anberaumt, denn die allermeisten hatten an diesem Tag ausreichend Zeit, schließlich ging es um die Gründung eines Bauern- und Landarbeiterrates für Ladbergen.

Dazu hatte vor fast zwei Wochen die Reichsregierung aufgerufen. In der Provinz Westfalen lag die Verantwortung bei der Landwirtschaftskammer in Münster. Sie drängte die Orts-, Kreis- und Bezirksvereine – damals die Unterorganisation der Kammer –, solche Räte möglichst rasch zu bilden. In den meisten Kleinstädten und Gemeinden beeilten sich die Vorsitzenden der landwirtschaftlichen Ortsvereine, die Bauernräte aus der Taufe zu heben. Noch aber gab es in Ladbergen keinen solchen Ortsverein, und deshalb war Gemeindevorsteher Snethkamp dafür in Ladbergen verantwortlich.

Bevor es zur Wahl ging, trat Dorflehrer Wilhelm Sundermann an das Rednerpult. Er erklärte den Anwesenden die Aufgaben des neuen Gremiums. Dabei verlas er den Aufruf der Kammer, in dem es in recht bürokratischem Ton hieß: „Die Aufgabe der Bauernräte wird es sein, die landwirtschaftliche Erzeugung aufrecht zu erhalten und ferner mit allem Nachdruck auf eine rechtzeitige Erfüllung der Lieferungspflicht an landwirtschaftlichen Erzeugnissen und die restlose Ablieferung aller darüber hinaus entbehrlichen Nahrungsmittel hinzuwirken; weiterhin wird es ihre Aufgabe sein, für einen ausreichenden Schutz der Landwirtschaft gegen gewaltsame Eingriffe in das Eigentum zu sorgen."

Manche Bauern murrten, daß die strengen Vorschriften der Zwangswirtschaft auch weiterhin gelten sollten. Nach einer kurzen Debatte aber wurde dann der Bauern- und Landarbeiterrat gewählt.

Sieben Bauern, zwei Heuerlinge und ein Vertreter der bäuerlichen Genossenschaft saßen nun in dem neuen Gremium. Doch die Mitglieder kamen nicht nur aus der Landwirtschaft. Auch drei Handwerker, zwei Fabrikarbeiter, ein Händler und ein Lehrer waren im Bauernrat vertreten.

Im benachbarten Mettingen hingegen sah es ganz anders aus: Hier wurde ein gemeinsamer Arbeiter- und Bauernrat gebildet, mit drei Bergleuten, zwei Bauern, einem Holzarbeiter und einem Stellmacher. In Lengerich war es wiederum anders. Hier gab es nur einen dörflichen Arbeiterrat, in dem ein gewählter Landwirt die Interessen der Bauern vertrat.

Wie hier im Tecklenburger Land unterschieden sich auch in anderen Regionen Westfalens die Bauernräte oft von Ort zu Ort. In vielen Kreisen schlossen sich die Bauernvertreter überdies bald zu Kreisbauernräten zusammen.

Die Zusammenarbeit mit der Verwaltung scheint insgesamt recht reibungslos gelaufen zu sein. Der Landrat von Tecklenburg notierte Ende 1918: „Besondere Schwierigkeiten in dem Verhältnis dieser Organisationen zu den Behörden haben sich bis jetzt nicht gezeigt." Ähnliche Hinweise gibt es auch aus anderen Regionen Westfalens.

Über die eigentliche Arbeit der Bauernräte fließen jedoch die Quellen nur spärlich. Vielerorts bildeten sie Gemeindewehren, um die verstreut liegenden Höfe vor befürchteten Plünderungen zu schützen. Aus manchen Orten ist auch überliefert, daß Mitglieder der Bauernräte die staatlichen Kontrollbeamten begleiteten. Gemeinsam zogen sie von Hof zu Hof, um bei den Landwirten nach versteckten Nahrungsmitteln zu suchen. Sicherlich gab es auch das krasse Gegenteil, wenn nämlich Bauernräte ihre Berufskollegen, die im verbotenen Schleichhandel profitable Geschäfte machten, vor dem Zugriff der Behörden deckten. Insgesamt dürfte aber wohl das Urteil zutreffend sein, das der Kreisausschuß von Burgsteinfurt im Februar 1919 fällte: „Die Bauernräte haben sich in den meisten Gemeinden durch ihr Einwirken auf ihre Berufsgenossen erfolgreich bewährt."

Anfangs war es für viele Bauern recht schwer, die neuen, unbekannten Aufgaben in den Räten wahrzunehmen. Nachdem sich die Landwirte daran gewöhnt hatten, erwachten einige Bauernräte zu einem regen Eigenleben. Im Frühjahr 1919 bezeichneten sich beispielsweise die Coesfelder Bauernräte selbstbewußt als „die einzigen Vertreter der Landwirtschaft“ – eine aufmüpfige Spitze, die sich unzweifelhaft gegen Landwirtschaftskammer und Westfälischen Bauernverein richtete.

Auch aus anderen Orten mehrten sich ähnliche Anzeichen. Deshalb sah die Kammer – wie es in einem Brief an den Regierungspräsidenten in Münster heißt – „in der weiteren Ausgestaltung und Verewigung der Bauern- und Landarbeiterräte eine gewisse Gefahr“. Werner Reineke, führendes Mitglied im Bauernverein, meinte gar in einem Brief an den Vorsitzenden Freiherrn von Kerckerinck zur Borg: „Die ganze Bewegung muß in größtmöglichem Umfange erstickt werden.“

Das Ruder glitt weder der Kammer noch dem Bauernverein aus der Hand. Schließlich saßen viele ihrer Vertreter auch in den Bauernräten. Nachdem die Kammer im Frühjahr 1919 einen regelrechten Werbefeldzug startete, gelang es ihr, Bauern, Kötter und Heuerlinge in neuen Ortsvereinen unter ihre Fittiche zu bringen. Bis zum Herbst 1920 wurden in Westfalen fast 500 neue Ortsvereine gegründet. So entwickelte sich aus den Bauernräten ein breites landwirtschaftliches Organisationsnetz – auch in Ladbergen: Der Gemeindevorsteher Snethkamp, der im November 1918 die Wahl zum Bauern- und Landarbeiterrat geleitet hatte, gründete ein Jahr später den „Landwirtschaftlichen Ortsverein Ladbergen“.

Hofkontrollen und Plünderungen

Als der Krieg zu Ende war, nahmen viele Bauern an, daß damit auch die Gängelei der Zwangswirtschaft beendet sei. Doch für die Landwirtschaft blieb alles noch beim alten. Die neue Regierung behielt das Bewirtschaftungssystem bei, um für den Winter 1918/19 die Lebensmittelversorgung der Städte zu sichern.

Die Lage war kritischer denn je zuvor. „Mehr Brot“ – mit dieser Forderung legten im Ruhrgebiet bereits ganze Stahlhütten- und Zechenbelegschaften die Arbeit nieder.

Viel gefährlicher aber als die Bergarbeiterstreiks würde ein Ablieferungsstop der Bauern sein. So jedenfalls prophezeite im Februar 1919 ein anonymer Korrespondent aus Westfalen in der „Deutschen Tageszeitung“. Er fuhr fort: „Diese Möglichkeit müssen wir ernsthaft in Betracht ziehen. Die Bitterkeit unter den landwirtschaftlichen Produzenten ist enorm, und die Einstellung aller Ablieferungen an Getreide, Fleisch, Milch, Butter, Eiern usw. wird ernsthaft diskutiert, selbst von den bedächtigsten Bauern.“

Tatenlos konnte die Regierung nicht zusehen. Im Frühjahr 1919 ordnete der Reichsernährungsminister Robert Schmidt umfangreiche zusätzliche Hofkontrollen an. Er griff dabei eine Idee auf, die bereits drei Jahre zuvor die kaiserliche Regierung erwo-

Am Alten Markt in Dortmund-Hörde warten Hausfrauen im Februar 1919 auf die Ausgabe von Pferdefleisch.

gen hatte: An den Kontrollen sollten erstmals auch Vertreter der städtischen Verbraucher teilnehmen. Dadurch sollte der Stadt-Land-Konflikt, der in den Kriegsjahren zu erheblichen Spannungen geführt hatte, ein wenig entschärft werden.

Das Gegenteil aber trat ein. Als ein solcher Kontrolltrupp im Frühsommer 1919 in Westerenger bei Herford eintraf, versperrten zornige Bauern und Heuerlinge den Weg. Rufe wie „Schlagt ihnen die Knochen kaputt“ und „Man sollte euch totschlagen“ gellten den Kontrolleuren entgegen. Die Revision fand schließlich nicht statt. Ähnliches spielte sich in anderen Gegenden Westfalens ab. Oft kamen die Kontrolleure nur unter dem Schutz starker militärischer Begleitung auf die Bauernhöfe – und mit heiler Haut wieder davon. Nach vier Jahren Zwangswirtschaft war die Stimmung unter den westfälischen Bauern gereizt.

Schon die Kontrollen in der Kriegszeit, verordnet von der kaiserlichen Regierung, waren bereits auf verhaltenen Protest gestoßen. Daß ihnen die neue Regierung nun auch noch „berufsfremde Städter“ in die Ställe, Scheunen und Stuben zur Kontrolle schickte, verbitterte die Bauern noch mehr. Dies bestärkte sie in ihrem Argwohn gegenüber der jungen Republik.

Doch die Situation konnte sich für die Bauern bedrohlich zuspitzen. Als der Versmolder Bauern- und Landarbeiterrat gegen die Hofkontrollen protestierte, antwortete der Mindener Regierungspräsident von Campe, der den Landwirten gewiß nicht fernstand, mit eindringlichen Worten: „Gewinnt die städtische Bevölkerung nicht die Überzeugung, daß auf dem Lande alles restlos erfaßt und abgeliefert wird, so ist zu befürchten, daß die Massen von der Stadt auf das Land kommen und daß sich Zustände entwickeln, die bei weitem schlimmer sind als die mit der Tätigkeit der Kommission verbundenen Unannehmlichkeiten.“

Trotz dieser Ermahnungen hatte die westfälische Landbevölkerung kaum Verständnis für die staatlichen Maßnahmen. Es war nicht zu erwarten, daß die Landwirte aus Einsicht oder gar aus Angst nun wieder ihre Produkte ablieferten. Das meiste verschwand, wenn es nicht den Hamsterern gegeben wurde, auf unübersichtlichen Kanälen im Schleichhandel.
Das profitable Umgehen der Zwangswirtschaft auf der einen Seite, der bittere Hunger auf der anderen Seite – dies verschärfte den Konflikt zwischen Stadt und Land. Nicht nur die sozialdemokratischen Blätter des Ruhrgebietes und Ostwestfalens kritisierten und ermahnten die Bauern. Selbst der konservative, eher bauernfreundliche „Münsterische Anzeiger“ warnte: „Die landwirtschaftlichen Produzenten haben keine Ahnung von der gefährlichen Situation, auf die sie sich hinbewegen. Falls die Wucherpreise beibehalten werden, sollten die Bauern nicht überrascht sein, wenn sich die Schreckensherrschaft der Spartakisten um ihren Hals legt.“

Die Angriffe auf die Landwirte wurden nicht nur mit Worten ausgefochten. Zum Frühjahr 1919 hin nahmen die Diebstähle und Plünderungen einzelner kleiner Banden auf dem Land erschreckend zu. In Scheunen und Wohnhäusern wurde mehr denn je eingebrochen. Eier und Kartoffeln wurden entwendet und manchmal auch Tiere aus den Ställen gestohlen. Es kam sogar vor, daß Rinder und Kühe des Nachts auf abgelegenen Weiden geschlachtet wurden.

Massenplünderungen waren den Bauern oft vorhergesagt worden, doch dazu kam es in Westfalen nur selten. Einiges Aufsehen erregte damals ein Plünderzug in Fröndenberg: In den Frühstunden des 18. März 1919 zogen rund 900 Fabrik- und Bergarbeiter – einige von ihnen bewaffnet – und etwa 100 Frauen von Unna aus in die umliegenden Gemeinden. Als eine Hälfte der Menge im kleinen Dorf Kessebüren ankam, ging ihnen der Führer der Bürgerwehr entgegen und bot ihnen freiwillig Lebensmittel an. In anderen Dörfern wanderten die Arbeiter und die Frauen in kleinen Gruppen von Haus zu Haus und forderten von den Bauern unverzüglich Lebensmittel. Die verängstigten Bauern holten sofort einiges aus ihren Vorratskammern. Was die Landwirte herausgaben, wurde ihnen später zu den festgesetzten Höchstpreisen ersetzt.

Die andere Hälfte des Arbeiterzuges zog nach Frömern, und hier wurden auf zwei abgelegenen Höfen Türen eingeschlagen, Eichentruhen aufgebrochen und Schränke durchwühlt. Die Fröndenberger Schutzwehr marschierte inzwischen den Arbeitern entgegen. Der Führer der Gemeindewehr hatte angeordnet, daß jede Ausfuhr von Lebensmitteln strikt verhindert werden solle. Bald fielen die ersten Schüsse – von welcher Seite auch immer. Ein regelrechtes Feuergefecht entbrannte; dabei wurde ein Bauer tödlich verletzt.

Dieser Plünderungszug hungernder Menschenmassen zeigt, wie schnell um die Jahreswende 1918/19 der Konflikt zwischen Stadt und Land in offene Gewalt umschlagen konnte. Angesichts des ungewöhnlich belastenden Lebensmittelmangels ist es fast schon verwunderlich, daß in Westfalen nur selten hungernde Städter versuchten, ihre hoffnungslose Lage in die eigenen Hände zu nehmen.

In der aufgeheizten Atmosphäre wurde die tiefere Ursache dieser Spannungen gar nicht mehr beachtet. Der Hunger der Städter und die Zwangswirtschaft, die den Bauern so zusetzte, waren das Vermächtnis eines grausamen Krieges. Ihn aber hatten weder die Arbeiter noch die Bauern, noch auch die angefeindete neue Regierung zu verantworten.

Bauernstreiks gegen die Zwangswirtschaft

In ländlichen Kreisen ist die Meinung verbreitet, daß das bisherige Ernährungssystem aufgehoben sei. Diese Annahme ist irrig. Alle Gesetze, Verfügungen und Verordnungen, welche die Ernährungsfrage betreffen, sind in Kraft geblieben. Es haben also die Landwirte auch ihre Ablieferungspflichten zu erfüllen wie bisher."
Mit dieser Ermahnung wandten sich im November 1918 der Landrat von Siegen und der dortige Arbeiter- und Soldatenrat an die Landwirte im südlichsten Zipfel Westfalens. Die Siegerländer Bauern – und nicht nur sie – hatten gehofft, daß die Zwangswirtschaft nach Kriegsende automatisch beendet sei. Jetzt aber wurden sie eines anderen belehrt.

Die Regierung sah sich gezwungen, das Bewirtschaftungssystem vorerst aufrecht zu erhalten. Die Ernte 1918 war so schlecht wie im Vorjahr. Dringend nötige Lebensmitteleinfuhren blieben aus, denn noch immer war die alliierte Seeblockade nicht aufgehoben. Nach ihrem Ende, im Juni 1919, liefen die Nahrungsmittelimporte nur sehr schleppend an.

Die junge Republik besaß, weil das Kaiserreich desolate Staatsfinanzen hinterlassen hatte, zu wenig Devisen, um ausreichende Einfuhren zu bezahlen. Hinzu kam, daß die schleichende Geldentwertung wie eine unsichtbare Blockade wirkte: Die erschütterte Währung verlor im Ausland an Ansehen, und Nahrungsmittelimporte schrumpften weiter zusammen.

Um den Zusammenbruch der Lebensmittelversorgung zu verhindern, hielt der sozialdemokratische Reichsernährungsminister Robert Schmidt an der Zwangswirtschaft fest. Doch diese Entscheidung blieb nicht unumstritten. Otto Braun, erster sozialdemokratischer Landwirtschaftsminister und späterer Ministerpräsident Preußens, war da ganz anderer Auffassung. Ausgerechnet er, der vor allem von den ostdeutschen agrarischen Interessenverbänden kompromißlos bekämpft wurde, machte sich im Sommer 1919 zum Fürsprecher der Bauern.

Im Krieg, so wandte er ein, sei die Zwangswirtschaft notwendig gewesen. Sie habe aber auch zum Rückgang der landwirtschaftlichen Erzeugung beigetragen. Willkürliche Preisfestsetzungen hätten das Interesse der Landwirte an erhöhten Leistungen lahmgelegt; kurzsichtige Maßnahmen sachfremder Bürokraten hätten vielen Betrieben oftmals nur geschadet. Und weiter argumentierte Braun: „Dem Volk ist nicht damit gedient, daß in zahlreichen Kriegsgesellschaften und Büros Tausende von Personen Berge von Papier vollschreiben und Karten und Marken sortieren, während Schleichhandel und Schiebungen aller Art immer üppiger ins Kraut schießen."

Braun schlug also vor, stufenweise und möglichst rasch aus der Zwangswirtschaft auszusteigen. Damit aber konnte er sich bei der Regierung nicht durchsetzen. Reichsernährungsminister Schmidt führte fast unverändert fort, was die kaiserliche Regierung 1915 begonnen hatte.

Die Weimarer Regierungsbehörden hatten allerdings ihre Rechnung ohne die Landwirte gemacht. Durchhalteparolen mochten im Krieg die Bauern noch beeindruckt haben. Jetzt aber, wo die Waffen schwiegen, erschien ihnen jedes Durchhalten sinnlos. Westfalens Bauern und ihre Standesorganisationen setzten sich heftiger denn je gegen die Zwangswirtschaft zur Wehr. Landwirtschaftskammer und Westfälischer Bauernverein erreichten aber mit ihren Protesten nicht viel, denn ihr Einfluß auf die neue Regierung war gering.

Weitaus erfolgreicher als alle politischen Gegenreden war der wirtschaftliche Widerstand der vielen tausend einzelnen Bauern und Kötter. Während des Krieges hatten sie bereits die Zwangswirtschaft untergraben, doch ab Mitte 1919 boykottierten die Bauern sie vollends – und das hatte seinen Grund. Seit einiger Zeit nämlich steckten die Bauern in einer gefährlichen Zwickmühle: Einerseits waren Dünge- und Futtermittel knapper denn je, und ihre Preise kletterten ständig; andererseits wurden die Festpreise für Milch und Fleisch, Kartoffeln und Getreide kaum angehoben. Auf dem Land entbrannte ein heftiger Kampf um die Festpreise, der besonders gut für die Milch dokumentiert ist. Wie dieser Kampf verlief, sei am Beispiel des Siegerlandes berichtet.

Hier erhielten die Bauern im Frühsommer 1919 für 1 l Milch rund 40 Pfennig. Damit kamen sie schon lange nicht mehr aus. Der Siegener Kreisbauernrat hob deshalb eigenmächtig den Milchpreis auf 80 Pfennig an. Von der Regierung wurde der Kreisbauernrat sofort zurückgepfiffen, doch damit war das Problem nicht gelöst.

Es gärte unter den südwestfälischen Bauern, wie ein Bericht des Wittgensteiner Wirtschaftsamtes zeigt: „Die Verärgerung der Landwirte nimmt so zu, daß ein Entgegenkommen bald zu spät sein kann und erst durch einen Bauernstreik erzwungen wird. Der Bauer sieht, daß der Arbeiter in dieser Form vorgeht und sein Ziel erreicht. Nichts ist natürlicher, als daß er zum gleichen Mittel greift."

Der Beamte im Wirtschaftsamt sollte recht behalten. Bis zum Herbst 1919 traten immer mehr Siegerländer Bauern in den Ablieferungsstreik. Sie verkauften ihre Milch nur, wenn sie dafür 80 Pfennig pro l erhielten. Selbst den städtischen Ankaufsstellen blieb nichts anderes übrig, als diesen geforderten Betrag zu zahlen.

Provinzial- und Kommunalbehörden, bei denen die Fäden der Zwangswirtschaft zusammenliefen, waren machtlos. Im Herbst 1919 setzte die Provinzial-Fettstelle, die für die Milchbewirtschaftung zuständig war, den Literpreis von 40 auf 80 Pfennig fest. Damit wurde auf dem Papier anerkannt, was die südwestfälischen Bauern tatsächlich bereits ertrotzt hatten.

Dieser Kampf wiederholte sich mehrmals, und er verlief in ganz Westfalen ähnlich. Wenn die Behörden neue Höchstpreise verordneten, hinkten sie bereits den Realitäten hinterher. Die streikenden Bauern saßen am längeren Hebel. Bereits im Mai 1920 schätzten westfälische Beamte, daß drei Viertel der gesamten Milcherzeugung auf unkontrollierten Wegen verschwanden. Die staatliche Milchbewirtschaftung war längst hinfällig geworden, bevor sie im April 1921 per Gesetz aufgehoben wurde.

Ähnlich war es auch beim Fleisch. Als September 1920 die Überwachung offiziell endete, war die Ablieferung über amtliche Kanälen bereits versiegt. Kaum ein Bauer beachtete noch Ablieferungsquoten und Höchstpreise. Der Oberpräsident der Provinz Westfalen meldete bereits im Juni 1920 dem Landwirtschaftsminister Otto Braun: „Die Zwangswirtschaft, namentlich für Fleisch, Milch und Butter, ist tatsächlich zusammengebrochen."

Ärger mit der Getreideumlage

Anderthalb Jahre nach Kriegsende war die Zwangswirtschaft für Fleisch, Milch und Kartoffeln offiziell beendet. Nur für Brotgetreide galten noch immer die strengen Vorschriften wie im Krieg. Doch auch diese letzten Schrauben der Zwangswirtschaft wurden gelockert. Für die Erntejahre 1921 und 1922 wurde die sogenannte „Getreideumlage" eingeführt. Das war, bevor 1923 auch die Getreidebewirtschaftung aufgehoben wurde, eine Übergangsregelung: Die Bauern mußten nur noch einen bestimmten Anteil ihrer Kornernte zu Festpreisen abliefern; was übrigblieb, konnten sie wie in den Vorkriegsjahren wieder auf dem freien Markt feilbieten oder selbst verwenden.

Das klang damals recht verheißungsvoll. Allerdings bereitete auch diese indirekte staatliche Getreidebewirtschaftung zahlreichen westfälischen Bauern erhebliche Scherereien. Einer unter vielen, die sich wegen der Umlage ständig mit den Behörden herumschlugen, war Karl Wieskotten, ein Hofpächter in Gelsenkirchen. In seinen Protesten spiegeln sich die Alltagssorgen eines Bauern in der Nachkriegszeit.

Eigentlich war Wieskotten gar kein „richtiger" Bauer, sondern Kutscher bei der Bergwerks-AG in Gelsenkirchen. Hier hatte er sich vor dem Krieg allmählich hochgearbeitet, bis er mit seinem zusammengesparten Lohn von der Zeche Rhein-Elbe ein Anwesen pachtete. Nur ein Siebtel der ortsüblichen Pacht hatte er zu zahlen, denn zum einen war der 30-ha-Hof reichlich verfallen; zum anderen waren fast sämtliche Flächen von Kokereien, Hochöfen und Zechen umgeben. „Meine Frucht", so klagte Wieskotten, „hat durch chemische Niederschläge sehr zu leiden."

Nach den schlechten Kriegsjahren ging es finanziell wieder etwas bergauf – aber auch nur, weil Wieskotten nebenher ein Fuhrgeschäft aufgebaut hatte, das zusätzliches Geld einbrachte. Zeitweilig florierte es so gut, daß er noch einige Fuhrleute beschäftigte.

Seine Landwirtschaft hingegen brachte ihm nach wie vor wenig ein. Beim besten Willen konnte er das Ablieferungssoll nicht einhalten, denn auf seinen „rauchgeschädigten" und ausgelaugten Feldern fielen die Kornernten äußerst mager aus. Weil ihm dies nicht in Rechnung gestellt wurde, geriet Wieskotten nach der Ernte 1921 zum ersten Mal in Konflikt mit den Behörden.

Gerade hatte Wieskotten sein Getreide ausgedroschen und einen Teil abgeliefert, da flatterte ihm der erste Strafbescheid der Stadtverwaltung Gelsenkirchen ins Haus: „Da an Ihrem Umlagesoll noch 31,84 Doppelzentner fehlen, haben Sie hierfür Geldersatz zu leisten" – so hieß es da in markigem Beamtendeutsch. Binnen zwei Wochen sollte er 29 531,60 Mark an die Stadtkasse entrichten.

Wieskotten fiel aus allen Wolken. Wie kamen die Beamten bloß auf so eine Summe? Er setzte sich an den Küchentisch, zückte seinen Bleistift und rechnete. Die Zahlen konnte er drehen und wenden, wie er wollte: Die Stadtverwaltung hatte ihm 927,50 Mark/dt berechnet; dabei lag der Getreidepreis nur bei etwa 650 Mark/dt. Wo lag da der Haken?

Nun, die Beamten hatten Wieskotten nicht den Inlandspreis für Getreide in Rechnung gestellt, sondern den Auslandspreis für importiertes Getreide. Dem lag folgendes zugrunde: Hielten die Bauern ihr Soll nicht ein, mußte zusätzlich Getreide zu einem höheren Importpreis eingeführt werden. Dieser Importpreis, der wegen der fortschreitenden Geldentwertung um etliches über dem Inlandspreis lag, wurde auf die säumigen Bauern umgelegt.

Karl Wieskotten legte schärfsten Protest ein. Selbstbewußt wandte er sich sogar an den Regierungspräsidenten in Arnsberg: „Mich trifft die Maßnahme der Stadtverwaltung so schwer, daß ich nicht weiß, wie ich die von der Stadt verlangten 29 531,60 Mark beschaffen soll. Für meine Leute, die in meinem Fuhrgeschäft schwer arbeiten müssen, bin ich gezwungen, das heute so teure Brot hinzuzukaufen."

Die Behörden aber blieben hart, schon um nicht andere Bauern zu ähnlichem Protest zu ermutigen. Wieskotten mußte zahlen, ob er konnte oder nicht. Jetzt allerdings fehlte ihm das Geld für eine sorgfältige Frühjahrsbestellung. „An Kunstdünger zu kaufen war gar kein Gedanke", schrieb er später unbeholfen. So fiel die Kornernte noch schlimmer aus als im Vorjahr. Auf 12,5 ha erntete er nur noch spärliche 75 dt!

Der Ärger mit den Behörden schien vorprogrammiert. Immerhin lieferte Wieskotten bei der städtischen Ankaufsstelle 35 dt Getreide ab. Den Rest behielt er auf seinem Hof, für seine Familie und seine Fuhrleute, und nicht zuletzt für seine schweren Zugpferde.

Die Stadtverwaltung ermäßigte zwar sein Ablieferungssoll, doch sie forderte von ihm noch exakt 8,12 dt Getreide. Nun ging der Ärger von neuem los. Im Mai 1923 erhielt Wieskotten den erwarteten Strafbescheid. Für die fehlende Getreidemenge hatte er nun sage und schreibe 1 680 840 Mark zu zahlen!

Die Inflation steuerte ihrem Höhepunkt zu, und der Gelsenkirchener Bauer verstand die Welt nicht mehr. Von den Behörden hatte er gründlich die Nase voll. Ein Einspruch, so dachte er, würde ohnehin nur wieder auf taube Ohren stoßen. Nun wandte er sich an Franz von Papen, den monarchisch-konservativen Zentrumsabgeordneten aus westfälischem Landadel. Papen war wohl Wieskottens letzte Hoffnung. Ihm schilderte er in dramatischen Worten sein Geschick: „Wenn ich von dieser Belastung nicht befreit werde, bin ich vollständig ruiniert. Seit meiner Kindheit bin ich mit zeitlichen Gütern nicht gesegnet worden, und ich habe nur durch Fleiß und Sparsamkeit mich etwas emporgearbeitet. Nun kann ich durch diese Verhältnisse eventuell an den Bettelstab gebracht werden."

Der Politiker konnte aber für den Bauern nichts tun. Wieder mußte Wieskotten zahlen. Im Sommer 1923 beglich er mürrisch die erste Hälfte des geforderten Betrages, im Oktober 1923 dann die andere Hälfte. Die galoppierende Inflation wurde ihm voll in Rechnung gestellt, so daß er am Ende – wie ein Gelsenkirchener Beamter notierte – „den noch geringen Betrag von 4 735 674 Mark" zu zahlen hatte.

Blutiger Bürgerkrieg in Stadt und Land

In den frühen Morgenstunden des 13. März 1920 marschierte Wolfgang Kapp, ein höherer ostpreußischer Beamter, mit seinen Freikorpstruppen in Berlin ein, mit schwarz-weiß-roten Fahnen und dem Hakenkreuz auf ihren Stahlhelmen. Die rechtsradikalen Putschisten waren fest entschlossen, die Demokratie zu zerschlagen und die Uhren zurückzudrehen.

Eilig entschied die Reichsregierung, sich vorübergehend nach Dresden zurückzuziehen. Von dort sollten die Putschisten bekämpft werden, da offener militärischer Widerstand in Berlin ohne Aussichten auf Erfolg schien. Doch die demokratische Regierung hatte Berlin nicht untätig verlassen. Ein Aufruf erschien, der einen Generalstreik auf der ganzen Linie proklamierte: „Legt die Arbeit nieder! Streikt! Kämpft mit jedem Mittel um die Erhaltung der Republik! Keine Hand darf sich mehr rühren!"

Dieser Appell hatte unerwarteten Erfolg, und sogar auch Regierungsbeamte leisteten passiven Widerstand gegen die rechten Rebellen.

Der Regierungsaufruf tat nicht nur in Berlin seine Wirkung. Die Nachrichten vom Kapp-Putsch stifteten die empörte Arbeiterschaft im Ruhrgebiet zu spontanen Streiks und Massendemonstrationen für die gefährdete junge Demokratie an. Bereits einen Tag nach dem schwarz-weiß-roten Putsch standen hier alle Räder still.

Freikorps-Verband auf einem Bauernhof im Münsterland.

Nur wenige Tage später mußte Kapp aufgeben. Er verließ mit seinen zwielichtigen Gefolgstruppen die Hauptstadt. Der Putsch war gescheitert.

Nach dem kläglichen Ende des Kapp-Putsches blies die Reichsregierung den Generalstreik ab. An Rhein und Ruhr allerdings brach sich unter einem Teil der Arbeiterschaft eine lang unterdrückte Verbitterung Bahn. Streiks und lokale Gefechte eskalierten zu einem Aufstand. Bürgerwehren wurden entwaffnet, Freikorps bekämpft und gefangengenommen.

Binnen weniger Tage bildete sich eine – wie sie sich nannte – „Rote Ruhrarmee", die auf etwa 50 000 Mann anwuchs. Die aufständischen, größtenteils links-sozialistischen und kommunistischen Arbeiter hatten schon nach wenigen Tagen das Revier erobert. Die Truppen der „Roten Ruhrarmee" stießen im Münsterland bis zur Linie Dülmen-Lüdinghausen-Hamm vor.

Angst ging um – in den Städten wie auf dem Land. In einem Aufruf des Westfälischen Bauernvereins hieß es: „Westfälische Bauern! Der Bolschewismus hat in Westfalen sein Haupt erhoben. Haus und Hof, Leben und Eigentum auch des Landbewohners sind gefährdet. Die Ereignisse der nächsten Zeit werden grundlegend sein für die Gestaltung der heimischen Geschicke!"

In der Bevölkerung kursierten haarsträubende Gerüchte über angebliche und tatsächliche Untaten der „roten Spartakus-Horden". Die Warnungen des Bauernvereins waren aber nicht völlig aus der Luft gegriffen. So marschierten etwa in der Bauerschaft Drewer bei Marl „Rotarmisten" auf zwei

Freikorps- und Reichswehrtruppen schossen den Arbeiteraufstand in einem blutigen Feldzug nieder.

Dutzend Bauernhöfe zum „Requirieren". In Kirchhellen wurden einzelnen Bauern Milchkühe, Rinder und Schweine aus den Ställen getrieben und auf der Stelle geschlachtet.

Am Mittwoch, dem 25. März, trafen die ersten „Rotarmisten" im münsterländischen Bauerndorf Raesfeld ein. Auf polternden Lastkraftwagen, auf Pferdefuhrwerken und zu Fuß zogen Kolonnen bewaffneter Männer durch das Dorf in Richtung Wesel. Die alte preußische Festungsstadt, in die sich die Reichswehr zurückgezogen hatte, sollte erobert werden.

Einige Rotarmisten blieben in Raesfeld. Sie zogen durch die Bauerschaften und bedrängten Landwirte, Brot und Eier, Speck, Schinken und Würste herauszugeben. Widersetzte sich ein Bauer, so fuchtelten die „Rotarmisten" zur Einschüchterung mit ihren Gewehren herum; ab und an schossen sie auch in die Luft. Erleichtert atmeten die Bauern auf, wenn die Männer den Hof verlassen hatten.

Zu Spannungen zwischen Bauern und Arbeitern kam es auch in Ahlen. Am 13. März, als der Kapp-Putsch bekannt geworden war, traten hier Zechenarbeiter in den Streik. Die Bergleute bildeten Arbeiterwehren, die sich später der „Roten Ruhrarmee" anschlossen. Noch aber waren diese Wehren kaum bewaffnet, und so durchsuchten die Bergleute zwei Waffengeschäfte und das Rathaus nach Waffen. All dies beobachtete auch der Bauernsohn Clemens Friedhoff. Bald schnappte er ein Gerücht auf, das durch die Stadt ging: Einige Zechenarbeiter wollen sich, so hieß es, auch den Hof Menke in der Bauerschaft Rosendahl „vorknöpfen", und zwar noch am gleichen Nachmittag. Clemens Friedhoff fuhr der Schreck in die Knochen: Menke – das war der Nachbarhof . . .

Unverzüglich alarmierte er die Bauernwehr. Bald eilten zwölf Bauern aus der Umgegend, mit Jagdflinten bewaffnet, zum Hof Menke. Gegen drei Uhr nachmittags marschierten rund fünfzig Arbeiter auf den Hof. Hier vermuteten sie Waffen und sogar Maschinengewehre, da der Landwirt Stefan Menke und seine drei Brüder im Krieg Soldaten gewesen waren. Von ihm verlangte die Arbeiterwehr nun, die Waffen herauszugeben; auch die Bauernwehr müsse entwaffnet werden. Stefan Menke aber bestritt den Besitz von Waffen und erklärte, die Bauernwehr besitze ihre Jagdgewehre völlig legal.

Inzwischen waren rund 400 Arbeiter auf und vor dem Hof versammelt. Die Bauernwehr beriet in der „Guten Stube",was zu tun sei. Ortsgendarmen waren auch schon auf dem Hof und versuchten, zwischen den „Fronten" zu vermitteln. Plötzlich löste sich draußen ein Schuß. Clemens Friedhoff, der auch zur Bauernwehr gehörte, stürmte in den Vorgarten, um sich schußbereit zu machen. Noch hatte er sein Gewehr nicht angelegt, da fiel ein zweiter Schuß, der den jungen Bauern durch die Lunge traf. Schwerverwundet lief er zurück in die Küche und brach vor Antonie Menke, der Tochter des Hofbesitzers, blutüberströmt zusammen. Kurz darauf starb er.

Die aufgebrachte Bauernwehr eröffnete nun das Feuer. Ein kurzer Schußwechsel entbrannte, bei dem zum Glück niemand mehr verletzt wurde. Den Gendarmen gelang es schließlich, Bauern und Arbeiter zur Waffenruhe zu bringen. Bald danach zogen die Arbeiter ab. Der Schrecken wirkte unter allen Bauern, die dies miterlebt hatten, noch lange nach.

Glimpflicher ging es hingegen auf dem Hof Göslinghoff zu. Nicht auf Waffen, sondern auf Lebensmittel hatten es Bergleute abgesehen, die am 20. März durch die Bauerschaft Jöngsthövel zwischen Ahlen und Sendenhorst zogen.

Der „Westfälische Merkur", damals eine vielgelesene Lokalzeitung, berichtete angewidert von „Angriffen und Plünderungen bolschewistischer Räuberbanden"; auch der Hof Göslinghoff sei belagert und überfallen worden. „Das stimmt aber nicht, das ist übertrieben", meint Heinz Göslinghoff, und er erzählt: „Dreihundert Meter von unserem Hof entfernt haben rund 200 Bergleute nur ihr Lager aufgeschlagen. Zwei große Feuer haben sie da gemacht – nachts war es kalt, das war ja noch im Frühjahr. Die Feuerstellen kann man noch sehen." Und in der Tat: Auf dem Acker vor dem Hofgebäude zeichnen sich noch heute zwei kreisrunde, aschgraue Flecken ab.

„Mein Vater", so erzählt er weiter, „hat die Bergleute immer im Auge behalten – man konnte ja nie wissen. Er hat da wohl mal die Dachpfanne hochgeschoben und die Flinte 'rausgestreckt, so nach dem Motto: 'Bis hierher und nicht weiter', aber Krawalle gab's hier nicht."

Viele Landwirte fühlten sich von der „Roten Ruhrarmee" bedroht. Hatte schon der Erste Weltkrieg Stadt und Land entzweit, so riß nun die Kluft zwischen Bauern und Arbeitern vollends auf. Bei den Landwirten, aber auch bei Kaufleuten und Handwerkern staute sich ein erbitterter Haß auf „die Roten" an. Sie begrüßten deshalb auch die Truppen, die den Aufstand brutal niederschlugen.

Ende März 1920 war die Aufstandsbewegung allerdings schon erheblich zusammengeschmolzen. Befanden sich am 16. März noch 360 000 Bergleute im Streik, so waren es eine Woche später nur mehr 10 000. Noch immer aber hielt in einigen Ruhrstädten die „Rote Ruhrarmee" die Macht in Händen.

Reichswehr- und Freikorpstruppen marschierten schließlich von allen Richtungen ins Revier ein. Nur wenige Kilometer hinter Ahlen begann am 1. April 1920 das Ende mit Schrecken – mit einem beispiellosen Gemetzel auf dem Dorffriedhof in Pelkum bei Hamm. Ein junger Freikorpskämpfer schrieb einen Tag später in einem Brief: „Selbst die Verwundeten erschießen wir noch. Die Begeisterung ist großartig, fast unglaublich. Unser Bataillon hat zwei Tote; die Roten haben 200 bis 300 Tote. Alles, was uns in die Hände kommt, wird mit dem Gewehrkolben zuerst abgefertigt und dann noch eine Kugel . . ."

Von Pelkum aus marschierten die brutalen, im Krieg verrohten Freikorps in Richtung Westen weiter. In einem blutigen Terror- und Rachefeldzug schossen sie den Aufstand nieder.

Schon am 27. März, also wenige Tage vor dem berüchtigten Gemetzel in Pelkum, trafen Reichswehrtruppen und Freikorps mit schweren Geschützen im westmünsterländischen Raesfeld ein. Auf die Soldaten der „Roten Ruhrarmee", die noch im Dorf waren, eröffneten sie sofort das Feuer. Gefangengenommene „Rotarmisten" wurden hingerichtet. Andere flüchteten kopflos über Felder und Äcker.

Die Truppen schossen erbarmungslos auf alles, was sich bewegte – auch auf den 17 Jahre alten Ackerknecht Heinrich Meinen. Ahnungslos steuerte er eine Holzkarre nach Raesfeld; hinten hockten ebenso ahnungslos verletzte Rotarmisten und eine Frau, die zum Verbandsplatz wollten. Plötzlich feuerte ein Freikorpssoldat aus dem Hinterhalt eine Maschinengewehrsalve auf die Karre nieder. Der junge Fuhrmann und die Verwundeten waren sofort tot, nur die Frau überlebte das Gemetzel, weil sie hastig von der Karre gesprungen war.

Die Gefechte, die in Raesfeld und den umliegenden Bauerschaften tobten, kosteten 50 Menschen das Leben. Am Samstag, dem 28. März, feierten die Freikorpstruppen schließlich ihren ersten blutigen Sieg.

Den Kirchgängern, die am Palmsonntag nach Raesfeld pilgerten, bot sich ein grauenhaftes Bild. Überall lagen die Toten der „Roten Ruhrarmee". Sie wurden einen Tag später in einem Massengrab bestattet.

Noch lange Zeit blieb dieser blutige März 1920 das Tagesgespräch unter den Raesfelder Bauern. Während im übrigen Münsterland und im Ruhrgebiet die erbitterten Kämpfe anhielten, kehrte in Raesfeld allmählich Ruhe ein. Die Kinder spielten wieder auf den Dorfstraßen. Nicht „Räuber und Gendarm" hieß in den ersten warmen Frühlingstagen ihr Spiel, sondern – so berichtet ein Heimatchronist – „Reichswehr und Spartakus".

Notgeld statt Münzen in der Inflation

Gewöhnlich wurden in der Druckerei Holterdorf in Oelde diverse Broschüren, Formulare und Familienanzeigen gedruckt. Abends wurden dann Vorlagen für die „Glocke", die Lokalzeitung des Umkreises, in die Druckerpresse gespannt. Im Dezember 1920 allerdings erhielt die Druckerei einen recht außergewöhnlichen Auftag: Auf Beschluß der Stadtverordneten sollte hier Notgeld gedruckt werden – 300 000 Scheine im Wert von 50 Pfennig, 1 und 2 Mark.

Solche funkelnagelneuen Banknoten tauchten auf westfälischen Wochenmärkten und im Viehhandel immer häufiger auf. Viele Bauern konnten sich das nicht erklären. Sie wußten nur: Irgend etwas stimmte mit dem Geld nicht mehr. Nur selten landeten noch Goldmünzen in ihrem Portemonnaie; selbst Münzen aus Silber, Nickel oder gar Kupfer verschwanden allmählich. Dafür kursierten Notgeldscheine. Von Monat zu Monat sank der Wert der Mark, später von Woche zu Woche, schließlich sogar von Tag zu Tag. Woher das kam, wußte kaum jemand.

In der westfälischen „Landwirtschaftlichen Zeitung" hatten aufmerksame Leser bereits im Mai 1919 eine

Aus Seide war das Notgeld, das die Stadt Bielefeld in der Inflationszeit ausgab.

kurze Notiz über die Entwertung des deutschen Geldes finden können. Für hundert holländische Gulden, so hieß es da, habe man vor dem Krieg 168,75 Mark hinlegen müssen; jetzt aber müsse man bereits 545,30 Mark dagegenhalten!

Die Inflation war, ebenso wie die Zwangswirtschaft, ein Erbe des Kaiserreiches. Schon im Sommer 1914 waren erstmals die Druckerpressen angeworfen worden, um den Krieg zu finanzieren. Überdies hatte sich das Kaiserreich durch Kredite und Kriegsanleihen immens verschuldet. Das Geld, so war es vorgesehen, sollte nach einem „Siegfrieden" zurückgezahlt werden; die unterlegenen Kriegsgegner sollten gezwungen werden, Deutschlands offene Rechnungen zu begleichen. Diese Pläne zerstoben mit der militärischen Niederlage.

Die erste Weimarer Regierung fand leergefegte Kassen vor. Die wenigen Gold- und Devisenbestände mußten für Reparationszahlungen aufgebracht werden. Vorläufig sah die Nachkriegsregierung keinen anderen Ausweg, als die Inflation „an der langen Leine" weitertreiben zu lassen.

Immer schneller rotierten zahlreiche Notenpressen in den staatlichen Druckereien, doch der ständig wachsende Bedarf an Zahlungsmitteln konnte kaum mehr gedeckt werden. In der Provinz Westfalen behalfen sich deshalb fast alle größeren Gemeinden, Banken und die Provinzialregierung damit, besonderes „Notgeld" auszugeben.

Nicht immer waren diese Scheine, wie in Oelde, aus Papier gefertigt. Die Stadt Bielefeld beispielsweise ließ Ersatzgeld aus Leinen und sogar aus Seidenspitzen anfertigen, um damit nebenher für einen der wichtigsten Industriezweige in Ostwestfalen zu werben.

Natürlich wurden Bedenken und Einwände gegen die Inflationspolitik laut, doch die Vorteile der Geldentwertung schienen bis Ende 1922 alle Nachteile aufzuwiegen. Eine Stabilisierung der Währung, so hieß es, würde das Land in eine wirtschaftliche Rezession mit hoher Arbeitslosigkeit führen – und das wollten weder die Regierung noch Unternehmer noch Gewerkschaften. Vorerst änderte sich also nichts, und der Staat hatte dabei noch einen besonderen Vorteil: Die Notenpresse erlaubte es, die Schulden gegenüber der eigenen Bevölkerung zu begleichen.

Das allerdings ließ bei vielen nur noch Wut aufsteigen – auch bei den westfälischen Bauern. Sie hatten im Krieg treu und brav ihr Geld zu den Banken gebracht und dafür Anleihen gezeichnet. Ohnmächtig mußten sie nun hinnehmen, daß die Anleihscheine, in Schränken und Kommoden aufbewahrt, ihren Wert verloren.

Doch nicht nur Anleihscheine, auch Hypotheken und Steuerschulden schmolzen mit der Geldentwertung dahin wie Schnee unter der Sonne. Dieser Segen war allerdings für Westfalens Bauern nicht so groß wie etwa für die hochverschuldete ostdeutsche Landwirtschaft. Die westfälischen Bauern waren schon vor dem Krieg vergleichsweise gering verschuldet. Während des Krieges hatte es kaum Maschinen oder Vieh zu kaufen gegeben. Deshalb hatten viele Bauern mit ihren Einkünften bestehende Schulden beglichen, längst bevor die Geldentwertung spürbar wurde.

Die Inflation nahm bis 1922 an Tempo zu. Selbst die kleinsten Lokalzeitungen veröffentlichten den Umtauschkurs zwischen Mark und Dollar. Im Jahr 1919 mußten für einen Dollar 8,90 Mark gezahlt werden, im Juli 1922 aber bereits 493,20 Mark!

Je mehr das Geld- und Preisgefüge ins Wanken geriet, um so unsicherer wurden die Bauern. Niemand mochte noch vorhersagen, wohin die Reise ging. Viele traten deshalb eine „Flucht aus der Mark" an. Reichsbankpräsident Hjalmar Schacht schrieb später rückblickend: „Die Landwirtschaft schaffte aus ihren Papiermarkeingängen so rasch wie möglich alle nützlichen Maschinen und Einrichtungsgegenstände an, darunter auch manche unnütze. Es war die Zeit, als man auch in den unmusikalischsten Häusern Klaviere und Flügel antraf."

Die fortschreitende Geldentwertung bescherte den Bauern vor allem im westlichen Münsterland eine lukrative Einnahmequelle. Schnell erkannten die Landwirte, daß sie Getreide und Vieh jenseits der Grenze in Holland gewinnbringender versilbern konnten. So riß an der westfälischen Grenze nach Holland – und auch im westlichen Rheinland – das damals vielbeklagte „Loch im Westen" auf. Schmuggelware wurde nicht mehr wie im Krieg importiert, sondern exportiert. Der stabile holländische Gulden kam in den grenznahen Bauerschaften zwischen Reken und Steinfurt als zweite Währung in Umlauf.

Die steigende Inflationsrate hatte auch zur Folge, daß wieder die Lebensmittel knapp wurden. Es mangelte mehr und mehr an Devisen, um Lebensmittelimporte zu bezahlen. Auch die Stunde der Schleichhändler,

Schieber und Wucherer schlug wieder.

Kaum hatte sich die Bevölkerung Westfalens von den Notjahren des Krieges erholt, da ging erneut das Gespenst des Hungers um. Erste Rufe wurden laut, die Zwangswirtschft wieder einzuführen. Hungrige Städter machten sich wieder auf den langen, mühseligen Weg über das Land, um von Bauern etwas zum Essen zu kaufen oder zu erbetteln.

Eine Stabilisierung der Währung war noch lange nicht in Sicht. Im Gegenteil: Die Inflation verschärfte sich nach dem französischen Truppeneinmarsch ins Ruhrgebiet im Januar 1923. Der Geldwert trudelte ins Bodenlose, die Wirtschaft brach vollständig zusammen.

Bauern im „Ruhrkampf“

Die Industriestadt Essen schien in den frühen Morgenstunden des 11. Januar 1923 wie ausgestorben. Auf den breiten Hauptstraßen, in denen sonst das Großstadtleben pulsierte, war kaum ein Mensch zu sehen. Straßenbahnen fuhren nicht, nur hier und da war von Ferne das Knattern einer Droschke zu hören. In den Häusern waren die Fenster verhangen, die meisten Geschäfte blieben geschlossen.

Derart kühl und abweisend empfing die Essener Bevölkerung die ersten französischen und belgischen Militärverbände, die an diesem Donnerstagmorgen, kurz vor Tagesanbruch, in die Kruppstadt einzogen.

Die Soldaten gehörten zu den rund 60 000 Mann starken Truppen, die in das Ruhrrevier einmarschierten. Wenige Tage später waren sechs Divisionen – eine belgische und fünf französische – bis zur Lippe im Norden, bis Dortmund im Osten und bis zu den Höhen zwischen Ruhr und Wupper im Süden vorgerückt.

Die Bevölkerung und die Reichsregierung waren auf den Truppeneinmarsch vorbereitet. Der französische Ministerpräsident Poincaré, seit Januar 1922 im Amt, hatte schon lange angedroht, das „produktive Pfand an der Ruhr“ militärisch zu besetzen, falls die deutsche Regierung ihren Reparationspflichten nicht nachkomme. Kurz vor Weihnachten 1922 fand Frankreich schließlich den nötigen Vorwand. Eine Kommission hatte nämlich festgestellt, daß das Reich mit der Lieferung von Kohle, Holz und Telegraphenstangen im Rückstand war.

Poincarés „Sprung an die Ruhr“, der von langer Hand vorbereitet war, löste eine Woge des nationalen Protestes aus. Überall im Land versammelten sich die Menschen zu stürmischen Kundgebungen. Auf den Straßen wurden patriotische Lieder geschmettert. „Der Geist von 1914 schien neu erwacht“, meinte ein zeitgenössischer Beobachter.

Arbeiterschaft, Unternehmer und Behörden sammelten sich zum „passiven Widerstand“, der von der Reichsregierung proklamiert worden war. Eisenbahner weigerten sich fortan, die Kohlenzüge zu fahren, Hütten- und Zechenbelegschaften legten die Arbeit nieder, Postbeamte sabotierten die Brief- und Telefonverbindungen, Stadtwerke schnitten den Besatzern den Strom ab.

Die Antwort der Besatzer ließ nicht lange auf sich warten. Sie beschlagnahmten Rohstoffe und Steuereinnahmen, besetzten öffentliche Gebäude und reagierten mit willkürlichen Repressalien und Verhaftungen. Rund 150 000 Menschen – Arbeiter, Beamte, Unternehmer – wurden aus dem besetzten Gebiet ausgewiesen.

All dies ist in einschlägigen Darstellungen des „Ruhrkampfes“ nachzulesen. Kaum bekannt ist allerdings, daß auch die Bauern des Ruhrgebietes erheblichen Belastungen ausgesetzt waren.

Schon wenige Tage nach dem Einmarsch wurden auf zahlreichen Höfen Truppen einquartiert. Manchmal nahmen die Soldaten einen derart großen Teil der Wohngebäude in Beschlag, daß den Bauersfamilien nur noch die

Straßenkontrolle französischer Soldaten an der Wiemelhauser Straße in Bochum.

Diele frei blieb – zum Kochen, Essen, Wohnen und Schlafen. Die Truppen stiegen auch in die Vorratskammern und -keller der Bauern, um Kartoffeln, Butter und Eier zu beschlagnahmen. Besondes hart traf es die Bauern, auf deren Höfen Kavallerieverbände ihr Lager aufschlugen. In Scheunen und Ställen wurden die Pferde untergebracht. Wenn der Platz nicht ausreichte, zwangen die Soldaten manche Landwirte sogar, das Vieh auf die Weiden zu treiben – mitten im Winter!

Es ist nicht bekannt, wie viele Höfe unter solch rigorosen Eingriffen litten. Im preußischen Landwirtschaftsministerium in Berlin trafen innerhalb weniger Tage derart zahlreiche Hiobsbotschaften ein, daß ein höherer Beamter, Geheimrat Burckhardt, beauftragt wurde, in das besetzte Gebiet zu reisen; vor Ort sollte er sich ein Bild von den angerichteten Schäden in der Landwirtschaft machen. Sein Bericht erst offenbarte das ganze Ausmaß der zum Teil katastrophalen Zustände:

„In den neubesetzten Kreisen, insbesondere am Randgebiete, wo die Kavallerie untergebracht ist, ist der Umfang des Schadens noch gar nicht abzusehen. Die Höfe der Bauern sind oft wochenlang mit Mannschaften und Pferden belegt. In einzelnen Höfen stehen 60–100 Pferde mit 80–150 Mann. In den Scheunen stehen die Pferde Kopf an Kopf, die Mannschaften lagern in den Vorratsräumen.“

Immerhin lieferten die Truppen das Futter für die untergestellten Pferde. Doch vor allem in den ersten Wochen der Besatzung gerieten die Nachschubtransporte häufig ins Stocken. Die einquartierten Soldaten beschlagnahmten dann kurzerhand Stroh und Getreide der Bauern und verwendeten es als Futter und Streu für ihre Pferde.

Geradezu entsetzt notierte Burckhardt: „In manchen Gegenden sind ganze Gehöfte fast kahlgefressen. Ich

Während der Ruhrbesetzung, als die Kohlenzechen des Reviers stillgelegt waren, grub die Bevölkerung in Witten auf dem Acker des Landwirts Krumme nach Kohle, die dort zutage trat. Der Acker wurde im Volksmund „Pütt Ruhrhilfe“ genannt.

habe einige Höfe gefunden, wo Heu und Stroh fast völlig verbraucht und auch die noch vorhanden gewesenen Vorräte an ungedroschenem Getreide fast verschwunden waren.“

Die preußische Regierung und der Westfälische Bauernverein bemühten sich, die betroffenen Landwirte zu unterstützen. Futterstroh, Kleie und Torfstreu wurden eingekauft und auf Eisenbahnwaggons verfrachtet. Die Ladung gelangte auf verborgenen, abenteuerlichen Wegen zu den Höfen im besetzten Gebiet; schließlich war zu befürchten, daß die Besatzer diese Transporte beschlagnahmten. Die Lieferungen halfen den Bauern aus den gröbsten Schwierigkeiten heraus.

Währenddessen aber spitzte sich die Ernährungslage in den Ruhrstädten zu. Lebensmittellieferungen trafen nur noch sehr unregelmäßig ein, und so mancher Waggon, gefüllt mit Kartoffeln, Getreide oder Fleisch, landete in den Quartieren der Besatzungstruppen.

Viele, die durch den „passiven Widerstand“ ihren Arbeitsplatz verloren hatten, konnten sich die immens verteuerten, knappen Lebensmittel kaum mehr leisten. Der Westfälische Bauernverein rief in patriotischer Hochstimmung die Landwirte der unbesetzten Regionen Westfalens auf, freiwillig und unentgeltlich Lebensmittel „für die Kämpfer an Rhein und Ruhr“ abzugeben. Erstaunliche Mengen an Lebensmitteln trafen daraufhin aus Westfalen und anderen Provinzen des Reiches im Ruhrgebiet ein. Die „Ruhrspende“ reichte aber bei weitem nicht, um die Ernährung sicherzustellen. Zudem ließ unter den Bauern das nationale Hochgefühl der ersten Wochen bald nach, so daß auch der Spendenstrom allmählich versiegte.

Der Hunger war, wie in den schlechtesten Kriegsjahren, wieder allgegenwärtig. Er trug dazu bei, daß die Widerstandsfront allmählich abbröckelte, bevor Reichskanzler Stresemann schließlich im September 1923 den „Ruhrkampf“ am Verhandlungstisch beendete.

Das Ende der Inflation – ein „Wirtschaftswunder“?

Das Geld liegt auf der Straße“ – unter dieser Schlagzeile berichtete die Gevelsberger Lokalzeitung 1923: „Auf der Milsper Straße vergnügen sich einige Schulkinder damit, 5-, 10-, 20- und 50-Mark-Scheine zu zerreißen und auf die Straße zu werfen. Leider nahmen die Nichtsnutze reißaus, andernfalls wäre ihnen durch eine gehörige Portion Prügel der Wert des Geldes klargemacht worden, auch wenn es nur ‚lumpige Papierlappen‘ waren.“

Das Inflationsgeld hatte nur noch für Kinder einen „Wert“ – als Spielzeug. Bauern, Kaufleute und Händler hingegen mußten machtlos zuschauen, wie die Kaufkraft des Geldes tagtäglich zusammenschmolz. Das hatten sie schon in den Kriegs- und unmittelbaren Nachkriegsjahren beobachten können. Seit der Ruhrbesetzung im Januar 1923 aber fiel die „Papiermark“, wie das Geld inzwischen im Volksmund hieß, ins Bodenlose. Noch während die Bauern ihre Geldscheine zählten, zerrieselte ihnen der Geldwert buchstäblich zwischen den Fingern.

Das Geld- und Preisgefüge geriet vollkommen aus den Fugen. Heißlaufende Notenpressen finanzierten den „passiven Widerstand“ an der Ruhr. Die Regierung mußte die streikende und arbeitslose Bevölkerung unterstützen, während die Einnahmen aus dem Industrierevier fast vollständig versiegten. Der Staat beschaffte sich das nötige Geld aus den Druckmaschinen. Sie rotierten Tag und Nacht und warfen Berge neuer Geldscheine aus.

In der westfälischen „Landwirtschaftlichen Zeitung“ konnten die Bauern verfolgen, wie rapide im Laufe des Jahres 1923 die Kaufkraft der Mark sank. Wöchentlich wurden die neuen Roggenpreise der Dortmunder Getreidebörse veröffentlicht.

Ein Zentner Roggen, der vor Kriegsausbruch noch mit neun Mark gehandelt worden war, kostete hier am

4. 1.	16 000 Mark
12. 4.	48 500 Mark
2. 8.	1 800 000 Mark
6. 9.	70 000 000 Mark
11. 10.	7 500 000 000 Mark
8. 11.	3 600 000 000 000 Mark

Am 23. November war schließlich an der Getreidebörse ein so großes Durcheinander entstanden, daß das Blatt seinen bäuerlichen Lesern keinen genauen Preis mehr angeben konnte!

Je mehr die Hochinflation an Tempo zunahm, desto ratloser wurden die Bauern. Niemand mochte noch den Kurs der Mark für den nächsten Tag voraussagen.

Eine lähmende Atmosphäre der Ungewißheit breitete sich aus. Eins aber war wohl jedem klar: Wer eine Geldnote erhielt, mußte zusehen, daß er sie so schnell wie möglich in wertbeständige Waren umsetzte – ansonsten ging es ihm wie einigen Landwirten, von denen ein Heimatchronist aus Schöppingen berichtet: „Gar mancher hatte infolge des Kurssturzes das Pech, daß er für einen zehn Zentner schweren Bullen am nächsten Tag kaum noch eine Unterhose kaufen konnte!“

Diese Inflationsfalle erkannten die meisten Bauern recht schnell. Sie beeilten sich, das flüssige Geld in Landmaschinen, Dünge- und Futtermittel zu investieren. Allerdings war es gerade in den ländlichen Gegenden Westfalens nur schwer möglich, das Papiergeld sofort wieder auszugeben. Hier kehrten deshalb viele wieder zum alten Tauschhandel mit Naturalien zurück.

„Lumpige Papierlappen“ nahm kaum ein Landwirt mehr an. Die meisten Bauern gaben ihre Produkte nur noch gegen Waren ab, die sie früher oder später auf dem Hof gebrauchen konnten. Auch die Landarbeiter ließen sich ihren Lohn in Roggen, Eiern oder Kartoffeln auszahlen.

Als Pachtzins setzte sich auf dem Land überdies die „Roggenwährung“ durch. Nicht in Geldscheinen, sondern in Getreide wurden damals die Pacht entrichtet. Noch heute ist es durchaus üblich, in Verträgen den Pachtwert in „Roggenwährung“ festzusetzen; gezahlt aber wird nicht in Roggen, sondern nur noch in harter DM.

Seit September 1923, als Reichskanzler Gustav Stresemann den „Ruhrkampf“ beendet hatte, verbreitete sich unter den Bauern das Gerücht, daß eine Währungsstabilisierung bevorstehe. Viele hielten ihre Produkte zurück in der Hoffnung, später einen höheren Erlös zu erhalten. Die Lebensmittelpreise stiegen deshalb schneller als die Löhne.

Die Nahrungsmittelversorgung der Städte wurde von Tag zu Tag kritischer. Erneut verschärfte sich der alte Konflikt zwischen Stadt und Land: Auf der einen Seite wurde gehungert, auf der anderen gehortet. In dieser katastrophalen Lage beeilte sich die Regierung in Berlin, die Währung zu stabilisieren.

Die überfällige Währungssanierung gelang mit einem Bluff: Im Oktober 1923 wurde die „Deutsche Rentenbank“ gegründet. Ihr Grundkapital bestand aus einer Hypothek, die den gesamten gewerblich genutzten Grundbesitz, also Industrie und Landwirtschaft, belastete. Auf diese Deckung hin, die nur auf dem Papier existierte, wurde eine neue Währung ausgegeben: die „Rentenmark“. Die Notenpresse wurde stillgelegt, die umlaufende Menge des neuen Geldes streng begrenzt, so daß es seinen Wert nicht verlieren konnte.

Die Bevölkerung vertraute der Rentenmark. Sie galt als besonders wertbeständig, weil sie durch Grund und Boden gedeckt war. Daß dieser schlichte psychologische Trick überhaupt gelang, deuteten viele Zeitgenossen als einen Vertrauensbeweis in die arg gebeutelte Landwirtschaft. Ein Agrarkreditexperte meinte sogar hochtrabend: „Es bleibt allezeit ein stolzes Gefühl für den deutschen Landwirt, daß er mit seinen materiellen Werten zu einem guten Teil das Hauptpfand gab für die Stabilisierung unserer Währung.“

Trotz der wohlklingenden Worte: Mit der Rentenmark war zwar viel, aber noch nicht alles gewonnen. Erst die Neueinführung einer Goldwährung, der „Reichsmark“, sicherte im August 1924 das Geldgefüge endgültig. Der erstaunliche Erfolg überraschte selbst die Finanzexperten, die an der Sanierung mitgewirkt hatten. Viele konnte sich das so überaus rasche Ende der Inflation nur durch ein „Wirtschaftswunder“ erklären.

Die Inflation aber blieb nicht vergessen. Zu tief saß der Schock des Geldverfalls, der in der Geschichte bis dahin einzigartig war. Kleine Ladenbesitzer und Handwerker, Sparer und Rentner hatten ohnmächtig zusehen müssen, wie ihre Rücklagen auf den Sparkonten über Nacht dahinschwanden. Sie vor allem hatte der Schriftsteller Stefan Zweig vor Augen, als er später urteilte: „Nichts hat das deutsche Volk – dies muß immer wieder ins Gedächtnis gerufen werden – so erbittert, so haßwütig, so hitlerreif gemacht wie die Inflation.“

In den „Goldenen Zwanzigern“ (1923–1929)

Viehmarkt in Nordkirchen um 1925.

Nach der Inflation: Wiederaufbau mit Schattenseiten

Um die Jahreswende 1923/24 konnten die westfälischen Bauern wieder hoffnungsvoller in die Zukunft schauen. Das „Wunder der Rentenmark“ hatte im November 1923 die katastrophale Talfahrt der Währung gestoppt. Auch die letzten drückenden Vorschriften der Kriegswirtschaft waren im Herbst 1923 aufgehoben. Damit waren die wichtigsten Weichen für eine Erholung der Landwirtschaft gestellt.

Krieg, Ruhrbesetzung, Inflation – zehn turbulente Jahre hatten den Bauern arg zugesetzt. Die Landwirtschaft war in einem erbärmlichen Zustand. Schon in den ersten Nachkriegsjahren hatten sich die Bauern bemüht, die Ackererträge zu verbessern und den stark dezimierten Viehbestand wieder aufzubauen, so gut es eben ging. Dünge- und Futtermittel waren zunächst knapp geblieben, weil die Inflation notwendige Importe verhindert hatte. Erst nach der Währungsstabilisierung kam die Einfuhr von Dünge- und Futtermitteln in Schwung. Jetzt erst konnte sich die Landwirtschaft vom Jahrzehnt des wirtschaftlichen Niedergangs erholen.

Im Ackerbau Westfalens ging es in den folgenden Jahren rasch bergauf. Das hatte mehrere Gründe:

■ An Handelsdünger herrschte kein Mangel mehr. Das Haber-Bosch-Verfahren, das die chemische Industrie im Krieg zur Sprengstoffherstellung genutzt hatte, diente nun der Produktion von Stickstoffdünger. Der Verbrauch an Stickstoff stieg in Westfalen von 11,9 kg/ha im Jahr 1924 auf 17,7 kg/ha im Jahr 1928; weitaus stärker nahm die Verwendung von Kalidünger zu, in Westfalen von 18,2 kg/ha auf 32,5 kg/ha, während der Einsatz der teureren Phosphorsäure stagnierte.

■ Ertragreichere Getreidesorten wurden gezüchtet; so brachten etwa neue Roggenzüchtungen um die Hälfte höhere Erträge. Außerdem gelang erstmals die Züchtung krebsfester Kartoffelsorten, die sich in Westfalen recht bald durchsetzten.

■ Immer mehr Bauern setzten neu entwickelte chemische Präparate zur Schädlingsbekämpfung ein.

Bis zum Jahr 1928 erreichten die Hektarerträge der meisten Ackerfrüchte wieder den Vorkriegsstand. Damit waren die Grenzen des Wachstums noch nicht erreicht. Zwischen 1919 und 1932 stieg der Hektarertrag bei

– Roggen von 15,1 dt auf 21,4 dt,
– Weizen von 16,4 dt auf 23,7 dt,
– Gerste von 14,6 dt auf 21,6 dt,
– Hafer von 14,4 dt auf 19, 3 dt.

Im gleichen Zeitraum stieg der Hektarertrag bei Kartoffeln von 129,7 dt auf 189,4 dt, bei Futterrüben sogar von 324,2 dt auf 503,9 dt.

Da der Anbau dieser Hackfrüchte und anderer Futterpflanzen enorm zunahm, konnte auch der Viehbestand bald wieder aufgestockt werden. Das allerdings brauchte seine Zeit. Erst zehn Jahre nach Kriegsende erreichte der Viehbestand wieder die Höhe der letzten Vorkriegszählung.

Die Bauern setzten ihre Produkte im nahen Ruhrgebiet und auf anderen Märkten ab. Da sich die Gesamtwirtschaft rasch vom Inflationsschock erholte, wuchs auch die Kaufkraft der Konsumenten an Rhein und Ruhr – und es veränderten sich die Ernährungsansprüche. In einem durchschnittlichen Haushalt kamen nicht mehr nur Brot, Kartoffeln und Gemüse, sondern wieder zunehmend auch Fleisch und Eier auf den Mittagstisch. Von diesen Ernährungsgewohnheiten profitierten diejenigen Bauern, die hauptsächlich auf Veredlung setzten.

Dennoch war nicht alles im Lot. Die westfälischen Landwirte hatten nämlich Konkurrenz bekommen von ihren holländischen und belgischen Berufskollegen. Jenseits der Grenze hatten die Bauern das zurückliegende Jahrzehnt genutzt, um Produktions- und Verkaufsmethoden auf den modernsten Stand zu bringen. Dazu waren die westfälischen Landwirte in den vergangenen Kriegs- und Nachkriegsjahren nicht in der Lage gewesen.

Das wachsende Angebot aus Belgien und den Niederlanden setzte die Preise für landwirtschaftliche Produkte zunehmend unter Druck. Um ein weiteres Sinken der Preise aufzuhalten und den Absatzmarkt an der Ruhr nach außen abzuschotten, griff der Westfälische Bauernverein auf ein altes umstrittenes Rezept zurück. „Zölle müssen her“ – mit dieser Forderung stimmte er in den Chor der Agrarverbände ein.

Im Jahr 1925 wurden die Zölle auf agrarische Produkte, die bei Kriegsausbruch aufgehoben worden waren, wieder in Kraft gesetzt. Die Landwirtschaft war vor äußeren Konkurrenten einigermaßen geschützt.

Der allgemeine Wirtschaftsaufschwung der „Goldenen Zwanziger Jahre" bescherte den westfälischen Bauern ein gutes Einkommen. Zwar schlugen staatliche Steuern, die in den 20er Jahren enorm angehoben wurden, kräftig zu Buche; auch die Landarbeiterlöhne stiegen. Aber Futtermittel, Handelsdünger und andere Betriebsmittel wurden kaum teurer.

Darüber hinaus profitierte die Landwirtschaft in Westfalen noch von einem besonderen Vorteil: Der Absatzmarkt lag direkt vor ihrer Haustür. Deshalb erzielten die westfälischen Bauern weitaus höhere Preise als etwa marktferne Landwirte in Süddeutschland oder ostelbische Großgrundbesitzer. So lagen die durchschnittlichen Verkaufspreise der westfälischen Landwirte in den Wirtschaftsjahren 1924–1926 bei Roggen um 15 Prozent, bei Milch um 25 Prozent, bei Kartoffeln um mehr als 50 Prozent höher als in Ostpreußen.

Die Landwirtschaft in Westfalen stand also, verglichen mit anderen Provinzen Deutschlands, in den Jahren 1924 bis 1929 gut da. Doch es gab auch Schattenseiten: Die günstigen Getreide- und Fleischpreise kletterten nicht stetig in die Höhe, sondern schwankten bisweilen, trotz der Zölle. In manchen Monaten lasen sich die aktuellen Marktberichte wie die neuesten Lotteriezahlen. Eine langfristige Kalkulation war nicht immer möglich. Die westfälischen Bauern hatten also allen Grund, sich nicht allein auf den Wirtschaftsaufschwung, auf den Schutz der Zölle und auf das Wohlwollen der Politiker zu verlassen. Sie suchten nach eigenen Wegen, um das Einkommen zu sichern – durch Mechanisierung und Modernisierung.

Die Landwirtschaft wurde unter Strom gesetzt

In Rufweite standen sechs Männer voneinander entfernt in einer Weide. Sie versuchten, eine gerade Linie zu bilden zwischen den Höfen Thalenhorst und Bökenschmidt in dem Dorf Klosterbauerschaft bei Kirchlengern im Kreis Herford. Jeder hielt einen Spaten in die Höhe. Ein siebter Mann rief ihnen zu: „Der zweite etwas nach rechts, der vierte weiter nach links. Halt, zuviel – etwas rechts, noch etwas, ja gut so . . ."

Als alle in einer Geraden standen, fingen sie an, Löcher auszuheben. Keine Bäume, sondern Strommasten wurden „eingepflanzt". Sie sollten das Leitungsnetz des Elektrizitätswerks Minden-Ravensberg vom Hof Thalenhorst bis zu Bökenschmidt verlängern.

Bauer Bökenschmidt und seine Nachbarn gehörten zu den Landwirten in Westfalen, denen schon früh eine Stromleitung auf den Hof gezogen wurde. Die meisten Bauerschaften wurden in den 20er Jahren elektrifiziert. In Kirchlengern aber war alles anders. Das dortige Elektrizitätswerk hatte die Landwirte in Klosterbauerschaft bereits im Frühjahr 1914 zu einer Werbeveranstaltung in die Dorfkneipe eingeladen. Und hier spielte sich ab, was sich zehn Jahre später auf zahlreichen ähnlichen „Elektro-Versammlungen" wiederholen sollte: Es brauchte viel Kraft und gute Argumente, um die Bauern zu überzeugen.

Strom war den Landwirten nicht geheuer. Die Anschlußkosten betrugen bis zu 900 Mark, und genau wußte niemand, wieviel später monatlich zu zahlen war. Aber wichtiger noch: „Strom verursacht Brände", wußte der eine Bauer, „Strom zieht Blitze an", wandte der andere Bauer ein. Und ein dritter befürchtete: „Die Kabel, die da am Giebel befestigt werden sollen, ziehen womöglich das ganze Haus auseinander." Andere, längst überzeugte Landwirte konterten schmunzelnd: „Dann schneiden wir die Dinger einfach wieder ab . . ."

Einige Landwirte trugen sich schließlich in die Liste ein, die vom Werber des Elektrizitätswerks an einem Tisch ausgelegt wurde. Ein Verwandter aus der Stadt hatte Bauer Bökenschmidt schon vorher überzeugt, daß der Anschluß an das Stromnetz eine gute Sache war. Andere blieben mißtrauisch. Sie vertrauten darauf, sich später immer noch anschließen zu können. In diesem Punkt aber hatten sie sich verrechnet. Eine Woche nämlich, nachdem bei Bauer Bökenschmidt die letzten Masten in die Erde gelassen wurden, kam die Nachricht: Mobilmachung! Der Erste Weltkrieg unterbrach den Ausbau der Stromnetze für lange Zeit.

Als Klosterbauerschaft „elektrisch" wurde, war das für die Bauern eine kleine Sensation. Strom aber war schon sehr viel länger bekannt. Rund fünfzig Jahre früher wurden die ersten, noch batteriebetriebenen Elektromotoren entwickelt. Nach der Erfindung der Dynamomaschine konnte Strom mit Hilfe von dampfmaschinengetriebenen Generatoren herge-

Auf dem Land sind es anfangs Wassermühlen – wie hier in Vreden –, die die Bauern in der Nachbarschaft mit Strom beliefern. Gegen die private Konkurrenz der Müller und Sägewerksbesitzer setzen sich die großen Elektrizitätswerke in den 20er Jahren durch.

stellt werden. Allerdings blieben die Leitungsnetze zunächst noch klein, weil das Problem der Übertragungsverluste noch nicht gelöst war.

Der Durchbruch kam 1891. Physikern und Ingenieuren gelang es, zwischen Lauffen/Neckar und Frankfurt/Main über 175 km elektrischen Strom zu übertragen. Diese weite Distanz hatten sie nur mit hochgespanntem Wechselstrom überbrücken können. Nach dieser spektakulären Fernübertragung gingen die großen E-Werke daran, das Stromnetz in den Städten auszubauen.

Das rheinisch-westfälische Industrierevier war bis 1914 nahezu lückenlos elektrifiziert. Doch auch auf dem Land tat sich einiges. Hier und da bauten Müller in ihren Wassermühlen einen Generator ein und gewannen so Strom aus Wasserkraft – beispielsweise Heinrich Schürmann, ein findiger Müller in der Brausemühle an der Else in Kirchlengern. Bereits 1902 koppelte er einen Generator an seine Wasserturbinen und legte im eigenen Haus elektrisches Licht an. Der Zigarrenfabrikant Heinecke erkannte bald die Vorteile des Stroms und ließ sich anschließen. Andere Nachbarn aber blieben skeptisch, ja lehnten die neue Technik sogar ganz ab. Dennoch gelang es dem Brausemüller mit der Zeit, den gesamten Ortsteil mit Strom zu beliefern. Noch bis in die 60er Jahre hinein betrieb er sein eigenes lokales Stromnetz.

Die umfassende Elektrifizierung der ländlichen Regionen kam erst in den 20er Jahren richtig in Gang, nachdem die schlechten Kriegs- und Inflationsjahre überstanden waren. Mit der Landwirtschaft ging es finanziell wieder bergauf, und die Elektrizitätswerke erkannten, daß sie nicht nur in den Städten, sondern auch auf dem Land beträchtliche Strommengen verkaufen konnten.

Die kleinen privaten „Überlandcentralen“ der Müller und Sägewerksbesitzer waren da nur lästige Störenfriede. Um sie auszuschalten, verbündeten sich die E-Werke mit den Kommunen, die daran interessiert waren, durch den Ausbau der Überlandnetze die Wirtschaftsstrukturen zu verbessern. Das Druckmittel bestand darin, den Privaten die Erlaubnis zum Überqueren von Straßen, Wegen oder Eisenbahnlinien mit Stromleitungen zu entziehen.

Als beispielsweise der Müller Akemeier in Hollwiesen bei Vlotho einen Nachbarhof mit Lichtstrom beliefern wollte und dazu das Kabel an Masten quer über die Straße legen mußte, erhielt er nur eine Genehmigung auf Widerruf: „Die Leitung ist sofort zu entfernen, sobald das Elektrizitätswerk Minden-Ravensberg die Stromleitung an die Abnehmer übernehmen kann.“ Unter solchen Umständen wäre es leichtsinnig gewesen, in private Stromnetze zu investieren. Überall im

Land setzten sich in den 20er Jahren die großen Stromversorger mit staatlicher Unterstützung leicht durch. Die privaten Stromlieferanten wurden bis auf wenige Ausnahmen entweder übernommen oder geschlossen.

Bis 1925 waren rund 25 000 Bauernhöfe in Westfalen an das Stromnetz angeschlossen. Acht Jahre später hatte sich diese Zahl bereits verdoppelt. Viele Bauern in Siegerland, Sauerland und anderen unwegsamen Regionen mußten freilich noch lange auf die Stromleitung warten. Diese letzten Lücken im Netz wurden erst in den 60er Jahren geschlossen.

Dort aber, wo es Strom gab, war das Staunen groß. Vor allem die älteren Leute konnten es kaum fassen, daß man einfach nur den Schalter an der Wand drehen mußte, um es hell zu haben in der guten Stube. Der Petroleumgestank und das umständliche Putzen der Lampen hatten ein Ende. Vorbei war es aber auch mit den gemütlichen Dämmerstunden am Abend.

Christoph Mörstedt

Die Elektrizität veränderte Haus und Hof

Im Jahr 1923 wurde Liesen, ein kleines sauerländisches Dorf südöstlich von Winterberg, an das Stromnetz angeschlossen. Kurz nach der Montage ereignete sich ein Unglücksfall, der für die neue Energiequelle nicht gerade warb. Der 75jährige Karl Berkenkopf, ein Liesener Bauernsohn, erinnert sich: „Die Leitung war gerade erst verlegt, da riß eines Sonntags ein Eisendraht vom Strommast. Neugierige Kinder wollten sich dieses Schauspiel nicht entgehen lassen. Alois Brieden, einer der Neugierigen, stand gefährlich nahe vor dem Draht, als ihm ein anderer Junge einen Stoß gab. Alois fiel auf den Draht und bekam Stromstöße. Ein Erwachsener eilte herbei. Mit einer Holzstange konnte er den Jungen befreien. Er kam mit dem Leben davon, behielt aber einen kleinen Herzschaden zurück."

Auch im Nachbarort Züschen, so weiß Karl Berkenkopf zu berichten, passierte damals ähnliches, aber hier ging es nicht so glimpflich ab. Der betroffene Erwachsene starb an den Folgen der Stromschläge. „Und in einem anderen Dorf," so erzählt Karl Berkenkopf, „griff ein Landarbeiter gerade in die eisernen Speichen einer Lokomobile, als ihr Schornstein eine Freileitung streifte. Auch dieser Stromstoß war tödlich."

Solche Unglücksfälle, wie Karl Berkenkopf sie aus seiner Jugendzeit zu

Auf dem Winkelshof bei Fröndenberg im Kreis Unna um 1925: Ein fahrbarer Elektro-Motor treibt die Dreschmaschine an.

Elektrifizierung auch im ländlichen Haushalt: Ein Küchenmotor treibt eine Buttermaschine an.

berichten weiß, waren damals gar nicht selten. Die Elektrifizierung brachte eine neue Gefahrenquelle aufs Land. Bäuerinnen und Bauern, Knechte und Mägde mußten erst mit Stromleitungen und elektrischen Geräten umzugehen lernen. Mitte der 20er Jahre aber konnte niemand mehr bestreiten, daß der Strom den Bauern eine ungeheure Arbeitserleichterung bescherte.

Da waren zunächst die Kohlefadenlampen. Bekam ein Bauer die Stromleitung auf den Hof gelegt, wurde die Beleuchtung meist als erstes installiert. Lampen wurden in Wandöffnungen montiert, so daß sie zwei Räume gleichzeitig erleuchteten. Auf diese Weise sparte man Strom und Glühbirnen. Auch auf der Deele wurde eine Lampe plaziert. In ihrem spärlichen Schein konnten sich die Bauersleute jetzt in den Ställen ohne zusätzliches offenes Licht zurechtfinden, das ja auch nicht gerade ungefährlich gewesen war.

Die wichtigste Verbesserung aber war der fahrbare Elektro-Motor. Der Kirchlengerner Bauer Bökenschmidt, von dem bereits im vorigen Kapitel die Rede war, schaffte sich schon recht früh einen solchen Motor und eine Schrotmühle an. Die umständlichen und zeitraubenden Wege zur nächsten Kornmühle konnte er sich nun sparen. Auf dem Hof Bökenschmidt trieb der neue Elektro-Motor außerdem die Dreschmaschine an.

In der „Kinderzeit“ des Stroms war es schon eine Kunst für sich, einen solch wuchtigen 7,5-PS-Motor anzulassen, wenn dieser den schweren Dreschkasten auf Touren bringen sollte. Welcher ältere Bauer erinnert sich nicht an diese Prozedur: Den Ölregler – einen stufenlos regelbaren Widerstand, der den Anlaufstrom steuerte – zunächst auf Null drehen, die Bürsten auflegen und den Strom einschalten, und dann ganz langsam, ganz vorsichtig den Ölregler aufdrehen, und dabei nicht die Drehzahl aus den Augen verlieren. Hatte der Elektro-Motor seine volle Tourenzahl erreicht, wurden die Bürsten abgenommen und der Reglerschalter wieder auf Null geschwenkt. Nun lief der Motor den ganzen Tag über durch.

Meist reichte der Strom zum Dreschen nur gerade eben aus. Oft zersprangen Sicherungen, und die Tennenlampe glimmte, wenn sie zugeschaltet war, höchstens schwach rot.

So umständlich die Bedienung war, so robust waren die Motoren. Mancher Elektroveteran läuft sogar heute noch und läßt sich von seinen modernen Nachfahren nichts vormachen. Damals zweifelte kein Bauer mehr daran: Diese Motoren waren im Vergleich zu dem aufwendigen und nicht ungefährlichen Dreschen mit der Lokomobile ein merklicher Fortschritt – ganz zu schweigen vom Dreschen mit dem Flegel.

Die Möglichkeiten der Elektrizität waren mit dem Mahlen und Dreschen aber noch lange nicht ausgeschöpft. Viele Bauern rüsteten ihre Maschinen für den neuen Antrieb um. Milchzentrifugen und Schleifsteine wurden ebenso an den Elektromotor angeschlossen wie Sackaufzüge, Häckselmaschinen und Windfegen.

Aber auch neue Maschinen, von denen 20 Jahre zuvor noch niemand zu träumen gewagt hätte, tauchten auf den Höfen auf. Unermüdlich warb die Elektrowirtschaft für neue Anwendungsbereiche, um den Stromabsatz weiter anzukurbeln. Eine größere Investition waren Greiferaufzüge für Heu und Stroh, Höhenförderer und Fördergebläse, die bis 1932 auf immerhin rund 3000 westfälischen Höfen installiert wurden. Auf rund 880 Betrieben liefen sogar die ersten elektrischen Melkmaschinen.

Die Elektrifizierung kam aber auch dem ländlichen Haushalt zugute. Die elektrische Wasserpumpe entlastete die Bäuerin vom mühseligen Handpumpen und Eimerschleppen. Die „Westfälische Landfrau“, die Zeitung der hiesigen Landfrauenvereine, stellte den verblüfften Bäuerinnen 1926 das erste elektrische Bügeleisen vor. Auf einigen Höfen schaukelten sogar schon die ersten elektrischen Waschmaschinen, die für heutige Begriffe vorsintflutlich waren, damals aber die harte Arbeit der Bäuerinnen immens erleichterten.

Inzwischen hat sich die Elektrizität, sieht man einmal vom Ackerschlepper, Mähdrescher und Feldhäcksler ab, als Energie für fast alle mechanisierten Abläufe der Landwirtschaft durchgesetzt. Die Menschen kennen die Tücken und Gefahren der Elektrizität. Zu Unglücksfällen, wie sie in Liesen und anderswo vorkamen, kommt es nur noch selten; sie sind meist auf fahrlässigen Umgang mit Strom zurückzuführen. Dennoch ist Elektrizität nicht risikolos, blickt man beispielsweise auf die tatsächlichen und möglichen Umweltgefährdungen, die durch die Stromproduktion in Kohle- und Atomkraftwerken bestehen.

Eine Tücke ganz anderer Art setzte den ostwestfälischen Landwirten im November 1988 zu. Der katastrophale Eisregen zerstörte die Überlandleitungen und unterbrach die Stromversorgung. So mancher jüngere Bauer erfuhr erstmals hautnah, wie sehr die Landwirtschaft von der Elektrizität abhängig geworden ist. Strom ist seit den 20er Jahren so selbstverständlich geworden, daß wir ihn kaum mehr wahrnehmen. Im November 1988 wurde wieder einmal deutlich: Ohne Strom läuft in Haus und Hof gar nichts mehr.

Christoph Mörstedt

Als das Radio auf die Bauernhöfe kam

Achtung, Achtung! Hier ist Münster, auf Wellenlänge 407!" Mit diesem Erkennungsruf meldete sich am 10. Oktober 1924 die neu errichtete Radio-Station in Münster. Sie nahm als jüngste der zehn deutschen Rundfunkstationen ihren Betrieb auf. Ein Redakteur des „Westfälischen Bauern", der Zeitung des Bauernvereins, war von diesem Ereignis so fasziniert, daß er aus dem Schwärmen fast nicht mehr herauskam: „Eine gewaltige Umwälzung im Nachrichtenverkehr hat begonnen. Die Rundfunkstation in Münster kann mit einer Reichweite von 150 km nunmehr drahtlos und auf schnellstem Wege in der ganzen Provinz Westfalen bis in die einsamste Heidehütte hinein die neuesten Nachrichten und Marktberichte gelangen lassen. Abgesehen von Wetter- und Preisnachrichten wird eine willkommene Unterhaltungsmöglichkeit geboten."

Daß die erste westdeutsche Radiostation ausgerechnet in Münster errichtet wurde, war den Franzosen zu „verdanken". Sie hatten das Land zwischen Rhein und Ruhr besetzt. Funkverkehr war hier deutschen Stellen strikt untersagt. Vorerst war nicht daran zu denken, in Düsseldorf oder Köln eine Station aufzubauen. So fiel die Wahl auf die Hauptstadt Westfalens, dicht hinter der Grenze zum Besatzungsgebiet.

Als der Sender in Münster seinen Betrieb aufnahm, hatten rund 9000 westfälische Hörer ein Empfangsgerät angemeldet. Davon liefen schätzungsweise 400 Geräte bei den Landwirten der Umgegend. Es dauerte eben seine Zeit, ehe das Radio Eingang fand auf den Bauernhöfen, ganz zu schweigen von der „einsamsten Heidehütte".

Anton Kramer, Bauer in Hoetmar im Kreis Warendorf, besaß als erster im Dorf ein Radio. Sein Sohn, der

Das Radio brachte Unterhaltung und Information in die städtischen und ländlichen Wohnstuben.

80jährige Franz Kramer, erinnert sich: „Das gab viel Aufsehen. Radio – das war fast schon eine kleine Revolution. Wie das Telefon funktionierte, das konnten wir uns noch zusammenreimen. Aber das Radio hatte ja keine Leitung. Die Wellen waren unsichtbar. Das war für alle ein Rätsel.“ Aber die Hoetmarer machten sich auf das neue Wunderwerk ihren eigenen Reim. Franz Kramer: „Als unser Pastor dann ein Radio kaufte, da sagten die Leute im Dorf: 'Der liebe Gott sieht alles, und unser Pastor hört alles!'“

Sein Vater, der erste Radiohörer in Hoetmar, sei kein technisch interessierter Bastler gewesen, erzählt Franz Kramer, und schmunzelnd fügt er hinzu: „Er hat das Radio gekauft, weil er uns Jungs – wir waren damals 15, 16 Jahr alt – zu Hause halten wollte . . .“

Am Sonntag vor Pfingsten 1924, also noch bevor die Station in Münster sendete, wurde auf dem Hof Kramer das Radio installiert: „Die Antenne war ein etwa 100 m langer Draht. Das eine Ende wurde am Schornstein befestigt, das andere Ende in einem alten, knorrigen Birnbaum. Da mußte ich 'raufklettern und den Antennendraht fest um den Stamm wickeln.“

Das Empfangsgerät war denkbar primitiv. „Eine Batterie wurde angeschlossen. Dann mußte man den Kopfhörer aufsetzen, Lautsprecher wie heute gab es noch nicht. Der Sender war leicht zu finden, denn es gab zu der Zeit nur einen einzigen, nämlich 'Königs Wusterhausen'.“ Vielen älteren Radiohörern ist dieser Name noch ein Begriff. Königs Wusterhausen ist ein kleiner Ort nahe Berlin. Hier wurde bereits seit Oktober 1923 ein Unterhaltungsprogramm ausgestrahlt.

„Manchmal hatte ich daran auch Interesse“, erzählt Franz Kramer, „aber unser Vater saß viel häufiger im Wohnzimmer – ja, eigentlich jeden Abend. Hin und wieder kamen auch alte Leute aus der Nachbarschaft. Was die von dem Ganzen hielten, weiß ich nicht. Unser Vater jedenfalls war ganz begeistert von seinem Radio.“

Bald konnte er einen zweiten Sender hören: die neue Rundfunkstation in Münster. Der Sender war klarer zu empfangen als die rauschenden Signale aus dem fernen Königs Wusterhausen. Dennoch mußte man auch bei Radio Münster genau hinhören, um durch das Krächzen und Pfeifen hindurch überhaupt etwas zu verstehen.

Und was war nun zu hören aus den „Lusterkästkes“, wie das Radio bei den Bauern hieß? Der Sender Münster startete mit einem bescheidenen Programm. Morgens, nach der Zeitdurchsage, wurden die neuesten Nachrichten bekanntgegeben, und dann war erst einmal vier Stunden Sendepause. Nachmittags um drei Uhr gab es Wirtschafts- und Börsenberichte, anschließend noch einmal Nachrichten – und dann erneut eine Sendepause. Gegen 19.15 Uhr wurde es für die Bauern interessant, denn da schickte der Sender die Wettervorhersage über den Äther.

Bereits vier Wochen nach Sendebeginn schlug in Münster die Geburtsstunde des „Landfunks“. Karl Gerland, Direktor der Landwirtschaftskammer, ließ es sich nicht nehmen, die erste landwirtschaftliche Sendung zu bestreiten. Am 7. November 1924 hielt er einen einstündigen Vortrag

Ein Jahr nach ihrer Errichtung überträgt die Rundfunk-Station Münster am 1. November 1925 die erste Live-Fußballreportage vom Spiel Arminia Bielefeld gegen Preußen Münster.

über „die diesjährige Nahrungsmittelversorgung".

Solche Vorträge gehörten bald zum festen Programm. Ab 1927, als der Sender nach Köln verlegt wurde, gab es sogar eine eigene Sendung für Bauern. Jeden Sonntag morgen um viertel nach acht bot die „Landwirtschaftliche Rundschau" Fachinformationen und Reportagen aus der Landwirtschaft.

Das Radio hatte gerade hier einen besonderen Vorteil für die Bauern: Es kam mit seinen Informationen direkt ins Haus. Lange Fahrten mit dem Fahrrad oder der Pferdekutsche, nur um sich in einer Dorfgaststätte einen Vortrag anzuhören, der dann vielleicht doch nicht so lohnend war wie erwartet – dieser Ärger fiel nun weg. Das Radio stand in der guten Stube, es brauchte nur noch eingeschaltet zu werden. Und wem das Programm nicht gefiel, der drehte eben an der Kurbel und suchte sich eine Unterhaltungssendung.

Auf dem Land wie in der Stadt waren die Menschen fasziniert von der neuesten Errungenschaft der Technik. Die Zahl der Radio-Hörer ging steil in die Höhe. 1925 waren bereits 27 000 Rundfunkgeräte zugelassen, und Anfang 1930 liefen in westfälischen Wohnstuben sage und schreibe 240 000 „Dampfradios". Ein neues Massenmedium war geboren, oder wie Franz Kramer sagt: „Radio – das war fast schon eine kleine Revolution!"

Stahlklötze auf Rädern: Die ersten Schlepper

Kaum eine Maschine hat das Gesicht der westfälischen Landwirtschaft so verändert wie der Traktor. Die ersten Schlepper tauchten in Westfalen um 1920 auf. Viel früher allerdings beginnt die spannende Geschichte des Traktorenbaus.

Die Kölner Firma Deutz entwickelte um 1890, nachdem Nikolaus Otto zwanzig Jahre zuvor den Explosionsmotor erfunden hatte, den Petroleummotor. Er wurde seit der Jahrhundertwende in der Landwirtschaft genutzt.

In den USA war die Entwicklung schon weiter gediehen. John Froelich, ein technisch versierter Farmer aus dem US-Bundesstaat Iowa, montierte 1892 einen 20-PS-Ein-Zylindermotor auf ein selbst gefertigtes Fahrgestell – der erste selbstfahrende Schlepper war geboren.

Ab 1905 fertigte die Landmaschinenfirma Hart & Parr bereits Ackerschlepper in Serie, die unter der Bezeichnung „tractor" verkauft wurden. Mit der neuen Maschine war auch ein neues Wort in der Welt. Die Farmer begutachteten die Traktoren zunächst mißtrauisch bis ablehnend. Sie vertrauten lieber der altbewährten

Ausländische Experten beim Rundgang durch die Montagehallen der Kölner Deutz-Werke um 1910. Zu dieser Zeit stellen die Werke jährlich rund 4500 Otto-Motoren her, die größtenteils exportiert werden.

Die ersten deutschen Schleppermodelle wie dieser Sendling-Traktor sahen einer Dampflokomotive ähnlich.

Dampflokomobile. Das änderte sich im Jahr 1910: Bei einem vollkommen verregneten Wettpflügen im kanadischen Winnipeg blieben die massiven Lokomobilen im aufgeweichten Akker stecken. Sie kamen weder vor noch zurück. Den weitaus leichteren, aber ebenso kräftigen Traktoren gelang es mühelos, die Dampfmaschinen aus dem Schlamm zu ziehen. Im Wettkampf der Stahlkolosse hatten die Traktoren eindeutig gesiegt.

Nun griff eine regelrechte Schlepper-Begeisterung um sich. Fieberhaft bastelten Ingenieure an neuen ausgefeilteren Modellen. Das Rennen der Erfinder gewann Henry Ford, der „Auto-Zar von Detroit“. Er konstruierte einen Traktor in rahmenloser Blockbauweise. Benzin-Motor, Getriebe und Hinterachse wurden kompakt und ohne schweren Rahmen zusammengeschraubt. Sein wegweisendes Modell namens „Fordson“ stellte die „Deutsche Landwirtschaftliche Presse“, eine überregionale Agrar-Zeitung, im Jahr 1918 vor:

„Ford verwendet einen Vier-Zylinder-Motor von 120 mm Bohrung und 127 mm Hub. Das Zylindervolumen wird mit 4114 ccm angegeben. Bei einer Tourenzahl von 1000 U/min leistet der Motor 22 PS. Der Brennstoffbehälter ist oberhalb des Motors angebracht und hat einen Inhalt von 82 Litern. Die gesamte Schmierung erfolgt automatisch. Für den Betrieb sind drei Vorwärtsgeschwindigkeiten und eine Rückwärtsgeschwindigkeit vorgesehen, wobei der Ford bei seiner größten Geschwindigkeit rund 11 km pro Stunde zurücklegen kann.“

Ab 1922 wurde der Fordson am Fließband – auch eine Erfindung Fords – gefertigt. Jährlich verließen 100 000 Schlepper die Fabrik.

Nach dem Ersten Weltkrieg wurden Ford-Traktoren nach Deutschland geliefert. Hier ernteten sie zunächst heftige Kritik. Deutsche Politiker und Landtechniker nahmen es dem Fordson übel, daß er nicht in Deutschland konstruiert worden war. Er sei ein „Spielzeugtrecker aus Feindesland“, hieß es. Die Einfuhr wurde verboten. Aber einen besseren und vor allem billigeren Schlepper gab es in Deutschland noch nicht. Im Vergleichstest mit einem der ersten deutschen Fabrikate, der Ackerbaumaschine der Firma Pöhl, kam der Leiter der Treckerprüfung, Prof. Gustav Fischer, nach 70 Tagen Dauerpflügen zu dem Ergebnis: „Beide Schlepper weisen nahezu die gleiche Stundenleistung im Pflügen und gleiche Betriebskosten auf, obwohl der Pöhl-Schlepper 7000 Goldmark, der Ford-Traktor dagegen 1900 Goldmark ab Herstellungswerk kostete."

Im Frühjahr 1924 wurden die Einfuhrbeschränkungen gelockert. Die 500 Fordsons der ersten Großlieferung waren sofort ausverkauft. Noch im selben Jahr wurden weitere 500 Fordsons importiert. Der Schlepper aus Detroit wurde ein Verkaufsschlager, auch unter den westfälischen Bauern. Unter den 40 Traktoren, die 1934 im Raum Minden und Herford liefen, waren allein 22 Fordsons. Diese Verkaufszahlen waren wohl in ganz Westfalen ähnlich.

Der Erfolg des Fordsons darf allerdings nicht darüber hinwegtäuschen, daß sich auch in der deutschen Landmaschinenindustrie einiges tat. Die Gasmotoren-Fabrik Deutz experimentierte bereits vor dem Ersten Weltkrieg im Schlepperbau. Ihre ersten Modelle ähnelten eher großen Dampflokomotiven. Geländegängig waren sie so gut wie gar nicht, dafür aber ungeheuer „durstig".

Der Krieg beendete den Traktorenbau in Deutschland. Eisen und Stahl wurden für die Rüstung gebraucht, die Landmaschinenfabriken in die Kriegswirtschaft eingespannt. In vielen Firmen aber tüftelten findige Ingenieure weiter. Schon 1919 brachte die „Hannoversche Maschinenbaugesellschaft", oder kurz: Hanomag, den ersten Raupenschlepper heraus. Er lief auf Ketten und hatte einen vierzylindrigen, 20 PS starken Benzolmotor.

Ein großer Wurf wurde 1925 der Hanomag-Radschlepper „WD 28". Er glich mit seiner rahmenlosen Blockbauweise dem Fordson, war allerdings mit einem Hubraum von 4250 ccm und 28 PS bei 1100 U/min kräftiger. Der rund 4 t schwere und 4800 Reichsmark teure Hanomag-Traktor lief zunächst mit Petroleum und Benzol. Er wurde 1930 erstmals mit einem Dieselmotor ausgestattet.

Damit schloß sich die Hannoveraner Firma einer Technik an, mit der andere Firmen schon große Erfolge ernteten. Daß der Dieselmotor kräftiger und robuster war, wußten die Ingenieure schon lange, aber er war anfangs als Fahrzeugmotor viel zu schwer. 1920 gelang es den Benz-Werken in Gaggenau, den ersten kompressorlosen Dieseltraktor herzustellen. Ihr 2,6 t schwerer „Benz-Sendling-Schlepper" hatte einen 2-Zylinder-Vorkammer-Diesel-Motor mit 7830 ccm Hubraum und 30 PS bei 800 U/min.

Neben Vergaser- und Dieselmotor eroberte eine dritte Motorenversion den Schleppermarkt: der Glühkopfmotor. Er war in den Ingenieurbüros und Werkshallen der Mannheimer Firma Lanz erdacht und gebaut worden. Einem breiten Publikum wurde er bekannt, als die Firma Heinrich Lanz im Sommer 1921 auf der DLG-Ausstellung in Leipzig ihren legendären „Lanz-Bulldog" vorstellte.

Schleppermontage der Kölner Motorenfabrik Deutz um 1930, vier Jahre nach Beginn der Schlepper-Serienproduktion.

Ein robuster Kraftprotz: Der legendäre Lanz-„Bulldog‘

Das muß man Heinrich Lanz lassen: Sein Bulldog war unverwüstlich, der ließ uns nie im Stich!“ August Alfing, 84jähriger ehemaliger Lohnunternehmer und Kleinbauer in Mettingen, weiß, wovon er spricht. Er hatte in den 20er Jahren noch die Tücken des Dampfdreschens kennengelernt. Die Lokomobile war störanfällig, mußte umständlich mit Pferden von Hof zu Hof gezogen werden und blieb dabei nicht selten auf sandigen oder verschlammten Ackerwegen stecken. Ganz anders der leichtere Bulldog: „Der war ja so einfach gebaut – was sollte da auch schon dran kaputt gehen?“

Erfinder und Konstruktur des Bulldogs war Dr. Fritz Huber. Als er 1916 bei der Mannheimer Firma Heinrich Lanz anfing, hatte er bereits hinlänglich Erfahrungen im Motorenbau gesammelt. Sein Ziel war es, einen möglichst unempfindlichen Schlepper zu bauen. Im Sommer 1921 stellte Lanz auf der DLG-Ausstellung in Leipzig das Ergebnis vor: den ersten Rohölschlepper der Welt. Er sah so aus, wie er hieß: Die eigentümliche Form des Zylinderkopfes, der darüberliegenden Schutzkappe und der Entlüftungsschlitze, die wie Augen aussahen, gaben dem Schlepper ein unverwechselbares „Gesicht“.

Lanz-Bulldog der Lohndrescherei Franz Plattfaut in Werl-Sönnern um 1925.

Nicht nur sein Aussehen, auch das bullernde Donnern des Motors war einmalig. Der Ein-Zylinder-2-Takt-Glühkopfmotor brachte es bei einer Umdrehung von 420 U/min auf rund 12 PS. Jeder Schlag des wuchtigen Kolbens dröhnte wie ein dumpfer Hammerschlag. Wenn man mit dem Bulldog im Herbst unter einen Apfelbaum fuhr, so erzählten sich die Bauern respektvoll, dann wurden allein vom vertikalen Auspuffdruck die reifen Äpfel von den Ästen gerüttelt!

Der Mettinger Lohnunternehmer Heinrich Alfing erstand 1926 einen gebrauchten 12-PS-Bulldog für rund 3000 Mark. Neuwertig kostete der Lanz-Schlepper rund 4000 Mark; er war damit im Vergleich zu anderen Traktoren recht preisgünstig.

An die Prozedur, den Motor zu starten, erinnert sich wohl noch jeder, der einen Bulldog sein eigen nannte. Heinrich Alfing schildert es so: „Als erstes mußte man den Glühkopf mit einer Lötlampe anheizen. Wenn die ’Nase‘ richtig heiß war, zogen wir den Lenker aus der Halterung, steckten ihn in das wuchtige Schwungrad – ja, und damit wurde der schwere Kolben mit viel Kraft hin- und hergeschaukelt, bis kurz vor dem toten Punkt Kraftstoff eingespritzt wurde. Es gab einen Ruck, und der Motor donnerte los. Blitzschnell mußte man das Lenkrad wieder aus dem Schwungrad ziehen, und dabei mußte man aufpassen, daß man da die Finger nicht zwischenkriegte!“

Weil der Glühkopfmotor angeheizt werden mußte, sprang er selbst bei klirrender Kälte an. „Als Windschutz habe ich manchmal meine Arbeitsjakke vorne über den Glühkopf gehängt“, erzählt Heinrich Alfing,

In den 30er Jahren in Lieme bei Lemgo: Der Lanz-Bulldog trieb nicht nur Dreschkästen, sondern auch Kreissägen an – eine große Arbeitserleichterung für die Bauern.

„dann wurde der Motor schneller heiß.“ Und lachend fügt er hinzu: „Einmal habe ich nicht aufgepaßt, und da ist meine schöne Jacke in Flammen aufgegangen. Das ist damals oft passiert, und nicht nur mir!“

Als Ende der 20er Jahre die Strohgebläse aufkamen, schaffte sich Heinrich Alfing den neuen 28-PS-Großbulldog an. Wenn er auf einen Bauernhof zum Dreschen fuhr, dann hatte der Traktor einen regelrechten „Güterzug“ zu schleppen: zuerst die Dreschmaschine, dahinter auf einem Wagen das Strohgebläse, auf dem nächsten die Gebläserohre und dann noch einen kleineren Anhänger für Ersatzteile und Werkzeug.

Der Bulldog diente nicht nur als fahrbare Zugmaschine, sondern auch als ortsfeste Antriebsmaschine. Denn das war gegenüber anderen Traktoren gerade der besondere Vorteil: „Er bleibt im Leerlauf nicht stehen“, rühmte ein Werbeprospekt, „sondern führt gleichmäßig wie bei Vollast jede Zündung aus.“ Wenn Heinrich Alfing den „Güterzug“ auf einen Bauernhof gesteuert hatte, reichten wenige Handgriffe, und der Bulldog setzte

Werbeprospekt für den 8-PS-Bulldog, der ab 1923 in den Mannheimer Lanz-Werken produziert wurde.

Dreschmaschine und Strohgebläse in Gang. „Der Motor fraß dabei alles“, schwärmt Heinrich Alfing. „Da konnte man ja beinahe Jauche mit dem Stielfaß aus der Grube holen und den Bulldog damit volltanken!“ Das ist natürlich übertrieben, doch es steckt ein Funken Wahrheit darin. Mit Diesel oder dem billigeren Rohöl lief der Bulldog am besten. Er konnte auch mit Teeröl, Tran oder sogar mit pflanzlichen Fetten betrieben werden.

„Bei uns bekam der immer Rohöl getankt. Wenn Strohgebläse und Dreschmaschine von morgens sechs bis abends um neun liefen, dann tukkerte der Bulldog wohl seine 50 Liter am Tag weg“, schätzt Heinrich Alfing.

Der robuste Kraftprotz entsprach genau den Bedürfnissen der Bauern und Lohnunternehmer. Bis 1956 setzte Lanz insgesamt 200 000 Bulldogs ab. Von Jahr zu Jahr waren die Modelle kräftiger geworden – aber eins änderte sich nicht: Der Motor hatte von Anfang an einen Zylinder, und dabei blieb es auch. Die Firma blieb der Devise treu, die der Bulldog-Konstrukteur Fritz Huber um 1920 ausgegeben hatte: „Der Motor für den landwirtschaftlichen Schlepper kann gar nicht einzylindrig genug sein!“

Neue Schlepper für die Bördebauern

Mit lautem Getöse rumpelte im Juli 1925 ein stählernes Ungetüm über die kopfsteingepflasterte Jakobistraße in Soest. Im Redaktionsbüro des „Soester Anzeigers" zitterten die Fensterscheiben. Staunend schrieb ein Redakteur:

„Ein ungewöhnliches Fahrzeug kam gestern mittag vor unserem Redaktionslokal angerattert. Es glich in seinen Fortbewegungswerkzeugen den englischen Tanks, während es mit seinem offenen Führersitz mehr einem friedlichen Personenauto ähnelte. Es war ein 25-PS-WD-Raupenschlepper, der als idealste Kraftzugmaschine besonders für die Landwirtschaft angesprochen werden kann."

Dieser wuchtige Raupenschlepper mit 3,3 t Gewicht stammte von der Firma Hanomag. Walter Heinert, ein Soester Landmaschinenfabrikant, hatte ihn für einen Briloner Waldbauern aus Hannover mitgebracht. Schon wenige Tage später bewies die Hanomag-Raupe im Sauerländer Wald, wozu sie fähig war. Scheinbar mühelos zog sie dickste Holzstämme. Wo es den Pferden an Kraft fehlte, um das Holz zu ziehen, bewährte sich die wendige, kraftvolle Maschine.

Walter Heinert versorgte auch die Bauern in der Börde und am Haarstrang. Im Frühjahr 1925 fuhr er mit einigen Landwirten aus der Soester Umgegend nach Hannover, um dort Hanomag-Schlepper zu begutachten. Besonders beeindruckt waren die Bauern von dem eisenbereiften, 28 PS starken Hanomag-Traktor WD 28 – genau das richtige für die schweren Böden in der Börde.

In einer „Schlepper-Karawane" zieht der Soester Landmaschinenhändler Heinert in den 20er Jahren über Land; hier eine Aufnahme vom Marktplatz in Soest.

Schaupflügen im Bördedorf Borgeln.

Die Landwirte, die als erste für 4800 Reichsmark einen Hanomag-Traktor bei Heinert kauften, wußten den Schlepper bald zu schätzen. Seine Vorteile lagen auf der Hand. Wenn ein Bördebauer eine gewöhnliche Saatfurche, etwa für den Weizenanbau, bereitete, konnte er mit einem einscharigen Pflug, von zwei Pferden gezogen, rund 3/4 Hektar Land pro Tag umpflügen. Der Schlepper hingegen zog nun mühelos einen leistungsfähigeren zweischarigen Pflug, und er konnte an einem Tag rund zwei Hektar Land pflügen.

Doch damit nicht genug der Vorteile: Wenn sich in einem regnerischen Sommer die Getreideernte verzögerte, dann waren die Pferde im Frühherbst oftmals erschöpft. Pflügen und Eggen ging dann nicht mehr so rasch voran. Die Weizeneinsaat verzögerte sich, und wenn dann noch ein strenger Winter früher als gewöhnlich einsetzte, waren die Ernteverluste im nächsten Jahr vorprogrammiert.

Der Traktor hingegen wurde nicht müde. Die motorisierten Bauern wurden unabhängiger vom Wetter und vom Zeitdruck. Die Feldarbeit ging schneller und zügiger voran. Bauer Karl Schulze in Müllingsen bei Soest konnte deshalb – wie auch andere Traktorbesitzer – den freien Samstagnachmittag einführen. Diese Neuerung war geradezu revolutionär, und so mancher Nachbar dachte bei sich: „Das geht nicht lange gut.“ – Aber es ging gut, dank des Traktors . . .

Ein anderer der ersten Hanomag-Traktoren lief auf den Drüggelter Höfen, nördlich von Delecke am Möhnesee. Bislang hatte der Landwirt Schulte-Drüggelte 15 Pferde im Geschirr; mit dem neuen Schlepper verloren sechs Ackerpferde ihren „Arbeitsplatz“; sie waren nun schlicht überflüssig.

Die Vorzüge des „stählernen Zugpferds“ sprachen sich bald herum. Steuerte einer der stolzen Besitzer seinen dunkelgrün lackierten Hanomag durch ein Bördedorf, so war er bald von der neugierigen Nachbarschaft umringt. Bisweilen lief das ganze Dorf zusammen. Alle staunten über die neue Technik. Bauern und Landarbeiter gerieten bald ins Fachsimpeln.

Der Soester Landmaschinenhändler Walter Heinert mußte sich allerdings ins Zeug legen, um weitere Traktoren zu verkaufen. Die Landwirte der Umgegend kamen nämlich nur recht selten in die Stadt. Deshalb mußte er mitsamt den Traktoren aufs Land fahren. So entstand die „Schlepper-Karawane“, die so manchem betagten Bauern noch lebhaft im Gedächtnis geblieben ist. Zwanzig, dreißig Hanomags verschiedenen Bautyps fuhren hintereinander über die schmalen Landstraßen, der Chef vorneweg. Die Karawane zog durch Städte, Dörfer und Bauerschaften zwischen Paderborn und Dortmund, Meschede und Münster.

Auf einem Dorfplatz wurde haltgemacht und eine kleine Ausstellung aufgebaut. Walter Heinert erklärte den Bauern die Maschinen, und wenn alles gut lief, wurden manchmal auch schon Kaufverträge abgeschlossen. Bald blühte das Geschäft. Im Jahr 1928 verkaufte Walter Heinert 50 Hanomag-Schlepper – fast jede Woche einen!

Der Kauf eines Schleppers war eine Sache, der Umgang mit dem neuartigen Gefährt eine andere. Woher sollten die Bauern wissen, wie man damit fuhr, wie man ihn reparierte? Fahrschulen und Motorkurse gab es noch nicht. Walter Heinert schickte deshalb einen Monteur mit, der Bauern und Landarbeiter in die Geheimnisse des Traktors einweihte. Die Traktoren waren anfangs auch den Monteuren vollkommen unbekannt. Sie aber entwickelten – wie auch viele Bauern – ein reges Gespür für die neuen Maschinen. Sie trugen, wie sich Walter Heinert erinnert, das Handwerkerherz am rechten Fleck: „Das waren ganz einfach gelernte Schlosser oder Schmiede. Die hatten bei ihrer Ausbildung in den Schmieden so gut den Umgang mit Stahl und Eisen gelernt, daß sie keine Schwierigkeiten hatten, mit Motorblöcken und Getrieben und Achsen und Kolben fertigzuwerden. Das waren eben Handwerker . . .“

In den 20er Jahren begannen auch andere Landmaschinenhändler damit, Schlepper zu verkaufen. Die westfälische Landwirtschaft erzielte seit der Inflation wieder gute Gewinne, und so mancher Bauer war finanziell in der Lage, einen Traktor zu kaufen.

Gegen Ende 1932 waren in Westfalen immerhin rund 760 Traktoren und Kleinschlepper im Einsatz, vorwiegend auf den Betrieben zwischen 20 bis 100 ha. Die mit Abstand meisten Trecker liefen in den Bördekreisen Soest, Warburg und Lippstadt. Hier hatten die Bauern die höchsten Einkommen in Westfalen, und hier, auf den schweren Böden, wurde der Traktor am ehesten gebraucht.

Comfräsch, Baumi und Hagedorns Mäher

Wer in den 20er Jahren durch Westfalen reiste, mußte schon lange suchen, ehe er einen Bauernhof fand, auf dem ein Traktor lief. Nur hier und da knatterten schon die ersten Schlepper durch die Dörfer. Der billige Fordson und der robuste Lanz-Bulldog waren in Westfalen am weitesten verbreitet. Auf einigen Höfen liefen auch die Schlepper von Hanomag oder Deutz.

Neben diesen großen, noch heute klingenden Namen werkelten auch in Westfalen findige Handwerker und Ingenieure an Schleppermodellen. Diese Pioniere versuchten in den 20er Jahren, auf den Zug der Zeit aufzuspringen.

Einige Firmen kamen über wuchtige, oft abenteuerlich konstruierte Modelle nicht hinaus. So bastelten beispielsweise die Hagener Schmiedag-Werke um 1924 am Prototyp eines Kleinschleppers; er erwies sich allerdings als unbrauchbar und wurde nie in Serie hergestellt.

Andere Firmen hatten da mehr Erfolg – beispielsweise die Bielefelder Dürkopp-Werke. Die 1867 gegründete Näh- und Werkzeugmaschinenfirma entwickelte nach dem Ersten Weltkrieg einen Raupenschlepper, der speziell für die Arbeit in Mooren und Sümpfen ausgelegt war. Die wuchtige, 2,8 t schwere Maschine mit dem Namen „Comfräsch" war mit einem vierzylindrigen, 50 PS starken Motor aus eigener Produktion und mit einer schweren Bodenfräse ausgestattet. Der „Comfräsch" kam 1924 auf den Markt. In seiner gedrungenen Form sah er nicht wie ein Traktor, sondern eher wie ein Kleinbagger aus, der seine Schaufel verloren hat. Wie viele „Comfräsch" in den 20er Jahren die Hallen der Dürkopp-Werke verlassen haben, ist nicht mehr zu ermitteln. Bei dem speziellen Zweck des Raupenschleppers werden es aber nicht besonders viele gewesen sein. Wegen der großen Konkurrenz zog sich Dürkopp nach diesem einmaligen Vorstoß wieder aus dem Schlepperbau zurück.

Auch in Minden wurden in den 20er Jahren Traktoren hergestellt. Die um 1900 gegründete Baugesellschaft Michelsohn, damals eines der größten Steinbruchunternehmen Deutschlands, sammelte schon vor dem Ersten Weltkrieg Erfahrungen im Fahrzeugbau. In den Werkshallen wurden zunächst Dampfmaschinen und Lokomotiven ausgebessert; sogar Motorräder wurden in geringer Stückzahl gebaut.

Ab 1923 entwickelte die Firma einen einzylindrigen Schlepper, der nach den ersten Silben des Firmennamens „Baumi" getauft wurde. Mit seiner einfachen, robusten Bauweise glich der „Baumi" ein wenig dem Lanz-Bulldog. Der Glühkopf-Motor,

Der 8-PS-Hagedorn-Schlepper des Baujahrs 1935. Die Aufnahme stammt aus dem Jahr 1950.

auf einem gegossenen Fahrgestell montiert, brachte es immerhin auf 20 PS. Der „Baumi" hatte zwei Vorwärtsgänge, lief auf Vollgummireifen und erreichte bis zu 7,5 km/h. Wenn ein Bauer es wünschte, konnte der Kleinschlepper zusätzlich mit einer Drahtseilwinde ausgestattet werden.

Mit diesem Angebot gelang es der Firma, schätzungsweise rund 500 „Baumis" an den Mann zu bringen. Die meisten Kleinschlepper wurden wohl an Bauern im Mindener Raum verkauft.

Während der Weltwirtschaftskrise um 1930 geriet die Mindener Baugesellschaft in erste Turbulenzen. Der eigentliche Schlag aber kam 1934. Für ihr Steinbruchunternehmen, den nach wie vor tragenden Pfeiler der Baugesellschaft, erhielten Hermann und Nathan Michelsohn, die jüdischen Inhaber der Firma, keinen Auftrag mehr. Sie waren dem rasseideologischen Wirtschaftsboykott des NS-Regimes ausgesetzt. Daraus gab es kein Entrinnen. Die Firma mußte 1934 die Werkstore schließen. Damit fand auch die Herstellung des „Baumi" ein vorzeitiges und unrühmliches Ende.

Ein anderer Pionierbetrieb im westfälischen Traktorenbau war die traditionsreiche münsterländische Landmaschinenfabrik Hagedorn in Warendorf. Um 1925 bastelte Anton Hagedorn junior den ersten Motormäher. Der aufgeschlossene, experimentierfreudige Firmenchef entwickelte sogar eigens einen Benzinmotor. Etwas wackelig war der Motormäher zwar noch auf den Beinen, aber immerhin: Er lief!

Etliche technische Verbesserungen waren notwendig, doch der Motormäher konnte sich schon sehen lassen. Nach erfolgreichen Probeläufen bei Warendorfer Bauern stellten sich die ersten Kunden ein. Auf Wunsch einiger Landwirte stattete Hagedorn den Motormäher mit einem zweiten Sitz aus; nun konnte ein Beifahrer den Mähschnitt überwachen, ohne ständig nebenherlaufen zu müssen.

Der Motormäher, inzwischen auf den Markennamen „Westfalia" getauft, erwies sich nicht gerade als ein Verkaufsschlager; er wurde nicht einmal in Serie hergestellt. Dennoch war der Firma Hagedorn der erste waghalsige Sprung ins vollkommen unbekannte Geschäft der Motor- und Traktorherstellung geglückt.

Die Erfahrungen nutzte Anton Hagedorn, um ab etwa 1930 einen Kleinschlepper herzustellen. Der Motor wurde größer und kräftiger – er brachte es jetzt auf etwa 8 PS –, und das stabilere Fahrgestell rüstete Hagedorn mit Ackerschiene und Anhängekupplung aus. So mauserte sich der Motormäher zu einem zugstarken Kleintraktor, der nicht nur mähen, sondern wirklich auch etwas schleppen konnte. Bis zum Beginn des Zweiten Weltkrieges baute Hagedorn über 1000 Motormäher und Kleinschlepper.

Der Winzling aus Warendorf beeindruckte sogar die gestrenge Jury des Reichskuratoriums für Technik in der Landwirtschaft; die Technikexperten urteilten 1931, daß der Westfalia-Schlepper ohne weiteres als Zugmaschine vor dem Bindemäher eingesetzt werden könne. Abschließend meinte die Jury: „Beim Kauf eines Hagedorn-Traktors können zwei Pferde ausgemustert werden."

Der Selbstbinder nahm Bauern harte Erntearbeit ab

Carl Raute, Landmaschinenhändler in Höxter, lud im Sommer 1929 die Bauern und Kötter des Weserdorfes Lüchtringen zu einer Maschinenvorführung ein. Einen Getreidebinder wollte er ihnen zeigen – und verkaufen. Die Landwirte steckten mitten in der Ernte, doch niemand ließ sich das Schauspiel entgehen. Zwei Dutzend Landwirte fanden sich eines heißen Sommertags auf einem Kornfeld nahe Lüchtringen ein. Ob der Getreidebinder auch wirklich hielt, was Carl Raute versprochen hatte?

Ein Monteur saß hinten auf einem Blechschemel und hielt die drei Pferde, die das schwere Gerät zogen, am Zaum. Ein zweiter Monteur hatte genug damit zu tun, den klappernden und staubenden Selbstbinder zu kontrollieren. Mühelos erntete die nagelneue Maschine das Getreidefeld ab. Ein Messerwerk schnitt die Halme, Fördertücher aus Leinen führten das Getreide auf einen Bindetisch, ein mechanischer Knoter knüpfte das Getreide mit Sisalband zusammen; die fertigen Garben wurden seitlich abgelegt – und all das in rasanter Geschwindigkeit.

Die Lüchtringer Bauern waren beeindruckt. Einer unter ihnen, Bauer Pius Krekeler, überlegte nicht langte. Er bestellte als erster im Dorf einen Selbstbinder – allerdings erst für das kommende Jahr, denn er hatte sein Korn schon weitgehend geschnitten. Der neue Binder sollte schließlich nicht ungenutzt vor sich hin rosten.

Am 11. Juli 1930 bekam Bauer Krekeler die Maschine auf den Hof gelie-

Haferernte mit einem McCormick-Mähbinder in Müsse im Wittgensteiner Land. Der Binder wird von zwei Rindern und einem Pferd gezogen.

fert: „1 Original McCormick Garbenbinder, 5 Zoll linksschneidend mit Transport und Vorderwagen und Zubehör“, so listete die Rechnung der Firma Raute säuberlich auf. Genau 950 Reichsmark – so stand es in der Rechnung – mußte der Landwirt für den nagelneuen Selbstbinder auf den Tisch blättern.

„Das war damals viel Geld“, urteilt sein Sohn Ernst Krekeler. „Dafür mußte er gut und gerne zwei Pferde verkaufen oder ungefähr vier Milchkühe. Aber er konnte die Maschine gut gebrauchen. Wir hatten damals rund 30 ha, davon drei Viertel unter dem Pflug. Hauptsächlich wurde Getreide angebaut – Roggen und Weizen zum Verkauf, Hafer für unsere Kaltblutzucht. Zur Getreideernte brauchte unser Vater immer viele Helfer. Das kostete Geld und war harte Arbeit für viele Tage.“

Bevor in Westfalen der Selbstbinder aufkam, war die Kornernte eine mühselige Knochenarbeit: Bauern, Heuerlinge und Knechte schnitten das Getreide mit der Sense. Frauen und auch Kinder harkten es zusammen und banden es mit umeinandergewundenen Halmen zu Garben. Wenn die aufgerichteten Garben nach einigen Tagen getrocknet waren, wurden sie auf einen Leiterwagen gepackt und in die Hofscheune eingefahren.

Auf vielen Höfen erleichterte eine pferdegezogene Mähmaschine die Getreideernte. Die „Schnellkathrine“, wie die Bauern sie nannten, schnitt das Getreide mit einem einfachen Messerbalken und legte es nach hinten ab. Diese Arbeit erledigte die Mähmaschine weitaus schneller als Schnitter mit ihren Sensen – zum Leidwesen der Binder. Sie mußten sich nun sputen, um die Garben zusammenzubinden und wegzuräumen. Die Spur mußte rechtzeitig frei werden für den nächsten Schnitt. Erst der Selbstbinder nahm ihnen die Arbeit ab.

Die Konstruktion des Selbstbinders stammte aus den USA. Cyrus Hall McCormick, ein Farmersohn aus Virginia, hatte bereits um 1830 den ersten Mähapparat angefertigt. Im Laufe der Jahre verbesserte er seine Maschine ständig: Er tüftelte einen Halmteiler aus, der das geschnittene vom ungeschnittenen Getreide trennte, fügte eine Haspel hinzu, die das Getreide auf das Schneidwerk drückte und entwikkelte schließlich auch einen Ablagemechanismus. Ein anderer findiger Kopf, John E. Heath, ließ sich um 1850 die erste Bindemaschine patentieren. Sie preßte das abgeschnittene Korn zusammen und legte mechanisch ein Band um die Garben; der Knoten mußte noch von Hand geknüpft werden.

Läßt sich ein Band nicht auch mechanisch knoten? Auf diese Frage fand ein junger Amerikaner namens John Appleby 1857 eine bahnbrechende Antwort: Er hatte ein Kind beobachtet, das einem Hund eine Leine über den Hals streifen wollte. Der Hund aber befreite sich geschickt aus der Schlinge, und das Kind wunderte sich, daß es eine geknotete Leine in Händen hielt. John Appleby ahmte diesen Vorgang nach. Er konstruierte einen mechanischen Knüpfapparat, der einem umgedrehten Hundekopf glich. Damit war der Weg frei zum Selbstbinder.

Bereits um die Jahrhundertwende produzierten Firmen wie IHC oder McCormick rund 100 000 Mähbinder pro Jahr. Nur wenige westfälische Bauern konnten sich die teuren Maschinen bereits vor dem Ersten Weltkrieg leisten. In den 20er Jahren wurden die Selbstbinder billiger, und so setzten sie sich erst jetzt durch. Bis 1925 liefen in Westfalen rund 7600 solcher Binder; zehn Jahre später hatte sich diese Zahl verdoppelt.

Bauern, die einen Selbstbinder ihr eigen nannten, lernten ihn bald schätzen – nicht nur, weil er ihnen die Arbeit abnahm. „Die Maschine war robust gebaut und kaum reparaturbedürftig“, meint Ernst Krekeler. „Ich konnte sie später sogar hinter unseren Trecker hängen. Natürlich mußte man das Schätzchen gut pflegen. Beim Schneiden reichte es nicht, wenn man sie einmal ölte. Dauerfettnippel gab es ja damals noch nicht, nur einfache Dochtnippel mit einem Wattestift – und die wurden schnell trocken. Da mußte man mehrmals am Tag mit der Ölkanne rundgehen.“

Der Binder tat bei Bauer Krekeler viele Jahre seine Dienste. Um 1960 kaufte er einen gezogenen Mähdrescher. Doch der Selbstbinder wurde noch nicht zum alten Eisen geworfen: „Einmal hatten wir Sommerhochwasser, und unser Acker am Weserufer war verschlämmt. Da hab' ich den Selbstbinder noch einmal aus der Scheune geholt, denn mit dem Mähdrescher kamen wir ja gar nicht aufs Feld.“ Bei diesen letzten Einsätzen zeigte sich allerdings, daß der alte Binder seine besten Jahre hinter sich hatte. Ernst Krekeler fuhr ihn Anfang der 60er Jahre nach Holzminden zum Schrotthändler. Auch auf den anderen Bauernhöfen wurden die Selbstbinder in den 60er Jahren ausrangiert. Die Zeit der Mähdrescher und Strohpressen brach an.

Mit Futtersilos durch den Winter

„Meine Mutter war damals sehr verärgert", so weiß Otto Veerhoff, 78jähriger Bauer in Linteln bei Rheda-Wiedenbrück, aus seiner Kindheit zu erzählen. „Damals sagte sie oft zu meinem Vater: 'Das kostet viel Geld, und niemand weiß, ob das wirklich lohnt, was Du vorhast!' Aber mein Vater ließ sich nicht mehr umstimmen, auch wenn der Haussegen einige Tage schief hing."

Worum ging der Streit? Im Winter 1921/22 hatte sein Vater Johannes Veerhoff eine Versammlung des Landwirtschaftlichen Vereins besucht. Ein Referent hatte den Bauern eine neue Methode der Futtermittelkonservierung und -lagerung vorgestellt: das Silo. „Von dieser Idee war mein Vater ganz angetan", erinnert sich Otto Veerhoff. „Einmal sagte er zu mir: 'Wenn wir ein Silo haben, dann haben wir auch genug Winterfutter fürs Vieh.' – Ja, und dann hat er's gebaut."

Bevor die ersten Silos auf westfälischen Höfen gebaut wurden, war der Anbau von Futterpflanzen schon recht verbreitet, aber niemand wußte sie für den Winter brauchbar einzulagern. Gras, Klee und Luzerne mußten im Herbst verfüttert werden. In den Wintermonaten wurde dann auf den meisten Betrieben das Futter für die Tiere knapp.

Die „Futtermisere" bahnte sich meist schon im Sommer an. Ein guter Teil der Heuernte verregnete oft, nicht nur in den regenreichen Höhenlagen des Sauerlandes und des Märkischen Landes. Häufig fehlte es den Bauern auch an Leuten und Maschinen, um das Heu einzufahren, wenn es am nährstoffreichsten war. Wenn dann noch die Runkelmiete anfror, war guter Rat teuer. Bei den spärlichen Winterrationen magerte das Vieh ab, die Leistung der Milchkühe sank. Wen es ganz hart traf, der mußte Futter ausgerechnet dann zukaufen, wenn es am teuersten war.

Das Silieren schien einen Ausweg zu bieten. Bauer Veerhoff zumindest war davon fest überzeugt. Als einer der ersten Landwirte in Westfalen errichtete er ein Silo auf seinem Hof. Im Frühjahr 1922 wurden in einer hohen Fachwerkscheune drei achteckige Silotürme aufgemauert, 4 m hoch und etwa 70 cm im Boden eingelassen. Im Sommer wurde das Silo erstmals mit Gras und Klee gefüllt. Ein Häcksler, per Riemenscheibe von einem Elektromotor getrieben, zerkleinerte das Rauhfutter. In mühseliger Handarbeit wurde das Siliergut durch Luken in die Türme geworfen.

„Von innen mußte dann festgetreten werden", berichtet Otto Veerhoff. „Nachbarn halfen uns dabei. Hatte die Siloschicht eine Luke erreicht, schob einer der Leute von innen Holzbohlen vor die Luke. Das Holz wurde dann von außen mit Lehm verschmiert, um alles luftdicht abzuschließen – sonst fing das Futter ja an zu gammeln." Aber ganz dicht, so Otto Veerhoff, habe man das Silo nie bekommen, weder im ersten Jahr noch später; das Futter an den Luken sei eine Handbreit tief verdorben.

Damals, als das Silieren noch in den Kinderschuhen steckte, waren Exper-

Auf dem Hof Averkamp in Münster, 1931: Silage von Ackerbohnen.

ten der Meinung, man müsse das eingelagerte Futter elektrisch erwärmen, um es zum Gären zu bringen. Auch bei Bauer Veerhoff wurde das Futter „elektrisiert“: In den Innenwänden der Silotürme waren Heizdrähte verlegt, die jeden Abend unter Strom gesetzt wurden. Dabei brach nicht selten das ganze Leitungsnetz zusammen, wie sich Otto Veerhoff erinnert: „Mit einem Schlag war's dunkel, und nicht nur bei uns. In der ganzen Nachbarschaft konnte niemand mehr eine Zeitung lesen!“

Das Silo wurde nur einige Jahre elektrisch angeheizt. Bei einem längeren Stromausfall merkte Bauer Veerhoff, daß die Silage auch ohne Elektrizität gut vergor. Von nun an blieb der Schalter aus. Kraftstrom kostete schließlich auch sein Geld.

Der Hof Veerhoff gehörte zu den 30 mittelbäuerlichen Betrieben in Westfalen, auf denen Mitte der 20er Jahre schon ein Silo stand. Ihnen brachte die neue Technik viele Vorteile: Im Winter hatten die ersten „Silobauern“ ausreichend Futter für das Vieh. Teure Futtermittel brauchten sie kaum mehr zu kaufen. Das eigene Futter war erheblich billiger und, wie sich bald herausstellte, nährstoffreicher.

Die westfälische „Landwirtschaftliche Zeitung“ schwärmte bereits 1924, das neue Futter verbessere nicht nur die Gesundheit, sondern steigere auch das Lebendgewicht des Viehs. Und so manchem bäuerlichen Leser gingen wohl die Augen über, wenn er las: „Unter normalen Verhältnissen kann mit Mehrerträgen von ¼ bis 1 Liter, im größeren Durchschnitt um 1 bis 2 Liter pro Kuh am Tag, des weiteren um eine Erhöhung des Fettgehaltes von 0,2 bis 1 Prozent gerechnet werden.“ Es hatte also seinen guten Grund, wenn die Silos damals als „Sparbüchsen des Landwirts“ gefeiert wurden.

Auf dem Hof Henrichmann in Altenroxel bei Münster, 1931.

Die meisten Bauern aber hielten sich noch zurück. Die einen wollten erst einmal abwarten, den anderen fehlte das nötige Geld. Eine Siloanlage war schließlich nicht gerade billig. Immerhin wurden in Westfalen bis 1933 rund 560 neue Anlagen errichtet. Den größten Anklang fand die Silotechnik im Kreis Altena. Hier wurden allein 49 Silos gebaut – kein Wunder, denn im regenreichen Sauerland hatten die Bauern fast alljährlich die meisten Schwierigkeiten, ihr Heu trocken unter Dach und Fach zu bekommen.

Der eigentliche Aufschwung der Silowirtschaft aber begann in den ersten Jahren des „Dritten Reiches“. Jeder Landwirt, der ein Futtersilo bauen wollte, erhielt einen Zuschuß von 4 Reichsmark pro m^3 umbauten Raumes. Im Jahr 1933 förderte die NS-Regierung den Silobau mit rund 1 Million RM; bis 1935 waren es bereits 15 Millionen RM. Zwischen 1933 und 1938 wurden allein in Westfalen sage und schreibe 14 000 neue „Reichsnährstandspötte“, wie die Bauern sie bald nannten, mit einem Gesamtvolumen von rund 300 000 m^3 errichtet!

Dieses Bauprogramm kam der Viehwirtschaft zugute. Freilich hatten die NS-Funktionäre im Reichsnährstand dabei auch von Anfang an den nächsten Krieg im Auge: Sie hatten durchaus zutreffend erkannt, daß die Fleischversorgung im Ersten Weltkrieg hauptsächlich zusammengebrochen war, weil es den Bauern an Futtermitteln für das Vieh gefehlt hatte. Ein zweites Mal sollte dies verhindert werden – durch die Silos.

Mit Töpfen und Pfannen von Dorf zu Dorf

Anfang März 1919 holperten zwei vollbeladene Kastenwagen über die Landstraße von Münster nach Wolbeck. Hier machten sie vor der Dorfkneipe Stutter halt. Die Hauswirtschaftslehrerin Agnes Brirup-Lindemann war noch nicht vom Kutschbock gestiegen, da ging es bereits wie ein Lauffeuer durchs Dorf: „Die Kochschule ist da!"

Die beiden Holzwagen waren bald von Menschen umringt. Einige Männer – Bauern, Ackerknechte und Dorfhandwerker – luden schwere Kisten vom Wagen und trugen sie in die ausgeräumte Kegelbahn, wo Mädchen und junge Frauen bereits ans Auspakken gingen. Schüsseln, Pfannen und anderes Küchengerät wurden aus den Kisten gepackt und in Holzregalen verstaut.

Bis zum Abend war alles eingerichtet. Viel Zeit zum Ausruhen blieb Agnes Brirup-Lindemann nicht. Schon am nächsten Morgen saßen ihr 20 junge Landwirtstöchter gegenüber, die hier im Kegelraum für zwei Monate die Schulbank drücken sollten.

In Wolbeck hatte die „Ländliche Wanderhaushaltungsschule Münster" Station gemacht. Der Name der Schule ist wortwörtlich zu nehmen. Mit Töpfen und Pfannen zog die Lehrerin im Umkreis von Münster von Dorf zu Dorf, um junge Frauen in die Geheimnisse der modernen Hauswirtschaft einzuweihen. Diese „Schule auf Rädern" war drei Jahre zuvor, im Sommer 1916, vom Kreis Münster eingerichtet worden und war die erste ihrer Art in Westfalen. Die Wanderhaushaltungsschule schloß eine Lücke im ländlichen Bildungswesen, denn Hauswirtschaftsschulen waren damals dünn gesät. In der Provinz Westfalen gab es nur acht solcher Schulen – unter anderem in Gohfeld bei Herford, in Paderborn, Hagen und Elspe. Die Schülerinnen waren in Pensionaten untergebracht. Nur wohlhabendere Bauern konnten das hohe Schulgeld aufbringen, um ihre Töchter auf diese Schulen zu schicken. Andere Landwirtstöchter wurden für einige Zeit in fremde Haushalte als sogenannte „Lehrlingsköchinnen" geschickt – doch mehr hauswirtschaftliche Ausbildungswege gab es damals für junge Bauerntöchter nicht.

Nach dem Besuch der Volksschule mußten die Töchter vieler Bauern, Kötter und Heuerlinge fortan zu Hause in Küche und Stall mithelfen. An eine geregelte hauswirtschaftliche Ausbildung war da nicht zu denken. Viel lernten sie zwar von ihren Eltern oder älteren Nachbarn, ihre Kenntnisse waren dennoch meist recht dürftig.

Um diesen Mangel zu beheben, hatte der Kreis Münster die Wanderhaushaltungsschule ins Leben gerufen. Ihr lag ein bestechend einfacher Gedanke zugrunde: Wenn die Töchter nicht zur Schule kommen konnten, so mußte die Schule eben zu den Töchtern aufs Land kommen.

Die fachkundige und überaus geschäftige Lehrerin Agnes Brirup-Lindemann hatte den Lehrplan erarbeitet, mit dem sie nun fast ohne Pause über die Dörfer zog. Allein bis zum Mai 1920 unterrichtete sie in zwölf Kursen zwischen Telgte und Roxel, Saerbeck und Amelsbüren mehr als 230 Schülerinnen. Diese „rollende Bildungsstätte" war auch für weniger begüterte Familien erschwinglich: Da der Kreis die Schule finanzierte, brauchten die Eltern kein Schulgeld zu entrichten. Sie mußten lediglich die Beköstigung bezahlen.

Die Schule erwarb sich in der Landbevölkerung einen guten Ruf. Bald schon konnte sie nicht mehr alle interessierten jungen Landfrauen aufnehmen. Deshalb richtete der Kreis Münster 1926 zwei weitere Wanderhaushaltungsschulen ein.

Andere westfälische Landkreise griffen die Idee auf. Im Laufe der 20er Jahre wurden unter anderem in Coesfeld, Tecklenburg, Minden, Siegen, Olpe und Paderborn Hauswirtschaftsschulen „auf Räder" gesetzt.

Auch der Kreis Lippstadt gründete 1924 eine Wanderhaushaltungsschule. Viele Jahre war hier Paula Stackmann als Lehrerin tätig. Sie erinnert sich an den Schulalltag: „Die Schülerinnen kamen morgens gegen 8 Uhr. Zunächst ging's an die Theorie – Ernährungslehre, Säuglingspflege, Gesundheit und ähnliches. Das mochten die Schülerinnen gar nicht gerne. Sie kamen ja hauptsächlich, um kochen zu lernen, denn zu Hause kam vorher eigentlich immer das gleiche auf den Tisch. Wenn es dann ans Kochen ging, wurde der Kurs in Gruppen aufgeteilt. Je vier Personen waren dann ‚eine Familie'. Es hieß: ‚Wir kochen für eine Familie'!"

Nach dem gemeinsamen Essen stand noch einmal die ungeliebte

Mit Pferdewagen wurden die Gerätschaften der Münsteraner Wanderhaushaltungsschule von Dorf zu Dorf gebracht.

Für drei Monate dient die Wolbecker Dorfkneipe Stutter im Frühjahr 1919 als Unterrichtsraum.

Theorie auf dem Programm. Wenn das Pensum erledigt war, wurden Benimmregeln à la Knigge eingepaukt: „Daran hatten die Schülerinnen besonderen Spaß, denn wir spielten da immer auch ein bißchen Theater – ‚feine Leute bei Tisch‘ und ähnliches. Da gab es immer etwas zu lachen!“ Nachmittags gegen 4 Uhr war dann Schulschluß. Die Schülerinnen konnten nach Hause gehen.

Der Tagesablauf war in den anderen Wanderhaushaltungsschulen ähnlich. Die jungen Frauen lernten nicht nur Kochen und Handarbeit. Zum ständigen Lehrstoff gehörten neben Gesundheits- und Krankenpflege die fachgerechte Versorgung und Pflege der Tiere und sogar die komplizierte Buchführung für Haushalt und Betrieb.

Die westfälischen Wanderhaushaltungsschulen trugen erstmals hauswirtschaftliches Fachwissen in breitere Bevölkerungskreise auf dem Land. Erst seit Ende der 20er Jahre erhielten sie allmählich einen „festen Wohnsitz“. Sie wurden nach und nach den Kreislandwirtschaftsschulen angegliedert. Die Zeit, in der die Schule zu den Bauerntöchtern kam, war vorüber.

Vereine, Quoten, Schulen: Anfänge der Landfrauenbewegung

Vor dem Ersten Weltkrieg war das landwirtschaftliche Vereinswesen in Westfalen reine Männersache. Hier, so die herrschende Meinung, hatten Landfrauen nichts verloren. Ihre besonderen Interessen schlugen sich in der Vereinsarbeit kaum nieder, wie ein Blick auf den Landwirtschaftlichen Kreisverein Münster beweist: Von 312 Vortragsveranstaltungen, die der Verein zwischen 1838 und 1913 organisierte, widmete sich nur ein Referat der, wie es in der Ankündigung hieß, „Bedeutung der Frau in der Landwirtschaft" – ansonsten herrschte „Funkstille"!

Mit dieser nicht gerade rühmlichen Bilanz stand der traditionsreiche Kreisverein Münster nicht allein da in Westfalen. Der oft mühselige Alltag der Landfrauen, ihre Arbeit in Haus und Hof, Feld und Stall wurden ohnehin kaum gewürdigt – von Aus- und Fortbildung für Landfrauen war erst gar nicht die Rede.

In anderen Provinzen hatte sich schon mehr getan. Schon 1898 hatte die ostpreußische Gutsherrin Elisabeth Böhm in Rastenburg bei Königsberg den ersten „Landwirtschaftlichen Hausfrauenverein" ins Leben gerufen. Seine Aufgabe sollte es sein, die land- und hauswirtschaftliche Ausbildung zu fördern und die Erzeugung in Gartenbau und Bienen-, Geflügel- und Viehzucht zu verbessern; weitere Ziele waren – so hieß es in der ersten Satzung – „die Anerkennung aller hauswirtschaftlichen Arbeit als Berufsarbeit und die Überbrückung der Gegensätze zwischen Stadt und Land".

Mit diesem kleinen Verein in Ostpreußen begann die Landfrauenbewegung in Deutschland. Sie fand bald auch in Westpreußen, Pommern, Mecklenburg, Brandenburg und Schleswig-Holstein Anhängerinnen. Für ihre Idee warb Elisabeth Böhm auch in Westfalen. Auf ihre Anregung entstanden 1917 erste Landwirtschaftliche Hausfrauenvereine in Bielefeld, Bethel und Bückeburg, die sich allerdings schon nach kurzer Zeit wieder auflösten.

Weitere Vereine wurden in den Kriegsjahren nicht gegründet. Daran war auch gar nicht zu denken. Mehr als ein Drittel der westfälischen Bauern waren als Soldaten eingezogen. Die Sorge für Familie und Hof lastete hauptsächlich auf den Landfrauen. Ihren beschwerlichen Kriegsalltag schilderte eine Lehrerin, die damals viele Höfe in ganz Westfalen aufsuchte, folgendermaßen:

„Was manche Frau sich nicht zugetraut hätte, zur Kriegszeit konnte sie Hof und Feld regieren. Und unter welchen Schwierigkeiten! Gesetzeslast, Arbeitsüberhäufung, Gefangene in Diensten, Revision auf Revision, für manche Frauen eine Todesnachricht auf die andere, täglich Hamsterer oder Bettler an den Türen, Diebstahl und Unruhen!"

Trotz der zahllosen Schwierigkeiten schafften es die Bäuerinnen, den landwirtschaftlichen Betrieb, so gut es ging, aufrecht zu erhalten. Ohne sie wäre es um die westfälische Landwirtschaft in den Kriegsjahren noch viel schlechter bestellt gewesen.

Diese Erfahrung wirkte in den bäuerlichen Familien nach. Die Landfrauen gewannen gegenüber der althergebrachten Autorität des Mannes an Selbstbewußtsein. Dies wurde noch von anderer Seite bestärkt. Im November 1918 erhielten die Frauen das längst überfällige politische Wahlrecht. Damit wurde nach der Revolution eine alte Forderung der bürgerlichen und proletarischen Frauenbewegung eingelöst. Wie die westfälischen Landfrauen dieses Recht aufnahmen, ist unbekannt. Doch eins ist sicher: Unter ihnen häuften sich die Stimmen, die nun auch mehr Mitsprache in den landwirtschaftlichen Vereinen und eine Berufsvertretung der Landfrauen bei der westfälischen Landwirtschaftskammer forderten.

Die Geburtsstunde der organisierten Landfrauenbewegung in Westfalen schlug im Februar 1920 in Gelmer bei Münster. Hier hatte die Wanderhaushaltungsschule des Landkreises Münster Station gemacht. Unter den 19 Schülerinnen kam, noch während sie für den Kurs „büffeln" mußten, der Gedanke auf, sich auch später regelmäßig zu treffen – nicht nur der Geselligkeit wegen, sondern auch, um sich fortzubilden. So hoben die Schülerinnen am 22. Februar 1920 während ihrer Kursabschlußfeier den „Ländlichen Hausfrauenverein Gelmer" aus der Taufe.

Auch in anderen Regionen Westfalens kam einiges in Bewegung. In landwirtschaftlichen Orts- und Kreisvereinen bildeten sich vielerorts Frauenzirkel. Sie orientierten sich an den eingangs erwähnten Grundsätzen, die

Elisabeth Böhm rund zwanzig Jahre zuvor aufgestellt hatte.

Am 14. Februar 1921 fand in Münster der erste Landfrauentag Westfalens statt. Im katholischen Gesellenhaus an der Aegidiistraße drängten sich rund 1200 Teilnehmerinnen aus der näheren und weiteren Umgebung Münsters. Der Saal war hoffnungslos überfüllt. Niemand hatte diese Resonanz erwartet. Der „Münsterische Anzeiger“ sah darin ein Zeichen, „daß für den inneren Zusammenschluß der Landfrauen auf wirtschaftlicher Grundlage ein dringendes Bedürfnis besteht.“
Die westfälische Landwirtschaftskammer hatte noch keine eigene Landfrauenabteilung eingerichtet, und so war Änne Gausebeck, Referentin für Landfrauenarbeit bei der Landwirtschaftskammer Rheinland, zu einem Vortrag eingeladen. Sie ermahnte ihre Zuhörerinnen, zur Linderung der großen Hungersnot in den Städten beizutragen, alle entbehrlichen Nahrungsmittel an die zuständigen Stellen abzuliefern und den Wucher auf dem Land zu bekämpfen. Gleichzeitig ermunterte sie die westfälischen Landfrauen, sich organisatorisch weiter zusammenzuschließen.

Auch Karl Gerland, Direktor der westfälischen Landwirtschaftskammer, forderte eine möglichst geschlossene Organisation der Landfrauen. Und im Ton der damaligen Zeit setzte er hinzu: „Möge dieses zarte Pflänzchen, das heute in den Kreis Münster gesetzt wurde, sich über die ganze Provinz gleich einem starken Baume verbreiten.“

Damit sprach Karl Gerland sicher vielen Landfrauen aus der Seele. Eine provinzüberspannende Landfrauenorganisation und ein dichteres Netz der Hauswirtschaftsschulen, wie es sich viele wünschten, war allerdings vorerst nicht in Sicht.

Die erwachende Landfrauenbewegung ging auch an der westfälischen Landwirtschaftskammer nicht spurlos vorüber. Am 16. Dezember 1920 faßte die Kammer einen erstaunlich fortschrittlichen Beschluß: Fortan sollte ein Drittel der Sitze im Kammervorstand den Frauen vorbehalten sein. So richtungweisend und modern dieser „Quotenbeschluß“ für die damaligen Verhältnisse war – er wurde nie in die Tat umgesetzt. Über die Gründe kann nur spekuliert werden, da die Unterlagen aus dieser Zeit bei einem Bombenangriff im Zweiten Weltkrieg vernichtet wurden.

Eine andere Entscheidung der Landwirtschaftskammer indes hatte weitreichendere Folgen. Im Jahr 1921 richtete die Landwirtschaftskammer eine „Abteilung für Landfrauenarbeit“ ein; ihr wurde ein spezieller „Frauenausschuß“ zur Seite gestellt, der unter der Leitung von Lilly Fischer aus Warburg die Arbeit der Kammerabteilung kontrollieren und anregen sollte. Diese Abteilung befaßte sich einerseits mit dem Schul- und Lehrlingswesen, andererseits mit der Fortbildung der Landfrauen.

Gerade hier lag noch viel im argen. Wie in städtischen Haushalten waren auch auf dem Land die Ansprüche an Ernährung, an Gesundheits- und Säuglingspflege gestiegen. Hauswirtschaftsschulen aber gab es um 1920 noch so gut wie gar nicht. Neben der Wanderhaushaltungsschule im Kreis Münster boten sich nur einige, weit über die Provinz verstreute und zudem teure Pensionatsschulen an.

Den meisten Bauerntöchtern blieb nichts anderes übrig, als sich durch Mitarbeit im Betrieb der Eltern oder auch bei Nachbarn und Verwandten die nötigen hauswirtschaftlichen Kenntnisse anzueignen. Während ihre Brüder in den landwirtschaftlichen „Winterschulen“ ausgebildet wurden, die es fast an jedem größeren Ort in Westfalen gab, hatten die Bauerntöchter das Nachsehen.

Was lag aus Sicht der Kammer näher, als diesen bewährten „Winterschulen“ auch Mädchenklassen anzugliedern? Das war leichter gesagt als getan, denn gerade in der Nachkriegs- und Inflationszeit fehlten der Landwirtschaftskammer die nötigen finanziellen Mittel. Doch es mangelte auch an geeigneten Hauswirtschaftslehrerinnen. So gingen einige Jahre ins Land, ehe 1927 in Soest und in Wehdem im Kreis Minden-Lübbecke, ein Jahr später in Billerbeck, Warburg und Bielefeld die ersten Mädchenklassen eingerichtet werden konnten.

Das Interesse der ländlichen Bevölkerung war außerordentlich groß. In den neuen Mädchenschulen stapelten sich bald die Anmeldungen. Die Zahl der Bauerntöchter, die hier die Schulbank drückten, stieg von Jahr zu Jahr. Erst jetzt war es einer breiteren Schicht junger Landfrauen möglich, grundlegende hauswirtschaftliche Kenntnisse zu erwerben.

Doch nicht allein die schulische, auch die praktische Ausbildung im Haushalt sollte gefördert werden – so stand es auf dem Arbeitsplan der Landwirtschaftskammer. Die Frauenabteilung baute deshalb auch das ländlich-hauswirtschaftliche Lehrlingswesen systematisch auf. Man mußte „bei Null“ anfangen, denn es gab weder

Der erste ländliche Hausfrauenverein Westfalens, 1920 in Gelmer gegründet.

Ausbildungsrichtlinien noch Lehrbetriebe.

Im Frühjahr 1924 war es endlich soweit: Die erste hauswirtschaftliche Lehrlingsprüfung in Westfalen fand auf dem Gut Kleehof bei Bad Lippspringe statt. Eine junge Elevin legte im Haushalt der Landfrau Maria Zündorf vor den gestrengen Augen der Kammerkommission die erste „Gehilfenprüfung in der ländlichen Hauswirtschaft" in Westfalen ab.

Kurz darauf wurden vier weitere junge Frauen in den Haushaltungsschulen in Freckenhorst bei Warendorf und Inselbad bei Paderborn geprüft. 1927 wurden bereits 71 Lehrlinge geprüft, und bis 1928 hatten insgesamt 170 junge Frauen die Prüfung absolviert.

Den jungen Bauerntöchtern öffneten sich also seit den 20er Jahren erheblich mehr Ausbildungswege als eine Generation zuvor noch ihren Müttern. Da mochten viele ältere Landfrauen nicht nachstehen. Natürlich konnten sie nicht mehr die Schulbank drücken. Ihre knappe Zeit aber reichte allemal, um an manchen Abenden Vorträge zu besuchen. Der Frauenausschuß der Landwirtschaftskammer widmete sich deshalb auch dem Aufbau einer Standes- und Berufsorganisation für die westfälischen Landfrauen.

Schon Anfang der 20er Jahre hatten sich in einigen landwirtschaftlichen Ortsvereinen besondere Landfrauengruppen gebildet. Sie schlossen sich 1926 unter dem Dach der „Westfälischen Landfrauenvereinigung" zusammen. In der Satzung wurden die

Vereinsziele folgendermaßen umrissen: „Die westfälische Landfrauenvereinigung verfolgt den Zweck, die Landfrauen fortzubilden, Neuerungen in Wissenschaft und Technik zu vermitteln, Erfahrungen auszutauschen und gemeinsame Interessen zu vertreten.“

Die Pionierarbeit der ersten Landfrauengruppen spornte auch die Frauen in anderen Regionen Westfalens an, so daß sich seit 1927/28 weitere Landfrauenvereine gründeten. In 21 der 39 westfälischen Kreise entstanden bis 1932 auch Kreislandfrauenvereine.

Regelmäßige Vorträge, mehrtägige Kurse, Besichtigungen, Filmvorträge, Theatervorstellungen, Landfrauentage – das vielfältige Programm der jungen Landfrauenvereine ließ nichts zu wünschen übrig. Der Arbeitsbericht der westfälisch-lippischen Landfrauenvereinigung verzeichnete allein im Jahr 1932 rund 550 Veranstaltungen. So war innerhalb weniger Jahre ein erstaunlich dichtes Netz an Schulen und Vereinen für Landfrauen entstanden.

Wirtschaftskrise und Aufstieg der NSDAP (1929–1933)

Westfälischer Bauer

Organ des Westfälischen Bauernvereins,
des
Versicherungsverein für Landwirte
der Provinz Westfalen sowie der
Westfälischen Central - Genossenschaft.
Für die Schriftleitung verantwortlich: **Dr. Golte,** für den Anzeigen- und Reklameteil: **F. W. Eisen,** Bürovorsteher, beide in Münster i. W.
Verlag des Westfälischen Bauernvereins, Münster i. Westf.
Rotationsdruck der Aktien-Gesellschaft „Der Westfale" in Münster i. W.

Erscheint jeden Mittwoch.
Schluß der Anzeigen-Annahme Montag 9 Uhr vormittags.
Anzeigenpreise: 1 mm Höhe der 30 mm breiten Anzeigenzeile 0,30 RM., erste Umschlagseite 0,50 RM., Stellenangebote 0,20 RM., Stellengesuche 0,10 RM., im Reklameteil (Spalte 90 mm breit) 1,50 RM., alles gemessen von Strich zu Strich. Bei Wiederholungen steigender Rabatt. Bei Zahlungsverzug und Klage fällt der gewährte Rabatt fort.
Erfüllungsort ist Münster i. Westf.
Briefadresse: Westfälischer Bauer, Münster i. Westf.

Wo Ysen ligg · Wo Eken wasst · Dao wasst auk Lü · De daobi passt

Nummer 7 **Münster i. W., den 15. Februar 1928** **59. Jahrgang**

Die Notkundgebung der westf. Landwirte in Münster

Mehr als 15000 Teilnehmer

Parallelversammlung unter freiem Himmel, da die Halle „Münsterland" die Besucher nicht fassen konnte

Münster, 10. Februar.

Ueber 15 000 Bauern Westfalens sind unserem Rufe gefolgt, um vor aller Oeffentlichkeit auf die Notlage des Landvolkes und den Ernst der Stunde nachdrücklichst hinzuweisen. Einen derartigen Massenbesuch hatte die große Halle Münsterland bisher nicht aufzuweisen. Kopf an Kopf standen die Teilnehmer und selbst in den Gängen war kein Durchkommen mehr. Bereits eine Stunde vor dem festgesetzten Beginn war die Münsterlandhalle voll besetzt, so daß senden erschienen sind, auf das herzlichste. Mein Gruß gilt auch den anwesenden Vertretern der Staats- und Provinzialbehörden.

Die Stunde ist ernst. Ueber unseren bäuerlichen Höfen steht das Flammenzeichen „A l a r m". Und nicht nur bei uns in der westf. Heimat, das ganze deutsche Vaterland von der Mosel bis zum Niemen und von den Alpen bis zum nordischen Meer wiederhallt heute von dem Rufe: „B a u e r i n N o t!"

Bauerndemonstration gegen sinkende Agrarpreise.

Bauernproteste vor den Finanzämtern

Der Landrat in Münster faßte sich kurz: „Mißstimmung auf dem Land ist unverkennbar. Sie wird dadurch hervorgerufen, daß bei verminderten Verdienstmöglichkeiten erheblich höhere Steuern zu bezahlen sind."

In der Tat: Seit der Jahreswende 1927/28 gärte es in der westfälischen Landbevölkerung. Die Bauern sorgten sich über abbröckelnde Preise. Ein Doppelzentner Weizen beispielsweise, der auf dem Dortmunder Getreidemarkt 1927 noch mit rund 28 Reichsmark (RM) notiert worden war, rutschte 1928 auf 24,50 DM RM; der Schweinepreis, auf den Schlachtviehmärkten im Ruhrgebiet 1927 noch mit 1,58 RM/kg notiert, sackte 1928 auf 1,36 RM/kg.

Noch vor dem „Schwarzen Freitag", der ab Herbst 1929 das gesamte Wirtschaftsgefüge in Deutschland ins Wanken brachte, bekamen die Bauern eine „Krise vor der Krise" zu spüren. Auf dem Agrarmarkt fielen die Preise, weil die landwirtschaftliche Produktion im In- und Ausland stürmisch zugenommen hatte. Zum einen war es der deutschen Landwirtschaft gelungen, die im Krieg dezimierten Viehbestände wieder aufzubauen und die Ackererträge erheblich zu steigern; seit 1928 hatte die Lebensmittelproduktion in Deutschland den Vorkriegsstand überholt. Zum anderen drängten mehr denn je billige Agrarprodukte aus dem Ausland auf den deutschen Markt.

So schlecht den westfälischen Bauern die Aussichten auch schienen – in anderen Provinzen zogen sich weitaus dunklere Wolken zusammen als in Westfalen. Die hiesige Landwirtschaft, neben dem Getreideanbau hauptsächlich von der klein- und mittelbäuerlichen Nutzviehwirtschaft geprägt, galt als besonders hochentwickelt. Außerdem wurden hier dank des nahen Absatzmarktes an Rhein und Ruhr höhere Verkaufspreise erzielt als in marktfernen Regionen.

So war auch die Gesamtverschuldung der westfälischen Landwirtschaft relativ niedrig. Die Schuldenbelastung im Verhältnis zum Einheitswert lag in Westfalen im Januar 1928 bei durchschnittlich rund 18 Prozent; in Schleswig-Holstein lag sie bei 33 Prozent, in Ostelbien sogar bei 38,9 Prozent!

Und noch eine Zahl spricht für sich: In Westfalen kamen 1928 neun Betriebe mit insgesamt 381 ha unter den Hammer – in Schleswig-Holstein hingegen wurden 95 Höfe mit mehr als 2000 ha zwangsversteigert.

In Schleswig-Holstein brach denn auch der bäuerliche Unmut offen aus. Hier hatten sich die Bauern, wie der Agrarjournalist Erwin Topf notierte, „unter dem preußischen Adler eigentlich nie recht zu Hause gefühlt; als nun der preußische Kuckuck kam, empfand man das als eine Verletzung der persönlichen Ehre". Im übrigen murrten die Bauern über die „lasche" Politik der Agrarverbände.

In den Kreisstädten des Küstenlandes marschierten am 28. Januar 1928 rund 140 000 Bauern zur Demonstration auf – „mit dem Krückstock in der Hand, schweigend, in musterhafter Ordnung", so der Augenzeuge Erwin Topf. Die bäuerliche Protestbewegung Schleswig-Holsteins radikalisierte sich rasch: Um Neumünster boykottierten die Bauern die Versorgung der Stadt mit Lebensmitteln; sie weigerten sich, Steuern zu zahlen und hinderten Finanzbeamte daran, Tiere oder Maschinen zu pfänden und hochverschuldete Höfe zwangszuversteigern. Ihr Protest mündete in Bombenanschlägen auf Bürgermeisterhäuser, Landratsämter, später sogar auf das Reichstagsgebäude in Berlin.

Nach Gerichtsprozessen gegen die Bombenleger erlahmte der Protest. Der Unmut der Schleswig-Holsteiner Bauern aber blieb, und die erstarkende NSDAP verstand es, ihn auf ihre Mühlen zu lenken.

Anderwärts ging es beinahe ebenso kämpferisch zu. In Bernkastel an der Mosel beispielsweise stürmten aufgebrachte Winzer das Finanzamt, und in Pommern und Niedersachsen kam es zu spontanen Unruhen unter der Landbevölkerung.

Auch in Westfalen setzten sich Bauern in Bewegung – allerdings erst, als der Bauernverein zu einer „Notkundgebung" aufgerufen hatte. Am frühen Morgen des 10. Februar 1928 rollten Extrazüge aus allen Regionen Westfalens in den Münsteraner Hauptbahnhof ein. Mehr als 15 000 Bauern pilgerten zur Münsterland-Halle, dem Kundgebungsort.

„Die Stunde ist ernst", rief der Vorsitzende des Bauernvereins, Freiherr von Kerckerinck-Borg, der Menschenmenge zu. „Über unseren bäuerlichen Höfen steht das Flammenzeichen 'Alarm!'. Und nicht nur bei uns in der westfälischen Heimat, das ganze deutsche Vaterland von der Mosel bis zum nordischen Meer widerhallt heute von dem Rufe: 'Bauer in Not!'"

Die Anspielung auf die gewalttätigen Unruhen in Bernkastel und Schleswig-Holstein war unüberhörbar. Kerckerinck-Borg distanzierte sich von Steuerstreiks und Gewaltanwendung, stellte allerdings in gleichem Atemzug fest: „Der Bauer ist am Ende seiner Kraft, der Bauer ist aber auch am Ende seiner Geduld!"

Die steuerliche Belastung, so Kerkerinck-Borg, mache den Bauern zunehmend zu schaffen; die Preise für landwirtschaftliche Produkte seien auf einen „unerträglichen Tiefststand" gesunken. Weder der Redner noch seine Zuhörer ahnten, daß schon wenige Monate später, nach dem „Schwarzen Freitag" an der New Yorker Börse, alles noch schlimmer kommen sollte . . .

Nach der Kundgebung sammelten sich die Landwirte zu einem Demonstrationszug durch die Stadt. Tausende marschierten protestierend über den Prinzipalmarkt. Vor dem Finanzamt am Alten Steinweg bekundeten die Bauern noch einmal ihren Unmut, bevor sich die Demonstration gegen Abend allmählich auflöste.

Zu Unruhen oder gar gewalttätigen Ausschreitungen kam es nicht; sie seien auch nicht zu befürchten, stellte ein Münsteraner Regierungsbeamter später fest, und er fuhr in seinem Bericht über die Bauerndemonstration fort: „Nach außen hin erschöpft der münsterländische Bauer seine Mißstimmung in Beifallskundgebungen zu den Reden seiner Führer, die die Notlage seines Berufes schildern – und geht hinterher seiner Arbeit nach."

Schlechte Aussichten in der Weltwirtschaftskrise

August Schwettmann, Bauer im ostwestfälischen Dorf Varl nahe Rhaden, erhielt seltene Post aus den USA. Sein Halbbruder Heinrich, der nach Cincinnati ausgewandert war, schrieb in dem Brief:

„Lieber Bruder! Ich glaube, es wird Zeit, daß ich mal schreibe. Hoffentlich seid Ihr alle gesund. Die Zeiten sind hier schlecht. Die Arbeitsleute haben kein Geld, und die Geschäftsleute stehen vor dem Bankrott. Die Geschäfte sind tot und können sich kein Geld mehr borgen. Solange ich denken kann, war die Welt nicht so verrückt wie jetzt."

Die Welt schien aus den Fugen geraten zu sein, seitdem am 24. Oktober 1929, dem „Schwarzen Freitag", die Aktienkurse an der New Yorker Börse jäh zusammengebrochen waren. Der Börsenkrach beendete in den USA eine wirtschaftliche Scheinblüte und löste eine weltweite Wirtschaftskrise aus.

Die ökonomische Talfahrt griff schlagartig auf Deutschland über. Als amerikanische Kredite nach dem Börsenkrach überstürzt zurückgezogen wurden, geriet um die Jahreswende 1929/30 das gesamte Finanzsystem und die damit verflochtene Industriewirtschaft in einen Abwärtsstrudel.

Reichskanzler Brüning (Zentrum), seit März 1930 im Amt, verordnete eine rigorose Sparpolitik: Gehälter,

Arbeitslose Bergarbeiter (links im Bild) verdienen sich in der Wirtschaftskrise ein Zubrot auf dem Land.

Pensionen, Arbeitslosenunterstützung und Kriegsopferfürsorge wurden zusammengestrichen, die Zahl von Behörden und Angestellten verringert. Diese Politik des „Hungerkanzlers“ verschärfte die Krise: Banken schlossen ihre Schalter. Firmen meldeten Konkurs an, in Baugewerbe und Industrie, in Handel und Handwerk. Schachtanlagen und Stahlhütten wurden stillgelegt, ganze Belegschaften entlassen.

Immer mehr Menschen reihten sich in die Schlangen vor den Arbeitsämtern ein. Wurden im Juli 1929 in Westfalen noch rund 68 000 Arbeitssuchende registriert, so waren im Juli 1932 bereits 530 000 Menschen ohne Arbeit. In Deutschland waren auf dem Tiefpunkt der Krise im Frühjahr 1932 insgesamt 6 Millionen Arbeitslose gemeldet.

Die staatliche Unterstützung für die Arbeitslosen war denkbar niedrig. In den Haushalten wurde jeder Groschen zweimal herumgedreht, ehe er ausgegeben wurde. Fleisch kam nur noch selten oder gar nicht mehr auf den Mittagstisch. Zahllose Familien lebten ausschließlich von Brot und Kartoffeln – wenn sie nicht sogar „Kohldampf schieben“ mußten.

Den allgemeinen Kaufkraftverlust bekamen auch die Bauern zu spüren. Die Agrarpreise, seit 1926/27 ohnehin schon durch Auslandsimporte unter Druck, schienen jeden Halt zu verlieren. Vor der Weltwirtschaftskrise konnten die westfälischen Landwirte mit durchschnittlich 16 Pfennig für einen Liter Milch rechnen; bis 1932 sank der Preis auf nur noch 10 Pfennig. Der Schweinepreis halbierte sich zwischen 1927 und 1932 von 1,58 Reichsmark/kg auf 0,86 RM/kg.

Reichskanzler Heinrich Brüning verordnete eine rigorose Sparpolitik, die die Folgen der Wirtschaftskrise in Stadt und Land verschärfte.

Dieser Preiseinbruch rief den westfälischen Bauernverein und die „Grüne Front“ der anderen agrarischen Interessenverbände auf den Plan. Unermüdlich wetterten sie gegen Lebensmittelimporte, forderten höhere Schutzzölle – mit Erfolg: Die Reichsregierung erhöhte 1930 den Getreidezoll von 35 RM/t auf 95 RM/t, ein Jahr später sogar auf 250 RM/t; auch die Einfuhr von Fleisch und Milch wurde drastisch beschränkt.

Die Nahrungsmittelimporte gingen rapide zurück, der Absatzmarkt schien entlastet – doch nur auf den ersten Blick. Wer genauer hinschaute, dem bot sich ein anderes Bild: Die Zölle verteuerten nämlich die Lebensmittel im Inland. Die Kunden der städtischen Wochenmärkte überlegten mehr denn je, ob sie sich noch ein Pfund Fleisch oder einen Liter Milch leisten konnten.

So war mit den staatlichen Eingriffen weder den Verbrauchern noch den westfälischen Landwirten geholfen – vor allem denjenigen nicht, die hauptsächlich auf Veredlung setzten. Denn: Der Wohlstand der westfälischen Landwirtschaft wurde in der Weltwirtschaftskrise von den Importen wenig gefährdet, um so mehr aber vom überaus rasanten Anstieg der Arbeitslosenzahlen. Den Landwirten – wie auch den Arbeitslosen – wäre eher geholfen gewesen, wenn sich die Regierung dazu hätte entschließen können, die Wirtschaft mittels gezielter Finanzspritzen anzukurbeln. Das aber lehnte Brüning strikt ab – mit den bekannten Folgen: Die Wirtschaftskrise spitzte sich weiter zu, das Heer der Arbeitslosen wurde größer und größer, der Absatz für Milch, Butter und Fleisch stagnierte weiterhin.

In dieser Situation erschien es vielen Landwirten erfolgversprechend, die Produktion weiter auszudehnen, um die sinkenden Einnahmen auszugleichen. Die Anbauflächen für Getreide und Kartoffeln nahmen zu, auch der Hektarertrag stieg. In Westfalen erhöhte sich die jährliche Erntemenge

- bei Weizen von 110 000 t (Durchschnitt der Jahre 1922 bis 1927) auf 140 000 t (Durchschnitt der Jahre 1928 bis 1932),
- bei Roggen von 320 000 t auf 440 000 t,
- bei Kartoffeln von 1,3 Mill. t auf 1,6 Mill. t.

Die Landwirte stellten auch mehr Schweine, Rinder und Kühe in den Stall. Zwischen 1928 und 1932 wuchs der Schweinebestand von 1,4 Millionen auf 1,5 Millionen Tiere, der Rindviehbestand von 800 000 auf immerhin 846 000 Tiere. Die westfälischen Bauern, so belegen es die Zahlen, dehnten die Viehhaltung weniger aus als den Getreide- und Kartoffelanbau. In der Wirtschaftskrise waren Veredlungsprodukte eben kaum noch gefragt, dafür aber um so mehr Brotgetreide und Kartoffeln. Die Produktionssteigerungen in der Landwirtschaft setzten allerdings die Erzeugerpreise weiter unter Druck. Nur notdürftig konnten die Bauern ihre Einkommensverluste ausgleichen.

Wie sehr vielen Landwirten das „Wasser bis zum Hals stand", zeigt eine kleine Episode aus Drensteinfurt: Im September 1930 wandte sich der katholische Arbeiterverein des Ortes an die umliegenden Bauern. Er bat darum, mit einer Sammlung die Erwerbslosen zu unterstützen. Die Landwirte erklärten sich bereit, Kartoffeln, Roggen, Eier und andere Naturalien für die Arbeitslosen zu sammeln. „Eine Geldspende aber", so schrieben die Bauern an den Arbeiterverein zurück, „ist nicht möglich."

Mochte der eine oder andere Bauer besonders noch über finanzielle Rücklagen verfügen – viele Landwirte, Kötter und Kleinbauern, hatten nur noch Naturalien anzubieten. Sie waren nicht mehr in der Lage, nennenswerte Geldspenden für die Erwerbslosen aufzubringen.

Urlaub auf dem Bauernhof anno 1930

Die Jahre der Wirtschaftskrise haben sich tief in das Gedächtnis der 91jährigen Bäuerin Anna Große-Holz eingegraben: „Tag und Nacht haben wir uns Sorgen gemacht, wie's weitergehen soll. Mein Mann und ich – wir mußten uns was einfallen lassen, um über die Runden zu kommen."

Nahe Nordkirchen bewirtschafteten Max und Anna Große-Holz einen 39-ha-Betrieb, den sie von der Adelsfamilie von Arenberg für jährlich 2800 Reichsmark gepachtet hatten. Vierzehn Milchkühe standen im Stall ebenso viele Rinder, Kälber und zum Eigenbedarf ein paar Schweine.

In besseren Zeiten hätten sich die Bauersleute nicht um ihren Hof sorgen müssen. Ende der 20er Jahre aber wußten sie weder vor noch zurück. „Das kann man sich heute fast gar nicht mehr vorstellen: Die Kartoffeln brachten nichts mehr ein, und die Molkerei Selm zahlte noch ganze 12 Pfennig für einen Liter Milch! Wie sollten wir davon die Pacht zahlen?" Der Bauer, der im Krieg seinen rechten Arm verloren hatte, war dringend auf die Arbeit eines Melkers und eines Knechts angewiesen. Aber woher sollte er ihren Lohn nehmen?

Im Spätsommer 1928 suchte eine Dortmunder Schneiderin den Bauernhof auf. Sie brachte die Bäuerin auf eine Idee: „Ich habe ihr erzählt, daß es schlecht aussieht in der Landwirtschaft, und da sagte sie zu mir: 'Frau

Anna und Max Große-Holz (links) feiern mit Landarbeitern und „Touristen" das Einfahren des letzten Strohfuders.

Max Große-Holz (rechts im Bild) mit Bauernhof-Urlaubern vor dem Wasserschloß Westerwinkel.

Große-Holz, bei uns in Dortmund kenne ich Leute, die ein paar Ruhetage auf dem Land verbringen möchten, aber sie wissen nicht wo . . .'"

Das ließen sich die Bauersleute nicht zweimal sagen. Im großzügig gebauten Wohnhaus standen ohnehin einige Räume leer. Die Zimmer wurden aufgemöbelt, und bereits im Herbst 1928 kündigten sich die ersten Urlauber an, vermittelt von der Dortmunder Schneiderin. „Wir fingen natürlich klein an, mit zwei, drei Gästen", erzählt die betagte Bäuerin. „Wir hatten noch keine Erfahrungen, konnten auch nirgends nachfragen. Wir waren ja die ersten, die Urlaub auf dem Bauernhof anboten!"

Mit der einspännigen Kutsche holte Max Große-Holz die Gäste vom Bahnhof in Selm ab. „Buslinien gab es ja noch nicht. Aber sieben Kilometer mit der Pferdekutsche durch frische Luft und grüne Landschaft – da hatten die Städter schon mal eine schöne Fahrt hinter sich!" Den Urlaubern gefiel es auf dem Bauernhof. Schon bei der Abfahrt meldeten sie sich für den kommenden Sommerurlaub an. Auch Max und Anna Große-Holz waren zufrieden. Sie entschlossen sich, den Ferienbetrieb auszuweiten.

Im Frühjahr 1929 setzten sie eine Werbeanzeige in die Dortmunder Tageszeitung „Tremonia". Die Resonanz war unerwartet groß. Schon bald waren sämtliche Zimmer ausgebucht. Auf Verlangen der Urlauber ließen Max und Anna Große-Holz sogar eine Ansichtskarte vom Hof drucken. Den Gruß schickten die Touristen an Freunde und Bekannte. Der Geheimtip sprach sich herum. In den Frühjahrs- und Sommermonaten hatten die Bauersleute ständig sieben bis acht Urlauber im Haus – aus Gelsenkirchen oder Hagen, aus Dortmund oder Wanne-Eickel.

Anna Große-Holz war für Unterbringung und Verpflegung zuständig. Eine junge Lehrköchin ging ihr bei der Arbeit zur Hand. Die Zimmer mußten sauber gehalten, die Betten frisch bezogen werden, und vor allem: Das Essen hatte pünktlich auf dem Tisch zu stehen. „Für die Mahlzeiten brauchten wir nur wenig aus der Stadt zu kaufen, die meisten Lebensmittel hatten wir ja hier auf dem Hof." Selbstgemachte Kalbsleberwurst, Mettwurst und Schinken aus der Räucherkammer, frisch gebackenes Brot, Butter und Käse aus eigener Herstellung – das kam bei den Gästen immer gut an. Ein wenig Stolz klingt in ihrer Stimme mit, wenn die rüstige Bäuerin meint: „Alles, was auf den Tisch kam, nahmen die Städter immer mit Freuden an."

Max Große-Holz indes zeigte den Urlaubern die schönsten Ecken des Südmünsterlandes. Vom Bauernhof war es nur ein kurzer Fußweg zum „westfälischen Versailles", dem Wasserschloß in Nordkirchen. An manchen Tagen spannte der Bauer die Pferde vor und kutschierte die Gäste zur malerischen Wasserburg Vischering in Lüdinghausen, in die herrliche Parkanlage des Wasserschlosses Westerwinkel bei Herbern oder zum Kloster Cappenberg.

Die „Herbergseltern" wußten ihren Gästen viel zu bieten. Preisgünstig war der Aufenthalt obendrein: Die Urlauber mußten vier Reichsmark pro Tag entrichten. „Zu dem Preis kam man damals in keinem noch so billigen Hotel unter", meint die alte Bäuerin, und rasch fügt sie hinzu: „Bei uns gab's ja nicht nur drei Mahlzeiten am

Tag, sondern nachmittags noch Kaffee und Kuchen!"

Die Städter fühlten sich auf dem Lande wohl, wie ein Blick in das Gästebuch zeigt, das bei Große-Holz sorgfältig aufbewahrt wird. So dichtete eine 75-jährige Frau aus Essen-Kupferdreh:

„Prächtige Leute, gutes Futter / Täglich frische Milch und Butter / Alles was das Herz begehrt / Große-Holzens seien hoch geehrt!"

Über solche Eintragungen freut sich die alte Bäuerin noch heute. Bei der harten Arbeit mußte aber auch die Kasse stimmen. „Im Sommer", so schätzt Anna Große-Holz, „hatten wir zwei- bis dreitausend Mark zusätzlichen Verdienst. Bei all dem Kochen, Waschen und Putzen war das nicht viel Geld!" Und leise seufzt sie: „Wir waren ja froh, daß wir überhaupt etwas verdienen konnten."

Im Sommer 1935 wurde das kleine „Landhotel" unrentabel. Das NS-Regime belegte private Urlaubspensionen mit neuen Steuern. „Ob die damit ihre 'Kraft-durch-Freude'-Häuser durchsetzen wollten, weiß ich nicht", spekuliert Anna Große-Holz.

Sie und ihr Mann wollten die hohen Steuern nicht zahlen; kurzerhand stellten sie den Gastbetrieb ein. „In der Landwirtschaft sah es ja wieder etwas besser aus. Kunstdünger und Saatgetreide war billiger geworden, und da hatten wir die Zimmervermietung nicht mehr so nötig."

Rückblickend zieht Anna Große-Holz ihr Resümee: „Wenn die Schneiderin aus Dortmund uns nicht auf die Idee gebracht hätte mit den Gästezimmern, dann hätten wir unseren Hof in den schlechten Jahren wohl kaum über Wasser halten können."

In der Börde begann biologisch-dynamischer Anbau

Einen solchen Andrang hatte Landwirtschaftsdirektor Georg Hopp nicht erwartet. An einem Winterabend im Januar 1931 kamen rund 600 Bördebauern nach Soest. Die Versammlungen des Landwirtschaftlichen Kreisvereins waren sonst eher mäßig besucht – aber vielleicht lag es diesmal am Thema, das auf der Tagesordnung stand: „Was will die biologisch-dynamische Wirtschaftsweise?"

Genaues wußte kaum ein Bauer, dafür wurde um so mehr gemunkelt. Bei der neuen Wirtschaftsweise, so hieß es, spare man Handelsdünger ein. Dieses Gerücht mag unter den Bauern für Interesse gesorgt haben, denn in der Wirtschaftskrise schlugen gerade Düngemittel schwer zu Buche.

Den Landwirten berichtete Landwirtschaftsdirektor Georg Hopp zunächst von den Anfängen der biologisch-dynamischen Wirtschaftsweise. Einige Jahre zuvor, Pfingsten 1924, hatte der Antroposoph Rudolf Steiner auf dem Gut Koberwitz nahe Breslau den ersten „Landwirtschaftlichen Kurs" abgehalten. Hier hatte er seine Grundsätze entwickelt, den Ackerbau mittels biologischer Dünge- und Pfanzenschutzpräparate neu zu gestalten.

Hopp brachte Steiners Lehre auf folgenden Nenner: „Die Anhänger dieser Wirtschaftsweise sind der Ansicht, daß bei der Entwicklung von Pflanze und Tier nicht nur chemisch wägbare Stoffe eine Rolle spielen, sondern daß auch anderen Kräften, den von der Erde und den Gestirnen ausgehenden sogenannten 'Bildekräften', eine besondere Bedeutung beizumessen ist." Abschließend urteilte er: „Gewiß bieten all diese Ansichten etwas Mystisches, mit denen man sich nicht ohne weiteres abfinden kann. Mit ihrer Wirtschaftsweise steht ein Extrem dem anderen gegenüber. Wahrscheinlich liegt, wie so oft im Leben, auch hier das Richtige in der Mitte."

Die anwesenden Bauern spitzten noch einmal die Ohren, als Landwirt Paul Blume, ein biologisch-dynamischer Pionier aus dem nahen Lohne, von seinen Erfahrungen berichtete.

Früher, so Blume, seien seine Tiere ständig krank gewesen; dies habe ihn in der Ansicht bestärkt, daß die Grundlagen der Tierernährung und Pflanzendüngung nicht richtig sein könnten. Zufällig habe er von den Anbaumethoden Steiners erfahren. Im zurückliegenden Sommer 1930 habe er erstmals 5 ha seines 145-ha-Pachtbetriebes danach bewirtschaftet und gute Erträge erzielt. Jetzt wolle er seinen ganzen Betrieb umstellen, denn: „Wir müssen dahin kommen, nur gesunde Produkte zu erzeugen, zum Segen unserer Wirtschaft, unserer Viehbestände und nicht zuletzt zum Segen der Menschheit!"

Die meisten Bauern konnten mit der Wirtschaftsweise nicht viel anfangen. Dennoch: Rund ein Dutzend Landwirte war durchaus offen für Experimente.

Probieren geht über studieren, dachte sich beispielsweise Bauer

Varnholt in Enkesen. Er ließ sich die Präparate schicken, schichtete Stallmist, vermengt mit Mutterboden, zu einer Miete auf und düngte damit wenige Wochen später eine abseits gelegene Ackerparzelle seines 31-ha-Betriebes. Dort wurden im Frühjahr 1931 Kartoffeln gepflanzt. Die Erträge seien „ganz passabel“ gewesen, erinnert sich sein Sohn, der 70jährige Heinrich Varnholt. Auf einigen Ackerschlägen wandte sein Vater auch in den folgenden Jahren Methoden Rudolf Steiners an, ohne jedoch den ganzen Betrieb auf die biologisch-dynamische Wirtschaftsweise umzustellen.

Anstelle der damals üblichen Pflanzenschutzmittel Kupfer- und Eisenvitriol setzte Bauer Varnholt in einem Holzeimer besondere biologische Präparate an. „Einmal“, so erzählt sein Sohn, „mußte ich mit dem schweren Eimer über's Feld gehen und spritzen. Eine Gänsefeder wurde in die Flüssigkeit eingetaucht, die wurde dann mit Schwung über die Pflanzen gespritzt. Als ich so dabei war, kam Paul Blume am Acker lang, und meinte zu mir: 'Na Junge, Du machst das ja ganz ordentlich – aber das hilft nur, wenn Du dran glaubst!'“

Bauer Varnholt gab den biologisch-dynamischen Anbau 1936 auf. Sein Sohn schildert die Gründe: „Dünger brauchten wir nicht zuzukaufen, das war in den schlechten Jahren sicher ein großer Vorteil. Aber irgendwann gewannen Ackerfuchsschwanz und Hederich die Oberhand. Von Jahr zu Jahr ging der Ertrag 'runter.“ Und er fügt hinzu: „Das Mistaufpacken, das Spritzen, und was alles noch dazu gehört – das war mehr Arbeit als sonst. Dafür fehlten uns einfach die Leute. Wir konnten die Kartoffeln, das Getreide nicht getrennt absetzen, kriegten also nicht den entsprechenden Preis.“

Anders sah es auf dem Werler Gutsbetrieb Haus Lohe aus. Im Auftrag des Besitzers Egon von Papen trennte Verwalter Karl Eilinghoff eine Parzelle aus der herkömmlichen Bewirtschaftung; er begann, ebenfalls im Frühjahr 1931, nach Steiners Anweisungen Zuckerrüben anzubauen.

Im Herbst konnte Karl Eilinghoff der landwirtschaftlichen Kreisstelle in Soest melden, daß die Rüben einen Durchschnittsertrag von 328,5 dt/ha mit einem Zuckergehalt von 16,9 Prozent erzielt hatten. Die „herkömmlichen“ Rüben hingegen brachten einen Hektarertrag von 410,6 dt/ha mit einem Zuckergehalt von 16,4 Prozent; hier hatte er freilich – anders als bei den biologisch-dynamischen Rüben – Düngekosten von 132 Reichsmark/ha hinzuzurechnen.

Egon von Papen ließ nach und nach die gesamte Hofwirtschaft umstellen. Sein Sohn Clemens von Papen erinnert sich: „Die ganze Mystik, die religiöse Lehre Steiners spielte für meinen Vater keine Rolle. Ausschlaggebend war für ihn allein die Lehre des Kompostierens. Und daß die düngerlose Wirtschaft klappte, war für viele erstaunlich. Wir sparten den Dünger ein, und Haus Lohe kam unbeschadet über die Wirtschaftskrise.“

Selbst im Krieg wurde auf dem Werler Gut noch biologisch-dynamisch gewirtschaftet. Als Clemens von Papen im Oktober 1945 den Betrieb übernahm, stellte er die Landwirtschaft wieder auf herkömmliche Bewirtschaftung um. „So schön Steiners Kreislauf-Wirtschaft ist – die Leute hatten nichts zu essen, und da waren höhere Getreideerträge gefordert, koste es, was es wolle. Da konnten wir uns diesen Luxus nicht mehr leisten.“

Der „Schwarzbunte Pastor“ Ferdinand Vorholt und sein Bauernbund

Ein kalter, schneidender Wind pfiff um die Dorfkneipe Stoeveken in Altenberge. Drinnen, im wohlig gewärmten Saal, drängten sich 200 Bauern und Pächter, Kötter und Heuerlinge aus der Umgegend. Kaum einer von ihnen ahnte, daß es bald zu einem hitzigen Wortgefecht kommen sollte. Nicht der alte, wohlbekannte Westfälische Bauernverein hatte an diesem Wintertag im Januar 1929 zur Versammlung eingeladen, sondern eine neue Organisation, die ihm lebhafte Konkurrenz machte: der „Westfälische Bauernbund“.

Alex Vogelsang, Gutsbesitzer in Altenberge und Vertreter des Bauernvereins, hatte alles daran gesetzt, diese Zusammenkunft zu verhindern. Wochen vorher hatte er sich an den Vorsitzenden des Bauernbundes, den Mecklenbecker Pfarrektor Ferdinand Vorholt gewandt. Er solle nicht nach Altenberge kommen, hatte ihm Alexander Vogelsang geschrieben, denn das würde den dörflichen Frieden erheblich stören.

Aber Vorholt hatte sich nicht umstimmen lassen. Als er in Altenberge an das Rednerpult trat, verlas er den Brief und bemerkte: „Ich kenne Herrn Vogelsang nicht. Ich weiß auch nicht, welchen Frieden dieser Herr Vogelsang meint, aber vielleicht weiß er das ja selbst auch nicht!“ Im übrigen, so Vorholt, beweise der Brief, daß Dünkelbauerntum und Kastengeist den Bauernverein beherrsche.

Ferdinand Vorholt, Pfarrektor in Mecklenbeck und von 1928 bis 1933 Präsident des Westfälischen Bauernbundes.

Alex Vogelsang, der im Saal saß, widersprach energisch. Der Bauernverein habe viel erreicht und werde sich auch weiterhin für die Bauern einsetzen. „Kümmern Sie sich lieber um die wirtschaftlichen Belange ihrer eigenen Gemeinde. Warum übernehmen Sie nicht soziale und caritative Aufgaben bei den bischöflichen Behörden in Münster? Statt dessen suchen Sie hier die Bauern zu verhetzen!“ Vogelsang rief schließlich: „Bauern von Altenberge! Verlaßt geschlossen den Saal!“ Rund 50 Landwirte folgten ihm; die übrigen 150 blieben sitzen, um zuzuhören, was der Pfarrektor ihnen zu sagen hatte.

Solche Szenen spielten sich oft ab in den Landgemeinden des Münsterlandes. Wer aber war dieser Ferdinand Vorholt? Was wollte er erreichen mit dem Bauernbund?

Ferdinand Vorholt wurde am 13. Juli 1878 in Heiden nahe Borken geboren, als Sohn einer armen Kötterfamilie. Er fiel einem Volksschullehrer als begabter Schüler auf, und bald fand sich ein Großbauer, der dem Jungen das Studium finanzierte – unter der Bedingung, daß er Theologie studiere.

Nach der Priesterweihe wurde Vorholt zunächst Lehrer in Bottrop, dann Schulrektor in Lünen, ab 1916 im rheinischen Heinsberg. Hier ernannten ihn die Belgier, die nach dem Ersten Weltkrieg das Rheinland besetzten, zum Landrat. 1926 legte er seine Ämter in Heinsberg nieder und wurde Pfarrektor in Mecklenbeck, damals noch ein eigenständiges Dorf vor den Toren Münsters.

Hier kümmerte sich Vorholt nicht nur um das Seelenheil der Gemeinde. Einmal im Monat lud er auch die Bauern der Umgegend ein zu Informationsabenden über rationelles Füttern, billiges Düngen und dergleichen mehr.

Der eigenwillige Pfarrektor wurde bald im ganzen Münsterland bekannt, und das hatte seinen besonderen Grund: Während das Münsterland ein einheitliches Zuchtgebiet des rotbunten Rindviehs war, predigte Ferdinand Vorholt die Vorzüge des schwarzbunten Viehs – bisweilen auch von der Kanzel. Die Bauern nannten ihn bald nur noch den „schwarzbunten Pastor".

Den Köttern und Pächtern, Kleinbauern und Heuerlingen fühlte er sich besonders verpflichtet, nicht zuletzt aufgrund seiner eigenen Herkunft. Mit besonderem Interesse verfolgte er deshalb die Aktivitäten des „Westfälischen Pächter- und Kleinbauernbundes". Hier hatten sich 1925 rund 5000 Kleinlandwirte des Münsterlandes und der Landkreise am Hellweg, von Höxter bis Soest, organisiert. Sie sahen sich im Bauernverein nicht mehr hinreichend vertreten. Ferdinand Vorholt schloß sich den Kleinbauern an. Schon im Oktober 1928 wählten sie ihn zum Präsidenten des „Westfälischen Bauernbundes", wie ihre Organisation inzwischen hieß.

Zwischen Bauernbund und Bauernverein schwelte ein Konflikt, der in der Wirtschaftskrise offen ausbrach. Je tiefer die Preise für Agrarprodukte sanken, um so leidenschaftlicher fochten beide Seiten ihr Duell aus.

Vorholt wetterte, der Bauernverein vertrete nur noch Adel, Großgrundbesitz und intensive Getreidewirtschaft. Die Interessen der Kleinbauern hingegen, die sich seit jeher hauptsächlich auf Viehwirtschaft und Schweinemast stützten, habe der Bauernverein verraten. Die Führung des Bauernvereins meinte hingegen, Vorholt sei ein lästiger Ruhestörer und Quertreiber; er gefährde ausgerechnet in dieser schlimmen Zeit die umfassende berufsständische Vertretung der Landwirtschaft.

Mit heftiger, bisweilen auch ehrabschneidender Polemik trugen beide Seiten in Vereinsblättern, Lokalzeitungen und – wie in Altenberge – in Dorfkneipen ihren Konflikt aus. Dennoch versuchten sie auch, den Streit beizulegen. Denn, so urteilte beispielsweise Alex Vogelsang aus Altenberge, „es ist zweifellos zuzugeben, daß die Ausführungen des Herrn Pfarrers zu einigen Fragen, zum Beispiel zur Eigentums- und Siedlungsfrage, beachtliche Wahrheiten enthal-

Westdeutscher Bauer

Unabhängige wirtschaftspolitische Wochenschrift für das westdeutsche Bauerntum.

Amtliches Organ der Westdeutschen Bauernschaft, des Westfälischen Bauernbundes sowie des Westdeutschen Siedlerverbandes e.G.m.b.H.

Der „Westdeutscher Bauer" erscheint wöchentlich Dienstags. Bezugspreis: Vierteljährlich RM 1.50 zuzügl. Bestellgeld.

Anzeigenpreise: Die Millimeter-Zeile 6 gespalten. RM 0.20. Reklamen (im Text). Millimtr.-Zeile RM 0.90. Stellenangebote, Familienanzeigen 10 Pfg. Stellengesuche v. ländl. Dienstpersonal 5 Pfg.

Anzeigen-Verwaltung: Münster i. W., Bahnhofstr. 20/22. (Rolandsh.). Tel. 26638 u. 26639

Postscheckkonto: Westd. Bauer, Münster i. W. Postscheckamt Dortmund Nr. 23340.

Hauptschriftleiter: Dr. J. Lünenborg, Münster i. Westf.

Verantwortlich für den Inhalt. Diplomlandwirt H. Stracke, Burgsteinfurt.

Anzeigen: H. Rosenkranz, Münster i. Westf.

Schriftleitung u. Verlag: „Westdeutscher Bauer", Münster i. Westf., Alter Fischmarkt 21. Fernsprecher Nr. 25329.

Druck: Verlags-Buchdruckerei Ferd. Theissing G. m. b. H., Münster i. Westf., Pferdegasse Nr. 6. Fernsprecher Nr. 20272.

Unentwegt auf freier Hufe ★ Grundentsprossen, grundverwachsen ★ Wurzelfest wie seine Eichen ★ Saß der alte Stamm der Sachsen

Nr. 50 Münster i. W., den 11. Dezember 1928 10. Jahrgang

General-Versammlung

des

Westfälischen Bauernbundes am 18. Dezember 1928.

Unsere Mitglieder laden wir hierdurch zu der am 18. Dezember stattfindenden General-Versammlung herzlichst ein.

Nach den weitreichenden Neuformungsarbeiten an der Ideengrundlage des Bauernbundes und nach dem Herausarbeiten neuer Zielwege zur Erfüllung dieser Pflichten gegenüber dem Bauerntum hat Präsidium und Gesamtvorstand des Bauernbundes das Bedürfnis, eine möglichst hohe Zahl seiner Mitglieder einmal in einer Zentral-General-Versammlung um sich zu haben, um im lebendigen Gedankenaustausch das Alte in uns zu erneuern und das Neue auf eine große, zielsichere Zukunft zu stellen. Diese Generalversammlung wird stattfinden am **Dienstag, den 18. Dezember, mittags 1.30 Uhr beginnend, in Münster im großen Saale des Schützenhofes.**

Trotz der Bedrängtheit der wirtschaftlichen Lage werden für einen solchen Zweck unsere Mitglieder das, was dafür an Zeit und Geld nötig ist, sich einmal im Jahre leisten können in dem Bewußtsein, daß diese Zeit nicht vergeblich angewandt und daß dieses Geld fruchtbar auf Zinsen gelegt sein wird, was für eine solche Reise in Betracht kommt.

Auf Wiedersehen auf der Generalversammlung!

Mecklenbeck, im Dezember 1928.

Der Vorstand:
gez. **Dr. Vorholt**,
Präsident.

Der „Westdeutsche Bauer", die wöchentlich erscheinende Zeitschrift des Westfälischen Bauernbundes.

ten.“ Auch Vorholt zeigte sich kompromißbereit und meinte, Bauernbund und Bauernverein könnten sich auf die alten Grundsätze des Freiherrn von Schorlemer-Alst einigen.

Hinter den Kulissen kam es 1930/31 mehrmals zu Gesprächen. Doch der Gegensatz blieb unüberbrückbar: Hier der Bauernverein, dessen Führung dem rechtskonservativen Flügel der Zentrumspartei nahestand – dort der Bauernbund Vorholts, der sich wie kein zweiter für die Nöte und Sorgen der Kleinbauern einsetzte und sich auf dem linken Flügel des katholischen Zentrums engagierte. Der Versuch einer versöhnlichen Zusammenarbeit war zum Scheitern verurteilt.

Nach der Machtübernahme der NSDAP und der Gründung des Reichsnährstandes kam schlagartig das „Aus“ für den Bauernbund. Das „Dritte Reich“ ließ keinen Platz mehr für die Organisation der Kötter, Heuerlinge und Kleinbauern. Nach der gewaltsamen Auflösung des Bauernbundes war der streitbare Pfarrer zum Schweigen verurteilt.

Von der Grünen Front zur „Einheitsorganisation“

Zwischen Kriegsende 1918 und dem Beginn der NS-Herrschaft 1933 gab es in Westfalen keine einheitliche Berufsvertretung der Bauern. Vielmehr befehdeten sich drei Organisationen.

Der Westfälische Bauernverein war mit 50 000 Mitgliedern der mächtigste Agrarverband in der Provinz Westfalen. Im katholischen Münsterland und in weiten Teilen des Sauerlandes hatte der Bauernverein seine Hochburgen. Er war der „Vereinigung der christlichen Bauernvereine“ angeschlossen, die vom ehemaligen Reichsminister Andreas Hermes (Zentrum) geleitet wurde.

In den 20er Jahren bekam der Bauernverein doppelte Konkurrenz. Auf der einen Seite hatten Kleinbauern, Pächter und Siedler – wie im letzten Kapitel beschrieben – den „Westdeutschen Bauernbund“ gegründet. Er gehörte der „Deutschen Bauernschaft“ an und wurde vom Bauernverein ohne Wenn und Aber bekämpft.

Gleiches galt zunächst auch für den „Westfälischen Landbund“, der sich auf der anderen Seite formierte. Er hatte sich die Interessen des Großgrundbesitzes auf seine Fahnen geschrieben und vorwiegend in evangelischen und großbäuerlich geprägten Regionen Fuß gefaßt, vor allem in Ostwestfalen und Lippe, am Hellweg und im nordwestlichen Sauerland. Der westfälische Landbund mit 15 000 Mitgliedern war ein Ableger des „Reichslandbundes“, in dem adlige Junker, die erzkonservativen Großgrundbesitzer Ostelbiens, den Ton angaben. Sie lehnten die demokratische Republik offen ab, fanden aber nichts dabei, lautstark von eben diesem „Weimarer System“ finanzielle Hilfen zu fordern.

Die Aufsplitterung schwächte die Interessenvertretung der Landwirtschaft. Eine Versammlung des Landbundes in Hamm forderte im März 1921, daß sich Landbund und Bauernverein zu einer – wie es hieß – „starken, einheitlichen, allumfassenden Standesorganisation zusammenfinden“.

Solche Angebote schlug der Bauernverein in den Wind. Er fürchtete um die eigene Selbständigkeit. Eine Fusion mit dem Landbund hätte den Bauernverein unweigerlich aus der Zentrumspartei herausgerissen.

Als sich 1926 im Rheinland Bauernverein und Landbund zusammenschlossen, kam auch in Westfalen wieder Bewegung in die eingefahrenen Fronten. Die „Landeskulturgesellschaft Sauerland“, eine Unterorganisation der Landwirtschaftskammer, forderte im Januar 1927 in Letmathe die Verschmelzung von Bauernverein und Landbund. Ihr nationalkonservativer Wortführer Ferdinand von Lüninck, der sowohl im Bauernverein als auch im Landbund aktiv war, scheiterte aber im Vorstand des Bauernvereins. Von Lüninck fand keine Mehrheit für die „Einheitsorganisation“.

Gegen seine Pläne gingen in Recklinghausen und Ahaus Bauern auf die Straße. Sie protestierten, wie es in einem Flugblatt hieß, „gegen die Bestrebungen gewisser Persönlichkeiten, die praktisch die Bauernvereinsorganisation zerschlagen wollen. Gerade sie werden die ersten sein, die ihrer eigenen Politik zum Opfer fallen werden."

Als die Landwirtschaft ab 1928 in eine tiefe Krise geriet, schien vielen Agrarpolitikern eine Zusammenarbeit der Verbände dringend geboten. Auf einer Bauernkundgebung in Köln im Februar 1929 reichten sich Martin Schiele (Reichslandbund), Andreas Hermes (Vereinigung der Bauernvereine), Anton Fehr (Deutsche Bauernschaft) und Ernst Brandes (Deutscher Landwirtschaftsrat, ein Zusammenschluß der 38 Landwirtschaftskammern) die Hand zum Aktionsbündnis. Die „Grüne Front" war geboren.

Einmütig forderten die Agrarverbände umfassende Staatshilfen und eine Abschottung des Binnenmarktes durch Schutzzölle. Trotz erster Erfolge bröckelte es an der „Grünen Front". Die Geister schieden sich vor allem an der Frage, ob die „Grüne Front" über die Agraropposition hinaus als Staatsopposition aktiv werden solle.

Die Antwort des Reichslandbundes war eindeutig. Er bekämpfte entschieden die Brüning-Regierung, reihte sich in die „Harzburger Front" der antidemokratischen Verbände ein und wählte bereits 1931 den Nationalsozialisten Werner Willikens in das Präsidium.

Die Deutsche Bauernschaft verließ deshalb die „Grüne Front". Die Vereinigung der deutschen Bauernvereine hingegen versuchte einen waghalsigen Spagat: Sie blieb in der „Grünen Front", vertrat eine Agrarpolitik, die sich von der des Landbundes kaum unterschied; gleichzeitig lehnte es Andreas Hermes als Präsident der Vereinigung ab, den Landbund-Kurs in die „nationale Opposition" gegen die Brüning-Regierung mitzutragen.

Doch im Westfälischen wie auch im Rheinischen Bauernverein wurden unüberhörbar radikalere Töne angeschlagen. In der Führung des Westfälischen Bauernvereins hatten sich um Ferdinand von Lüninck weitere Anhänger für die Einheitsidee geschart. Dem Vorstand, inzwischen weit nach rechts gerückt, reichte das lockere Bündnis der „Grünen Front" nicht: Auf eine Kundgebung in Hagen forderten Vertreter des Bauernvereins und des Landbundes im März 1929 ihre Dachverbände in Berlin auf, eine echte Einheitsorganisation zu bilden; sollte dies bis zum 1. Oktober 1929 nicht geschehen sein, würden sich die Verbände auf Provinzebene zusammenschließen.

Das war glatte Erpressung. Andreas Hermes war erbost über das Vorpreschen der westfälischen Funktionäre. Flugs eilte er nach Münster. Es kam zu einem heftigen Zusammenstoß zwischen ihm und dem Gladbecker Gutsbesitzer Heinrich Dieckmann, seit 1928 Präsident des Bauernvereins. Geschickt nutzte Hermes finanzielle Schwierigkeiten der vereinseigenen Genossenschaften, um den Vorstand unter Druck zu setzen. Kleinlaut zog der Bauernverein sein Ultimatum zurück.

Die Einheitsträume waren begraben, nicht aber vergessen, wie sich im Frühjahr 1933 zeigen sollte.

Die „Kampfzeit" der NSDAP auf dem Land

Kaum ein Berufsstand wurde ab 1930 von der NSDAP mehr verklärt als die Bauern, kaum ein Wirtschaftszweig mehr umworben als die Landwirtschaft. Das Propagandagewitter von „Blut und Boden", vom „Bauerntum als Lebensquelle des deutschen Volkes" darf aber über eines nicht hinwegtäuschen: Die NSDAP hatte der ländlichen Bevölkerung ursprünglich wenig zu bieten.

Die völkisch-antisemitische Partei Adolf Hitlers, im nachrevolutionären Dunst Münchens 1919 gegründet, versprach in ihrem 25-Punkte-Programm zwar die „Brechung der Zinsknechtschaft" – ein Schlachtruf, der unter Bauern ebenso populär war wie unter Kleinhandwerkern und Händlern. Gleichzeitig aber forderte die Partei eine Bodenreform und eine „unentgeltliche Enteignung von Boden für gemeinnützige Zwecke". Damit stieß die frühe NSDAP die Landwirte ab und ließ sie um ihr Eigentum bangen.

In den Anfangsjahren der „Bewegung" schenkten Adolf Hitler und seine fanatische Anhängerschar der Landbevölkerung keine Beachtung. Sie suchten ihr Kampffeld zunächst ausschließlich in den Städten.

Heimgekehrte Frontsoldaten bildeten in Bayern wie auch in Westfalen das Reservoir der NSDAP. Sie hatten sich nach Kriegsende nicht wieder in das zivile Leben eingeordnet, sondern ihr Heil zunächst in rechtsradikalen Freikorps gesucht. Im Zwielicht militanter Sekten, die sich unter Decknamen wie „Verein heimattreuer Westfalen" oder „Westfalen-Bund" verbargen, entstand im Juni 1920 in Dortmund eine der ersten NSDAP-Ortsgruppen außerhalb Bayerns.

Zwischen Inflation und Ruhrkampf formierten sich bis 1923 weitere Gruppen in Hagen und Hattingen. Sie schwangen radikale Hetzattacken gegen die Weimarer Demokratie und propagierten eine „nationale Wiedergeburt der Volksgemeinschaft". In den wirtschaftlich stabilen Jahren der Republik verhallten solche Parolen weitgehend im leeren Raum. Lediglich die verstreuten Aktivisten der deutsch-völkischen Wehrverbände sammelten sich bis 1928 in der NSDAP – nicht, weil sie ein besseres Programm zu bieten hatten, sondern vor allem wegen ihres charismatischen „Führers" Adolf Hitler, dem rhetorisch geschickten Verkünder einer mörderischen Weltanschauung.

Bei Wahlen kam die NSDAP bis 1928 nicht über den Rang einer Splitterpartei hinaus. In Westfalen sah sie sich gleich mehreren politischen Konkurrenten gegenüber. Katholische Zentrumspartei und SPD besaßen feste Wählerhochburgen – die Sozialdemokraten vor allem im Ruhrgebiet, Ostwestfalen und Lippe, das Zentrum in der katholischen Bevölkerung des Münsterlandes, der Paderborner Gegend und im Sauerland.

Erst ab 1928 faßte die NSDAP, bis dahin noch städtisch geprägt, auf dem Lande Fuß. In Schleswig-Holstein, Pommern und Ostpreußen gingen Bauern auf die Straße, aufgebracht und verunsichert durch sinkende Agrarpreise, höhere Steuern und Zwangsversteigerungen. Die Landvolkbewegung radikalisierte sich – für die Agitation der NSDAP ein idealer Nährboden.

Auch in westfälischen Dörfern tauchten bereits 1928 einzelne NS-Agitatoren auf. Ab 1929 rollte in Westfalen eine erste Propagandawelle über das Land. Aus den katholischen Landstrichen hielten sich die NS-Redner weitgehend fern – wohl wissend, daß sie das Bekenntnis der Bauern zur Zentrumspartei kaum aufbrechen konnten.

Mehr Resonanz versprachen sich die jungen „Parteikämpfer" hingegen unter den evangelischen deutschnationalen Landwirten im Siegerland und in Ostwestfalen. Hier litten die Bauern besonders stark unter der Wirtschaftskrise. Allein im September 1929 fanden im Regierungsbezirk Minden mehr als sechzig NS-Bauernversammlungen statt, angekündigt unter so griffigen Formeln wie „Bauer – Dein Hof und Dein Land sind in Gefahr", oder „Warum ist der deutsche Bauer bedroht?"

Ein agrarpolitisches Programm hatten die Nazi-Landprediger nicht zu bieten. Dafür verstanden sie es meisterhaft, dem Landvolk „aufs Maul zu schauen" und tiefsitzende Vorurteile gegen den „bauernfeindlichen Bankenkapitalismus", gegen den „verjudeten Bonzenstaat" zu mobilisieren. Geschickt schürten sie den Unmut, münzten sie Sorgen und Ängste der Bauern in zugkräftige, kämpferische Schlagworte gegen die Republik um.

Der Erfolg blieb nicht aus. Die Regierung in Minden schätzte im Früh-

Bauernversammlung der NSDAP in Bardüttingdorf bei Spenge.

herbst 1929, daß die NSDAP im Kreis Lübbecke bereits die Mehrheit der Landbevölkerung hinter sich habe. Die späteren Reichstagswahlen vom September 1930 zeigen, daß es der NSDAP gelungen war, im südlichen und östlichen Westfalen viele Bauern als Wähler zu gewinnen. Während sie in ländlich-katholischen Kreisen wie etwa Steinfurt oder Coesfeld über fünf Prozent nicht hinauskam, erntete die NSDAP im ländlichen Kreis Lübbekke bereits 26,4 Prozent der Stimmen, in den Kreisen Halle, Herford und Wittgenstein sogar bereits rund ein Drittel der Stimmen.

Dieser Umschwung hatte sich seit 1928/29 abgezeichnet; er ging vor allem zu Lasten der Deutschnationalen Volkspartei (DNVP). Auf einer Bezirksversammlung in Recklinghausen hatten sich die Honoratioren der DNVP genötigt gesehen, ihre bäuerlichen Wähler vor den „sozialistischen Ideen" der NSDAP zu warnen. Dabei wiesen sie auf die Enteignungs-Forderung hin und bezeichneten die Hitler-Partei als „Todfeindin des bodenständigen, seßhaften Bevölkerungsteiles".

Längst jedoch hatte die NSDAP erkannt, daß ihr das eigene Programm im Wege stand. Hitler hatte es 1926 noch als „unveränderlich"bezeichnet. Als sich abzeichnete, daß die NSDAP in der Landbevölkerung beträchtlichen Anhang gewann, beeilte er sich, den „roten Fleck" aus dem Parteiprogramm zu tilgen. Die „unentgeltliche Enteignung" wurde nun auf Boden beschränkt, „der auf unrechtmäßige Weise erworben wurde oder nicht nach den Gesichtspunkten des Volkswohls verwaltet wird".

Damit war die erste Weiche gestellt, um die Zustimmung der unzufriedenen Landbevölkerung zu gewinnen. Der bäuerliche Zulauf, wie er seit 1928/29 einsetzte, traf die Münchener Parteileitung anfangs dennoch nahezu unvorbereitet. Die NSDAP hatte ihre dumpfe Propaganda bislang auf das städtische Milieu konzentriert, auf Händler, Kleinhandwerker und Arbeiter. Die Bauernagitatoren, so erfolgreich sie in manchen Landstrichen bereits aufgetreten waren, bildeten innerhalb der Partei noch einen kleinen, wenig beachteten Kreis; die NSDAP hatte nicht einmal ein eigenes Agrarprogramm vorzuweisen.

Im Frühjahr 1930 unternahm die NSDAP mehrere Schritte, um das bäuerliche Wählerreservoir zu binden und weitere Anhänger auf dem Land zu gewinnen. Als erstes verfaßte Konrad Hierl, Spezialist für Wirtschaftsfragen in der Münchener Parteiführung, ein Agrarprogramm. Es wurde am 6. März 1930 veröffentlicht unter dem Titel „Parteiamtliche Kundgebung über die Stellung zum Landvolk und zur Landwirtschaft".

Für die Misere der Bauern wurde kurzerhand die parlamentarische Demokratie verantwortlich gemacht. Den „eigentlichen" Bösewicht lieferte das Pamphlet gleich mit: die „internationalen Geldfürsten" oder, wie es im Nazi-Jargon hieß, „die jüdische Weltgeldmacht" sei an allem schuld.

Neben solchen antisemitischen und

antidemokratischen Parolen forderte die NS-„Kundgebung" steuerpolitische Erleichterungen, eine Senkung des Zinsfußes, günstigere Betriebskredite und eine Abschottung der Märkte durch Zölle und Kontingente. All dies war auch in Schriften des Westfälischen Bauernvereins oder des Landbundes zu finden. Darüber hinaus aber versprach die NSDAP, den gesamten Agrarsektor aus der Marktwirtschaft herauszutrennen – im Schatten der Wirtschaftskrise eine verführerische Aussicht für viele Bauern.

Die NS-„Kundgebung" war den Vorurteilen und Ängsten, den Hoffnungen und Bedürfnissen vieler Bauern geschickt angepaßt. Als nächsten Schritt ging die Parteiführung daran, eine eigene schlagkräftige Bauernorganisation aufzubauen. Den geeigneten Mann fand Hitler in Richard Walther Darré.

Später, im „Dritten Reich", ließ sich Darré als „Deutschlands erster Bauer" feiern, doch einen Hof hat er selbst nie bewirtschaftet. Er war Kaufmannssohn, 1895 im argentinischen Buenos Aires geboren, hatte sich zu Beginn des Ersten Weltkrieges als Freiwilliger gemeldet, anschließend in Halle/Saale Agrarwissenschaft studiert. Hier hatte er sich dem rechtsnationalen, völkischen „Artamanen-Bund" angeschlossen, wo er Georg Kenstler kennenlernte, den Herausgeber der Zeitschrift „Blut und Boden".

In diesem Dunstkreis wurde eine ebenso schwülstige wie barbarische Rassenideologie debattiert, die Darré in seinen Büchern „Das Bauerntum als Lebensquell der nordischen Rasse", „Neuadel aus Blut und Boden" und schließlich „Das Zuchtziel des deutschen Volkes" ausbreitete. Die Titel sagen im Grunde genommen alles: Darré lehnte die Verstädterung als ein Hauptübel der Moderne ab; als „biologischen Kern der künftigen Geschichte" sei ein neues „Adelsbauerntum" zu schaffen, und zwar durch „züchterische Auswahl von überdurchschnittlichem Erbgut der ländlichen Blutsquelle".

Darré und Kenstler hatten bereits 1928 darüber nachgedacht, wie man den Protest der Schleswig-Holsteiner Bauern auf ganz Deutschland ausweiten, wie man die radikale Landvolkbewegung als Rammbock gegen die verhaßte Republik nutzen könne. Hitler beauftragte Anfang August 1930 Darré, für die NS-Parteileitung eine agrarpolitische Abteilung aufzubauen. In zwei geheimen Denkschriften entwarf Darré einen ausgeklügelten Plan, um der NSDAP das bäuerliche Protest- und Wählerpotential zu erschließen:

Innerhalb der NSDAP, so Darré, müsse eine besondere Organisation – der „Agrarpolitische Apparat" – aufgebaut werden, der sich „einmal der entlegenen Sonderheiten landständischen Lebens anzuschmiegen versteht, aber andererseits doch wieder so fest in der Hand der Parteileitung bleibt, daß diese Gewähr hat, die programmatischen Richtlinien der Partei werden bis in den entlegensten Winkel des Reiches einheitlich propagiert". Jeder politische Leiter der NSDAP, von der Gauführung bis zur kleinsten Ortsgruppe, sollte einen „Landwirtschaftlichen Fachberater" erhalten, der die Parteizentrale mit Nachrichten versorgen und von dort Weisungen erhalten sollte.

Im September 1930 erzielte die NSDAP einen überraschenden Wahlsieg. Statt der bisher 12 wurden 107 Abgeordnete der NSDAP in den Berliner Reichstag gewählt. Von diesem Sieg ermuntert, schrieb Darré seinem „Agrarpolitischen Apparat" ein weiteres Ziel ins Stammbuch – die Unterwanderung der Agrarverbände.

Die NS-Fachberater, so Darré, müßten jede landwirtschaftliche Organisation „als eine zu erobernde Festung betrachten, so daß sie eines Tages als nationalsozialistisches Gebilde dasteht." In einem parteiinternen Merkblatt vom 17. November 1930 wurde er noch deutlicher:

Der „Agrarpolitische Apparat", so Darré, „soll sozusagen wie ein fein verzweigtes Wurzelsystem in alle

Wilhelm Meinberg, seit 1930 Leiter des westfälischen „Agrarpolitischen Apparats" der NSDAP.

ländlichen Verhältnisse eindringen, sich in ihnen so festsaugen, sie so zu umfangen trachten, daß im Reichsgebiet schließlich nichts mehr auf landwirtschaftlichem Gebiet geschehen kann, was wir nicht übersehen und in seiner Grundlage beherrschen. Es darf keinen Hof, kein Gut, kein Dorf, keine Genossenschaft, keinen ländlichen Reiterverein geben, wo wir nicht mindestens unsere landwirtschaftlichen Vertrauensleute derart maßgeblich untergebracht haben, daß wir nicht sofort das ganze Leben dieser Gebilde politisch lahmzulegen vermöchten."

An seinen Absichten ließ Darré hinter den Kulissen keinen Zweifel. Selbstverständlich drang nichts davon nach außen.

Die wirtschaftliche Misere der Bauern, ihre Verdrossenheit über den Weimarer Staat, von dem sie sich im Stich gelassen fühlten, die undurchsichtigen und aufreibenden Kämpfe der Agrarverbände – all dies bot Darré und seinen „Fachberatern" fortan ausreichend Gelegenheit, die rabiaten Pläne in die Tat umzusetzen. Daß sie mit ihren Intrigen, mit ihrer Demagogie Erfolg hatten und dennoch auch an Grenzen stießen, zeigt gerade der Blick auf die Provinz Westfalen.

Hier fand Darré einen jungen, überaus agilen Mitstreiter – Wilhelm Meinberg, ein Landwirt aus Kamen-Wasserkurl. Meinberg, 1898 geboren, war nach seiner Rückkehr aus englischer Kriegsgefangenschaft 1919 dem rechtsradikal-völkischen „Schutz- und Trutzbund" beigetreten; 1929 wurde er Mitglied in NSDAP und SA. Bereis ein Jahr später beauftragte Darré den talentierten Versammlungsredner, in Westfalen den „Agrarpoliti-

Westfälische Bauern!

Deutsches Landvolk!

Der Gerichtsvollzieher

wagt sich gar nicht mehr in die Dörfer **Schleswig-Holsteins** hinein.

Warum nicht? Die Bauern rotten sich mit Dreschflegeln und Sensen zusammen und leisten **aktiven Widerstand,** wenn man einem von ihnen das Vieh aus dem Stalle holt, es meistbietend verschleudert, damit der Betroffene seine **Steuern und Schulden** bezahlen kann.

Durch die **agrarischen Provinzen** geht **das Gespenst der Not.** Es klopft mit knochigen Fingern an die Türen **uralter Bauernhöfe,** und drinnen sitzt **der Bauer** und schaut ohnmächtig zu, wie ihm **Scholle um Scholle seines heimatlichen Bodens,** den seine Familie jahrhundertelang besitzt, verlorengeht.

Was ist das für ein Staat, der nicht einmal dafür sorgt, daß der Bauer, der das Volk ernähren muß, auf seinem Hof und Boden bestehen kann?

Was ist das für ein System, das es zulässt, daß er mit dem weißen Stab in der Hand Haus und Hof verläßt, weil er seines Unglücks nicht mehr Herr wird?

Der Bauernstand ist der konservativste aller Stände. Der Bauer ist an die Scholle gebunden, und nur schwer entschließt er sich dazu, sich von der Scholle loszulösen.

Wenn **der Bauer** anfängt, sich gegen ein System aufzulehnen, dann steht **über diesem System ein Fluch,** und das ganze Volk tut gut daran, **dieses System mit Stumpf und Stiel auszurotten.**

Die **Sozialdemokratie** hat den Bauernstand systematisch und wissentlich **vernichtet.** Der Bauer paßte nicht in ihre **internationale Asphaltlehre** hinein. **Der Bauer ist bodenständig. Sein ganzes Fühlen und Denken ist der heimatlichen Scholle eingewurzelt und jeder international-pazifistischen Gedankenwelt abhold.**

Erst die **Loslösung des Bauerntums** von der Scholle gab dem **System der Sozialdemokratie** die Möglichkeit, sich im Volke durchzusetzen. Sie vernichtete deshalb **hunderttausende von bäuerlichen Existenzen,** um so ihren **internationalen Klassenwahn** zum endgültigen Sieg zu führen.

Schaut nach dem Osten!

Dort ringt das bodenständige Bauerntum verzweifelt um seine letzte Existenz. **Abgeschnitten vom Mutterland,** fühlt es sich von der Kraft der Heimat entblößt und ist **schutzlos der Willkür und Raubgier Polens preisgegeben.**

Schaut nach dem Norden!

Da verteidigt der **Dittmarsche Bauer** mit letzter Verzweiflung seinen Heimatboden. Reicht niemand ihm die helfende Hand, dann wird er eines Tages **ohnmächtig unter den Keulenschlägen des Systems zusammensinken.**

Flugblatt der NSDAP-Gauleitung Westfalen-Süd zur Reichstagswahl im Juli

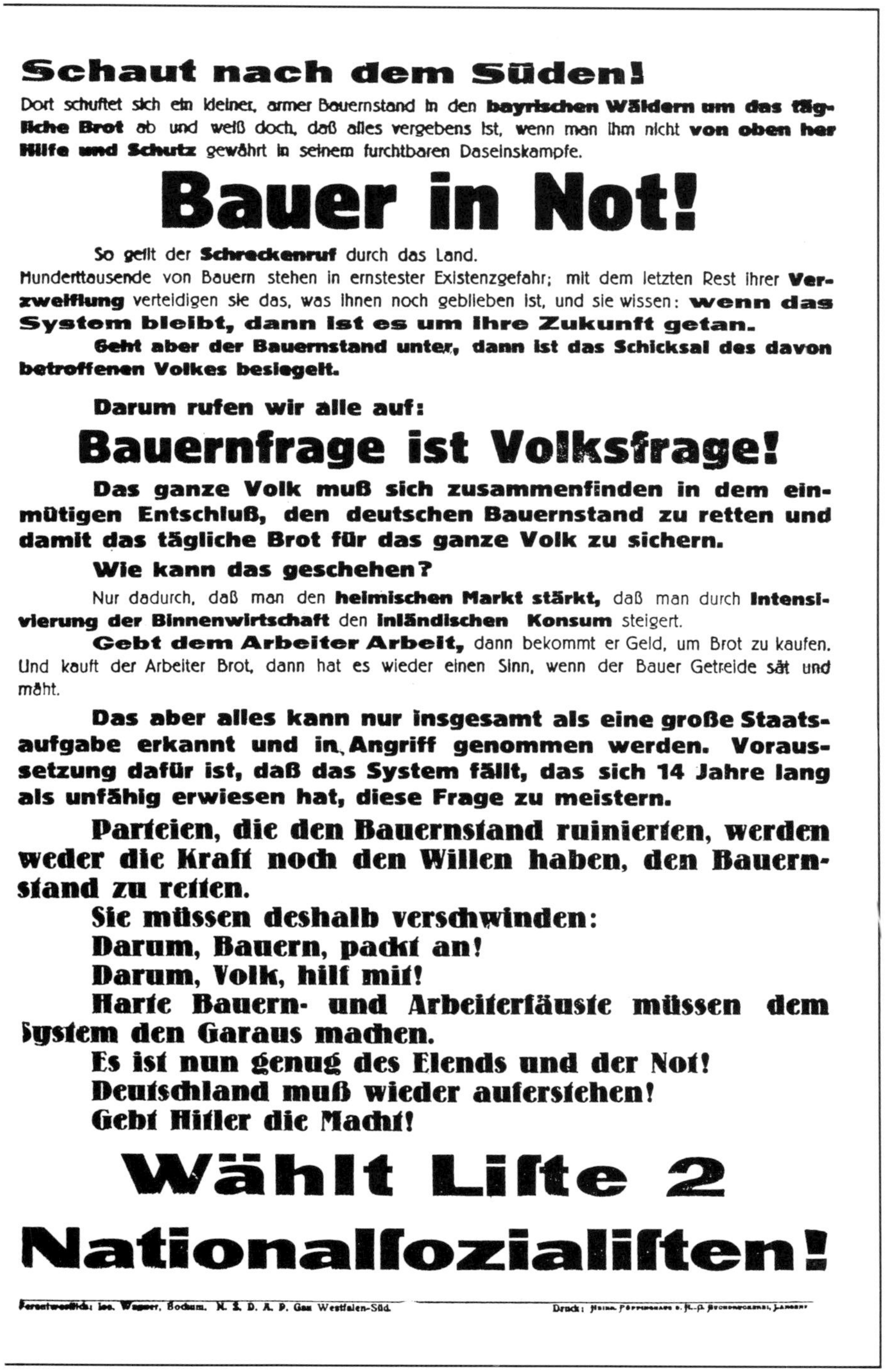

Schaut nach dem Süden!

Dort schuftet sich ein kleiner, armer Bauernstand in den **bayrischen Wäldern um das tägliche Brot** ab und weiß doch, daß alles vergebens ist, wenn man ihm nicht **von oben her Hilfe und Schutz** gewährt in seinem furchtbaren Daseinskampfe.

Bauer in Not!

So gellt der **Schreckenruf** durch das Land.

Hunderttausende von Bauern stehen in ernstester Existenzgefahr; mit dem letzten Rest ihrer **Verzweiflung** verteidigen sie das, was ihnen noch geblieben ist, und sie wissen: **wenn das System bleibt, dann ist es um ihre Zukunft getan.**

Geht aber der Bauernstand unter, dann ist das Schicksal des davon betroffenen Volkes besiegelt.

Darum rufen wir alle auf:

Bauernfrage ist Volksfrage!

Das ganze Volk muß sich zusammenfinden in dem einmütigen Entschluß, den deutschen Bauernstand zu retten und damit das tägliche Brot für das ganze Volk zu sichern.

Wie kann das geschehen?

Nur dadurch, daß man den **heimischen Markt stärkt,** daß man durch **Intensivierung der Binnenwirtschaft** den **inländischen Konsum** steigert.

Gebt dem Arbeiter Arbeit, dann bekommt er Geld, um Brot zu kaufen. Und kauft der Arbeiter Brot, dann hat es wieder einen Sinn, wenn der Bauer Getreide sät und mäht.

Das aber alles kann nur insgesamt als eine große Staatsaufgabe erkannt und in Angriff genommen werden. Voraussetzung dafür ist, daß das System fällt, das sich 14 Jahre lang als unfähig erwiesen hat, diese Frage zu meistern.

Parteien, die den Bauernstand ruinierten, werden weder die Kraft noch den Willen haben, den Bauernstand zu retten.
Sie müssen deshalb verschwinden:
Darum, Bauern, packt an!
Darum, Volk, hilf mit!
Harte Bauern- und Arbeiterfäuste müssen dem System den Garaus machen.
Es ist nun genug des Elends und der Not!
Deutschland muß wieder auferstehen!
Gebt Hitler die Macht!

Wählt Liste 2

Nationalsozialisten!

Verantwortlich: Jos. Wagner, Bochum. N. S. D. A. P. Gau Westfalen-Süd — Druck: [illegible]

1932. Links ist die Vorderseite, rechts die Rückseite des Flugblattes abgedruckt.

schen Apparat“ aufzubauen.

Über den Umfang seines Mitarbeiterstabes sind keine Unterlagen überliefert. Nur aus verstreuten Quellen läßt sich immerhin einiges über die Aktivitäten des westfälischen „Agrarpolitischen Apparats“ zusammentragen.

Zunächst wurden Bauernkundgebungen organisiert. Allein im Juni 1931 fanden im NSDAP-Gau Westfalen-Nord, also in dem Gebiet der damaligen Regierungsbezirke Münster und Minden sowie dem Freistaat Lippe, 95 solcher Versammlungen statt.

Gleichzeitig mühten sich Meinberg und seine eingeschworenen Parteifreunde, in landwirtschaftlichen Organisationen Fuß zu fassen. Am leichtesten gelang dies im westfälischen Landbund: Hier existierte bereits 1930 eine Fraktion von rund 3000 NSDAP-Mitgliedern, einem Fünftel aller Mitglieder; auch im Dachverband, dem Reichslandbund, scharten sich mehr und mehr Mitglieder hinter die Hakenkreuzfahnen. Im Dezember 1931 wurde der NSDAP-Reichstagsabgeordnete Werner Willikens in den Vorstand des Reichslandbundes gewählt. Ein Jahr später bestimmten die Nazis den Kurs des Reichslandbundes und seiner Ableger in den Provinzen.

Ein weiteres Einfallstor waren die Landwirtschaftskammern. Bei den Kammerwahlen im Herbst 1931 gewann die NSDAP in nahezu allen Provinzen mehr als die Hälfte der zur Wahl stehenden Sitze – mit einer Ausnahme: In Westfalen mußte die NSDAP den Listen des Bauernvereins den Sieg lassen. Lediglich im Kreis Unna übertrumpfte Wilhelm Meinberg seinen Gegenkandidaten. Meinberg zog in die Hauptversammlung der Kammer ein, die ihn sogar in den 11köpfigen Vorstand wählte – für ihn zweifellos ein persönlicher Triumph.

Doch die Kammerwahlen hatten der NSDAP bestätigt, daß ihr Anhang unter den Bauern in den katholisch geprägten Regionen Westfalens gering war. Um auch hier „Land zu gewinnen“, wandte Meinberg eine „Salami-Taktik“ an: Er wies lokale Parteiführer an, jeden Bauernhof aufzusuchen und dort die Werbetrommel zu rühren. Der 91jährige Adolf Bölling, damals Geschäftsführer des Westfälischen Bauernvereins in Olpe, erinnert sich: „Noch vor Hitlers Machtergreifung gingen im Kreis Olpe Ortsgruppen- und Kreisleiter von Hof zu Hof. Häufig sind sie dabei von den Höfen verjagt worden. Ich habe selbst einmal erlebt, wie Bauern den Nazis mit Forken entgegengingen – um, wie sie sagten, 'den Antichrist zu verjagen'!“

Aber, so fährt Adolf Bölling fort: „Man muß dazu sagen, daß die NSDAP im katholischen Sauerland Anhänger fand, auch unter Bauern. Durch meine Tätigkeit kannte ich die meisten. Das waren durchweg Bauern, die schlecht gewirtschaftet hatten und die sich in der Wirtschaftskrise verschuldet hatten. Die suchten ihr Heil in der Partei, die ihnen am meisten versprach.“

Die politische Radikalisierung der Bauern, in den evangelisch geprägten Regionen Süd- und Ostwestfalens weit fortgeschritten, machte auch vor den ländlich-katholischen Regionen nicht halt. Im Paderborner Land beispielsweise schrieb ein dortiger Zentrumspolitiker namens Löcker zur Jahreswende 1931/32 folgenden Lagebericht: In Reitervereinen herrsche „alles andere als Zentrumsgeist“. Ferner hätten „gewisse landwirtschaftliche Führer“ Kleinkalibersportvereine ins Leben gerufen, und auch der Stahlhelm finde bei Jung-Landwirten großen Anklang. Im Paderborner Land würden fast sämtliche Direktoren der Landwirtschaftsschulen offen gegen die Zentrumspartei arbeiten; auf die Winterschüler werde „Einfluß von rechtsradikaler Seite“ ausgeübt.

„Wohin diese wirtschaftliche Radikalisierung führt“, so heißt es weiter in dem Bericht, „beweist am besten der Kreis Höxter. Hier gibt es keinen Adeligen mehr, der sich zum Zentrum bekennt, sondern alle bekennen sich zum Nationalsozialismus. Wir stellen fest, daß die Barone im Kreise Höxter ihre Arbeiter gezwungen haben und zwingen, sich einzutragen als Mitglieder der NSDAP; bei Weigerung werden sie entlassen.“

Löcker, geradezu entmutigt vom Machtverfall seiner Partei und vom Zulauf hin zur NSDAP, stellte allerdings auch fest: „Das Gros der katholischen Landwirte steht noch treu zur Zentrums-Partei.“ Dies galt nicht nur für das Paderborner Land, sondern auch für andere ländliche Zentrums-Hochburgen. So votierten bei der Reichstagswahl im Juli 1932 im Münsterland 44,8 Prozent für die Zentrumspartei, während die NSDAP 18,6 Prozent der Stimmen erhielt. In bäuerlich geprägten Kreisen wie Borken oder Warendorf sammelte das Zentrum sogar mehr als 75 Prozent; die NSDAP mußte sich hier mit rund elf Prozent zufrieden geben.

Im ländlich-evangelischen Ostwestfalen und ebenso im Siegerland bot sich hingegen ein anderes Bild: Im Landkreis Wittgenstein stimmten 63,9 Prozent der Wähler für die NSDAP, im Landkreis Lübbecke 60,7 Prozent.

Trotz dieser Hochburgen lagen die Wahlergebnisse der NSDAP in Westfalen weit unter dem Reichsdurchschnitt. Zu stark war die Konkurrenz des Zentrums auf dem Lande und der SPD in den Städten. Selbst ein NS-Parteihistoriker räumte 1936 ein, im Rückblick auf die „Kampfzeit“ im Gau Westfalen-Süd: „In kaum einem anderen Landstrich unseres Vaterlandes mußte der Nationalsozialismus so schwer um die Seele dieser Menschen ringen wie im westfälischen Industrie- und Landgebiet. Als in anderen Gegenden Deutschlands sich schon Hunderttausende zur Idee Adolf Hitlers bekannten, waren in Westfalen-Süd noch Marxismus und zentrümlich-katholischer Konservatismus tonangebend.“

Als Hitler über lippische Dörfer ging . . .

Im Winter 1932/33 ging es mit der NSDAP bergab, mit der Wirtschaft wieder etwas bergauf. „Die Beschäftigung ist zum erstenmal seit vier Jahren konjunkturell leicht gestiegen. Auch Produktion und Umsätze haben sich leicht belebt" – so meldete das Statistische Reichsamt im Dezember 1932.

Die NSDAP hingegen befand sich in einer tiefen Krise. Mehrmals hatte Hitler das Angebot des Reichskanzlers Franz von Papen ausgeschlagen, als Vizekanzler in die Regierung einzutreten. Hitlers Devise des „Alles oder Nichts" stieß bei vielen Parteianhängern auf Unverständnis. Bei den Reichstagswahlen vom 6. November 1932 verlor die NSDAP rund 2 Millionen Stimmen, bei Wahlen in Thüringen folgten weitere Stimmenverluste. „Hitler hat den Anschluß verpaßt", so die Kritik ungeduldiger Parteigenossen.

Der Aufstieg der Partei schien gestoppt, der Mythos des „Führers" war rissig geworden. Hitler brauchte einen Erfolg – zum einen, um die NSDAP vor weiterem Auseinanderdriften zu bewahren, zum anderen, um zu beweisen, daß mit ihm und seiner Partei noch immer zu rechnen war.

Die Landtagswahl im Freistaat Lippe, die auf den 15. Januar 1933 festgesetzt war, kam ihm gerade recht. Kurz vor Weihnachten 1932 entschied Hitler, in dem unscheinbaren Ländchen, mit einer Einwohnerzahl kaum größer als Bochum, eine „Durchbruchsschlacht" zu schlagen. Hier hatte die NSDAP bei den Reichstagswahlen überdurchschnittliche Ergebnisse erzielt. Die NS-Propaganda fand hier auch die passende „germanische" Kulisse: Externsteine, Hermannsdenkmal und die vermeintliche Varusschlacht – all dies konnte für den Wahlkampf der NSDAP zurechtgebogen werden.

Als die Pläne bekannt wurden, spottete die Lippische Landes-Zeitung: „Hitler geht auf die Dörfer." Diesen Spruch schmiedete die NS-Propaganda zum zugkräftigen Kampfmotto um: Niemand sonst, so lautete nun die Botschaft, kümmere sich um die Landbevölkerung als eben die NSDAP.

Anfang Januar brachte Propagandachef Goebbels die Wahlkampfmaschine auf Hochtouren. Eine Lawine von Massenveranstaltungen stürzte über das kleine Ländchen nieder. An zehn Tagen im Januar 1933 fanden 40 Werbeversammlungen statt. Selbst in kleinsten Dörfern bot die NSDAP ihre erste Garnitur auf: Der „Blut-und-Boden"-Ideologe Richard Walther Darré sprach mehrmals zu lippischen Bauern, auch sein allseits bekannter westfälischer Kampfgenosse Wilhelm Meinberg. Es traten ferner auf: Thüringens Innenminister Wilhelm Frick, Reichstagspräsident Hermann Göring, der Sohn des Ex-Kaisers Wilhelm II., Prinz August Wilhelm – im Volksmund als „erwerbsloser Prinz Auwi" bespöttelt –, Josef Goebbels und allen voran Adolf Hitler. In Detmold eröffnete er am 4. Januar den Wahlkampf der NSDAP:

NSDAP-Wahlkundgebung am 14. Januar 1933 in Bad Salzuflen.

„Wir Nationalsozialisten haben eine Aufgabe zu erfüllen, die, wenn sie nicht gelöst wird, Deutschland in Not und Elend verkommen läßt. Es muß eine grundsätzliche Wandlung des deutschen Volkes herbeigeführt werden, sonst wird es eines Tage so sein, daß nicht der Bauer über den Proleten und nicht der Prolet über den Bauern herrschen wird, sondern die Not wird über alle herrschen. Rasse und Raum, Volk und Boden sind die Grundlagen unseres Kampfes. Lassen Sie uns nicht müde werden, sondern fleißig sein wie der deutsche Bauer. Beheben wir jetzt die Not des Volkes, dann beseitigen wir auch die Not des Einzelnen!"

Die publikumswirksame Mischung aus Anbiederung und Drohung, aus Lügen und Halbwahrheiten, großspurigen Versprechen und hohlen Phrasen spulte Hitler stets aufs neue ab – auch am 8. Januar im 1600-Seelen-Dorf Hohenhausen. Daran erinnert sich der 84jährige Bauer Friedrich Krüger aus dem Nachbardorf Brosen:

„Schon einige Zeit vorher haben SA-Leute die Stimmung aufgeheizt. Die kamen hier aus der Umgegend, da war aber auch Verstärkung gekommen, vor allem aus dem Ruhrgebiet. Tag und Nacht haben sich die SA-Trupps Schlägereien geliefert mit KPD-Anhängern." Besonders „umkämpft", so Friedrich Krüger, war ein hoher Schornstein am alten E-Werk in Hohenhausen: „Dort wehte 'mal die rote Fahne, und 'mal die braune – nachts gab's da oft Krawall!"

Als Hitler nach Hohenhausen kam, saß auch Friedrich Krüger unter den Zuhörern: „Da waren alle hier aus der Gegend gekommen, ich schätze, wohl über tausend Zuhörer – Geschäftsleute, Handwerker, Bauern. Hitler hat groß getönt, wie er das überall tat – und das machte Eindruck auf viele Leute. Den Bauern ging's damals miserabel. Die fühlten sich im Stich gelassen von allen Parteien, und dem kamen die Nazis entgegen."

Adolf Hitler mit dem NSDAP-Gauleiter von Westfalen-Nord, Alfred Meyer, vor der Kundgebung in Bad Salzuflen.

Und wie dachten die alten Leute darüber? Friedrich Krüger: „Die schüttelten meist mit dem Kopf. Mein Vater war streng evangelisch und deutschnational. Für die NSDAP hatte er nichts über. Das waren für ihn nur Rabauken. Aber viele Bauern, vor allem die jungen, schwärmten hier für die NSDAP."

Am Abend des 15. Januar 1933 wurde das Ergebnis bekanntgegeben: 39,5 Prozent der lippischen Wähler hatten für die NSDAP gestimmt – der erste Wahlsieg der Hitlerpartei seit den letzten Reichstagswahlen im November 1932; allerdings lag ihr Ergebnis unter den eindrucksvollen 41,1 Prozent der lippischen Wähler bei den Reichstagswahlen vom Juli 1932. Außerdem hatten die demokratischen Parteien, vor allem die SPD, trotz der beträchtlichen Konkurrenz höhere Gewinne erzielen können. Nur mit Hilfe zweier deutschnationaler Abgeordneter konnte die NSDAP die neue Landesregierung bilden, konnte sie den Landesvater Heinrich Drake (SPD) ablösen, der seit 1918 den Freistaat regierte.

Die lippische Wahlschlacht kittete die Risse in der NSDAP. Mit neuem Selbstbewußtsein forderte Hitler nun die Kanzlerschaft. Das von Goebbels hochstilisierte „Signal Lippe" tat seine Wirkung auch bei dem greisen Staatsoberhaupt. Reichspräsident von Hindenburg ließ im Intrigenspiel von Papens und der ostelbischen Großagrarier seine letzte aristokratische Geringschätzung für den „böhmischen Gefreiten" fahren. Am 30. Januar 1933, zwei Wochen nach der lippischen Wahl, ernannte er Hitler zum Reichskanzler.

Bauern in der NS-„Volksgemeinschaft" (1933–1939)

Bauernjubel für den „Führer" beim Erntedankfest auf dem Bückeberg.

Stufen zur Macht und Bildung des Reichsnährstandes

Es ist soweit. Wir sitzen in der Wilhelmstraße, Hitler ist Reichskanzler. Wie im Märchen! Uns allen stehen die Tränen in den Augen. Wir drücken Hitler die Hand. Großer Jubel. Die Fackeln kommen. Um 7 Uhr beginnt's. Unendlich. Millionen Menschen unterwegs. Aufbruch! Immer neue Massen. Heil auf Hindenburg und Hitler. Sinnloser Taumel der Begeisterung.“

So notierte Joseph Goebbels am Abend des 30. Januar 1933 in seinem Tagebuch. In die Begeisterung stimmte auch Darré ein, oberster Chef des „Agrarpolitischen Apparates“ der NSDAP. Er feierte Hitler als „Sprößling bajuwarischer Freibauern“, als „Bauernkanzler“ und „Bismarcks echten Nachfolger“. In Darrés Jubel mischte sich freilich auch Enttäuschung. Er mußte hinnehmen, daß das Landwirtschaftsministerium Alfred Hugenberg überlassen blieb.

Hugenberg und von Papen, die deutschnationalen Steigbügelhalter Hitlers, glaubten, den neuen Reichskanzler im Regierungskabinett „einrahmen“ und „zähmen“, ihn für ihre Politik einspannen zu können. „Was wollen Sie denn?“ so die vielzitierten Worte von Papens zu einem Kritiker, „ich habe das Vertrauen Hindenburgs. In zwei Monaten haben wir Hitler in die Ecke gedrückt, daß er quietscht.“ Goebbels hingegen notierte in seinem Tagebuch zu Hugenberg und von Papen: „Das sind Schönheitsfehler. Müssen ausradiert werden.“

Im März 1933 meldete Darré seinen Anspruch auf das Landwirtschaftsministerium an. Der Ministersessel blieb ihm jedoch verwehrt. Noch mußte Hitler Rücksicht auf seine konservativen Bündnispartner nehmen.

Unterdessen ging Darré daran, das landwirtschaftliche Organisationswesen auf NSDAP-Kurs zu bringen, um über diesen Umweg Hugenbergs Macht zu untergraben. Der Reichslandbund war bereits lange vor 1933 fest in Händen der NSDAP. Jetzt holte Darré zur Eroberung der christlichen Bauernvereine aus. Ihr Präsident Andreas Hermes, der jede Zusammenarbeit mit der NSDAP strikt ablehnte, wurde im März 1933 unter Dauerbeschuß gesetzt: Bestechung und Veruntreuung von Geldern warf man ihm vor. Am 21. März 1933 wurde er verhaftet wegen „Fluchtverdachts“ und „Verdunklungsgefahr“. Hermes' Nachfolger wurde Hermann von Lüninck, der Präsident der Landwirtschaftskammer Rheinland. Er hatte ein „für den Nationalsozialismus offenes Ohr“, wie Darré bereits im Januar 1932 befriedigt festgestellt hatte. Hermann und sein Bruder Ferdinand von Lüninck, der im Vorstand des Westfälischen Bauernvereins saß, betrieben nun die Selbstgleichschaltung der Bauernvereine.

Hermann von Lüninck wurde noch am gleichen Tag, als er die Führung der christlichen Bauernvereine übernahm, vom Westfälischen Bauernverein beauftragt, mit dem Reichslandbund über eine Verschmelzung zu verhandeln. Die alte Idee einer landwirtschaftlichen „Einheitsorganisation“, gegen die sich Hermes noch 1929 erfolgreich gewehrt hatte, war wieder auf dem Tisch.

Jetzt, nachdem die Nazis Hermes verhaftet hatten, nutzten die konservativ-adligen, großagrarisch geprägten Vorstände der Bauernvereine in Rheinland und Westfalen die Situation, um erneut mit dem Reichslandbund über die „Einheitsorganisation“ zu verhandeln. Seit den ersten Fusionsgesprächen 1928/29 hatte sich Entscheidendes geändert: Der Reichslandbund war mehrheitlich zur NSDAP übergeschwenkt; außerdem erhob nun Darrés „Agrarpolitischer Apparat“ den Anspruch, an den Fusionsverhandlungen beteiligt zu sein – und mehr noch: Darré forderte „als selbstverständliches Recht die Führung der geeinten Bauernschaft“. Im Klartext: Er beanspruchte den Vorsitz bei den Fusionsverhandlungen.

Die drei Organisationen – Reichslandbund, Bauernvereine und „Agrarpolitischer Apparat“ der NSDAP – schlossen sich am 4. April 1933 zur „Reichsführergemeinschaft des deutschen Bauernstandes“ zusammen. Einstimmig wurde Darré gebeten, den Vorsitz zu übernehmen.

Die Vertreter der Bauernvereine blickten nach diesem Schritt hoffnungsvoll in die Zukunft. Sie lebten – ähnlich wie Hugenberg und von Papen – in der Illusion, die NSDAP vereinnahmen zu können. Daß es umgekehrt war, zeigte sich rasch: Hermann von Lüninck wurde bereits vier Wochen später aus dem landwirtschaftlichen Organisationswesen gedrängt und auf den Verwaltungsposten des Oberpräsidenten der Rhein-

Ferdinand Freiherr von Lüninck, seit 1931 Präsident der westfälischen Landwirtschaftskammer.

Landwirtschaftliche Zeitung
für Westfalen und Lippe

Erscheint Donnerstags.
Beilagen:
„Obst- und Gartenbauzeitung"
„Die Westfälische Landfrau".
Nachdruck aus dieser Zeitung ebenso wie aus den Beilagen ist nur mit Genehmigung der Schriftleitung gestattet.
Postbezugspreis vierteljährl. 1,— RM. Bestellungen nehmen sämtliche Postanstalten und Briefträger entgegen.
Verantwortlicher Schriftleiter: Landwirtschaftsrat Dr. Wiemers Münster i. Westf.

Anzeigen für 1 mm Höhe einspaltig 0,25 RM., Zuchtviehecke 0,30 RM., Stellenangebote 0,20 RM., Stellengesuche 0,10 RM. Westfälische Landwirte, Obst-, Gemüse- und Kleintierzüchter erhalten 10% Nachlaß, außer in Zuchtviehecke und Stellenmarkt.
Postscheckkonto: Essen 27570.
Schriftleitung und Geschäftsstelle: Münster i. W., Albert-Leo-Schlageterstr. 36 Fernsprecher 20577 und 24101.
Verlag der Landwirtschaftskammer für die Provinz Westfalen.

Fachzeitschrift für Landwirtschaft, Forstwirtschaft und Gartenbau.
Amtsblatt der Landwirtschaftskammer für die Provinz Westfalen.
Organ der landwirtschaftlichen Haupt-, Kreis- und Ortsvereine, der Tierzuchtverbände, des Meiereiverbandes, der Saatbauvereine und des Obst- und Gemüsebauverbandes.

Heft 19 Münster, 11. Mai 1933 90. Jahrgang.

Aus dem Inhalt: **Aufsätze und Berichte:** Heu-, Stroh- und Garben-Gebläse. — Dreimonatsbilanz der Agrarpolitik. — Preistafel der Kraftfuttermittel nach dem Stande vom 4. Mai 1933. **Kleine Mitteilungen:** Auszeichnungen. — Jetzt Bodenbeläge prüfen. — Ausbildung von Kontrollassistenten. — Wollverwertung **1933.** — Versteigerung von Abmelkkühen in Münster. — Parteiamtliche Bekanntmachung der NSDAP.

Westfälische Berufsgenossen!

Seit vielen Jahren kämpfe ich für die Einigung des gesamten landwirtschaftlichen Berufsstandes. Daß diese Einigung nicht durch Reden und Beschlüsse herbeigeführt, sondern nur durch eine starke politische Macht erzwungen werden konnte, das zeigte sich klar und deutlich, als vor 4 Jahren die Einigungsbemühungen im westfälischen Bauerntum zum Scheitern gebracht wurden. Umsomehr freue ich mich, daß in Hitler und seiner Bewegung jetzt diese politische Macht entstanden ist, die nunmehr den Zusammenschluß des bäuerlichen Berufsstandes kraftvoll durchführen wird. Dieser Zusammenschluß ist nur möglich, wenn die Führung der gesamten berufsständischen Bewegung in unserer Provinz in der Hand eines einzigen verantwortlichen Führers liegt. Ich habe daher mit dem heutigen Tage mein Amt als Vorsitzender der Westfälischen Landwirtschaftskammer niedergelegt und gleichzeitig als Oberpräsident unsern Berufsgenossen Wilhelm Meinberg, der schon die Führung der wirtschaftspolitischen und genossenschaftlichen Organisationen in der Hand hat, zum Staatskommissar für die Landwirtschaftskammer bestimmt. In der Person des einen Führers sind damit die Grundlagen berufsständischer Einigung geschaffen.

In diesem Augenblick allen Berufsgenossen von Herzen zu danken für die Mitarbeit und für das Vertrauen, das ich in der berufsständischen Arbeit immer gefunden habe, ist mir eine ehrenvolle Pflicht. Das Vertrauen, das mir entgegengebracht wurde, gibt mir aber auch das Recht zu einem eindringlichen Appell:

Gottes Vorsehung hat unserm Volk in der Stunde höchster Not in der Person Adolf Hitlers einen Retter gesandt, der Volk und Vaterland vom Abgrund zurückreißt und dessen Ziel es ist, das Gemeinschaftsleben des Volkes auf den natürlichen Grundlagen berufsständischer Verbundenheit wieder aufzubauen. Ich richte daher an alle Berufsgenossen die Bitte:

Folgt alle der Fahne dieses Führers, des Schirmherrn deutschen Bauerntums, folgt in der berufsständischen Arbeit den von ihm bestellten Führern, damit wir wieder ein Volk werden, das aus den Urkräften von Blut und Boden aufgebaut, aus dem Lebensquell schollenverbundenen Bauerntums stets sich erneuernd, seinen Kindern Freiheit und Lebensraum für alle Zukunft garantiert.

Heil Hitler!

Münster, den 6. Mai 1933. Freiherr von Lüninck.

Aufruf des Kammerpräsidenten an die westfälischen Bauern vom 6. Mai 1933.

provinz „hochgelobt"; sein Bruder Ferdinand wurde westfälischer Oberpräsident. Die Fäden der Agrarverbände liefen nun bei Darré zusammen.

Nächster Schritt der Machteroberung waren die landwirtschaftlichen Genossenschaften. Ihre unübersichtliche Organisation hatte bislang den Zugriff der NSDAP weitgehend verhindert; die Dachorganisation, der „Reichsverband der deutschen Landwirtschaftlichen Genossenschaften – Raiffeisen" hatte unter Leitung von Andreas Hermes Übergriffe der NSDAP abwehren können. Nach der Verhaftung von Hermes sahen sich die Genossenschaftsfunktionäre einem Sperrfeuer von offener Drohung, Einschüchterung und Verleumdung ausgesetzt. Am 19. April eroberte Darré „die Festung im Handstreich", wie seine rechte Hand Hermann Reischle später triumphierte: Mit drei „Kampfgenossen" platzte Darré in die Sitzung des Verwaltungsrates. Er stellte ein Ultimatum, erzwang seine Wahl zum Präsidenten und sicherte sich umfassende Vollmachten. Selbstbewußt meldete Darré „seinem" Reichskanzler „als Geburtstagsgeschenk die Übernahme der Führung von 40 000 ländlichen Genossenschaften durch mich"!

In der Beamtenschaft und den Vorständen der meisten Landwirtschaftskammern dominierten seit 1931/32 NSDAP-Mitglieder. Sie übernahmen nun die vorläufige Führung.

Über die Gleichschaltung, oder besser: die Selbstgleichschaltung der westfälischen Landwirtschaftskammer informiert ein Protokoll der letzten Vorstandssitzung vom 6. Mai 1933. Auch hier hatte Ferdinand von Lüninck eine entscheidende Position inne. Seit 1931 war er Präsident der Landwirtschaftskammer, und in dieser Funktion leitete er die Sitzung des Kammervorstandes. Unter Punkt vier der Tagesordnung führte er aus, daß es notwendig sei, „eine Umänderung des Aufbaues der Landwirtschaftskammer im Rahmen der Neuorganisation des gesamten landwirtschaftlichen Berufsstandes vorzubereiten, wozu auch gehört, daß der Vorstand der Kammer seine Ämter zur Verfügung stellt, um für die Neuorganisation völlig freie Bahn zu schaffen.“ Wilhelm Meinberg sei bereits, so Lüninck, für die westfälischen Genossenschaften und wirtschaftspolitischen Verbände zum Staatskommissar ernannt worden; es empfehle sich, „auch für die Landwirtschaftskammer diesen Herrn als Staatskommissar zu ernennen“. Er, Lüninck, werde deshalb von seinem Amt zurücktreten.

Als nächsten Redner verzeichnet das Protokoll den Rittergutsbesitzer Karl von Laer aus dem ostwestfälischen Löhne. Er brachte zunächst, wie es heißt, „seine Freude zum Ausdruck, daß sich endlich ein Führer gefunden habe, welcher gewillt und befähigt sei, die deutsche Einheit wieder herzustellen und die deutsche Wirtschaft, dabei in erster Linie die deutsche Landwirtschaft, aus den gegenwärtigen Schwierigkeiten herauszubringen“. Nach dieser Erklärung legte von Laer sein Mandat nieder. „In gleichem Sinne“, so das Protokoll weiter, „äußert sich Graf von Westphalen, worauf eine Anfrage ergibt, daß sämtliche Vorstandsmitglieder bereit sind, ihr Mandat niederzulegen, so daß dem Vorschlage des Herrn Vorsitzenden im vollen Umfange entsprochen wird.“

Am Tag nach dieser entscheidenden Sitzung wurde Wilhelm Meinberg von Darré zum Staatskommissar für die Landwirtschaftskammer in Münster eingesetzt. Unter seiner Federführung konnte nun als nächster Schritt die Gleichschaltung der Kammer und ihre Neuorganisation zur Landesbauernschaft vorangetrieben werden.

Am 12. Mai 1933 trat schließlich der Deutsche Landwirtschaftsrat, das Spitzengremium aller Kammern, zurück. Kurzerhand setzte sich Darré als kommissarischer Vorsitzender ein. Damit hatte er innerhalb kürzester Zeit die gesamte landwirtschaftliche Berufsvertretung in seiner Hand vereinigt. Durch Darrés Machtfülle wurde Hugenberg mehr und mehr „an die Wand gedrückt“. Am 29. Juni 1933 trat er schließlich zurück. Reichskanzler Hitler berief noch am selben Tag Darré zum Nachfolger.

Jetzt konnte er darangehen, die entmachteten Kammern, Verbände und Genossenschaften zum Reichsnährstand zu verschmelzen. Dabei konnte sich Darré auf langgehegte Wünsche und Forderungen von Landwirten und Agrarfunktionären stützen. In Westfalen – wie in anderen Provinzen des Reiches – hatten die Bauern in den 20er Jahren mitangesehen, wie sich Bauernverein, Landbund und Bauernbund befehdet hatten. Viele Landwirte und Agrarpolitiker glaubten sich nun am Ziel ihrer kühnsten Träume, als Darré im Frühsommer 1933 die ersten Weichen zur Bildung des Reichsnährstandes stellte. So bejubelte Heinrich Dieckmann, der letzte Präsident des Westfälischen Bauernvereins, die Neuorganisation Darrés als „sich vollziehende Vollendung dessen, was Freiherr von Schorlemer-Alst mit der Gründung des Westfälischen Bauernvereins bezweckte, nämlich die Zusammenfassung und Aktivierung des gesamten bäuerlichen Berufsstandes in der einheitlichen Gestalt der öffentlich-rechtlichen Körperschaft des deutschen Bauernstandes“. Dieckmann ging noch weiter: „Schorlemers Geist ist es, wenn wir uns bedingungslos, aber dabei aus

Heinrich Dieckmann, letzter Präsident des Westfälischen Bauernvereins.

tiefster Glaubensglut dem Nationalsozialismus eines Adolf Hitler hingeben und als echte Bauern diesem Nationalsozialismus mit ganzer Hingabe dienen."

Es gehörte schon viel Verblendung dazu, um den westfälischen „Bauernkönig" Schorlemer mit dem „Blut-und-Boden"-Ideologen Darré zu vergleichen, um Schorlemers christlich-konservative Grundsätze – Selbsthilfe, Selbstverantwortung, Staatsunabhängigkeit – mit den Zielen der NSDAP auf eine Stufe zu stellen. Denn Darré hatte nie einen Zweifel daran gelassen, daß es mit der Unabhängigkeit der Berufsverbände, der Selbstverwaltung der Kammern vorbei sein sollte. Sie sollten im Reichsnährstand zusammengefaßt und in das Räderwerk des NS-Regimes eingespannt werden. Alles andere, so Darré im Juni 1933, sei „Meuterei und wirtschaftspolitischer Hochverrat".

Der Reichsnährstand wurde am 13. September 1933 per Gesetz gegründet. Er umfaßte sämtliche Landwirte, Landarbeiter, Verarbeitungsbetriebe von Agrarprodukten sowie den gesamten Landhandel. Für die entmachteten Agrarverbände gab es nur mehr zwei Möglichkeiten: Die einen wurden eingegliedert, um fortan das Rückgrat des Reichsnährstandes zu bilden – wie der Reichslandbund, der Westfälische Landbund oder der Reichsverband landwirtschaftlicher Hausfrauenvereine; die anderen wurden aufgelöst – wie der Bauernbund Ferdinand Vorholts und die Deutsche Bauernschaft. Auch der Dachverband der Christlichen Bauernvereine und seine Provinzverbände wurden aufgelöst. Allein den Bauernvereinen in Westfalen und im Rheinland blieb dieses Schicksal erspart. Sie wurden dem Reichsnährstand eingegliedert – vermutlich, weil ihre Vorstände der Gleichschaltung Darrés in die Hände gearbeitet hatten.

Führungsriege des Reichsnährstandes: Harro von Zeppelin, Hermann Reischle, Walter Granzow, Adolf Hitler, Herbert Backe, Richard Walther Darré, Wilhelm Meinberg, unbekannt.

Der Reichsnährstand gliederte sich in Orts-, Kreis- und Landesbauernschaften. Die „Bauernführer" und die Beamten wurden nicht gewählt, sondern ernannt. Sie waren eingespannt in eine streng hierarchische Ordnung, beherrscht vom diktatorischen Führerprinzip – Befehlsgewalt nach unten, Verantwortung nach oben.

Auf der untersten Ebene wurden „Ortsbauernführer" eingesetzt, die – von Ausnahmen abgesehen – Parteimitglieder waren und damit für die Ziele der NSDAP und des Reichsnährstandes eintraten. Trotz ihres „ehrenamtlichen" Postens hatten sie zahlreiche Aufgaben: die Lenkung und Kontrolle der Ablieferungspflichten, die Verwaltung staatlicher Beihilfen, die Organisation lokaler Bauernversammlungen und die regelmäßige Berichterstattung an die Landesbauernschaft. Diese unvollständige Liste zeigt bereits, welche Anforderungen „von oben" an die Ortsbauernführer gestellt wurden.

„Von oben" – das war zunächst der Kreisbauernführer. Er hatte vergleichbare Aufgaben zu erledigen, verfügte jedoch über einen mehr oder weniger umfangreichen Mitarbeiterstab. Jede Kreisbauernschaft war in drei Hauptabteilungen gegliedert:

- In der Abteilung „Der Mensch" wurden die Aufgaben der bisherigen Vereine und Verbände erledigt, nach den Vorgaben der Blut- und Boden-Ideologie.
- Die Abteilung „Der Hof" über-

nahm die Aufgaben der aufgelösten Landwirtschaftskammern (Wirtschaftsberatung, Ausbildung). Diese Abteilung steuerte die „Erzeugungsschlachten".

■ Die Abteilung „Der Markt" war innerhalb des Reichsnährstandes am umfangreichsten. Von hier aus wurden die Marktverbände gelenkt, die 1933/34 für jedes Agrarprodukt neu geschaffen wurden und in denen alle Betriebe vom Erzeuger bis hin zum Händler zusammengefaßt waren.

In diesen drei Abteilungen war auch die Landesbauernschaft organisiert. Abgesehen von der Hauptabteilung III „Der Markt", die sich in Unna-Königsborn einquartierte, hatte die westfälische Landesbauernschaft ihren Sitz in Münster. An ihrer Spitze stand zunächst der „Alte Kämpfer" Wilhelm Meinberg als Landesbauernführer, gefolgt von den Kamener Landwirten und Nachbarn Meinbergs, Albert Kost (April bis September 1934) und Wilhelm Habbes (bis April 1937).

Streitereien und wechselseitige Intrigen zwischen Meinberg, Kost und Habbes führten dazu, daß Darré 1938 Martin Matthiesen einsetzte. Er wurde 1943 von Gauamtsleiter Ernst Kienker aus Brockhagen abgelöst.

Bis 1935 war die Bildung des Reichsnährstandes abgeschlossen. Er wuchs nach und nach zu einer der mächtigsten Organisationen im „Dritten Reich" heran, zur Schaltzentrale der NS-Agrarpolitik und der Kriegsernährungswirtschaft.

Reichserbhofgesetz zwang Bauern in die „Grundherrschaft" des Regimes

Reichsbauernführer Darré hatte seit 1930 die Schaffung eines „Neuadels aus Blut und Boden" propagiert. Was das bedeutete, brachte er in der NS-Monatszeitschrift „Odal" auf folgenden Nenner: „Wir müssen doch Narren sein, wenn wir nichts dagegen tun wollen, daß unsere ländliche Blutsquelle infolge des bisher geltenden Rechts versiegt und sich im nichtländlichen Sektor unseres völkischen Daseins nutzlos verschwendet. Und dies alles, nachdem uns alle Geschichte beweist, daß unsere Kultur vom germanischen Blute bedingt ist und dieses wiederum in seiner Lebensfähigkeit vom Bodenrecht abhängt, unter dem es leben muß."

Dieses NS-Glaubensbekenntnis wurde im September 1933 in Gesetzesform gegossen, in das „Reichserbhofgesetz". Über dessen Ziel heißt es in der Präambel: „Die Reichsregierung will unter Sicherung alter deutscher Erbsitte das Bauerntum als Blutsquelle des deutschen Volkes erhalten. Die Bauernhöfe sollen vor Überschuldung und Zersplitterung im Erbgang geschützt werden, damit sie dauernd als Erbe der Sippe in der Hand freier Bauern verbleiben."

Sämtliche Höfe zwischen 7,5 ha und 125 ha wurden diesem Sonderrecht unterstellt. In Westfalen waren bis 1941 rund 37 000 Höfe als Erbhöfe eingetragen. Nur deren Eigentümer durften sich „Bauern" nennen; Kötter und Heuerlinge hingegen sowie Großgrundbesitzer waren fortan „Landwirte".

Die „Erbhöfe" durften weder verkauft noch zwangsversteigert werden. Waren sie hoch verschuldet, wurden Entschuldungsverfahren eingeleitet, die ihnen die „Erblast" der Wirtschaftskrise und die Folgen eigener Mißwirtschaft abnahm.

Genaue Zahlen liegen nicht mehr vor, doch dürfte der Segen der Entschuldung in Westfalen vergleichsweise gering gewesen sein. Martin Matthiessen, gebürtiger Schleswig-Holsteiner und 1938 bis 1943 Landesbauernführer in Westfalen, meinte später: „Während wir uns in Schleswig-Holstein mit Tausenden von Entschuldungsverfahren auseinandergesetzt hatten, war diese Frage in Westfalen bedeutungslos geblieben." Seine Erklärung: „Die marktnahen Absatzgebiete im Industriegebiet hatten sich hier zum Vorteil der Erzeuger ausgewirkt."

Von „freien Bauern", wie die Präambel jubelte, konnte nicht die Rede sein, denn das Erbhofgesetz griff tief in die Verfügungsrechte, in die Entscheidungsfreiheit der Bauern ein. Die Pflicht zur ungeteilten Vererbung berührte die Bauern in Westfalen kaum; hier galt ohnehin die Anerbensitte. In Realteilungsbieten hingegen – wie etwa in der Eifel oder in Bayern – stieß diese Vorschrift auf teilweise erheblichen Protest.

Ferner schrieb das Reichserbhofgesetz die Erbfolge zwingend vor, ohne Rücksicht auf den Willen der Bauersleute. Das Gesetz bevorzugte die männlichen vor den weiblichen Erben. Dies mochte den Gewohnheiten in Westfalen entsprechen, doch konnte es Schwierigkeiten geben, wie ein betagter Bauer aus Dingden erzählt:

„Wir waren mit einer Bauersfamilie in Kirchhellen gut bekannt. Lange vor ’33 hatte eine Tochter den Hof geerbt. Sie hatte geheiratet, bewirtschaftete mit ihrem Mann den Hof und bekam zwei Töchter. Und jetzt kam das Erbhofgesetz: Im Erbfall war erst ein Bruder der Bäuerin erbberechtigt, der längst vom Hof abgezogen und Arzt geworden war. Daß er nichts von Landwirtschaft verstand, spielte keine Rolle. Die beiden Töchter hätten vom Hof ziehen müssen, obwohl sie da aufgewachsen waren. Zum Glück verzichtete der Arzt sofort – sonst wär’s da wohl zu großem Unglück gekommen!“

Ein „Erbhof“ durfte nicht mit Hypotheken belastet werden. Der Kauf von Maschinen war damit ebenso schwierig wie die Finanzierung von Aussteuer, Studium oder anderen Zuwendungen für weichende Söhne und Töchter. So gab es Fälle, in denen ein Bauernsohn das Studium abbrechen mußte, weil der Hof ohne Verschuldung die Kosten nicht aufbringen konnte. Nur wenige Bauern waren in der Lage, ihren Geschwistern beziehungsweise ihren Sprößlingen das Erbteil zukommen zu lassen.

Andere Hoferben indes begrüßten es, auf diesem Wege alte Verpflichtungen abstreifen zu können. Ein Bauer in Südwestfalen beispielsweise – strammer Nazi seit 1930, Ortsbürgermeister und Ortsbauernführer – verweigerte die Zahlung von Abfindungen, die er 1931 mit seiner Mutter und seinen sechs Geschwistern vereinbart hatte. Streit hatte es darüber schon länger gegeben. Das Reichserbhofgesetz, das die Zahlungsverweigerung des Bauern deckte, entzweite die Familie nun vollends: Die Mutter zog verbittert vom Hof, fand bei einer Tochter Unterschlupf und kehrte nicht mehr zurück. Als ein Bruder im Sommer 1937 auf den Hof kam, um sein Erbteil zu fordern, höhnte der „Erbhofbauer“ ihm entgegen: „Scher’ Dich zum Teufel – jetzt ist alles mein, niemand bekommt mehr was!“ Die Geschwister mochten sich an Partei und Kreisbauernschaft wenden – der „Erbhofbauer“ blieb im „Recht“ . . .

Das Reichserbhofgesetz lief darauf hinaus, die Kontinuität eines Hofes – im Sinne der „Blut-und-Boden“-Ideologie – über Generationen in der Hand einer „Sippe“, einer Familie zu sichern. Vor 1933 gehörte der Hof dem Bauern, jetzt war es umgekehrt: Der „Erbhofbauer“ gehörte zum Hof, als „Treuhänder seiner Sippe“. Er mußte „arisch“ sein, und der Paragraph 15 schrieb weitere Bedingungen vor: „Der Bauer muß ehrbar sein. Er muß fähig sein, den Hof ordnungsgemäß zu bewirtschaften.“ Wer diese Bedingung nicht erfüllte, verlor, wie es im Gesetz weiter hieß, „die Verwaltung und Nutznießung dauernd oder auf Zeit“.

Dieser Passus stellte einen Rechtszustand wieder her, der Anfang des 19. Jahrhunderts im Zuge der „Bauernbefreiung“ aufgehoben worden war – die „Abmeierung“. Bis dahin waren Grundherren befugt, ihren Untertanen das Nutzungsrecht für Hof und Acker zu entziehen, wenn sie schlecht wirtschafteten oder mit Abgaben im Rückstand waren.

Im Vergleich zu diesem mittelalterlichen Recht war das nationalsozialistische Reichserbhofgesetz alles andere als eindeutig. Denn was hieß das – „ehrbar“ und „fähig“? Wilhelm Saure, der Kommentator des Reichserbhofgesetzes, gab unumwunden zu: „Wann ein Bauer nicht ehrbar ist, läßt sich nicht allgemein sagen.“ Und es war wohl beruhigend gemeint, wenn er hinzufügte: „Die ehrbaren Bauern, die ihn kennen, werden sich im Einzelfalle darüber klar und einig sein.“

Gemeint waren diejenigen Bauern, die als Beisitzer in die sogenannten „Anerbengerichte“ berufen wurden. Diese Anerbengerichte, die ab 1933 bei jedem Amtsgericht aufgebaut wurden, bildeten die unterste Stufe einer neuen Sondergerichtsbarkeit in Erbhofsachen. Als nächsthöhere Instanzen folgten das Erbhofgericht beim Oberlandesgericht in Hamm, das Landeserbhofgericht in Celle und schließlich das Reichserbhofgericht in Berlin.

Die Beisitzer wurden vom Landes- bzw. Reichsbauernführer ernannt. So war nationalsozialistische Linientreue bei der „Rechtsprechung“ gewährleistet. Damit wird klar, was die verfänglichen Begriffe des Paragraphen 15 bedeuteten: Wer sich in irgendeiner Weise gegen Partei und Staat verging, lief Gefahr, nicht mehr als „bauernfähig“ zu gelten – mit allen Konsequenzen.

Legte ein Landwirt „pflichtwidriges Verhalten“ an den Tag, so konnte er „abgemeiert“, sprich: vom Hof gejagt, werden. Ein Damokles-Schwert schwebte über jedem „Erbhof“: Wer Widerspruch erhob, wer Anweisungen des Orts- oder Kreisbauernführers nicht befolgte oder gar kritisierte, wer in ein Netz örtlicher Intrigen geriet oder – aus welchen Gründen auch immer – denunziert wurde, sah sich der Gefahr ausgesetzt, abgemeiert zu werden. Letztlich waren die Uhren auf die Zeit vor der Bauernbefreiung zurückgedreht. Die „Erbhofbauern“ standen wieder unter Grundherrschaft, abhängig von der Überwachung des NS-Regimes und der Willkür seiner Parteibeamten.

Bevor es zur Abmeierung kam, konnten die Anerbengerichte noch zu anderen, milderen Maßnahmen greifen: Wirtschaftete ein Bauer nicht „ordnungsgemäß“, konnte ein Vertrauensmann eingesetzt werden, der den Betrieb des „Bauernunfähigen“ zeitweilig überwachte oder in die Hände nahm.

Als schärfere Maßnahme konnte dem Bauern die Verwaltung oder Nutznießung auf Dauer entzogen und auf den nächsten Erben übertragen werden – auf Sohn oder Bruder, auf Ehefrau oder Tochter. Dies wurde in der NS-Rechtsprechung als „kleine Abmeierung“ bezeichnet. Zur „großen Abmeierung“ kam es, wenn kein Ehegatte oder Erbe vorhanden war. Dann wurde der Bauer vollständig enteignet; sein Eigentum ging auf einen anderen Bauern über.

Soweit die Bestimmungen, wie sie das Reichserbhofrecht festlegte. Wie viele westfälische Höfe im „Dritten Reich“ abgemeiert wurden, ist nicht mehr festzustellen. Daß es Abmeierungen gegeben hat, steht außer Frage. Einige ältere Leute wissen von Einzelfällen zu berichten. So erzählt eine Bäuerin aus dem Münsterland:

„Bei uns in der Nachbarschaft gab es einen Fall, ich glaube, ein Jahr vor dem Krieg. Der Bauer hat nicht so gewirtschaftet, wie er mußte, und da bekam sein Bruder den Hof zugeschrieben. Der arme Mann und dessen Frau mußten weg. Sie zogen in einen anderen Ort, in einen kleinen Kotten. Wie viele bittere Tränen da geflossen sind, das kann man gar nicht wiedergeben . . .“

Im Krieg scheint es häufiger zu „Abmeierungen“ gekommen zu sein. Da starb 1943 ein Bauer, der einen einzigen Sohn als Erben hinterließ. Der Sohn aber wurde als „nicht ehrbar“ erklärt. Drei Jahre zuvor nämlich hatte er hungernden polnischen Kriegsgefangenen regelmäßig Brote zugesteckt. Er war mit einer vergleichsweise glimpflichen Strafe davongekommen. Doch jetzt verweigerte ihm das Anerbengericht sein Erbrecht. Seine schlichte Geste der Menschlichkeit sei, wie es hieß, „eines deutschen Bauern unwürdig“.

Der Paragraph 15 des Reichserbhofgesetzes konnte nicht nur der Menschenverachtung und Willkür von Nazi-Funktionären Tür und Tor öffnen, sondern auch nackter Habgier. Dies zeigt ein anderer Fall:

Ein Bauer im Märkischen Land wurde 1939 zur Wehrmacht eingezogen. Wenige Monate später erhielt seine Frau die Todesnachricht. Kaum hatte sie ihren Schmerz einigermaßen verwunden, da wurden beide Söhne eingezogen. Die Bäuerin versuchte, zumindest einen Sohn freistellen zu lassen – vergeblich. Sie wandte sich an Arbeitsamt, Kreisleiter und Kreisbauernschaft, um wenigstens einen Kriegsgefangenen als Arbeitskraft zugewiesen zu bekommen – ebenfalls vergeblich. Nur die einzige Tochter ging ihr zur Hand.

Daß die Bäuerin keine Hilfe erhielt und auch noch mit verschärften Ablieferungspflichten schikaniert wurde, war kein Zufall. Nach dem Krieg erfuhr sie von einem bösen Komplott: Der Kreisbauernführer war verschwägert mit einem entfernten Nachbarn – einem überzeugten Nazi, der sein Auge auf eine Ackerfläche geworfen hatte, die zum Hof der Bäuerin gehörte.

Es kam, wie es kommen mußte: Die Frau konnte die Ablieferungspflichten nicht erfüllen. Daraufhin ordnete der Kreisbauernführer die „kleine Abmeierung“ an.

Weil es erbberechtigte Söhne gab, wurde die Bäuerin nicht vollständig enteignet, sondern verlor „nur“ die Verfügungsgewalt. Das Wohnrecht blieb ihr belassen, und auch die Nutzung des Hausgartens. Hof und Akkerflächen hingegen durfte sie nicht mehr bewirtschaften. Dafür setzte der Kreisbauernführer einen „Treuhänder“ ein – und das war niemand anderes als besagter Nachbar. Er hätte, wären die beiden Söhne nicht mehr aus dem Krieg zurückgekehrt, den Hof samt Zubehör und Ackerfläche „geerbt“.

Das schlimme Treiben fand ein gutes Ende, als einer der Söhne kurz nach der Kapitulation 1945 heimkehrte. Zwei Jahre später, im April 1947, hob der Alliierte Kontrollrat das Reichserbhofgesetz auf. 1951 schließlich gelang es der Bäuerin, vor Gericht eine Entschädigung für das erlittene Unrecht durchzusetzen.

„Eines Tages holen die Nazis uns ab!“

Die vierzehnköpfige Bauernfamilie Heinemann in Herrntrop, einem kleinen Dorf nahe Kirchhundem im Sauerland, lebte in ständiger Angst um Haus und Hof, seitdem das Reichserbhofgesetz erlassen worden war. Dabei hatte alles ganz harmlos angefangen. Im Winter 1933/34 begannen die beiden Söhne Clemens und Alois Heinemann damit, einen Familienstammbaum aufzustellen – den „Ariernachweis“, der im „Dritten Reich“ fast wichtiger war als ein Paß.

Clemens Heinemann benötigte das Papier, um für sich und seine zukünftige Frau das „Ehestandsdarlehen“ zu beantragen. Dieses günstige Darlehen erhielten Braut und Bräutigam erst, wenn sie ihre „arische Herkunft“ nachwiesen. Sein Brude Alois sollte den elterlichen Betrieb erben. Vorher mußte der Hof in die Erbhöferolle beim Anerbengericht in Kirchhundem eingetragen werden, und auch dafür war der „Ariernachweis“ vorzulegen.

Was die beiden Brüder beim Stöbern in vergilbten Pfarrbüchern fanden, schilderte Clemens Heinemann dem Bürgermeisteramt Kirchhundem: „Der Vater meiner Großmutter väterlicherseits, Franz Oppenheim, muß von Geburt Jude gewesen sein, hat sich im Alter von 26 Jahren taufen lassen und dann 18 Jahre später die Mutter unserer Großmutter väterlicherseits, die Christin und Arierin Wilhelmine Berg, geheiratet.“

Von einem jüdischen Urgroßvater hatten die Brüder noch nie gehört. In humaneren Zeiten hätte diese Entdekkung keine Folgen gehabt – doch jetzt? Im „Dritten Reich“ schlug sich der mörderische Antisemitismus der Nazis in jedem Gesetz nieder. Beim ersten Boykott gegen jüdische Geschäfte im April 1933 hatten sich auch im Sauerland SA-Schlägertrupps vor jüdische Geschäfte postiert, Inhaber und Kunden beschimpft und bedroht. All dies schoß den Brüdern durch den Kopf. Die Bauernfamilie mußte mit allem rechnen.

Der Hof Heinemann in Herrntrop, eine Aufnahme aus den 30er Jahren.

Fortan galten die Geschwister Heinemann als „Achtel-Juden“, galt ihr Vater, der Bauer Carl Heinemann, als „Viertel-Jude“ – oder, wie es nach den berüchtigten „Nürnberger Rassegesetzen“ hieß, „jüdischer Mischling zweiten Grades“.

Bittere Diskriminierungen ließen nicht auf sich warten. Das Ehestandsdarlehen wurde verweigert. Das Anerbengericht lehnte es ab, den Hof in die Erbhöferolle einzutragen. Der alten Bäuerin Maria Heinemann, die elf Söhne und eine Tochter großgezogen hatte, wurde das „Mutterkreuz“ aberkannt, das ihr kurz zuvor mit großem Pomp verliehen worden war. Auf einer Bauernversammlung wurden Carl Heinemann und seine Söhne schließlich als „Judenlümmels“ beschimpft, die man durch den Ausschlag einer Wünschelrute erkennen könne ...

Verzweifelt wandte sich Alois Heinemann an Landesbauernführer Albert Kost. Er vermittelte einen Termin bei einem Anatomie-Professor in Münster, einem Fachmann für „arische und jüdische Rassenmerkmale“. Nicht mit der Wünschelrute, sondern mit blitzblanken „Forschungs“-Instrumenten wurde Alois Heinemann untersucht. Nach Schädelmessungen stellte der Professor fest: „Dem Aussehen und den Maßen nach sind Sie ein reiner Arier. Ich kann nichts Jüdisches an Ihnen finden – bis auf das Äderchen, das da vom Innenrand des rechten Auges bis zur Pupille zieht.“ Alois Heinemann behielt wohlweislich für sich, was er über diesen barbarischen Unsinn in wissenschaftlichem Gewand dachte.

Im März 1934 schrieben Carl Heinemann und seine Söhne an Reichsbauernführer Darré. Ihre Bitte, den Hof als Erbhof anzuerkennen, wurde ausgeschlagen.

Später kam ein weiteres Schreiben aus Berlin: Alle Familienangehörigen seien aus der Partei zu entfernen. Das betraf die Söhne Clemens und Josef, Albert und Fritz Heinemann. Sie waren Anfang der 30er Jahre in SA und NSDAP eingetreten – entmutigt von langer Arbeitslosigkeit, beeindruckt von NS-Parolen und angezogen von Zeltlager-Gemeinschaft, „schmukken“ Uniformen und militärischem Kampfgeist. Der alte Bauer war erzürnt gewesen, doch seine aufbegehrenden Söhne hatte er nicht zurückhalten können.

Josef, Fritz und Clemens traten sofort aus Partei und SA aus. Ihr Bruder Albert wollte jedoch die NSDAP nicht verlassen. Voll Vertrauen schrieb er an den „Führer“ nach Berlin. Kurz darauf traf in Herrntrop folgende Antwort ein:

„Nach Vortrag des Chefs der Kanzlei des Führers der NSDAP habe ich auf Grund Ihres Gesuches auf dem Gnadenwege entschieden, daß Sie trotz Ihrer nicht rein arischen Abstammung weiterhin der NSDAP und der SA angehören können. Gez. Adolf Hitler.“

Albert wähnte sich in Sicherheit, doch sein Bruder Fritz ließ sich von solch „großzügiger Gnade“ nicht beeindrucken. Er war fest davon überzeugt, daß die ganze Familie eines Tages von den Nazis verhaftet werde. In Attendorn, als kaufmännischer Lehrling bei einem jüdischen Konfektionsgeschäft, erlebte er das Grauen der „Reichskristallnacht“ im November 1938. Von plündernden und marodierenden Nazi-Trupps blieb der Hof in Herrntrop glücklicherweise verschont. Die Bauernfamilie wurde auch später weder enteignet noch verhaftet – aber die Furcht davor tauchte ständig neu auf.

Nach Kriegsbeginn 1939 sah Fritz Heinemann, mittlerweile verheiratet und Vater von zwei Kindern, nur eine einzige Chance: „Wir Heinemänner müssen so viele Soldaten wie möglich stellen!“ Weil er inzwischen Leiter der Bäuerlichen Genossenschaft in Attendorn geworden war, wurde er nicht zur Wehrmacht eingezogen. Doch kurz nach Kriegsbeginn meldete er sich freiwillig. Sein Bruder Alois versuchte, ihn umzustimmen. Fritz Heinemann war nicht davon abzubringen, denn, davon war er überzeugt, „sonst holen die Nazis uns alle ab!“ Im Herbst 1944 wurde er an der Ostfront als vermißt gemeldet, „im heldenhaften Kampf für Führer, Volk und Vaterland“.

Erntedank auf dem Bückeberg

Ernteumzüge oder so etwas, das haben die Nazis organisiert, das gab es vorher nicht", erinnert sich die 70jährige Lienener Bäuerin Johanne Kätker, die in Bockhorst bei Versmold aufwuchs. „Vor '33, da wurde zu Erntedank in der Kirche von Bockhorst ein Gottesdienst gefeiert, als Dank an den Schöpfer. Und es wurde um den Segen für die eingebrachte Frucht gebetet."

In manchen Gegenden war es auch üblich, das letzte Getreidefuder mit einem Erntehahn oder einem Kranz zu schmücken. Zur Feier des Tages gab es für alle ein Festessen in der Bauernküche.

Das NS-Regime stilisierte das Erntedankfest zum „Tag des deutschen Bauern" hoch, erklärte es zum Staatsfeiertag, der alljährlich am Sonntag nach St. Michael (29. September) begangen wurde. In Städten und Dörfern wurden Ernteumzüge organisiert. Anschließend versammelte sich die Bevölkerung unter Erntebaum und Hakenkreuzfahnen auf dem Dorfplatz, um die obligatorische Hitlerrede anzuhören. Vielerorts endete der Tag mit einem Dorffest.

Die Hitlerrede wurde per Rundfunk vom Bückeberg übertragen. Hier, auf einem langgestreckten Höhenrücken östlich der Weser bei Hameln, fand 1933 zum ersten Mal die zentrale NS-Kundgebung für das Landvolk statt. Sie wurde bis 1937 in immer gigantischerem Zuschnitt wiederholt. 1938 wurde das Bückeberg-Fest wegen der Sudetenkrise kurzfristig abgeblasen; in den Kriegsjahren fiel es ganz aus.

Daß es dem Regime hauptsächlich um Selbstdarstellung ging, zeigt schon ein Blick auf die Regisseure des Erntefestes: Nicht der Reichsnährstand, sondern Goebbels' Propagandaministerium organisierte die Bückeberg-Kundgebung.

Schon früh am Morgen trafen Hunderte von Sonderzügen in sechs unscheinbaren Landbahnhöfen ein, die nahe dem Bückeberg lagen. Hunderttausende Bäuerinnen und Bauern marschierten auf den mit Hakenkreuzfahnen, Wimpeln und Girlanden ausstaffierten Festplatz. 500 000 Menschen sollen 1933 teilgenommen haben, 1936 etwa doppelt so viele, ein Jahr später sogar 1,2 Millionen Menschen. Johanne Kätker erlebte diesen Massenandrang 1937 mit, als 18jähriges Mädchen: „Die Menschenmenge, das war unglaublich. Ich war ungeheuer beeindruckt, und ich fragte mich damals: 'Wie ist das bloß möglich?'"

Während des Aufmarsches der Massen kreisten Zeppeline und Flugzeuge, die Hakenkreuzfahnen hinter sich zogen, über dem Festplatz. Militärkapellen und Volkstanzgruppen stimmten das Landvolk ein. Eine der Volkstanzgruppen kam 1937 aus Bockhorst, und zu ihr gehörte Johanne Kätker: „In der Landjugend hatten wir Wochen vorher geübt. Natürlich waren wir stolz, als wir mit den alten Trachten zum Bückeberg fahren durften, um dort Volkstänze vorzuführen."

Zur gleichen Zeit fuhr Hitler von der „Reichsbauernstadt" Goslar aus zum Bückeberg, durch Erntebögen in festlich geschmückten Dörfern. Überall drängten sich jubelnde Menschen an den Straßen. Am Nachmittag traf Hitler auf dem Bückeberg ein. Mit 21 Schuß Salut begann der Staatsakt.

Die nun folgenden Szenen hatten die Festregisseure sorgsam vorbereitet: Auf einem leicht erhöhten, 800 Meter langen Weg schritt Hitler langsam zur Bergkuppe, durch eine Menschenmenge berauscht jubelnder Bauern. Junge Mädchen, in Festtracht gekleidet, überreichten ihm bunte Blumensträuße. Wer im Gedränge nahe genug am Weg des „Führers" stand, streckte den Arm zum Händedruck entgegen.

Oben auf dem Berg war – wie sonst nur in Kirchen üblich – ein Erntealtar aufgebaut, beladen mit Feldfrüchten. Hier erhielt Hitler aus den Händen einer Bauernabordnung einen Erntekranz.

Dann begann die Wehrmacht eine Schauübung. Im Tal war für alle Besucher sichtbar ein Dorf aus Holzlatten und Pappe aufgebaut worden. Es wurde aus den Lautsprechern vielsagend als „Meckererdorf" vorgestellt. Motorisierte Verbände donnerten von allen Seiten in das Dorf hinein. Soldaten eröffneten Maschinengewehrfeuer, während Jagdflugzeuge durch die Luft heulten und Bombenattrappen abwarfen. Zum Schluß wurde „Meckererdorf" eingeäschert.

Marschmusik schmetterte auf, Hitler schritt zu einem monumentalen Rednerpodium. Nach der beeindrukkenden Machtdemonstration des Militärs konnte er um so wirkungsvoller die „im Glauben und Willen geeinte Nation" beschwören, die von der „Partei des Volkes" geführt werde, in der Ernährung durch den „deutschen

Wie überall im Land, so marschieren im Herbst 1933 erstmals auch in Soest die Bauern durch die Stadt. Das Propaganda-Motto des Erntedankumzuges lautet: „Stadt und Land – Hand in Hand“.

Nicht Darrés Reichsnährstand, sondern Goebbels' Propagandaministerium organisierte die gigantischen Bauernkundgebungen auf dem Bückeberg.

Auf dem Bückeberg wurde ein ausgeklügeltes Massenspektakel in Szene gesetzt.

Bauern" gesichert sei und von einer „unbezwingbaren Wehrmacht" geschützt werde. Anschließend schossen – als letztes Glanzstück der Propagandaregie – Feuerwerksraketen in den Abendhimmel. Sie stoben auseinander, und ein Meer von Hakenkreuzfahnen rieselte an Mini-Fallschirmen auf die überraschte Menschenmenge nieder. Im feierlich herausgeputzten Goslar endete der „Ehrentag des deutschen Bauerntums" in einem Volksfest, mit Feuerwerk und Zapfenstreich.

Vom ursprünglichen und religiösen Sinn des Erntedanks war auf dem Bückeberg fast nichts mehr zu spüren. Statt dessen setzten die Regisseure ein sorgsam ausgeklügeltes Massenspektakel in Szene, das kaum einen Besucher unbeeindruckt ließ. Bäuerliche Erntebräuche, ins „Germanische" und „Artechte" umgedeutet, vermengten sich mit dem NS-Kundgebungsstil zu einem pompösen Fest der „Volksgemeinschaft".

Marktordnung – „ein Schritt zur Bauernbefreiung"?

Als mein Vater das hörte, mit den ganzen Vorschriften und so weiter, wo wir Bauern uns dran zu halten hatten, da sagte er nur zu mir: 'Jetzt geht das genauso wie im Ersten Weltkrieg!' Ablieferung, Vorschriften und was da alles kam – das weckte bei ihm bittere Erinnerung an die Zwangswirtschaft."

So erzählt Hermann Post, 86jähriger Bauer aus Altenberge, über die nationalsozialistische Neuordnung des Agrarmarktes. Viele Bauern erinnerten sich der Kriegswirtschaft, die ihr Verfügungsrecht eingeengt hatte. Das sollte jetzt wiederkommen?

Andererseits: Die Landwirtschaft steckte in einer tiefen Krise. Seit drei, vier Jahren waren die Agrarpreise unaufhörlich gesunken – eine Folge mangelnder Nachfrage bei steigender Produktion. Lange vor 1933 forderten die Agrarverbände, den Markt „von oben" zu ordnen und zu steuern; erst dann, so hieß es, könne die Landwirtschaft gesunden.

Bereits um 1930 hatten landwirtschaftliche Organisationen und die Regierung an Plänen geschmiedet, den Markt zu regulieren, beispielsweise durch das „Reichsmilchgesetz". Hier knüpfte die nationalsozialistische Agrarpolitik an. Das Gründungsgesetz des Reichsnährstandes vom 13. September 1933 sah gleichzeitig „Maßnahmen zur Markt- und Preisregelung für landwirtschaftliche Erzeugnisse" vor. Der gesamte Agrarmarkt wurde der Aufsicht des Reichsnährstandes unterstellt und so gleichzeitig den politischen Zielen der NSDAP. Im Rundfunk verkündete Darré: „Der Bauer wird in Zukunft für sein Brotgetreide feste Preise erhalten. Damit ist ein entscheidender Schritt zur Befreiung des Bauern von der Marktabhängigkeit und zur Herauslösung der Bauernwirtschaft aus der kapitalistischen Wirtschaft erfolgt."

Doch die Marktordnung wurde nicht nur durchgeführt, um die Krise der Landwirtschaft zu überwinden; gleichzeitig sollte die deutsche Ernährung von Auslandsimporten unabhängig gemacht werden, sollte das „Dritte Reich", wie es hieß, „Nahrungsfreiheit" erlangen. Dies diente allein dem Ziel, Deutschland auf den nächsten Krieg vorzubereiten.

Zunächst stürzte eine Flut von Gesetzen über die Landwirtschaft nieder. Allein bis 1935 wurden über 250 Gesetze, Dekrete und Verordnungen erlassen. Kern der Neuordnung waren die „Marktverbände", die für jedes Agrarprodukt eingerichtet wurden. Hier waren Bauern, Händler und Verarbeitungsbetriebe zwangsweise zusammengeschlossen.

Wie das Regelwerk funktionierte, zeigt ein Blick auf den Hof des Bauern Hermann Post in Altenberge. Dort standen ein paar Kühe im Stall, mehrere Sauen und Schweine sowie rund 100 Hühner; auf den Feldern reiften Kartoffeln und Getreide, im Garten Gemüse und Obst. Vor der Marktregelung hatte sein Vater die Produkte dort verkauft, wo der höchste Preis winkte. Ab 1933/34 unterstand der Hof Post nicht weniger als sieben

Marktverbänden – nämlich den Verbänden für Milch, Fleisch, Eier, Kartoffeln, Getreide, Gemüse und Obst. Der direkte Verkauf an einzelne Kunden oder auf dem Wochenmarkt in Münster war Hermann Post nun strikt untersagt.

Sämtliche Produkte mußte er bei der Sammelstelle der Ortsbauernschaft in Altenberge verkaufen – zu einem festgesetzten Preis. Von dort aus wurden die Waren an Händler oder Verkaufsgenossenschaften geliefert, immer unter Aufsicht der Beamten, die bei der Kreis- oder Landesbauernschaft in der Hauptabteilung „Der Markt“ saßen und die Arbeit der Marktverbände steuerten.

Die Propaganda stellte die Preispolitik als großen Vorteil hin. Und in der Tat: Die Festpreise, seit 1933/34 für Getreide und Kartoffeln, später dann für sämtliche Agrarprodukte eingeführt, fanden anfangs unter den Bauern ein positives Echo – selbst unter denen, die die NSDAP ablehnten. Hermann Post meint: „Wir hatten ja in den Jahren davor die ganze Misere zu spüren gekriegt. Die festen Preise, die es bei den Nazis gab, waren erst 'mal eine Erleichterung. Da atmeten viele auf . . .“

Doch bald wandte sich das Blatt. Die Festpreise stiegen bei weitem nicht in dem Maße, wie die Propaganda versprochen hatte und versprach. Unter den Bauern machten sich Enttäuschung und Unmut breit. Der Bürgermeister in Tecklenburg schrieb, was viele insgeheim dachten: „Der Landwirt achtet darauf, daß seine Erzeugnisse ohne große Mehrkosten an den Verbraucher gelangen. Die Produkte werden nach Ansicht der Landwirte unnötig mit zu hohen Beiträgen der Erfassung und Bewirtschaftung belastet.“

Die Bauern schimpften auf die vielen Beamten, die notwendig waren, um das komplizierte System der Marktordnung zu steuern. Das Wort von den „überflüssigen Bonzen, die nur von uns Bauern leben“, machte die Runde.

Außerdem lief die Planwirtschaft alles andere als perfekt ab. In Haltern beispielsweise konnten die Bauern im Herbst 1934 ihre Kartoffeln mehrere Wochen nicht loswerden. Direktverkauf war verboten, die Kartoffelsammelstelle aber noch gar nicht eingerichtet. Da nutzte auch der attraktivste Festpreis nichts. Die Halterner Bauern sprachen bereits hinter vorgehaltener Hand davon, daß im nahen Raesfeld nur wegen der Mißorganisation so und so viele Zentner Kartoffeln verdorben seien. Solche Gerüchte warben nicht gerade für die Marktregelung.

Ähnliche Schwierigkeiten bei der Erfassung und dem Vertrieb der Agrarprodukte wurden der Landesbauernschaft auch aus anderen Gegenden Westfalens gemeldet. Das Durcheinander, gerade in den ersten beiden Jahren, war so total, daß selbst ein eingefleischter Nazi wie der Recklinghausener Kreisleiter ein vernichtendes Urteil fällte: „Man hat den Eindruck, ohne die Einmischung der Organisation des Reichsnährstandes wären die Dinge besser und befriedigender abgelaufen, als sie tatsächlich abliefen.“

Erst nach und nach spielte sich das System der Marktordnung ein. Insgesamt hatte das NS-Regime damit von Beginn an eine wesentliche Vorbereitung getroffen für die spätere Kriegsernährungsordnung. Denn, so hieß es 1940 in einer offiziellen Schrift des Reichsnährstandes: „Zwischen der auf Marktordnung beruhenden Friedenswirtschaft und der Kriegswirtschaft bestand kein Unterschied der Art, sondern nur dem Grade nach.“

Mit der „Erzeugungsschlacht“ zur „Nahrungsfreiheit“?

Alljährlich traf sich die Führungsriege des Reichsnährstandes zum „Reichsbauernthing“ in Goslar. Hier richtete Darré im Herbst 1934, am Ende seiner mehrstündigen Schlußrede, den Appell „an das deutsche Bauerntum, sich einzureihen in die kommende Erzeugungsschlacht“.

Unter diesem kriegerischen Schlagwort wurden die Bauern fortan zur Produktionssteigerung in Ackerbau und Viehzucht angehalten. Das Ziel hieß: „Nahrungsfreiheit“. Die Lebensmittelversorgung sollte ausschließlich „aus der heimischen Scholle“ gesichert werden. So wurde die Landwirtschaft von Anfang an eingespannt in die Kriegsvorbereitung des NS-Regimes.

Die „Erzeugungsschlacht“ begann im Herbst 1934 mit einem groß angelegten Werbefeldzug. Vier Wochen nach Darrés Appell hatte der Reichsnährstand bereits 7 Millionen Faltblätter, Broschüren und Bauern-Fibeln verteilt. Die wohl am weitesten verbreitete Schrift trug den Titel „Die zehn Gebote der Erzeugungsschlacht“; sie war wie ein Glaubenskatechismus abgefaßt und mündete in einem Appell an nationale Gesinnung und Verantwortungsbewußtsein der Bauern:

„Erzeuge mehr aus Deinem Boden, verwerte das Erzeugte sparsam und richtig durch Dein Vieh – dann, deutscher Bauer, dienst Du Deinem Volk und Deiner Zukunft. Wieder geht es um Sein und Nichtsein Deines Volkes und damit auch um Dich. Darum zögere nicht: handle!“

Offizielles Propagandaplakat zum zweiten „Reichsbauerntag“ in Goslar im Oktober 1934.

In sämtlichen Orten wurden die Bauern zu regelmäßigen Versammlungen zusammengetrommelt, und hier wurde informiert, demonstriert und geschult. Dies diente durchaus der Aus- und Fortbildung, doch ein durchschlagender Erfolg stellte sich nicht ein – im Gegenteil: eine Versorgungskrise bahnte sich an, wie folgender Bericht zeigt:

„An den freien Samstagnachmittagen und den Sonntagen vom frühesten Morgen ab ergießen sich in das westfälische und münsterländische Hinterland Scharen von Radfahrern mit allen möglichen Transportbehältern für Nahrungsmittel. Mit Rucksäcken, kleinen Kiepen und Körben geht es bis zu 150 Kilometer in das Land, um einige Pfund Obst, Kartoffeln und, wenn überhaupt möglich, etwas Fett zu erhalten.“

Diese Schilderung gleicht Augenzeugenberichten, wie wir sie aus dem bitteren „Steckrübenwinter“ 1916/17 oder aus den „Hamsterjahren“ nach dem Ende des Zweiten Weltkrieges kennen. Die Schilderung wurde jedoch im September 1935 niedergeschrieben, von einem der vielen Vertrauensleute, die die SPD im Prager Exil mit Geheimberichten über die innere Lage im „Dritten Reich“ versorgten. Der anonyme Informant aus dem Untergrund des Ruhrgebietes versichert: „Hier spricht keine Phantasie aus Antinazihaltung, sondern unsere eigene Erfahrung bei solchen Hamsterfahrten!“ Und er fuhr fort: „Es kommt vor, daß man einen kleinen Landwirt erweicht, der noch von der Vorjahresschlachtung ein halbes oder sogar ein ganzes Pfund Speck abläßt, wofür man dann, aufs Pfund gerechnet, nur 80 Pfennig bis 1 Mark zahlen muß. Doch dabei handelt es sich schon um Glücksfälle.“

Auch die NS-Stellen im Revier klagten über „Versorgungsengpässe“, vor allem über den Mangel an Brotgetreide, Fleisch und Fett. Wie kam es dazu? Hatte es nicht 1931/32 Getreide und Schlachtvieh im Überfluß gegeben? Wo waren die Überschüsse plötzlich geblieben?

Reichsnährstand

Westfälischer Bauernstand

Zeitschrift der Landes-Bauernschaft Westfalen

Blut und Boden

Folge 49
Jahrgang 1934

Münster i. W.,
den 8. Julmond

Warum Erzeugungsschlacht?

Über drei Viertel Millionen Tote geben auf diese Frage die erschütternde Antwort. Diese drei Viertel Millionen starben im Weltkriege **infolge der feindlichen Hungerblockade an Unterernährung.**

Soll die Lehre des Weltkrieges umsonst gewesen sein?

Diese Lehre des Weltkrieges gilt auch im Frieden, denn

die Nahrungsfreiheit ist die Voraussetzung zur politischen Freiheit.

Unser Führer wird allen feindlichen Wirtschaftsgewalten zum Trotz Deutschland freimachen. Die Westfalen werden hierbei in vorderster Linie kämpfen;

deshalb hilft jeder dem Führer in der Erzeugungsschlacht.

Josef Wagner, Gauleiter Westfalen-Süd
W. Habbes, Landesbauernführer von Westfalen
Dr. A. Meyer, Gauleiter Westfalen-Nord

Mit den „Erzeugungsschlachten“ spannt das NS-Regime die Landwirtschaft in die Kriegsvorbereitung ein.

Eine Ursache lag im wirtschaftlichen Aufschwung unter dem NS-Regime. Ab 1933 wurde die Wirtschaft mittels gezielter staatlicher Investitionen und einer noch weitgehend verdeckten Aufrüstung angekurbelt. Waren 1932 rund 6 Millionen Menschen ohne Arbeit, so sank diese Zahl bis zum Sommer 1935 auf nur noch 2 Millionen. Selbst kritische Zeitgenossen in In- und Ausland sprachen vom „deutschen Wirtschaftswunder“.

Die Nachfrage nach Nahrungsmitteln, vor allem nach Veredlungsprodukten, stieg beinahe täglich. Doch der Reichsnährstand konnte den Bedarf nicht decken, weil er sich dem illusionären Ziel der „Nahrungsfreiheit“ verschrieben hatte. Das Streben nach Autarkie hatte 1935/36 geradewegs in die Versorgungskrise geführt: Schon 1933 war der Getreideimport drastisch gedrosselt worden. 1932 hatte Deutschland rund 2,6 Millionen t eingeführt, 1936 nur noch 540 000 t. Auch der Import von Handelsfuttermitteln wurde zurückgeschraubt von 7,3 auf 1,9 Millionen t.

Der Reichsnährstand empfahl den Bauern, das Vieh mit betriebseigenem Futter statt mit Handelsfutter zu versorgen. Der Bau von Silos wurde mit kräftigen Finanzspritzen gefördert. Doch es dauerte seine Zeit, ehe ausreichend Silofutter zur Verfügung stand. Hinzu kam, daß mehr Futterpflanzen angebaut wurden, zu Lasten des Getreides, und daß die Kornernten mäßig ausfielen: Während der Weizenertrag in Westfalen um 23 dt/ha pendelte, sank der Roggenertrag von 21,4 dt/ha (1932) auf 17,4 dt/h (1935). Die Weizenernte ging von 176 000 t auf 152 000 t zurück, die Roggenernte sogar von 474 000 t auf 355 000 t. In den übrigen Gebieten Deutschlands sah es kaum besser aus.

Die Bauern mußten einen Großteil des Korns abliefern, da die Versorgung der Bevölkerung mit Brotgetreide absoluten Vorrang genoß. Vor allem Viehbauern gerieten jetzt in die Klemme: Womit sollten sie ihre Tiere füttern? Viele Bauern schlachteten kurzerhand ihre Schweine. Zwischen Juni 1934 und Juni 1935 schrumpfte der Schweinebestand, der bis dahin stetig zugenommen hatte, im norddeutschen Raum um mehr als 15 Prozent!

Zeitweilig gab es Fleisch und Fett im Überfluß. Vorräte wurden kaum angelegt. So öffnete sich, neben dem Mangel an Brotgetreide, binnen kurzer Zeit eine „Fettlücke“.

Darré drängte auf eine rasche Einfuhr von Nahrungs- und Futtermitteln. Doch die Staatskasse mußte auf Weisung Hitlers für den Import von Rüstungsrohstoffen herhalten. Für andere Zwecke sollten möglichst wenig Devisen aufgewendet werden. Hjalmar Schacht, Chef der Reichsbank, wies Darré in die Schranken: „Es kommt meines Erachtens darauf an, mindestens die volle Produktionsleistung der Landwirtschaft, wie Sie sie 1933 übernommen haben, wieder herzustellen. Von der Devisenseite her ist Unmögliches nicht zu erwarten. Ich bin nämlich kein Dukatenmännchen.“

Schon schlugen Experten vor, den Verbrauch zu rationieren. Dies wäre ohne weiteres möglich gewesen, denn im Ernährungsministerium wurden bereits seit September 1934 Vorbereitungen für den Kriegsfall getroffen. Lebensmittelkarten lagen schon in den Schubladen. Hitler befürchtete jedoch, damit die Bevölkerung zu verschrecken. So wurden ab November 1935 größere Mengen Getreide, Nahrungs- und Futtermittel importiert, um die Ernährungskrise und die innenpolitische Lage zu entschärfen. Die „Brotkarte“ konnte vermieden werden. In der Fettwirtschaft ließ sich die Reglementierung allerdings nicht mehr aufhalten. Jeder Händler mußte fortan „Kundenlisten“ anlegen, die den Bezug von Butter, Schmalz und anderen Fetten regelten.

Das Machtgerangel zwischen Darré und Schacht beendete Hitler im April 1936. Er beauftragte Hermann Göring, „die deutsche Volksernährung zu sichern“. Im September, auf dem „Parteitag der Ehre“ in Nürnberg, verkündete Hitler schließlich den Vierjahresplan. In vier Jahren, so der „Führer“ in einer geheimen Denkschrift, müsse die Wehrmacht „einsatzfähig“, müsse die Wirtschaft „kriegsfähig“ sein. Das NS-Regime begann nun, einen gigantischen Aufrüstungsplan in allen Bereichen der Wirtschaft zu verwirklichen. Auch die Landwirtschaft wurde eingespannt. Hermann Göring, der Beauftragte für den Vierjahresplan, proklamierte eine „Großkampfoffensive der Erzeugungsschlacht“.

Doch es blieb nicht bei den sattsam bekannten Appellen und der Schulung. Das NS-Regime griff nun direkter noch als bisher in die Landwirtschaft ein. So wurden die Behörden des Reichsnährstandes ermächtigt, einem Bauern die Art der Bodennutzung zu befehlen, wenn er, wie es in dem Gesetz hieß, nicht den „Anforderungen zur Sicherung der Volksernährung“ nachkam. Gleichzeitig baute jede Landesbauernschaft ein Netz ehrenamtlicher „Wirtschaftsberater“ auf. Diese „Erzeugungsschlächter“, wie sie der Volksmund nannte, zogen von Hof zu Hof, um jene Betriebe ausfindig zu machen, die durch mangelnde Leistung auffielen.

Im Frühjahr 1937 wurde schließlich für jeden Betrieb über 5 ha die Hofkarte eingeführt, die alle wichtigen Betriebsangaben festhielt. Fast zwei Millionen Betriebe und 90 Prozent der agrarischen Nutzfläche wurden so erfaßt. Die Hofkarte diente der „Beratung“ und konnte ab 1939 von den örtlichen Behörden genutzt werden, um Ablieferungspflichten jedes einzelnen Bauern festzusetzen.

Die Produktion wurde auch durch finanzielle Anreize gesteuert. Um Futtermittelimporte einzusparen, stützte der Staat den Ausbau der heimischen Futterbasis. Jedes neue Silo wurde mit vier Reichsmark pro umbauten Kubikmeter gefördert. Auch Düngemittel wurden durch staatliche Subventionen künstlich verbilligt, um die Bodenproduktion zu intensivieren.

Dennoch blieben die Getreideerträge in den Jahren 1933 bis 1939 nahezu konstant. Sie schwankten in Westfalen bei Roggen und Hafer um 21 dt/ha, bei Weizen und Gerste um 23 dt/ha. Der Rapsertrag hingegen stieg zwischen 1933 und 1939 von 11,9 auf 17,9 dt/ha, die Gesamterntemenge durch eine größere Anbaufläche sogar von 290 t auf 2900 t.

Flachsanbau im Münsterland, 1938.

Auch der Kartoffelertrag stieg für damalige Begriffe enorm – von 167 auf 200 dt/ha. Trotzdem lag die gesamte Erntemenge an Kartoffeln in Westfalen über die sechs Jahre hinweg bei etwa 1,8 Millionen t, da die Anbaufläche für Kartoffeln stetig abnahm. Hier wurden andere Pflanzen angebaut – beispielsweise Zuckerrüben: 1933 wurden in Westfalen rund 71 000 t Zuckerrüben geerntet; bis 1939 verdoppelte sich die Anbaufläche und entsprechend die Erntemenge. Im Zuge des Vierjahrsplans wurde auch der Anbau von Gespinstpflanzen enorm ausgeweitet – Grundstoff für die Drillichanzüge der Wehrmacht. In Westfalen stiegen die Rohfasererträge bei Flachs von 180 t auf knapp 9400 t, bei Hanf von 32 t auf 1850 t.

Die neuen Futtersilos wurden hauptsächlich mit Rauhfutter gefüllt. Erträge und Erntemengen von Klee, Luzerne und Futtergras erhöhten sich jedoch kaum. Der Futterrübenertrag stieg von 448 auf 474 dt/ha, die Gesamterntemenge von 2,1 auf 2,6 Millionen t.

Diese Produktionssteigerungen schlugen sich in der Viehhaltung kaum nieder. Der Bestand an Rindvieh und Schweinen erhöhte sich nur geringfügig. Der einzige „Sieg“, den die Landesbauernschaft von den „westfälischen Fronten der Erzeugungsschlacht“ melden konnte, wurde in den Kuhställen verzeichnet: Die Jahresmilchleistung aller Kühe stieg zwischen 1933 und 1939 von 2880 kg auf knapp 3000 kg.

Das Gesamtergebnis der „Erzeugungsschlachten“ blieb – nicht nur in

Westfalen – hinter den selbstgesteckten Zielen des NS-Regimes zurück. Zwischen 1933 und 1939 war die landwirtschaftliche Produktion in Deutschland um weniger als zehn Prozent gestiegen, der Selbstversorgungsgrad von 80 auf knapp 85 Prozent. Der Bedarf an Brotgetreide, Kartoffeln und Zucker war voll gedeckt. Bei Fleisch und Eiern sah die Versorgungslage weniger günstig aus. Die größte Lücke klaffte bei der Fettversorgung.

Die Fleisch-, Milch- und Fettproduktion beruhte 1938/39 noch immer zu einem Drittel auf Futtermittelimporten. Sollten sie ausbleiben, sei mit einer Verschärfung der Lage zu rechnen, prognostizierte Darré im November 1937. Und es kam fast einer Bankrotterklärung gleich, wenn er fortfuhr: „Dann kann die Erzeugungsschlacht nicht in dem an sich möglichen und wünschenswerten Maße fortgeführt, ja nicht einmal durchgehalten werden.“

Geheimpapier: „Sinkendes Einkommen des Bauern“

Streng vertraulich! Nicht für die Öffentlichkeit bestimmt!“ Dieser Vermerk stand auf der ersten Seite eines Heftes, das im Mai 1938 in Führungszirkeln der westfälischen Landesbauernschaft umging. Der Titel lautete: „Denkschrift zur Lage der Landwirtschaft im Bezirk der Landesbauernschaft Westfalen“.

Landesbauernführer Habbes hatte die Untersuchung in Auftrag gegeben. Allerdings suchte er auf den 45 maschinengeschriebenen Seiten vergebens nach Erfolgsmeldungen der „Erzeugungsschlacht“. Statt dessen las er Urteile wie dieses: „Sinkendes Einkommen des Bauern bei steigendem Einkommen anderer Volksschichten, eine bis ins Unerträgliche gestiegene Arbeitsbelastung und steigende Verschuldung sind im Augenblick die Zeichen, unter denen der Klein- und Mittelbauer Westfalens steht. Kein Wunder, daß man in diesen Kreisen angesichts der trostlosen Lage auf eine hoffnungslose Resignation stößt.“ Der Betriebswirtschaftler Dr. Paul Rintelen hatte die Denkschrift verfaßt. Rintelen, nach dem Krieg Professor an der Universität Weihenstephan, war 1926 in den Dienst der westfälischen Landwirtschaftskammer eingetreten, wo er zunächst auf dem Versuchsgut Sprakel arbeitete. 1934 wechselte er in die betriebswirtschaftliche Abteilung der Landesbauernschaft.

Das oben zitierte Urteil belegte Rintelen mit Buchführungsergebnissen aus 700 westfälischen Betrieben für die Wirtschaftsjahre 1935/36 und 1936/37. So sank in diesem Zeitraum der Reinertrag von 188 mittelbäuerlichen Betrieben in Ostwestfalen im Durchschnitt von 125 auf 108 Reichsmark (RM)/ha; für 35 milchviehstarke Betriebe des Ruhrgebietes errechnete Rintelen sogar ein Absinken des Reinertrages von 127 auf 98 RM/ha! Vier „untypische“ große Gutsbetriebe in Südwestfalen hingegen, die vor allem Getreide anbauten, verzeichneten einen Zuwachs des Reinertrages von 156 auf 213 RM/ha. Das war nicht verwunderlich. Die Getreidepreise hatten sich erholt und lagen 1938 um 15 Prozent höher als im „Idealjahr“ 1913.

Dagegen war die Krise der klein- und mittelbäuerlichen Veredlungsbetriebe offenkundig. Viele Bauern, so Rintelen, retteten sich in Warenschulden. Das Reichserbhofgesetz verwehrte die Aufnahme langfristiger Kredite, und so ließen viele Bauern, wenn sie Dünger, Saatgut oder Futtermittel kauften, ihre Geldschuld „anschreiben“. Zwischen Juli 1936 und Juli 1937 wuchsen die bäuerlichen Warenschulden in den Kreisen Bochum, Bielefeld, Halle sowie in Lippe um 15 bis 20 Prozent, im Kreis Herford sogar um 25 Prozent!

Natürlich ist der Vergleich zweier Wirtschaftsjahre bedenklich. Schlechte Witterung, ökonomische Schwankungen und andere Einflüsse können die Ergebnisse verzerren. Doch Rintelen hatte auch die längerfristige Entwicklung vor Augen. Er war überzeugt, daß die Zahlen „den Trend der Entwicklung aufzeigen“.

Eine Hauptursache der Krise sah Rintelen in der „Landflucht“. Die Industrie an Rhein und Ruhr, durch den Aufrüstungsboom in Schwung gebracht, zahlte Löhne, von denen Melker und Ackerknechte nur träumen konnten. Kein Wunder also, daß zwischen 1933 und 1939 im Deutschen Reich rund 1,4 Millionen Menschen vom Land in die Stadt abwanderten. Die Gutsbetriebe fingen dies durch höhere Löhne und durch Anschaffung arbeitssparender Maschinen auf. Den mittleren Betrieben war das schwerer möglich, den kleinen gar nicht.

Die für den Betrieb lebenswichtigen Arbeiten müßten die ohnehin überlasteten Bäuerinnen übernehmen, so Rintelen. Er sah Folgen heraufziehen, die gar nicht in die „Blut-und-Boden“-Ideologie paßten: „Wenn die Bäuerin heute von morgens früh bis spät abends arbeitet und schuftet, wenn die ganze Last der Arbeit im Betriebe auf ihr ruht, so wird der Geburtenrückgang auf dem Lande eine unausbleibliche Folge sein und die 'Blutquelle des Volkes' versiegen.“

Eine weitere Ursache – neben der „Landflucht“ – sah Rintelen in der Preisentwicklung. Gerade hier war der Auftakt der NS-Agrarpolitik vielversprechend gewesen: Ab 1933/34 erhielten die Bauern garantierte Festpreise, mit denen sie – nach den Preisschwankungen der Wirtschaftskrise – sicher kalkulieren konnten. Unter Bauern ist nicht selten zu hören, die Agrarpreise „unter Hitler“ seien außerordentlich gut gewesen. In der Tat waren die Erzeugerpeise aus dem Tief der Wirtschaftskrise bis 1934/35 um etwa ein Drittel gestiegen. Doch die Agrarpreise – vor allem für Veredlungsprodukte – erreichten im „Dritten Reich“ nie den Stand, den sie noch Mitte der 20er Jahre hatten: Für Schweine erhielten die Bauern 1925/26 rund 1,60 Reichsmark/kg, kurz vor Kriegsbeginn lag der Festpreis hingegen bei 1 RM/kg. Ähnlich auch Butter: Um 3,50 RM gab es in den 20er Jahren pro kg, 1938/39 lediglich rund 2,60 RM. Und statt der zehn Pfennig für ein Ei gab es 1938/39 nur acht Pfennig.

Die Zahlen aus einer amtlichen Statistik des Jahres 1940 sprechen eine deutliche Sprache. Hinzu kamen ferner, wie nun Rintelen kühl feststellte, daß die Preise nach dem tiefen Einbruch der Wirtschaftskrise nur „nominell“ erhöht worden seien; den Bauern entstünden durch neue Gebühren oder Anfuhrkosten zur Molkerei zusätzliche Ausgaben, „die im Milchpreis nicht erscheinen“. Gleiches galt für die Schlachtviehpreise. Bis ins Detail rechnete Rintelen vor, daß die zusätzlichen Ausgaben von der Bürokratie des Reichsnährstandes verschlungen wurden, vor allem für den Papierkrieg der Marktlenkung.

„Hausgemacht“ war eine weitere Schlinge, die gerade klein- und mittelbäuerliche Veredlungsbetriebe ins Stolpern brachte: Um die Brotversorgung der Bevölkerung unabhängig von Getreideimporten zu sichern, verbot der Reichsnährstand den Bauern, Getreide zu verfüttern. Sie mußten Futtermittel hinzukaufen, die sich durch Importbeschränkungen verteuert hatten. Die Differenz, so Rintelen, mache in einem bäuerlichen Betrieb bei einem Umsatz von 20 Schweinen pro Jahr rund 425 RM aus.

Rintelen errechnete ferner, daß in. Betrieben unter 20 ha das durchschnittliche Jahresarbeitseinkommen einer Vollperson 858 RM betrug. „Das entspricht bei 3600 Arbeitsstunden einem Stundenlohn von nicht ganz 24 Pfennig! Welcher Berufszweig weist in Deutschland noch solch geringen Arbeitslohn nach?“

Abschließend wagte Rintelen eine kritische Prognose: „Bei Fortbestehen der verschieden hohen Einkommensmöglichkeiten in Klein- und Großbetrieben muß der Kleinbetrieb auf die Dauer unterliegen. Dann werden dort die Traktormotoren der Großbetriebe knattern, wo heute der Kleinbauer mit Kuh- oder Pferdegespann Furche um Furche zieht. Das aber widerspricht der nationalsozialistischen Wirtschaftsauffassung, die möglichst viele selbständige Bauern wünscht.“

Westfälische „Palastrevolte" im Reichsnährstand

Seit seiner Bildung 1933/34 stellte sich der Reichsnährstand nach außen als straff geführte Organisation hin. Unermüdlich behauptete die Propaganda, der Reichsnährstand habe die Zerstrittenheit der landwirtschaftlichen Verbände und Organisationen hinter sich gelassen und bilde nun eine schlagkräftige Interessenvertretung der Bauern.

Mit der vielbeschworenen „inneren Geschlossenheit" des Reichsnährstandes allerdings war es nicht weit her. In der Münsteraner Landesbauernschaft tobte hinter den Propaganda-Kulissen seit 1934 ein Machtkampf, der weit über Westfalen hinaus seine Kreise zog. Im Herbst 1934 wurde der westfälische Landesbauernführer Kost von seinem Stellvertreter Habbes durch falsche Anschuldigungen und hinterhältige Winkelzüge aus dem Amt gedrängt. Zwischen Habbes- und Kost-Anhängern entbrannte ein heftiger Streit. Er spaltete nicht nur die Landesbauernschaft, sondern griff auch auf die beiden westfälischen NSDAP-Gauleitungen über. Beendet wurde der Konflikt erst, als Darré den Schleswig-Holsteiner Bauernfunktionär Martin Matthiessen im August 1938 zum neuen Landesbauernführer in Westfalen bestellte. Nur mit Mühe gelang es Matthiessen, die Wogen in der verfeindeten Landesbauernschaft zu glätten.

Weitaus schwerer noch als der „Westfalen-Streit" erschütterte 1936/37 eine andere Affäre das Gefüge und die Macht des Reichsnährstandes – die „Palastrevolte" Wilhelm Meinbergs, des westfälischen Darré-Stellvertreters im Reichsnährstand. Diese „Revolte" ist nur verständlich, wenn man auf die Stellung des Reichsnährstandes innerhalb des NS-Systems blickt. Im Jahr 1936 zeigte sich erstmals, daß der Reichsnährstand seine bislang unangefochtene Machtposition verlor. Der Reichsnährstand wurde im Zuge der Kriegsvorbereitungen allmählich zum verlängerten Arm des Landwirtschafts- und Ernährungsministeriums. Klar geregelt war jedoch noch wenig. Und als ob die Verwirrung noch nicht gereicht hätte, wurde im Sommer 1936 eine weitere Einrichtung geschaffen, die auf die Wirtschafts- und damit auch auf die Landwirtschaftspolitik entscheidend Einfluß gewann – der „Vierjahresplan", geleitet von Hermann Göring. Ein Gerangel um Macht und Einfluß war vorprogrammiert.

Genau in dieser Situation, als die Macht der Agrarpolitik neu verteilt wurde, zog sich Darré im Sommer 1936 bei einem Sportunfall einen Riß der Achillessehne zu. Sechs Monate lang war er an der Ausübung seiner Amtsgeschäfte verhindert. Im Reichsnährstand vertrat ihn Wilhelm Meinberg, im Landwirtschaftsministerium der Staatssekretär Herbert Backe, der gleichzeitig im Rahmen des Vierjahresplans für die Kriegsvorbereitung im agrarischen Bereich hauptverantwortlich war.

Während der Abwesenheit Darrés lieferten sich Meinberg und Backe ein erhitztes Duell. Meinberg war nicht bereit, den Machtverlust des Reichsnährstandes gegenüber dem Ministerium hinzunehmen. Er mobilisierte während des Streites mit Backe seine vornehmlich westfälische Anhängerschaft in der Führungsriege des Reichsnährstandes.

Als Darré im Januar 1937 nach Berlin zurückkehrte, wies er Meinberg in die Schranken. Gleichzeitig witterte er einen „Westfalen-Komplott" gegen das Ministerium und gegen seine Person. Darré startete nun eine, wie er schrieb, „groß angelegte Säuberungsaktion" – nicht zuletzt, um sein stark angeschlagenes Ansehen in der NS-Führung aufzupolieren. Die Gestapo wurde eingeschaltet. Sie ermittelte „gegen Angehörige des ‚Westfalen-Kreises'". Die Gerüchteküche brodelte, und tagtäglich hagelte es neue Anschuldigungen gegen Meinberg und seine westfälische „Meuterer".

Im März 1937 legte Darré schließlich Meinberg nahe, das Amt niederzulegen. Doch Meinberg, der seinen Osterurlaub auf seinem Hof in Kamen verbrachte, weigerte sich; er eilte flugs nach Berlin, wandte sich an seinen Freund und Vertrauten Walter Granzow, ebenfalls ein führender Funktionär im Reichsnährstand, und beide beschwerten sich bei Göring. Auf dessen Frage, was zu tun sei, wurde Granzow deutlich: „Geben Sie Darré eine andere Aufgabe, und lassen Sie Backe das Ministerium und Meinberg den Reichsnährstand führen." Damit war es offenkundig. Der widerspenstige Meinberg probte die „Palastrevolte" gegen Darré.

Nun stand Darré auch bei Göring nicht gerade hoch in Kurs, nicht zuletzt, weil die Affäre breite Kreise gezogen hatte. Doch Göring war nicht gewillt, den Reichsbauernführer abzuhalftern. Zum einen wollte er das enorme öffentliche Aufsehen verhindern, zum anderen hielt er nicht viel von Meinberg. In einem internen Schreiben schätzte Göring den westfälischen NS-„Bauernführer“ so ein: „Ich habe bei Meinberg das Gefühl, einen ziemlichen Dickschädel vor mir zu haben, der nur immer das machen wird, was ihm richtig erscheint und weniger das, was ihm angeordnet wird. Hierbei weiß ich nicht, ob er genügend Überblick hat, daß auch der von ihm betreute Reichsnährstand nur ein Glied in der Kette und nicht alleiniger Selbstzweck ist.“

Zunächst versuchte Göring, den Konflikt beizulegen. Doch sowohl Darré als auch Meinberg lehnten jede weitere Zusammenarbeit ab. Beide verfochten die Devise: „Er oder ich – einer muß gehen.“ So entschied Göring zugunsten von Darré. Meinbergs Anhänger wurden „in die Wüste“ geschickt. Meinberg selbst im Mai 1937 auf einen wohldotierten Posten in den „Reichswerken Hermann Göring für Erzbergbau und Eisenhütten“ in Salzgitter abgeschoben.

Daß die „Palastrevolte“ Meinbergs nicht intern gelöst werden konnte, wirft ein bezeichnendes Licht auf den Machtverlust Darrés und des Reichsnährstandes im NS-Herrschaftssystem. Denn nicht Darré, sondern Göring hatte alle wichtigen Entscheidungen getroffen. Die Meinberg-Affäre war ihm gelegen gekommen, um seine Macht gegenüber Darré auszubauen. Der Reichsnährstand hingegen, in seiner Stellung stark geschwächt, wurde mit Kriegsbeginn dem Ernährungsministerium einverleibt. Von einer „schlagkräftigen Interessenvertretung“ redete niemand mehr.

Ein Rotbuntzüchter wehrt sich mit dem Auktionshammer

Alois Schulze Lohoff, 53jähriger Besitzer eines 200-ha-Gutes in Laer bei Steinfurt, war über Westfalen hinaus ein bekannter Viehzüchter. Er nannte eine der besten rotbunten Zuchtviehherden Deutschlands sein eigen. Im Sommer 1936 kündigte er überraschend an, die gesamte Herde öffentlich zu versteigern – darunter etliche Tiere, die auf Kreistierschauen und DLG-Ausstellungen hoch prämiert waren. „Das Aufsehen war natürlich groß“, erinnert sich der 70jährige Laerer Landwirt Paul Steinmann. „Rund 400 Leute kamen da morgens auf den Hof, Bauern aus der Umgegend und Tierzüchter von weither.“ Ob sie ahnten, daß der eigenwillige Züchter mit seiner Auktion mehr im Schilde führte?

Die Versteigerung hatte eine lange Vorgeschichte. Der Landwirt, dem Laerer Bauern noch heute eine scharfe Zunge und einen „westfälischen Dickschädel“ nachsagen, verhehlte nie, daß er von den Nazis im Dorf, im Kreis und in der Landesbauernschaft nichts hielt. Auf einer Ortsbauernversammlung beispielsweise geißelte er mit derben Worten die Agrarpolitik des Reichsnährstandes. Daraufhin verwarnte ihn die Gestapo öffentlich in der lokalen Tageszeitung und drohte mit der Einweisung in ein Konzentrationslager, „falls er nochmals gleicher oder ähnlicher Vorfälle wegen gemeldet würde“.

Unterdessen holten NS-Beamte der Landesbauernschaft zum Schlag gegen den unbequemen Züchter aus. Dabei kam ihnen gelegen, daß ein Knecht im November 1935 den Gutsbesitzer denunzierte: Aloys Schulze Lohoff habe 1930 bis 1932 Milchkontrollen gefälscht; er habe seinen Obermelker beauftragt, bei zwei Kühen heimlich Sahne in den Melkeimer zu schütten, um einen höheren Fettgehalt vorzutäuschen und so die beiden Tiere in das Deutsche Rinderleistungsbuch zu bringen.
Sofort sperrte das Westfälische Rinderstammbuch den Stall des Züchters. Bei den Ermittlungen der Staatsanwaltschaft stellte sich jedoch bald heraus, daß Schulze Lohoff mit den Manipulationen nichts zu tun hatte. Der Melker hatte ohne Wissen seines Dienstherrn gehandelt, um eine übliche Leistungsprämie zu kassieren.

Das Strafverfahren gegen Schulze Lohoff wurde eingestellt. Doch eine öffentliche Ehrenerklärung wurde ihm verweigert, denn dies hätte Beamte der Landesbauernschaft bloßgestellt. Der Milchkontrolleur beispielsweise, der seinerzeit nicht aufgepaßt hatte, war inzwischen zum Stabsleiter der Kreisbauernschaft in Wittgenstein aufgestiegen. Schulze Lohoff schrieb im Januar 1936 dem Landesbauernführer Habbes: „Ich verlange vollständige Genugtuung und werde sie mir von den ordentlichen Gerichten erstreiten.“

Die Landesbauernschaft blies indes zum Kesseltreiben: Die Sperre des vielprämierten Züchterstalles wurde nicht aufgehoben. Außerdem drängte die Landesbauernschaft den Kontrollverein Steinfurt, Schulze Lohoff auszuschließen. Die Bauern lehnten dies mit großer Mehrheit ab. Daraufhin wurde der Kontrollverein kurzerhand aufgelöst. Noch am gleichen Tag mußten die Bauern eine Erklärung unterzeichnen, daß sie bereit seien, einem neuen Kontrollverein beizutreten. Nur einer durfte nicht unterschreiben – Schulze Lohoff! Kurz darauf schloß das Rinderstammbuch den berühmten Züchter aus, „da Sie“ – wie es in dem Brief hieß – „nicht mehr Mitglied eines Milchviehkontrollvereins sind“.

Jetzt stand nicht mehr nur seine Ehre, sondern seine Existenz als Züchter auf dem Spiel. Aloys Schulze Lohoff gewann einen Rechtsanwalt aus Greven, der ihn redegewandt und mutig vertrat. In einem umfangreichen Briefwechsel mit dem Rinderstammbuch, der Landesbauernschaft, der NSDAP-Gauleitung und sogar mit Landwirtschaftsminister Darré suchte der Züchter sein Recht zu erstreiten. Bald mußte er einsehen, daß er gegen die üblen Machenschaften der Nazis nicht ankam. Er war im Recht, doch seine Gegner hatten die Macht. Jetzt wollte er wenigstens um sein Ansehen kämpfen. Er heckte einen gefährlichen, listigen Plan aus.

Im Sommer 1936 kündigte er die Versteigerung seiner Viehherde an. Als am Morgen des 31. August 1936 Bauern und Züchter auf den Gutshof strömten, erhielt jeder einen Zuchtviehkatalog. Und der hatte es in sich: Auf den ersten 23 Seiten waren die zu versteigernden Kühe, Bullen, Rinder und Fohlen aufgeführt. Auf den nachfolgenden 50 Seiten hatte Schulze Lohoff den gesamten Briefwechsel abdrucken lassen!

In einem Vorwort schrieb er: „Da die Maßnahmen der Landesbauernschaft Westfalen gegen mich in der Öffentlichkeit den Eindruck erwekken, daß ich doch mitschuldig sei, sehe ich keine andere Möglichkeit, als meinen Bekannten die nachfolgende Sammlung der in meinem Fall entstandenen Schriftstücke zu überreichen, damit ein jeder sich ein Bild über den Fall Schulze Lohoff machen kann. Es ist dies die einzige Möglichkeit, meine Ehre in der Öffentlichkeit zu verteidigen und ein Notwehrakt.“

Schulze Lohoff selbst leitete die Versteigerung. Paul Steinmann erzählt: „Verkauft wurden da nur Tiere, die er sowieso loswerden wollte. Für die besten Tiere bekam sein Verwalter den Zuschlag, und der führte die Tiere wieder zurück in den Stall.“ Die Versteigerung war also ein Vorwand, um die Wahrheit ans Tageslicht zu bringen.

Mittags kamen Gendarmen und Gestapo-Beamte auf den Gutshof. Sie verhafteten Schulze Lohoff und beschlagnahmten die Kataloge. Wer eines der Hefte behielt, machte sich strafbar. Albert Mersmann, 75jähriger Landwirt, Nachbar von Schulze Lohoff und ebenfalls Augenzeuge des Geschehens, erzählt: „Die Bauern steckten sich den Katalog unters Hemd oder in den Stiefel, einige Hefte wurden auch schnell irgendwo vergraben. Ein Polizist hat mir mit einem Messer den Stiefel aufgeschlitzt und den Katalog entdeckt – passiert ist mir deswegen aber nichts.“

Die Gestapo-Beamten verhafteten Schulze Lohoff und brachten ihn nach Münster. Was dort vorfiel, weiß niemand zu sagen, auch der Züchter schwieg sich später darüber aus. Fest steht jedenfalls: Er kam nach einigen Tagen wieder zurück nach Laer. Warum die Gestapo ihre Drohung nicht wahr machte, ihn in ein Konzentrationslager einzuweisen, das erklärt sich Albert Mersmann so: „Die Bauern konnten in dem Katalog nachlesen, was vorgefallen war, und daß Schulze Lohoff im Recht war. Wenn die Nazis ihn festgehalten hätten, dann wären hier wohl viele Bauern auf die Barrikaden gegangen.“

Grosse Versteigerung

der rotbunten

Zuchtviehherde

(Siegertiere der DLG in Form und Leistung)

auf Gut Schulze Lohoff, Laer

Kreis Steinfurt, Bez. Münster

am 31. August 1936, morgens 10 Uhr anfangend.

Die Herde ist eine der besten rotbunten Deutschlands.

Titelseite des brisanten Versteigerungskataloges.

Kirchenkampf im Münsterland

Zur Sache – das Kreuz! Zur Sache – das Kreuz!“ So riefen Tausende aufgebrachter Bauern aus dem Oldenburger Münsterland am 25. November 1936 dem Gauleiter Röver ins Gesicht. Der Hintergrund: Die NS-Regierung in Oldenburg hatte am 4. November erlassen, daß in sämtlichen Schulen und öffentlichen Gebäuden der Provinz Kreuze und Lutherbilder entfernt werden sollten. Die Landbevölkerung war erzürnt. So schrieb ein Bauer an das Kultusministerium: „Ich kann es vor Gott nicht verantworten, daß das Kreuz aus der Schule entfernt wird, darum verlange ich als christkatholischer Hausvater, daß das Kreuz in der Schule bleibt.“

Innerhalb weniger Tage erreichte der bäuerliche Massenprotest eine solche Wucht, daß Röver auf einer Veranstaltung in der Cloppenburger Münsterlandhalle vor 7000 Teilnehmern kleinlaut verkündete, daß der Erlaß zurückgenommen sei.

Die Ereignisse im Oldenburger Land waren der erste Höhepunkt einer Auseinandersetzung zwischen katholischer Kirche und NS-Regime. Nach dem Machtantritt Hitlers hatte sich die Kurie zunächst vor Übergriffen des NS-Regimes sicher geglaubt; das Reichskonkordat zwischen Berlin und dem Vatikan vom 20. Juli 1933 garantierte das Recht auf freie Religionsausübung, den Schutz der Verbände und die Erhaltung der Bekenntnisschulen. Nach Monaten der Ruhe vor dem Sturm nahm das NS-Regime im Winter 1933/34 den Kampf auf. Mit ihrem Konfrontationskurs gegen die „Vorherrschaft Roms“ und gegen das christliche Bekenntnis stießen die Nazis im westfälischen Münsterland auf zum Teil heftigen Protest, gerade unter den katholischen Bauern.

Zielscheiben des Angriffs waren zunächst die katholischen Laienverbände, die Presse und einzelne Geistliche. Sie wurden im antisemitischen Hetzblatt Julius Streichers, dem „Stürmer“, stets aufs neue attackiert und verhöhnt. Im Kreis Warendorf, in Gescher und in Südlohn kursierten 1935 erste Unterschriftenlisten, in denen die Entfernung der „Stürmer“-Kästen gefordert wurde, die in jedem Dorf hingen.

Der erste Angriff auf die Bekenntnisschulen erfolgte in Westfalen im Mai 1936: Der gerade neu ernannte Schulrat in Ahaus, ein junger, engagierter Nazi, verfügte eigenmächtig, eine der vier Religionsstunden in den Volksschulen zu streichen – zugunsten eines nationalsozialistischen „Staatsjugendtages“. Nach einem Einspruch des Münsteraner Bischofs von Galen ging der Schulrat noch weiter: Am 22. Juni 1936 untersagte er das Singen religiöser Lieder im Musikunterricht, verordnete, daß die Geistlichen bei ihrem Religionsunterricht vom Rektor beaufsichtigt werden müßten und daß sämtliche Heiligenbilder aus den Schulen zu entfernen seien.

Vom Entfernen der Kreuze aus den Klassenräumen war noch nicht die Rede. Der Schulrat wußte wohl, daß er sich damit den Protest der kirchentreuen Landbevölkerung eingehandelt hätte. Dennoch gab er sich selbstbewußt: Er sei gesonnen, den Kampf mit der Kirche aufzunehmen, erklärte er auf einer Schulleiterkonferenz in Stadtlohn am 22. Juni 1936, und: „Der Kreis Ahaus wird in diesem Kampfe den Vortrupp bilden.“

Sein Vorgehen rief die Landbevölkerung auf den Plan. „Die heutige Bauernversammlung protestiert ganz energisch gegen die vom Herrn Schulrat in Ahaus ergriffenen willkürlichen Maßnahmen“ – so schrieben 64 Bäuerinnen und Bauern aus Heek am 12. Juli 1936 an das Münsteraner Regierungspräsidium. Wenig später trafen dort ähnliche Protestbriefe aus Südlohn, Nienborg, Gemen, Schöppingen und anderen Ortschaften ein.

Die Anordnung des Ahauser Schulrats stieß auch in den Schulen auf Widerstand. In Nienborg beispielsweise begannen die Schüler damit, Hitler-Bilder aus ihren Schulbüchern herauszuschneiden. Das obligatorische Bild des „Führers“ in den Klassenräumen wurde umgedreht, mit dem Gesicht zur Wand. In Schöppingen weigerte sich der Schulleiter, die Verfügungen des Schulrats auszuführen.

Inzwischen hatte auch der Schulrat im Nachbarkreis Steinfurt am 1. Juli 1936 angeordnet, den Religionsunterricht zu kürzen; über das Entfernen der Bilder schwieg er sich aus. Gleichwohl kam es auch hier zu Protesten.

Vier Bauern aus Metelen beispielsweise fuhren eigens nach Münster, um im Regierungspräsidium einen Stapel an Unterschriften zu überreichen – 15 engbeschriebene Blätter mit insgesamt 474 Unterschriften. Mehr als 90 Prozent aller Eltern in Metelen hätten unterzeichnet, ließen sie den Beamten der Schulbehörde wissen. Auch aus Borghorst fuhr eine Protestdelegation nach Münster. Der Beamte in der Schulbehörde redete sich heraus, bezeichnete das Vorgehen des Schulrates als „unbefugte Anordnung einer untergeordneten Parteistelle“.

Das Blatt schien sich zu wenden. In Sachen Heiligenbilder wies Regierungspräsident Klemm den übereifrigen Schulrat in Ahaus zurecht: „Ihr Verhalten hat bedeutenden politischen Schaden angerichtet und findet im Einvernehmen mit der Gauleitung der NSDAP nicht meine Billigung.“ Der gemaßregelte Schulrat wand sich: Es sei ein Mißverständnis gewesen, er habe nur Darstellungen „im kitschigen Stil“ entfernen wollen. Jetzt versprach Regierungspräsident Klemm dem Bischof von Galen, er werde „für die Anschaffung von Bildschmuck Beihilfen gewähren“, und zwar nicht nur für nationale Bilder, sondern auch für das „wertvolle religiöse Bildwerk“. In Sachen Kürzung des Religionsunterrichts blieb Klemm jedoch hart. Weitere Protestschreiben folgten, unter anderem aus Leer und Welbergen. Doch erst als das Bildungsministerium in Berlin den „Staatsjugendtag“ Anfang Dezember 1936 aufhob, zog Klemm auch die Kürzung des Religionsunterrichts zurück.

Während sich Regierungspräsident Klemm noch mit dem Bilder- und Unterrichtsstreit herumschlug, ließ im Oldenburgischen der eingangs erwähnte „Kreuzerlaß“ die Wogen hochschlagen. Die Nazis der Münsteraner Regierung schreckten vor einem ähnlichen Erlaß zurück. Denn was geschehen konnte, wenn im Münsterland parteibeflissene Lehrer oder karrieresüchtige Schuldirektoren eigenmächtig die Kreuze aus den Klassenräumen entfernten, das zeigte sich im Winter 1936/37 an der Landwirtschaftsschule in Burgsteinfurt.

Nach der Haupterntezeit, im September 1936, begann dort wieder der Unterricht. Als die 91 Schüler der Unter- und Oberklasse die Klassenräume betraten, stellten sie sofort fest, daß jemand die Kreuze von den Wänden genommen hatte. Statt dessen hing das „Führerbild“ an der Wand hinter dem Lehrerpult.

Schuldirektor Schulte Baukloh, ein strammer Nazi, teilte den Schülern unumwunden mit, daß er die Kreuze entfernt habe, und zwar aus eigenen Stücken. Der 71jährige Landwirt Bernhard Reckels aus Ochtrup, damals Vertreter des erkrankten Klassensprechers in der Oberklasse, erzählt: „Wir haben ihn gefragt, warum er das getan hat, und da erklärte er uns: ‘Wir haben hier keine konfessionelle Schule, sondern wir haben hier jetzt eine Deutsche Schule, und da sind Kreuze fehl am Platze!’ Das konnten wir uns nicht bieten lassen“, erzählt Bernhard Reckels weiter, „das war ein Angriff auf unseren Glauben und auf den Glauben unserer Eltern.“

Die Bäuerinnen und Bauern, die Eltern der Schüler, waren aufgebracht. Doch was tun? Schüler und Eltern mußten, wenn sie Widerspruch erhoben, Schlimmes befürchten – von einem Schulverweis bis hin zur „Schutzhaft“ in einem der berüchtigten Konzentrationslager.

Kurz darauf protestierten im Oldenburger Münsterland Tausende von Bauern mit Erfolg gegen den dortigen

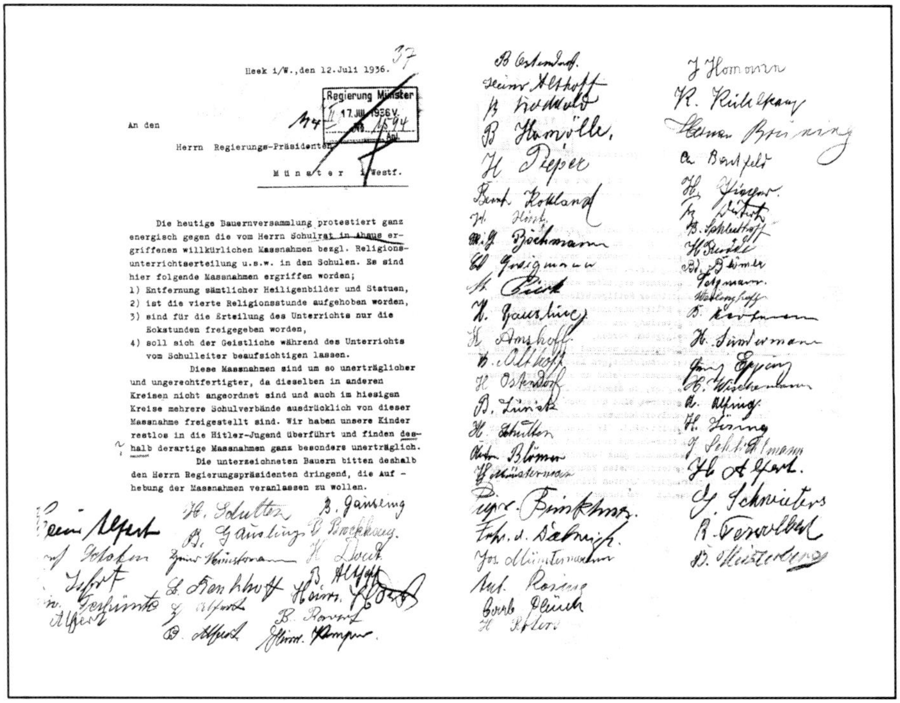

Heek i/W., den 12. Juli 1936.

An den

Herrn Regierungs-Präsidenten

Münster i/Westf.

Die heutige Bauernversammlung protestiert ganz energisch gegen die vom Herrn Schulrat in Ahaus ergriffenen willkürlichen Massnahmen bezgl. Religionsunterrichtserteilung u.s.w. in den Schulen. Es sind hier folgende Massnahmen ergriffen worden;

1) Entfernung sämtlicher Heiligenbilder und Statuen,
2) ist die vierte Religionsstunde aufgehoben worden,
3) sind für die Erteilung des Unterrichts nur die Eckstunden freigegeben worden,
4) soll sich der Geistliche während des Unterrichts vom Schulleiter beaufsichtigen lassen.

Diese Massnahmen sind um so unerträglicher und ungerechtfertigter, da dieselben in anderen Kreisen nicht angeordnet sind und auch im hiesigen Kreise mehrere Schulverbände ausdrücklich von dieser Massnahme freigestellt sind. Wir haben unsere Kinder restlos in die Hitler-Jugend überführt und finden deshalb derartige Massnahmen ganz besonders unerträglich.

Die unterzeichneten Bauern bitten deshalb den Herrn Regierungspräsidenten dringend, die Aufhebung der Massnahmen veranlassen zu wollen.

Protestschreiben der kirchentreuen Landbevölkerung aus Heek (Ausschnitt).

„Kreuzerlaß“. Ermutigt von den Oldenburger Ereignissen, stellten im Dezember 1936 mehrere Schüler der Oberklasse den Direktor noch einmal zur Rede – unter ihnen Bernhard Reckels: „Wir forderten, daß die Kreuze wieder zurückkommen. Aber Schulte Baukloh ließ sich davon überhaupt nicht beeindrucken.“

Unter den Schülern kam irgend jemand auf die Idee zu streiken. Den meisten Eltern schien es jedoch zunächst ratsamer, das Thema auf der nächsten Bezirksbauernversammlung anzusprechen. Sie fand am 26. Januar 1937 in Ochtrup statt und war, wie die Schulchronik bemerkt, „besonders stark besucht“. Hier allerdings ließen Schulte Baukloh und Kreisbauernführer Weddige aus Rheine keinen Zweifel an ihrem unnachgiebigen Kurs aufkommen.

Am folgenden Tag traten die Schüler in den Streik. Sie kamen zwar zur Schule, doch weigerten sie sich, die Klassenräume zu betreten. Schulte Baukloh blieb hart, und daraufhin verließen die Schüler das Gebäude. „Am nächsten Morgen sind wir wieder hingegangen“, erinnert sich Bernhard Reckels. „Wir haben geguckt, ob die Kreuze drin waren, und als sie da nicht hingen, haben wir uns auf der Stelle umgedreht und sind nach Hause gegangen.“

Die katholische Landbevölkerung war empört, die Stimmung zeitweise aufs äußerste gereizt. So beklagte ein Ortsgruppenleiter, daß die Bevölkerung in Langenhorst und Welbergen ihm nicht mehr seinen „Deutschen Gruß“, den Ruf „Heil Hitler“ erwidere, sondern ihn fast provokatorisch mit „Guten Tag“ grüße.

Mit einem Eklat endete am 2. Februar eine Versammlung in Metelen. Die Landwirte stellten Kreisbauernführer Weddige zur Rede, der in Begleitung des Bauern Heinrich Gökkenjan erschienen war, des Steinfurter Reichstagsabgeordneten der NSDAP und führenden Beamten der Landesbauernschaft. Nach einer kurzen Erklärung Weddiges zog Göckenjan ein Schreiben des Landesbauernführers Habbes aus der Tasche: „Die Erzeugungsschlacht darf nicht durch Behandlung von Fragen, die mit ihr nichts zu tun haben, gestört werden. Jeden, der dies dennoch tut, muß ich als Saboteur der Erzeugungsschlacht betrachten.“ Als Göckenjan geendet hatte, erhoben sich sämtliche Bauern und verließen stillschweigend den Versammlungssaal.

In der Schulchronik ist zu lesen: „Der Generalstreik hielt etwa eine Woche an. Dann erschienen einzelne Schüler wieder zum Unterricht.“ In einem Bericht der Gestapo heißt es überdies, daß nur die etwa 60 katholischen Schüler streikten, die evangelischen hingegen weiter am Unterricht teilnahmen. Der 71jährige Alois Wessendorf aus Ochtrup, damals Schüler in der Oberklasse, meint: „In den ersten Tagen haben alle mitgemacht, ohne Ausnahme. Aber dann ging das doch auseinander. Die Eltern wurden mit allen Mitteln bedrängt, daß ihre Söhne wieder zur Schule gingen. Als erstes gingen diejenigen wieder zur Schule, die aus einem Nazi-Elternhaus stammten. Andere bekamen es mit der Angst zu tun – uns allen war ja nicht ganz wohl dabei.“

Anders als in Oldenburg verfolgte die westfälische Gauleitung einen unnachgiebigen Kurs – nicht zuletzt deswegen, weil die Unruhe in der Landbevölkerung kaum über die Steinfurter Gegend hinausgriff. „Ein Nachgeben“, so teilte NSDAP-Gau-

Das Gebäude der Landwirtschaftsschule in Burgsteinfurt.

inspektor Barthels den Steinfurter Parteigenossen mit, „erscheint mit Rücksicht auf die notwendige Wahrung der Autorität des Staates unangebracht. Gegebenenfalls soll mit den schärfsten Mitteln durchgegriffen werden."

Schulte Baukloh forderte in einem Brief die Eltern auf, ihre streikenden Söhne wieder zur Schule zu schicken; andernfalls würden sie der Schule verwiesen. Alois Wessendorf: „Da war nichts zu machen, wir konnten nicht dagegen ankommen. Ich bin wieder zur Schule hingegangen, wie die meisten anderen auch." Sind die Schüler daraufhin bestraft worden? „Nein", meint Alois Wessendorf, „die Nazis trauten sich nicht, da härter durchzugreifen. Dann hätte es wohl noch mehr Unruhe gegeben. Nur auf den Zeugnissen haben sie uns das später spüren lassen."

Einige Eltern jedoch ließen sich nicht beeindrucken. 16 Schüler erschienen überhaupt nicht wieder zum Unterricht. Sie wurden von der Schule verwiesen; die Landesbauernschaft sorgte auch dafür, daß sie an keiner anderen Landwirtschaftsschule aufgenommen wurden.

In der katholischen Landbevölkerung blieb es unruhig. Um weiteren zornigen Protesten den Wind aus den Segeln zu nehmen, versetzte die Landesbauernschaft den Direktor Schulte Baukloh ins lippische Blomberg. Die Kreuze jedoch, und darauf achteten die Nazis streng, durften nicht wieder aufgehängt werden. Erst nach dem Krieg kehrten die Kreuze wieder in die Klassenräume der Landwirtschaftsschule zurück.

Haustenbeck: Ein Sennedorf wird umgesiedelt

Haustenbeck – das war ein kleines Dorf mitten in der Senne, an der westlichen Grenze des Freistaates Lippe. In den 30er Jahren lebten hier rund 1200 Menschen – Handwerker, Arbeiter und Bauern mit ihren Familien. Die alte evangelische Kirche stand mitten im Dorf, es gab eine Schule, einen Gasthof „Zur Linde", einen Schützen-, Gesang- und einen Turnverein, ja sogar einen Radfahrverein namens „Edelweiß".

Jeder kannte jeden, und die Dorfgemeinschaft war gerade durch den entbehrungsreichen Alltag in der kargen, abgeschiedenen Senne fest zusammengewachsen. Daß das beschauliche Dorfleben bald zerstört werden würde, ahnte noch niemand.

1934 wurde das Dorf von Artilleriedonner aufgeschreckt. Haustenbeck lag unweit eines Truppenübungsplatzes aus Kaisers Zeiten, der in den 20er Jahren stillgelegen hatte; nun kehrte der militärische Betrieb zurück. Das „Dritte Reich" rüstete zum Krieg.

Der Übungsplatz weitete sich aus. Im Sommer 1934 ging das Militär „zum Angriff über", wie der letzte Haustenbecker Pfarrer Hans Held notierte: Am Dorfrand schlugen erste Granaten ein, MG-Kugeln verletzten ein Pferd, und eine Granate verwüstete den Garten des Försters.

Um die Jahreswende 1936/37 gingen Gerüchte durchs Dorf. „Das Militär will die ganze Senne kaufen", hieß es, und: „Haustenbeck muß weg!"

Das Dorf Haustenbeck steht den Aufrüstungsplänen des NS-Regimes im Wege.

Ein Regierungsbeamter beruhigte die Gemüter. Nur einige Häuser am Dorfrand sollten gekauft werden, gab er im März 1937 bekannt. Doch die Haustenbecker blieben skeptisch – mit Recht: Im November 1937 kündigte die Regierung an, daß das ganze Dorf umgesiedelt werden sollte. Es stand den Aufrüstungsplänen des „Dritten Reiches“ im Wege.

Haustenbeck war kein Einzelfall. 140 Dörfer wurden in Hitler-Deutschland zwischen 1933 und 1938, also innerhalb von nur fünf Jahren, völlig aufgelöst und umgesiedelt, weil die Wehrmacht landwirtschaftliche Gelände beanspruchte als Übungsplatz oder zum Bau von Flugplätzen und Befestigungen. Weitere 225 ländliche Gemeinden mußten im gleichen Zeitraum teilweise geräumt werden.

Noch gar nicht mitgezählt sind hier jene 5600 bäuerlichen Betriebe, die 1938/39 zwischen Aachen und Lörrach aufgegeben werden mußten, weil auf ihrer Fläche die Bunkeranlagen des „Westwalles“ gebaut wurden. Allein durch diesen militärischen Befestigungsbau mußten über 30000 Menschen – Bauern und Landarbeiter samt ihren Familien – ihre Höfe verlassen. Insgesamt beanspruchte die Wehrmacht zwischen 1933 und 1939 rund 840000 ha landwirtschaftlich genutzte Fläche.

Doch zurück zu Haustenbeck: Ende 1937 trat hier die Berliner „Reichsumsiedlungsgesellschaft“ auf den Plan. Ihre Beamten waren für den

Kirmes in Haustenbeck, 1937; noch sind die Umsiedlungspläne im Dorf nicht bekannt.

geregelten Ablauf der Umsiedlungsaktion zuständig. Anfangs zeigten sich die Haustenbecker noch recht wohlwollend gegenüber den Beamten. Doch bald gab es Ärger, der sich vor allem an der unklaren Entschädigungsregelung entzündete.

Eine Bewertungskommission begann damit, den Kaufpreis der Häuser und Höfe zu bestimmen. Landwirt Sprute aus Wellentrup, der die Interessen der etwa 100 Landwirte und Kleinbauern in Haustenbeck vertrat, schritt mit Beamten und dem jeweiligen Besitzer durch die Senne, um den Wert eines Hofes zu taxieren. Den Besitzern blieb es verwehrt, um den Kaufpreis zu feilschen; sie durften lediglich anhören, auf welchen Preis sich die Kommission geeinigt hatte.

Niemand wußte, wie die Entschädigungssumme bestimmt worden war. Die Geheimniskrämerei ließ die Haustenbecker mißtrauisch werden – gegenüber der Kommission und auch untereinander. Jeder fürchtete, daß dieses Grundstück oder jene Scheune nicht hoch genug bewertet worden war.

Der Bauer Friedrich Renne, der als 17jähriger die Umsiedlungsaktion miterlebte, erzählt: „Da gab's ständig Spektakel im Dorf. Aber wer sich ganz stur stellte, wurde enteignet. Und dann konnte es passieren, daß er noch weniger Geld erhielt, als ihm vorher zugedacht war."

Einige versuchten mit Bauernschläue, doch noch einen günstigeren Preis für Haus und Hof herauszuschlagen. So empörte sich eine ältere Haustenbeckerin gegenüber der Bewertungskommission: „Aber meine lieben Herren, mit der Mühle habe ich doch jedes Jahr 4000 Reichsmark verdient!" Und die „lieben Herren" erwiderten kühl: „Ach, und beim Finanzamt haben Sie nur 2500 Reichsmark angegeben."

Nach den Plänen der „Reichsumsiedlungsgesellschaft" sollten die Arbeiter und Handwerker in benachbarten Orten in Lippe angesiedelt werden. Die Landwirte und Kleinbauern hingegen sollten in einer geschlossenen Siedlung an der Ostgrenze des Reiches „umgepflanzt" werden – als „Wehrbauern", wie es damals hieß.

Nach einer Besichtigungsfahrt protestierten die Bauern gegen dieses Vorhaben. Die Grenzgegend war ihnen zu gefährlich, auch zu unerschlossen, und vor allem: Wenn sie schon Haustenbeck verlassen mußten, dann wollten sie wenigstens in Lippe bleiben, in der Nähe ihrer angestammten Heimat. Einige Bauernfamilien zogen weiter weg – entweder nach Blumenberg, einem Dorf in der Magdeburger Börde, oder in das niedersächsische Gifhorn. Die meisten Bauern jedoch schauten sich in Lippe nach geeignetem Land um.

Der Vater des Bauern Renne beispielsweise fand eine neue Heimat in Bechterdissen, einem Dorf am Osning nahe Leopoldshöhe. Im Sommer 1939 zog die Bauernfamilie Renne um. Das sagt sich so leicht, war aber eine monatelange, mühselige Plackerei. Nur Möbel und das Vieh wurden per LKW transportiert, alles andere mit dem Pferdewagen: „Ich bin 22mal von Hausenbeck nach Bechterdissen gefahren, um die Sachen rüberzubringen", erzählt Friedrich Renne. „Ein Weg dauerte 5½ Stunden, da war ich den ganzen Tag unterwegs."

In Bechterdissen konnten die Rennes für die Entschädigungssumme nur halb so viel Acker kaufen, wie sie in Haustenbeck besaßen; dafür war der Boden weitaus ertragreicher als in der kargen Senne. So haben sich die Rennes wie die meisten anderen Bauern wirtschaftlich durchaus verbessert. Das aber war nur ein schwacher Trost: „Meinen Eltern war der Umzug sehr schwer gefallen. Sie haben oft Heimweh gehabt und wären am liebsten wieder umgekehrt. Aber was sollten wir denn machen?"

Im Spätherbst 1939 – der Zweite Weltkrieg hatte inzwischen begonnen – war das Dorf nahezu geräumt. Am Totensonntag 1939 kamen viele Haustenbecker noch einmal zusammen, um in der Kirche den letzten Gottesdienst zu feiern. Mit aller Inbrunst stimmten sie das Lied „Mein Leben ist ein Pilgrimstand" an, bevor Pfarrer Hans Held zu seiner letzten Predigt anhob – eine Predigt über einen Satz im Hebräerbrief: „Wir haben hier keine bleibende Stadt, sondern die zukünftige suchen wir."

Nach dem Gottesdienst verabschiedeten sich die Haustenbecker voneinander. Von nun an gab es das Dorf nicht mehr. In der Senne erinnern heute nur noch Ruinen, verstreute Schutthaufen und einige Baumreihen an das ehemalige Haustenbeck.

Von der Duldung zum Boykott: Jüdische Viehhändler

Bis weit in die NS-Zeit hinein spielten Juden im Viehhandel eine ausschlaggebende Rolle. Obwohl längst verboten, verkauften westfälische Bauern schlachtreife Tiere unter der Hand an ortsansässige „Viehjuden“. Der NSDAP blieb dies nicht verborgen. Ortsgruppen- und Kreisleiter klagten in monatlichen Stimmungsberichten oft über die Widerspenstigkeit „judenfreundlicher“ Bauern.

Nicht nur NS-Funktionäre wußten Bescheid. Ähnlich gut überblickte eine Gruppe organisierter Gegner die Lage – die Sozialdemokraten im Prager Exil, die von Vertrauensleuten im ganzen Land informiert wurden. Ein anonymer Informant aus Westfalen, der – wie er schrieb – „ständig mit Landwirten in Fühlung ist“, berichtete im Juli 1936:

„Die Juden sind gar nicht so verhaßt bei den Bauern, wie das die Nazis hinstellen. Der Bauer kennt sich lange mit dem jüdischen Viehhändler, er kennt seine Methode des Handels und des Handelns, ja, er hat sie sich selbst im Laufe von Generationen angeeignet. Dabei ist er gar nicht schlecht gefahren, und es sind keine Einzelfälle, in denen der Bauer für sein Vieh beim Juden immer mehr bekam als beim christlichen Viehhändler.“

In der Tat, jüdischer Viehhandel hatte eine jahrhundertelange Tradition. Schon unter den ersten Juden, die sich im Mittelalter in einigen Städten Westfalens niederließen, gab es Metzger, denn gläubige Juden durften Fleisch nur von rituell geschlachteten Tieren genießen. Juden, die auf dem Land wohnten, mußten selbst schlachten. Der dazu nötige Kontakt zu Bauern war der erste Schritt auf dem Weg zum jüdischen Viehhändler.

Eine Aufnahme aus den 20er Jahren: Max Rosenbaum, jüdischer Viehhändler in Raesfeld.

Mit Vieh hatten Juden in Westfalen immer zu tun. Über Jahrhunderte blieb dies einer der wenigen Wirtschaftszweige, der ihnen auf dem Land erlaubt war. Deshalb spielten sie seit dem 18. Jahrhundert eine große Rolle im Viehhandel.

Avraham Barkai, der beste Kenner des jüdischen Wirtschaftslebens in Westfalen, bemerkt für das 19. und das frühe 20. Jahrhundert: „Der Viehhandel war nachweislich der einzige Wirtschaftszweig, der tatsächlich in großem Maße von Juden ‘beherrscht’ wurde, die zum Teil auch in den größeren Städten lebten, und nach einer Quelle sollen sechzig Prozent der in Deutschland tätigen Viehhändler Juden gewesen sein.“

Daran konnten die NS-Regierungsstellen zunächst nur wenig ändern, wollten sie nicht riskieren, daß der Vieh- und Fleischmarkt in ernsthafte Turbulenzen geriet. Eine ausdrückliche Vereinbarung gestand jüdischen Viehhändlern in den westdeutschen Städten zu, ein Drittel des Viehs aufzutreiben. Mit dieser „Kompromißlösung“ gab sich die NSDAP vorerst zufrieden. Das Einkommen vieler Juden wurde allerdings schon empfindlich geschmälert. Sie hatten in den Vorjahren weitaus mehr Vieh aufgetrieben, als ihnen jetzt erlaubt war.

Bei dieser Einschränkung blieb es nicht. Zwei nationalsozialistisch dominierte Mittelstandsverbände, der „Bund nationaler Viehhändler“ und der „Kampfbund des gewerblichen Mittelstandes", schlossen 1933 ein Übereinkommen, um jüdische Viehhändler an ihrer Berufsausübung zu hindern.

Welche Folgen das hatte, zeigt ein Blick auf die Stadt Dortmund: Seit April 1933 verwehrte ein Metzgermeister in Uniform den jüdischen Viehhändlern den Zutritt zum Schlachthof. Am 20. Mai 1933 ging ihnen ein Schreiben zu, nach dem nur vier, später fünf von ihnen der Zutritt gestattet wurde.

Jeder Kunde, der sich anschickte, bei ihnen zu kaufen, wurde ab September 1933 von SA-Leuten photographiert. Überall hingen Schilder, die zum Boykott aufforderten. Auf die Dauer wurden die jüdischen Viehhändler in den Ruin getrieben.

In ländlichen Kleinstädten kam es erst 1935 zu gezielten Angriffen und Behinderungen – so etwa in Warendorf: Der Ortsgruppenleiter verlangte am 22. August 1935, jüdische Viehhändler nicht zum Fettmarkt im Oktober zuzulassen. Im „Neuen Emsboten" hieß es: „Im Ideengut des Nationalsozialismus ist das Prinzip der rassischen Sauberkeit verankert. Wer den Sinn recht versteht, hat konsequent zu sein und in seiner Konsequenz über die rein äußerliche Reinhaltung zur korrekten Ausmerzung der parasitären jüdischen Beeinflussung vorzudringen! Es handelt sich keineswegs darum, eine schikanöse Einzelaktion gegen jüdische Viehhändler zu unternehmen, sondern den Handel mit denkbarer Konsequenz vom Juden und Judentum grundsätzlich zu bereinigen. Immer wieder betonte man vom Standpunkt des Bauern und Händlers aus die Notwendigkeit, den Juden auszuschalten und dem arischen Händler ein besseres Arbeitsgebiet zu geben. So soll künftig der Warendorfer Fettmarkt judenfrei sein!"

Wer mit Juden handele, solle in Presse und Anschlagstellen namentlich gebrandmarkt werden, hieß es weiter. Händlern, die nicht zum Boykott bereit waren, wurde der Entzug des Gewerbescheins angedroht.

Der Obermeister der Warendorfer Fleischerinnung versuchte, vorsichtig gegenzusteuern. Er stellte fest, daß Klagen, die Juden würden erhöhte Preise fordern, nicht laut geworden seien. Der „Centralverein deutscher Staatsbürger jüdischen Glaubens" erhob am 25. September 1935 Einspruch: Das Marktverbot für Juden widerspreche der gesetzlich garantierten Marktfreiheit. Der Landrat jedoch blieb bei der Ausschließung der Juden vom Fettmarkt.

In kleinen Dörfern und Landgemeinden dauerte die Ausschaltung der Juden als Viehhändler noch länger. Noch 1937 beschwerten sich Nationalsozialisten bei der Gauleitung Westfalen-Süd, daß die Bauern ihre Kühe ohne die jüdischen Viehhändler nicht verkaufen könnten und diese an manchen Orten noch drei Viertel des Viehhandels bestritten.

Auf die Dauer aber hatten die Juden im Viehhandel wie auch in anderen Wirtschaftssparten keine Chance. Wie bekannt, kam es noch schlimmer: Wer nicht noch auswandern konnte, ging vom Dezember 1941 an den Weg in die Vernichtungslager des Ostens.

Diethard Aschoff

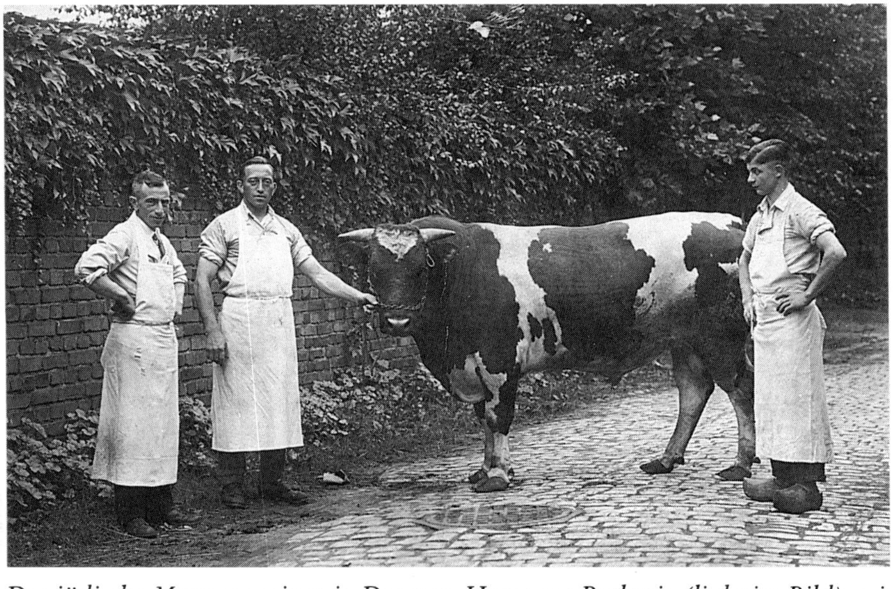

Der jüdische Metzgermeister in Dorsten, Hermann Perlstein (links im Bild), mit seinen beiden Gesellen Heinz Ameling und Günther Gresch.

„Kristallnacht“ in Legden

Wie konnten die Nazis das tun? Erst dieses Schikanieren, dann das Plündern und Häuseranstecken, und was dann kam, im Krieg, daß die Juden wie Vieh weggetrieben und umgebracht wurden – wie konnten Menschen so etwas tun?“ Ratlos blickt die 72jährige Bäuerin Hedwig Kuper aus dem Fenster in die Weite. Und leise setzt sie hinzu: „Die Juden hatten doch niemandem was getan.“

Die Erinnerung läßt Hedwig Kuper bis heute keine Ruhe. Sie beginnt mit bewegter Stimme zu erzählen, von ihrem Heimatdorf Legden im Münsterland und von der Familie des Viehhändlers Moritz Seligmann, der mit seiner Tochter Rica und seinem Sohn Karl in Legden lebte. Seine Frau war früh verstorben. Margarete, eine andere Tochter, war im benachbarten Horstmar verheiratet.

Neben dem Viehhandel betrieb Moritz Seligmann eine Schlachterei und einen Metzgerladen. „Bei uns“, so erzählt Hedwig Kuper, „kam Moritz Seligmann regelmäßig vorbei, um Vieh abzuholen. Er bezahlte prompt. Mein Vater ließ auf ihn nichts kommen.“ Überhaupt hätten ihre Eltern stets voller Hochachtung von Moritz Seligmann gesprochen: „Immer, wenn das Wort darauf kam, hieß es bei uns: ‘Der Mann tut viel für unser Krankenhaus.’ Die Frau von Moritz Seligmann hat vor ihrem Tod lange dort gelegen. Daß die Nonnen sie gepflegt hatten, hat Moritz Seligmann nie vergessen. Jedes Jahr hat er viel gestiftet für das Krankenhaus.“

In Legden gab es noch eine jüdische Familie namens Rosenbaum. „Die alten Rosenbaums waren damals schon verstorben. Die hatten vier Töchter, die ungefähr so alt waren wie meine Mutter. Sie waren in der Umgegend verheiratet. Das Haus gehörte ihnen gemeinsam, und sie kamen regelmäßig, um nach dem Rechten zu sehen.“ In dem Haus wohnte sonst niemand. Hier war auch die Synagoge untergebracht – „die war schon von alters her da“, meint Hedwig Kuper. Das Haus ging in der „Kristallnacht“ in Flammen auf.

Die Hintergründe der Pogrom-Nacht sind bekannt: Ein junger Hannoveraner Jude, dessen Eltern nach Polen ausgewiesen worden waren, erschoß am 7. November 1938 in Paris den deutschen Botschaftsrat Ernst von Rath. Dieses Attentat bot den Nazis den Vorwand, um in einer gesteuerten Aktion loszuschlagen. In der Nacht vom 9. zum 10. November wurden in ganz Deutschland, in Dörfern, Städten und Gemeinden, Synagogen angezündet, jüdische Geschäfte demoliert, jüdische Frauen und Männer beschimpft und bespuckt, verprügelt und verhaftet; mindestens 91 jüdische Bürger wurden in dieser Nacht des Grauens ermordet.

In Legden erhielt der Ortsgruppenleiter am 9. November gegen Mitternacht einen Anruf der Kreisleitung Ahaus, „sofort gegen die Juden vorzugehen“. Als erstes wurde das Haus der Rosenbaums mit der Synagoge angezündet; es brannte bis auf die Grundmauern nieder. Hedwig Kuper: „Zum Glück war niemand in dem Haus, sonst wäre da wohl noch Schlimmeres passiert.“ In derselben Nacht wurden der Viehhändler Moritz Seligmann und sein Sohn Karl verhaftet, während ihr Haus vollständig demoliert wurde. Feuerwehrleute hielten den Strahl der Wasserschläuche auf die Fenster. Die Glasscheiben zerplatzten, und das Wasser spritzte mit voller Wucht in die Zimmer. Rica Seligmann rannte nach draußen und flehte den verantwortlichen Feuerwehrführer an, damit aufzuhören, worauf sie zur Antwort bekam: „Halt die Schnauze, du verdammtes Judenweib, das muß ich wissen.“

Am nächsten Tag eilte die in Horstmar wohnende Schwester Margarete nach Legden. Ihr bot sich, wie sie sich später erinnerte, ein erschütterndes Bild: „Sämtliche Fensterscheiben waren zertrümmert und die Fensterrahmen mit Pappe ausgefüllt worden. Der Platz des Hauses war mit allerlei Unrat besät, was vordem unsere Hausgegenstände waren. Sie waren von den Zerstörern des Mitnehmens nicht für wert befunden und darum vernichtet worden.“ Die Täter hatten hier ihre kriminelle Gesinnung, ihre dumpfe Habgier ausgetobt, Eigenschaften, die die NS-Propaganda stets den Juden zugeschrieben hatte.

„Die das getan hatten, die kamen nicht von auswärts. Das waren alles Leute aus Legden“, erinnert sich Hedwig Kuper. „Ich will ihre Namen nicht nennen, aber eins will ich doch sagen: Einer der Anführer hatte ein Geschäft, und er hat aus blankem Konkurrenzneid gegen den Seligmann gewütet.“

Was in dieser Nacht in Legden geschah, war kein Einzelfall – ja in vielen Städten schlugen die Judenhasser noch brutaler um sich. In Lünen beispielsweise wurden – neben den Plünderungen und Brandstiftungen –

Am Tag nach der „Kristallnacht“: Die ausgebrannte Synagoge in Borghorst.

zwei Juden in ihren Wohnungen erschossen, ein anderer Jude in der Lippe ertränkt.

Es gab Menschen, die die Aktionen billigten oder zumindest nicht ablehnten – und das waren nicht nur linientreue Nazis. „Für viele Bürger“, so der Historiker Bernd Hey, „war das pogromartige Vorgehen gegen jüdische Nachbarn eine Sache der Rabauken und Schläger, Erpresser und Mörder“.

Hedwig Kuper: „Meine Eltern waren außer sich. ‘Allesamt Verbrecher’, sagte mein Vater, und er dachte nicht allein so. Viele waren entsetzt.“ Unter den Bauern habe es geheißen: „Heute zerschlagen sie die Synagogen, und morgen sind die Kirchen dran!“

Die meisten Menschen schwiegen zu den Untaten. Ein offenes Wort der Kritik oder gar Hilfeleistung für die Juden trauten sich nur die wenigsten. So nahm ein befreundeter Legdener Bürger am Morgen nach der Pogromnacht die beiden Kinder der Margarete Seligmann auf, als sie das Haus ihrer Familie aufsuchte. Sie erinnerte sich später noch an eine andere Geste des Beistandes: „Als ich das Haus wieder durch die Hintertür verlassen wollte, kam mir unser alter Bekannter aus Holtwick entgegen. Er gab mir die Hand und ging dann zu meiner Schwester, um ihr beizustehen.“

„Etwas zu sagen oder zu tun“, meint Hedwig Kuper, „den Mut hatten nur wenige. Die meisten waren tief erschrocken. Nach dieser ganzen Gewalt, dieser Brutalität hatte man erst recht Angst, daß man verhaftet und ins KZ gesteckt wird.“ Und mit Tränen in den Augen fährt die alte Bäuerin fort: „Die Kristallnacht – das war ja alles noch nichts, wenn man an das denkt, was dann im Krieg kam, als es hieß: Die Juden werden abgeholt.“

Jüdischer Landbesitz wurde ab 1938 „arisiert“

Drei Wochen nach der „Kristallnacht“ erging vom Reichswirtschaftsministerium, unter Federführung von Hitlers Stellvertreter und Chef im Amt für den Vierjahresplan, Hermann Göring, die „Verordnung zur Ausschaltung der Juden aus dem deutschen Wirtschaftsleben“. Damit begann nach der schrittweisen Entrechtung die umfassende Enteignung der deutschen Juden.

In den folgenden Monaten, bis ins Jahr 1941, als die noch in Deutschland verbliebenen Juden in die Vernichtungslager im Osten deportiert wurden, mußten sämtliche Geschäfte, Betriebe und Grundstücke, die deutschen Juden gehörten, verkauft werden – zum „mäßigen Verkehrswert“, wie es hieß.

Die „Überführung jüdischen Eigentums in arische Hände“ fand auch auf dem Land statt, auch in Westfalen. Reichsnährstand, Orts- und Kreisbauernführer, Finanzämter und die Landeskulturämter sorgten dafür, daß die Verordnung aus Berlin bis ins letzte Dorf hinein ausgeführt wurde. In Westfalen trat die Siedlungsgesellschaft „Rote Erde“ auf den Plan. Sie wollte das Land „zur Neubildung deutschen Bauerntums“ verwendet wissen. Ein Jude aus Bredenborn im Kreis Höxter bat den Reichsminister inständig um Aufschub:

„Man soll mir doch wenigstens die Grundstücke, die zu unserem Ernährungsbedarf nötig sind, belassen. Es gibt hier auf dem Land keine Geschäfte, die sich mit dem Verkauf von Gartenerzeugnissen befassen. Jeder zieht sich selbst, was er gebraucht. Ich selbst bin über 60 Jahre alt und habe für meine Schwester und einen 87jährigen Onkel zu sorgen. Bis auf ein Gartengrundstück ist mein gesamter Besitz, der schon mehr als 100 Jahre im Besitz meiner Vorfahren ist, verpachtet, und zwar meist durch Vermittlung des Ortsbauernführers. Meine Grundstücke sind somit zur Bewirtschaftung deutscher Bauern und deutscher Landarbeiter zugeführt. Ich bemerke noch, daß ich als Frontkämpfer durch Oberschenkelschuß kriegsbeschädigt bin.“ Der Einspruch wurde abgelehnt.

Wer kennt sie noch, all die Namen, die damals den Leuten im Dorf so geläufig waren, die Namen von Viehhändlern oder Kaufleuten, Kleinbauern oder Witwen, die aus der Verpachtung ihren Unterhalt fristeten? In den Akten des Reichswirtschaftsministeriums sind sie peinlichst genau aufgeführt. Jeder Acker und jede Weide, jeder Garten und jedes noch so kleine Salatbeet wurden erfaßt.

In Westfalen waren damals rund 850 jüdische Familien im Besitz von landwirtschaftlich genutztem Boden. Bei einer Gesamtfläche von 1750 ha waren das nicht viel mehr als durchschnittlich 2 ha pro Familie – Obst- und Gemüsegärten, kleine Kartoffeläcker und Viehweiden. Besonders zahlreich waren jüdische Landbesitzer in den Kreisen Büren, Höxter und Paderborn. Einige Großgrundbesitzer gab es auch. So gehörte zum Beispiel das Gut Ergste im Kreis Iserlohn einer jüdischen Erbengemeinschaft.

Um das Land der Juden gab es hinter den Kulissen ein würdeloses Gerangel der Habgierigen und heftige Auseinandersetzungen, vor allem zwischen sogenannten „Judenfeinden“ und „Judenfreunden“. Land war knapp, und so stritt man sich um die Gunst des Landgewinns.

Der Staat mißtraute denjenigen Bauern und Bäuerinnen, die den Juden das Land zu guten Freundschaftspreisen abkauften und ihnen so die rasche Ausreise ermöglichten. Ein Bauer in Ahaus zum Beispiel hatte dem Juden Felix S. einen Garten und ein Weidestück für 1200 Reichsmark pro Morgen abgekauft. Nach Ansicht des Kreisbauernführers war das um die Hälfte zuviel. Er wollte den Kauf rückgängig machen.

Felix S. erhob verzweifelt Einspruch. Er wollte nach Chile auswandern, und ein Einwanderungsvisum war teuer. Die meisten Länder verlangten damals von den Juden Zahlungen in Golddiskont. Im „Dritten Reich“ aber wurde den Juden der Kauf von Devisen drastisch erschwert. Sie erhielten von der Deutschen Reichsbank nur ein Viertel ihres Geldes in Devisen ausgezahlt, der Rest wurde für die Staatskasse einbehalten.

Felix S. mußte also froh sein um jede Mark, die er für sein Land bekam. In einem Brief an das Reichswirtschaftsministerium bat er darum, daß man den Kauf des Ahauser Bauern nicht rückgängig mache. Er erwähnte noch, daß er und seine Brüder im Ersten Weltkrieg für die deutsche Heimat gekämpft und vier Brüder dabei den Tod gefunden hatten. Aber all sein Bitten und Flehen war vergebens. Die Bauernfamilie, die das Land behalten durfte, wurde gezwungen, die über dem festgelegten Wert liegende Summe an den Staat abzuführen. Der Jude Felix S. hatte das Nachsehen.

Wer das Land von den Juden zum Freundschaftspreis kaufte, wurde schnell als „politisch unzuverlässig“ verdächtigt. So erging es in Vörden im Kreis Höxter einem Bauern, der Anfang November 1938, noch vor der schrecklichen „Kristallnacht“, ein Grundstück von einem Juden gekauft hatte. Nachträglich wollte das Landeskulturamt den Kaufpreis herabdrücken. Wahrscheinlich hatte ein Neider den Fall an die Behörden denunziert. Die NSDAP in Höxter beschuldigte den Vördener Bauern, daß er „nur aufgrund seiner guten Beziehungen zu den Juden den Vertrag abschließen konnte“.

Der Bauer wandte sich in einer Beschwerde an den Reichsminister: „Der Hauptgrund für die Einwände ist der, daß wir beim Juden gekauft haben sollen. Dasselbe gebe ich zu. Aber doch nicht in dem Maße, wie ich beschuldigt bin. Ich soll dem Juden Geld geliehen, besonders einen Wechsel unterschrieben haben. Das ist direkt aus der Luft gegriffen. Als einziger Grund bleibt der Kauf beim Juden. Doch wenn das so ist, wird in unserer Gemeinde keiner Besitzer des Landes werden können, da alle ausnahmslos beim Juden kauften.“

Doch es nutzte nichts. Die Beschwerde des Bauern wurde abgelehnt, der Kauf rückgängig gemacht. Das Land ging an einen „politisch Zuverlässigen“.

Beim Blättern der erhalten gebliebenen Akten über die „Arisierung jüdischen Landbesitzes“ stößt man immer wieder auf solche Bitten und Gesuche, auf Verdächtigungen und Denunziationen. Die „Arisierung“ im ländlichen Westfalen zog sich über mehrere Jahre hin. Bis zum Dezember 1941 waren mehr als 60 Prozent des jüdischen Besitzes in „arische Hände überführt“.

Ursula Schlude

Land im Krieg (1939–1945)

Kriegsbeginn im September 1939: Militär zieht durchs Bauerndorf.

Sachsenhausen, Häftling Nr. 3195: Ein Bauernsohn aus Clarholz

So, nun möchte ich Euch allen Verwandten und Bekannten ein recht frohes Weihnachtsfest wünschen! Im Geiste werde ich die Feiertage bei Euch verbringen. Auch Ihr werdet unter dem Lichterbaum einsam und verlassen sein. Das nächste Weihnachtsfest werde ich wohl wieder bei Euch feiern dürfen. So hoffe ich zuversichtlich. Nun wünsche ich Euch gnadenreiche Weihnachten, Ernst."

Diese Sätze finden sich in einem Brief, der in der Adventszeit 1939 auf dem Hof Kuhlmann in Clarholz im damaligen Kreis Wiedenbrück eintraf. Eine drückende Stimmung lastete auf der Bauernfamilie. Im Spätsommer 1939 hatte die Gestapo den ältesten Sohn Ernst festgenommen und im Konzentrationslager Sachsenhausen inhaftiert. Der zitierte Brief war das zweite Lebenszeichen des gerade 23jährigen KZ-Häftlings. Wer war Ernst Kuhlmann, und was war sein „Vergehen"?

Ernst Kuhlmann, 1916 geboren, war auf dem elterlichen Hof in Clarholz aufgewachsen. In der Volksschule hatte ein Lehrer das Talent des Bauernsohnes entdeckt und den Eltern geraten, ihren Sohn aufs Gymnasium zu schicken. „Doch wovon sollten sie das bezahlen?" erinnert sich seine Schwester Elisabeth. „Wir hatten doch nur einen kleinen Hof – 20 Morgen Acker und Wiese, vier Kühe, ein paar Schweine und ein Pferd. Unser Vater ging damals manchmal woanders helfen, um noch ein Zubrot zu verdienen, wie das früher so war."

Auf Ratschlag des Lehrers schickten die Eltern ihren Sohn auf das Erzbischöfliche Knabenseminar in Paderborn. „Das kostete nicht so viel Geld, das konnten meine Eltern noch gerade bezahlen."

Nach bestandenem Abitur nahm Ernst Kuhlmann im Sommer 1938 in Paderborn das Theologiestudium auf. In den Semesterferien im Sommer 1939 kehrte er nach Clarholz zurück. Hier arbeitete er als Handlanger in einer Möbelfabrik, um Geld für sein Studium zu verdienen.

Am 31. August 1939, einen Tag vor dem deutschen Überfall auf Polen,

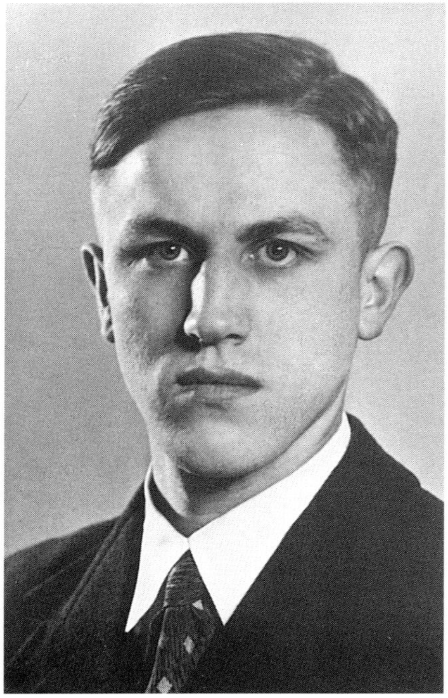

Ernst Kuhlmann, Clarholz.

kam es unter den Fabrikarbeitern zu einem Streit. Was dort vorfiel, weiß niemand mehr genau zu sagen. Fest steht jedenfalls: Ernst Kuhlmann, der an der Furnierpresse arbeitete, schrieb auf eine Sperrholzplatte: „Der Krieg ist für die Reichen, der Mittelstand muß weichen, der Arbeiterstand stellt die Leichen."

Seine Schwester Elisabeth berichtet: „Diesen Satz hatte mein Onkel beim Dreschen fallen lassen. Er war im Ersten Weltkrieg Soldat gewesen, und er wollte von Krieg nichts mehr hören."

Ihr Bruder wurde denunziert, von der Gestapo festgenommen und in das Bielefelder Gefängnis abgeführt. „Wir sind mit dem Fahrrad regelmäßig dahin gefahren, um ihn zu besuchen." Ende Oktober war Ernst Kuhlmann spurlos verschwunden. „Wochenlang wußten wir nicht, was die Gestapo mit ihm gemacht hatte. Mein Vater ist in der Zeit ganz grau geworden aus furchtbarer Sorge. Überall hat er hintelefoniert, aber er hat nichts herausgekriegt."

Mit Beginn des Krieges verschärfte das NS-Regime seine polizeilichen Maßnahmen gegen politische Gegner. Besondere „Reinigungsaktionen" wurden eingeleitet, um jegliche Widerstandsregung zu unterdrücken. Neben der sozialdemokratischen und kommunistischen Opposition waren hier auch die Kirchen betroffen.

Reinhold Heydrich, berüchtigter Chef der Sicherheitspolizei, schrieb am 20. Oktober 1939 eine für Hitler bestimmte Denkschrift „über die gegenwärtige Haltung der Kirchen und Sekten". Er bezeichnete den katholischen Klerus als „fanatisch-staatsfeindliche Klerikerschaft", als „geschworenen Feind des Staates“, der das Kirchenvolk verhetze. Hier erwähnte er auch ausdrücklich den Fall Kuhlmann.

Abschließend empfahl Heydrich: „In allen Fällen, in denen irgendwelche bewußte Sabotage, klare Verhetzung des Volkes oder offener Widerstand in Erscheinung tritt, muß ohne Rücksicht der Person, des Standes und des kirchlichen Ranges sofort und schärfstens durchgegriffen werden. Die betreffenden Persönlichkeiten sind nach Möglichkeit sofort einem Konzentrationslager zuzuführen.“

Wenig später, Ende Oktober 1939, wurde Ernst Kuhlmann von Bielefeld in das Konzentrationslager Sachsenhausen bei Berlin-Oranienburg verschleppt. Hier waren rassisch Verfolgte, politische und religiöse Gegner des NS-Regimes inhaftiert. Die Häftlinge litten und starben an Folter oder Zwangsarbeit, an Unterernährung oder Epidemien.

Erst Ende November 1939 erfuhr die Clarholzer Bauernfamilie, wo Ernst Kuhlmann war. Als Häftling Nr. 3195 im Block 44 des KZ Sachsenhausen durfte er noch vier Briefe nach Clarholz schreiben.

Im ersten Brief ist zu lesen: „Ein Vierteljahr bin ich nun schon von zu Hause fort. Sechs Wochen bin ich bald hier. Ihr seid doch hoffentlich noch gesund? Bei mir ist das wenigstens noch der Fall.“ Dieses kleine versteckte Wörtchen „noch“ läßt die unsäglichen Quälereien der Nazi-Schergen nur erahnen; schreiben durfte er darüber selbstverständlich nicht.

Sein letzter Brief kam kurz vor Ostern 1940 in Clarholz an: „Ach, meine Gedanken sind ja soviel bei Euch. Ostern war ich bisher immer zu

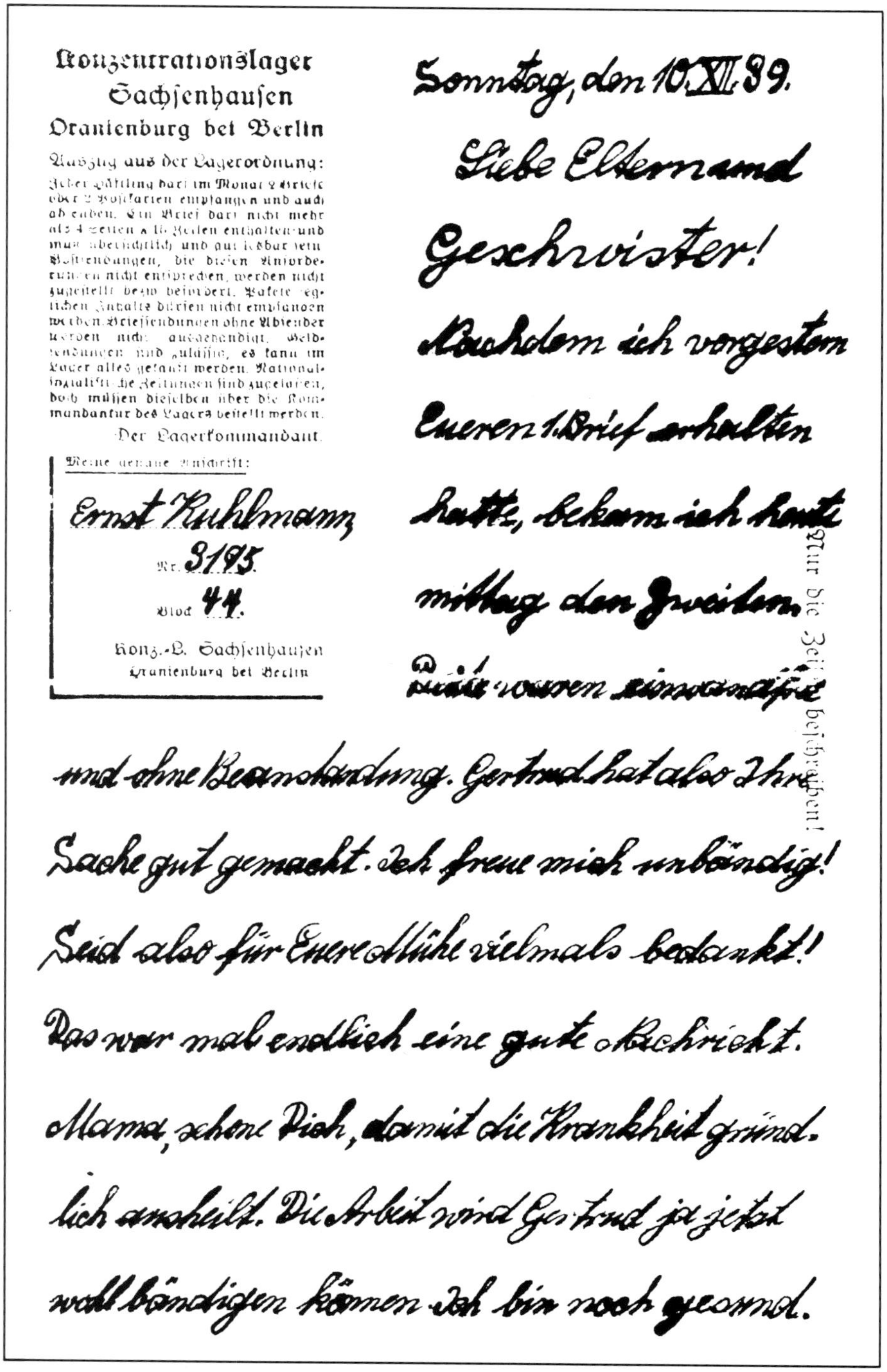
Konzentrationslager
Sachsenhausen
Oranienburg bei Berlin

Auszug aus der Lagerordnung:
Jeder Häftling darf im Monat 2 Briefe oder 2 Postkarten empfangen und auch absenden. Ein Brief darf nicht mehr als 4 Seiten à 15 Zeilen enthalten und muß übersichtlich und gut lesbar sein. Postsendungen, die diesen Anforderungen nicht entsprechen, werden nicht zugestellt bezw. befördert. Pakete jeglichen Inhalts dürfen nicht empfangen werden. Briefsendungen ohne Absender werden nicht ausgehändigt. Geldsendungen sind zulässig, es kann im Lager alles gekauft werden. Nationalsozialistische Zeitungen sind zugelassen, doch müssen dieselben über die Kommandantur des Lagers bestellt werden.
Der Lagerkommandant.

Meine genaue Anschrift:
Ernst Kuhlmann
Nr. 3195
Block 44.
Konz.-L. Sachsenhausen
Oranienburg bei Berlin

Sonntag, den 10.XII.39.
Liebe Eltern und Geschwister!
Nachdem ich vorgestern Euren 1. Brief erhalten hatte, bekam ich heute mittag den zweiten. Beide waren einwandfrei und ohne Beanstandung. Gertrud hat also Ihre Sache gut gemacht. Ich freue mich unbändig! Seid also für Eure Mühe vielmals bedankt! Das war mal endlich eine gute Nachricht. Mama, schone Dich, damit die Krankheit gründlich ausheilt. Die Arbeit wird Gertrud ja jetzt wohl bändigen können. Ich bin noch gesund.

Nur die Zeilen beschreiben!

Einer der Briefe Ernst Kuhlmanns aus dem KZ Sachsenhausen an seine Familie.

Hause. Ich hatte es für dieses Jahr ja auch gehofft, aber Osterfeuer und Ostereier wird es bei Euch ja auch nicht geben in diesem Jahre.“ Und weiter: „Meine Sachen müßt ihr mal lüften und nachsehen. Macht doch auch die Kammer oben schön fertig. So, nun fröhliche Ostern und herzliche Grüße an Euch alle, Euer Ernst.“

Am 14. April 1940, drei Wochen nach Ostern, starb Ernst Kuhlmann – an „Lungenentzündung“, wie der Familie offiziell mitgeteilt wurde. „Niemand weiß, wie er wirklich umkam“, erzählt seine Schwester. „Nach dem Krieg ist ein Mithäftling gekommen, der uns sagte, daß damals im KZ eine Ruhr-Epidemie ausgebrochen war. Als er meinen Bruder das letzte Mal sah, soll er ganz ausgezehrt gewesen sein. Ob er an den Folterungen starb, an Unterernährung, an der Arbeit im Steinbruch – niemand weiß es.“

Nach dem Ende des NS-Regimes errichtete die Familie Kuhlmann vor ihrem Hof ein Kreuz. Als mahnende Inschrift ließen sie dort einmeißeln: „Richtet nicht, damit ihr nicht gerichtet werdet!“

Erster Kriegstag in einem Bauerndorf

Es gibt Tage, an die erinnert man sich sein Leben lang“, meint der 64jährige Landwirt Wilhelm Mellers (Name geändert). Der 1. September 1939, als das NS-Regime mit dem Überfall auf Polen den Zweiten Weltkrieg entfesselte, ist für ihn so ein Tag. „Ich sehe noch heute das tief besorgte Gesicht meines Vaters – so etwas vergißt man nicht.“

Wilhelm Mellers, 1925 geboren, wuchs mit sechs Geschwistern auf einem Hof am Rande eines kleinen Münsterländer Dorfes auf. Seine Mutter war gestorben, eine Tante lebte noch auf dem Hof – „ein kleiner Kotten“, sagt Wilhelm Mellers, und er zählt auf: „Vier Kühe, ein paar Schweine, Hühner und ein Pferd hatten wir damals. 16 Morgen Eigentum gehörten zum Kotten, und noch 11 Morgen Pachtland. Damit lagen wir deutlich unter der Erbhof-Grenze.“

Am Morgen des 1. September 1939 war ein Nachbar auf den Kotten gekommen, um einen Schaden im Pferdestall auszubessern. Er hatte im Radio die Rede gehört, mit der Hitler am frühen Morgen den lange vorbereiteten Überfall auf Polen zu bemänteln versucht hatte:

„Polen“, so dröhnte der „Führer“ aus dem Berliner Reichstag, „Polen hat nun heute Nacht zum erstenmal auf unserem eigenen Territorium auch durch reguläre Soldaten geschossen. Seit 5.45 Uhr wird jetzt zurückgeschossen! Und von jetzt ab wird Bombe mit Bombe vergolten.“ Und nicht weniger verlogen hatte der „Führer“ versichert: „Mein ganzes Leben gehört von jetzt ab erst recht meinem Volke. Ich habe wieder jenen Rock angezogen, der mir selbst der heiligste und teuerste war. Ich werde ihn nur ausziehen nach dem Sieg – oder ich werde dieses Ende nicht mehr erleben.“ Was all diese Worte tatsächlich bedeuten sollten, konnten sich in diesem Moment nur wenige vorstellen.

Kriegsbegeisterung und Hurra-Patriotismus, mit dem 25 Jahre zuvor der Erste Weltkrieg gefeiert worden war, stellten sich an diesem Tag kaum ein – weder in dem Dorf im Münsterland noch anderswo. Erst die „Blitzfeldzüge“, in denen die Wehrmacht nacheinander Polen, Norwegen und Dänemark, die Niederlande, Belgien und Luxemburg und schließlich im Sommer 1940 Frankreich überrannte, lösten eine triumphale Begeisterung für den „Führer“ aus, der sich kaum jemand verschloß. 1939 jedoch, in den ersten Kriegstagen, war die Stimmung gedrückt. „Vielen steckte noch der letzte Krieg in den Knochen“, meint Wilhelm Mellers.

Sein Vater, der damals 44jährige August Mellers, habe schon länger Schlimmes geahnt. Ein Jahr zuvor, im August 1938, hatte er an einer Militärübung teilnehmen müssen, und dort habe es geheißen: „Halten Sie sich jederzeit bereit!“ Der Bauer konnte an diesem Morgen im Spätsommer 1939 noch nicht voraussehen, daß er bereits in der nächsten Nacht in einem Kasernenbett liegen würde.

Auf dem Kotten der Mellers ging der Alltag zunächst weiter. Die Sonne stand gut, das trockene Heu sollte aus der drei Kilometer entfernten Wiese eingefahren werden. Es war der zweite Schnitt, die sogenannte „Nohmahd“. Am Nachmittag wurde das Pferd vor den Leiterwagen gespannt. Auf der Wiese angelangt, mußte zunächst das Heu zusammengeharkt werden. Alle Kinder mußten dem Vater und der Tante helfen. Es war spät genug geworden, als es wieder nach Hause ging. Die Tante war schon früher mit dem Fahrrad zurückgefahren, um die Kühe zu melken, die Schweine zu füttern und das Abendessen vorzubereiten. Nach dem Essen mußten die Kinder bald ins Bett.

Spät am Abend, es war schon dunkel, kam der Dorflehrer ins Haus. Er brachte dem Vater den Einberufungsbefehl zur Wehrmacht. Noch in dieser Nacht müsse er nach Handorf, hieß es. „Wir Kinder waren wach geworden und sind in die Küche gegangen. Da stand unser Lehrer noch, und man merkte ihm an, daß es ihm schwer fiel, diese Botschaft zur überbringen. Wir verstanden nicht recht, was da vor sich ging. Wir wußten nur, daß unser Vater weg mußte.“

Und mit bewegter Stimme erzählt Wilhelm Mellers weiter: „Ich seh das noch heute vor mir: Vater wusch sich an der Wasserpumpe, packte seine Sachen zusammen, und dann ging er aus dem Haus. Für uns Kinder ging eine Welt unter. Unsere Mutter war gestorben und nun Vater auch noch fort! Die Tante stand mit uns in der Tür. Wir mußten alle weinen. Wir wußten doch nicht, wie alles weitergehen sollte.“

Die Tante war nun mit den Kindern und der Arbeit auf dem Kotten allein. Bei den schwersten Arbeiten half ihr ein Bauer, der auf einem kleinen Kotten in der Nachbarschaft lebte.

Doch die Mellers hatten außerordentliches Glück. Wie den anderen Soldaten, so sollten auch dem Vater August Mellers mehrere Schutzimpfungen verabreicht werden, bevor er an die Front geschickt wurde. Diese Impfungen vertrug er nicht. Er wurde nach drei Wochen als „wehruntauglich“ entlassen.

Bekanntmachung nach der Sonntagsmesse, aufgenommen im September 1939 in Raesfeld.

Wenige Wochen später hätte er beinahe doch noch wieder „weggemußt“, wie Wilhelm Mellers meint. Eines Morgens, es war um die Jahreswende 1939/40, ging August Mellers vor die Tür. Flugblätter lagen verstreut auf dem Boden, von englischen Flugzeugen in der Nacht abgeworfen.

Als er eines der Blätter aufhob, radelte eine Frau am Kotten vorbei zur Kirche und rief ihm zu: „In der Heide liegt alles voll von Flugblättern.“ Worauf der Bauer antwortete: „Das geht noch – Hauptsache, sie kommen nicht mit anderen Brocken.“ Schon am Nachmittag desselben Tages kam ein Amtsbote und forderte August Mellers auf, sofort zum Amt zu kommen. „Unser Vater dachte, er müsse irgendwelchen Formularkram erledigen“, erzählt Wilhelm Mellers. Auf dem Amt wurde ihm sein Ausspruch vom frühen Morgen vorgehalten. Seine Bemerkung sei „wehrkraftzersetzend“. Aber wieder hatte er Glück: Der Bürgermeister, ein linientreuer Parteigenosse, ließ die Angelegenheit mit einer scharfen Verwarnung auf sich beruhen.

Glimpflich war der Bauer davongekommen. „Das hätte auch anders enden können“, meint Wilhelm Mellers. „Für unseren Vater begann das Rätseln. Eins stand für ihn fest: Die Frau hatte ihn nicht gemeldet. Aber wer dann? Wir haben es nie erfahren.“

Zwangswirtschaft im Krieg war von langer Hand vorbereitet

Sieht man von der Rüstungsindustrie ab, so war im „Dritten Reich" kein anderer Wirtschaftszweig dermaßen lückenlos auf den Krieg vorbereitet worden wie die Landwirtschaft. Unter strengster Geheimhaltung wurden bereits seit April 1934 alljährlich Ernährungsbilanzen aufgestellt und mit Blick auf die Erfordernisse eines Krieges ausgewertet. Ab September 1934 wurde im Reichswirtschaftsministerium die Einführung von Lebensmittelkarten vorbereitet; wenige Monate später wurden die ersten amtlichen Stellen geschaffen, die die Ernährungswirtschaft im Krieg regeln sollten.

In den „Erzeugungsschlachten", die 1934 begannen, wurde die Landwirtschaft unter dem Schlagwort von der „Nahrungsfreiheit" schrittweise auf den Krieg vorbereitet. Einige wenige westfälische Bauern, so hat es den Anschein, legten schon früh Mißtrauen an den Tag. Im Dezember 1934 nämlich glaubte die Landesbauernschaft klarstellen zu müssen: „Wir sind weit davon entfernt, an einen neuen Krieg zu denken, wir kennen die schweren Opfer eines Krieges zu gut, um nicht alles zu tun, um den Frieden zu erhalten, aber wir wissen auch ebenso gut, daß unsere Abhängigkeit vom Auslande uns zu einem wehrlosen Volk macht." Diese abwiegelnden Lügen waren zu lesen im „Westfälischen Bauernstand", der Zeitung der Landesbauernschaft.

Die Vorbereitungen zum Krieg nahmen mehr und mehr Gestalt an. Im September 1938 erhielten sämtliche Landes- und Kreisbauernführer eine „Geheimsache" auf den Tisch. Sie trug den Titel: „Verordnungen zur Einführung der Kriegsernährungswirtschaft". Hier waren jene Bestimmungen zu lesen, die kurz vor Beginn des Zweiten Weltkrieges in Kraft traten.

Vier Tage vor dem Überfall auf Polen führte das NS-Regime die Zwangswirtschaft ein. Am 27. August 1939 wurden sämtliche landwirtschaftliche Produkte „zugunsten des Deutschen Reiches beschlagnahmt", wie es in der Verordnung hieß.

Ebenfalls in den letzten Augusttagen wurde für die Verbraucher die Bezugsscheinpflicht eingeführt. Neben Fleisch, Milch, Ölen und Fetten waren auch Grundnahrungsmittel wie Brot, Mehl, Kartoffeln, Eier und Hülsenfrüchte rationiert und nur noch gegen Lebensmittelkarten zu kaufen. Für die Steuerung von Angebot und Nachfrage, von landwirtschaftlicher Produktion und rationierter Zuteilung waren fortan Ernährungsämter zuständig. Sie wurden ebenfalls am 27. August 1939 eingerichtet.

Alles war bis ins Detail durchgeplant, wie ein Blick auf das westfälische Ernährungsamt zeigt. Es war dem Oberpräsidenten, der obersten Landesbehörde in Westfalen, unterstellt und gliederte sich in zwei Abteilungen: Verwaltungsbeamte regelten in der Abteilung B die Rationierung der Lebensmittel, die Ausgabe von Lebensmittelkarten und die Festsetzung der Rationen für die Verbraucher. Für die Bauern war die Abteilung A zuständig. Sie wurde durch die westfälische Landesbauernschaft gebildet – oder genauer: aus den beiden Zweigen „Der Hof" und „Der Markt".

In jedem Kreis und in jeder Stadt wurden weitere Ernährungsämter eingerichtet, die sich gleichfalls in zwei Abteilungen aufgliederten – die allgemeine Verwaltung (Abteilung B) und die Kreisbauernschaft (Abteilung A). In Westfalen gab es insgesamt 55 Kreis- und Stadternährungsämter mit rund 1 000 Ausgabestellen für Lebensmittelkarten.

Alle Fäden der westfälischen Lebensmittelverwaltung liefen in Unna-Königsborn zusammen, dem Sitz des Provinzialernährungsamtes. Der Ortsname Unna-Königsborn wurde für die Bauern bald zum „geflügelten Wort". Von hier nämlich wurden den Bauern die „Hofberater" auf den Betrieb geschickt. Sie kontrollierten die Erträge, wachten über die Verwendung der Dünge- und Futtermittel, die den Bauern zugeteilt wurden, und prüften schließlich, ob die Bauern ihren Anbau- und Ablieferungsvorschriften nachkamen.

Das Ablieferungssoll jedes einzelnen Bauern wurde aufgrund der Hofkarte festgesetzt. Sie war bereits 1937 eingeführt worden und verzeichnete für jeden einzelnen Betrieb, was für die Überwachung wichtig war: Zahl der Familienmitglieder und der Arbeitskräfte, Größe der Flächen, Bodenbeschaffenheit, bisheriger Anbau und Erträge, Viehbestand, Maschinenausstattung und dergleichen mehr. Nach diesen Angaben ermittelte die Kreisbauernschaft, welche Produkte

Im Kriege gehören alle Waren und Lebensmittel dem ganzen Volke!

Sie müssen deshalb gleichmäßig und gerecht verteilt werden. Wer sich gegen diesen Grundsatz versündigt, schädigt die Versorgung der Gesamtheit.

Was der Bauer erzeugt, gehört dem ganzen Volke. Er soll und muß Hamsterer von seinem Hofe weisen.

Was deutsche Erde und deutscher Fleiß hervorbringen, geht durch die Hand des Kaufmanns. Er ist Treuhänder dieser Waren. Er verteile sie gerecht. Durch Tauschhandel macht er sich schwer strafbar.

Auch die Leistung des Handwerkers hat ihren gerechten Preis. Es ist deshalb unehrenhaft und strafbar, Sondervorteile zu verlangen und anzunehmen.

Das Gefühl für Recht und Unrecht bei jedermann ist die sicherste Garantie einer befriedigenden Verteilung. Die deutsche Hausfrau erwarte und verlange vom Verkäufer nur, was ihr zusteht. Die Hingabe von Überpreisen und Schmiergeldern ist ihrer nicht würdig und außerdem strafbar.

Tauschhandel, Schleichhandel, Wucher, Preisüberbietung und Bestechung werden bestraft. In besonders schweren Fällen werden Vermögenseinziehung und Todesstrafe verhängt.

Jeder, ob Erzeuger, Kaufmann oder Käufer, setze seine Ehre darein, vorbildlich zu handeln. Jeder begnüge sich mit dem, was ihm zusteht. Das ist auch Dienst am Kriege und Vorarbeit für den Sieg. Es kommt dabei auf uns alle an.

in welcher Höhe die Landwirte für ihren Eigenbedarf behalten durften; alles weitere mußte abgeliefert werden.

Die Lebensmittel wurden gegen Bezugsscheine an die Verbraucher verkauft. Bis 1944 blieben ihnen, anders als im Ersten Weltkrieg, ausgesprochene Hungerjahre erspart. Das System der Verteilung und Versorgung war im „Dritten Reich" weitaus erfolgreicher als im Kaiserreich.

Doch reibungslos, wie die Propaganda ständig behauptete, funktionierte das System nicht. In Herne beispielsweise wurden regelmäßig in jedem Herbst die Einkellerungskartoffeln knapp; Gemüse war im Sommer 1942 fast gar nicht zu kaufen.

Auch in Bielefeld, um ein anderes Beispiel zu nennen, gab es ein ständiges Auf und Ab bei Kartoffeln und Gemüse; Fleisch, Butter und Margarine konnten die Bielefelder Hausfrauen 1941 und 1942 nur selten in der zugeteilten Menge kaufen. Der Markenabschnitt für das vorgesehene eine Ei pro Kopf und Woche war bisweilen über Monate hinweg wertlos, weil es keine Eier zu kaufen gab – trotz des landwirtschaftlich geprägten Hinterlandes.

Diese Mängel sorgten zwar für alltäglichen Ärger, doch wurden sie hingenommen. Viele Menschen dachten an die katastrophalen Hungerjahre des Ersten Weltkrieges, auch an die Notjahre der Wirtschaftskrise zurück. Viele empfanden die Versorgungsengpässe des Zweiten Weltkrieges als kleineres Übel. Das änderte sich erst ab 1944, als in den Städten und Gemeinden Westfalens wieder das Gespenst des Hungers umging.

Westfalens Landwirtschaft im Zweiten Weltkrieg

Der Reichsnährstand gab sich selbstbewußt: „Die Überwindung der Hungerblockade", so hieß es Anfang 1940 in einer Propagandaschrift, „ist die Aufgabe, die der Führer dem deutschen Landvolk in diesem Kriege gestellt hat und zu deren Bewältigung er ihm die Wege geebnet hat. Das Ziel ist fraglos nicht leicht. Aber es muß – und es wird – unter allen Umständen erreicht werden. Dafür bürgt das deutsche Landvolk und seine Führung."

Durch Anbauvorschriften, Ablieferungssoll und Preisgarantien wurden die Bauern angehalten, jeden Hektar so intensiv wie möglich zu nutzen. Sie sollten die „Erzeugungsleistungen" nicht nur halten, sondern sogar noch steigern. Doch das kam einer Quadratur des Kreises gleich. Die Bedingungen auf dem Land verschlechterten sich von Kriegsjahr zu Kriegsjahr.

In Westfalen war die Ernte eingebracht, als im Spätsommer 1939 die ersten Bauern zur Wehrmacht einberufen wurden. Anfangs waren es noch vergleichsweise wenige, die Landwirtschaft galt als „kriegswichtiger Zweig". Mit dem Frankreich-Feldzug 1940 und erst recht mit dem Überfall auf die Sowjetunion im Juni 1941 wurden mehr und mehr Landwirte zur Wehrmacht eingezogen.

Einberufung in Recklinghausen, aufgenommen 1941.

Wer sich stellen mußte und wer als „unabkömmlich" zu Hause bleiben durfte, darüber hatten auch die Ortsbauernführer zu befinden. Nicht selten entschieden sie weniger nach familiären als nach parteilichen Gründen. Und nicht selten mußten sie sich später vorhalten lassen, daß sie den Tod eines Familienvaters oder eines Bauernsohnes zu verantworten hätten. In jedem Fall waren gerade in den Dörfern, wo jeder jeden kannte, Konflikte und Feindschaften vorprogrammiert, die noch lange nach dem Krieg spürbar waren.

Im Mai 1943, so die letzte gesicherte Zahl, war jeder dritte in der Landwirtschaft tätige Mann zur Wehrmacht eingezogen. Die Arbeit übernahmen die ohnehin überlasteten Bäuerinnen, die alten Leute und die Kinder. Bereits seit Herbst 1939 wurden auf den Höfen Kriegsgefangene und aus ihrer Heimat deportierte Zwangsarbeiter eingesetzt; ohne ihre erzwungene Mithilfe wäre die Landwirtschaft schon im ersten Kriegsjahr zusammengebrochen.

Schwer belastet wurden die Bauernhöfe, als zu Beginn des Krieges Pferde abgeliefert werden mußten. In den ersten Kriegswochen hob die Wehrmacht in Westfalen 23 000 Pferde aus – fast ein Fünftel aller über vier Jahre alten Pferde.

Schlepper, die diesen Verlust hätten aufwiegen können, gab es noch kaum. Der Reichsnährstand hatte zwar die Motorisierung der Landwirtschaft gefördert, doch in den Kriegsjahren liefen in Westfalen nur rund 3600 Schlepper; jeder zwanzigste mittel- und großbäuerliche Betrieb hatte also einen Trecker. Deren Motoren mußten indes häufig stillstehen, weil der zugeteilte Treibstoff „nicht den geringsten Bedarf deckte“, wie die Landesbauernschaft Westfalen 1941 in einem Lagebericht feststellte.

Auch andere Betriebsmittel wurden knapp. Phosphordüngemittel, bis dahin zum Teil aus dem Ausland eingeführt, wurden sofort nach Kriegsbeginn rationiert. Die Versorgung mit Phosphor- und Stickstoffdüngemitteln sank auf die Hälfte der Vorkriegszeit; nur Kali konnten die Bauern in unbegrenzter Menge erhalten.

Bis 1942 fielen die Kriegsernten vergleichsweise günstig aus. Von da an war der fortschreitende Raubbau nicht mehr zu übersehen; er mündete schließlich in den katastrophal niedrigen Ernten der unmittelbaren Nachkriegszeit. Zwischen 1939 und 1945 sanken die Hektarerträge in Westfalen bei

- Roggen von 21,3 dt auf 13,5 dt,
- Weizen von 23,9 dt auf 17,6 dt,
- Gerste von 21,9 dt auf 15,8 dt,
- Hafer von 21,0 dt auf 15,2 dt.

Der Kartoffelertrag ging von 198,2 dt/ha (1939) auf 179,8 dt/ha (1944), ein Jahr später dann auf 155,1 dt/ha zurück. Weil der Futterbau in der Vorkriegszeit verbessert worden war, gelang es immerhin, den Rindviehbestand zu halten, der in Westfalen bei rund 940 000 Tieren lag. Daß ausländische Futtermittel fehlten, zeichnete sich vor allem in der Milchviehhaltung ab. Die Milchleistung ging in Westfalen während der Kriegsjahre um rund ein Drittel zurück.

Geradezu katastrophal wirkte sich der Mangel an Futtergetreide und -kartoffeln in der Schweinehaltung aus: 1939 standen in Westfalen rund 1,9 Millionen Schweine in den Ställen, kurz vor Kriegsende waren es nur noch rund 900 000 Schweine! Der Verlust war in Westfalen weitaus größer als nach dem berüchtigten „Schweinemord“ im Ersten Weltkrieg.

Obwohl die heimische Produktion abnahm, konnte die Versorgung der Bevölkerung mit Nahrungsmitteln weitgehend aufrechterhalten werden. Wie ist das zu erklären, wo doch die Ernten und der Viehbestand im gesamten Reich rückläufig waren?

Pferdemusterung auf dem Schloßhof in Raesfeld im September 1939.

Beim Dreschen, Sommer 1940: Zwangsarbeiter und alte Leute, Frauen und Kinder erledigen in den Kriegsjahren die Arbeit auf den Bauernhöfen.

Zunächst einmal ist zu bedenken, daß nicht alle Menschen die gleichen Rationen erhielten. Hunderttausende von KZ- und Gefängnisinsassen sowie die deutschen Juden erhielten nur äußerst spärliche Hungerrationen. Im „Dritten Reich" wurden Lebensmittel nicht nach menschlichem Bedarf, sondern nach der Rassenideologie rationiert. Und was nach innen galt, galt auch nach außen: Die Landwirtschaft im eroberten Polen und später in der Sowjetunion wurde rücksichtslos ausgebeutet – ohne Rücksicht auf die „slawischen Untermenschen", die dem Hunger preisgegeben wurden.

Die Ausplünderung ist in internen, streng geheim gehaltenen Bilanzen des Ernährungsministeriums nahezu vollständig dokumentiert. So wurden allein im Wirtschaftsjahr 1942/43 sechs Millionen t Getreide aus den besetzten Gebieten, vor allem aus der Sowjetunion und aus Polen, ins Reich „gepumpt"; diese Menge entsprach rund einem Drittel der heimischen Getreideernte! Ähnlich die Zahl bei Fleisch: Die Fleischproduktion in Deutschland selbst betrug 2,37 Millionen t; aus den besetzten Gebieten wurden 765 000 t „eingeführt".

Durch diese geraubten Importe gelang es, die Ernährung der deutschen Bevölkerung sicherzustellen. Die Einfuhren fielen ab 1944 schrittweise weg, je mehr sich die deutsche Wehrmacht zurückziehen mußte. Die totale militärische Niederlage im Frühjahr 1945 kam dem totalen Zusammenbruch des Ernährungssystems zuvor.

Eine Bäuerin erinnert sich an die Kriegsjahre

Allein auf dem Hof – das war das Schicksal unzähliger Bäuerinnen im Zweiten Weltkrieg. Eine von ihnen ist die 76jährige Hedwig Rolver, die auf einem Bauernhof bei Ahaus-Alstätte lebt, dicht an der holländischen Grenze.

Hedwig Rolver, 1913 auf einem Bauernhof in Wüllen bei Ahaus geboren, wollte ursprünglich Landwirtschaftslehrerin werden. Auf einem Gut bei Rheine hatte sie eine zweijährige Lehrzeit absolviert; 1934 legte sie die hauswirtschaftliche Lehrlingsprüfung ab. Für die weitere Ausbildung war sie bereits auf einem Schul-Gut in Oldenburg angemeldet. Bis dahin hatten ihre Elten sie nach Kräften gefördert, doch nun rieten sie ihrer Tochter ab. Hedwig Rolver: „Meine Eltern lehnten die Nazis strikt ab. 1934 war für sie längst klar: Wer kein Parteigenosse war, erhielt keine Anstellung – schon gar nicht an einer Schule. Und daß ich in die Partei eintrete – das kam für meine Eltern überhaupt nicht in Frage!"

Hedwig Rolver arbeitete also zunächst zu Hause, später dann für zwei Jahre auf einem Hof bei Dorsten. Im September 1936 lernte sie in Ahaus ihren zukünftigen Mann kennen – den jungen Landwirt Heinrich Rolver. Kurz nach Weihnachten 1938 feierten sie ihre Verlobung, im Mai 1939 heirateten sie.

„Schon bei der Verlobung ahnte man was vom Krieg", sagt sie. „Für Politik hatten wir uns nie interessiert, aber nach dem Anschluß Österreichs und der Sudetenkrise, da machten wir uns um den Frieden große Sorgen."

Auf dem Hof Rolver begann der Krieg am 26. August 1939, nachts um ein Uhr. Ein Postbote rüttelte an der Tür und brachte den Einberufungsbefehl für ihren Schwager Hermann. Doch dabei blieb es nicht: Im Januar 1941 wurde ihr damals 30jähriger Mann eingezogen und dessen Bruder Aloys.

Anfangs konnte sich Hedwig Rolver gar nicht erklären, warum auch ihr Mann, der junge Bauer, zum Wehrdienst eingezogen wurde. Noch während des Krieges erfuhr sie die Antwort: Ein benachbarter Heuerling hatte bei der Kreisbauernschaft vorgesprochen und gesagt, er könne den Hof Rolver mitverwalten. „Der Heuerling war damals 43 Jahre alt und hatte Angst, daß er auch noch an die Front mußte. So hat er das umgangen, und mein Mann mußte Soldat werden."

Die junge Bäuerin blieb allein zurück, mit ihrem Schwiegervater, einem 81jährigen alten Mann, ihrer 64jährigen Schwiegermutter und ihrem ersten Sohn, der gerade sechs Monate alt war. Wie sollte es weitergehen? Der Hof war nicht gerade klein. 44 Hektar gehörten zum Betrieb, davon die Hälfte Acker. Wer sollte das Land im Frühjahr bestellen, wer die Tiere versorgen – das Dutzend Milchkühe, die Rinder, Schweine und die drei Ackerpferde?

Ein Onkel half zunächst aus den gröbsten Schwierigkeiten heraus.

Bäuerinnen bei der Getreideernte mit Trecker und Mähbinder im Sommer 1942 in Soest-Ruploh.

Bald wurde der Bäuerin ein französischer Kriegsgefangener zugeteilt. „Franc hieß er, ein Bauernsohn aus Rennes. Bis zum Kriegsende ist er hier geblieben. Er wußte mit den Tieren umzugehen und mit den Maschinen. Ohne ihn wäre ich wohl kaum über die Runden gekommen." Wenig später wurde ihr noch ein holländischer Zivilarbeiter zugewiesen, Heinrich Meier aus Enschede. „Er hatte von Landwirtschaft kaum eine Ahnung, und ich mußte ihm viele Handgriffe erst beibringen. Auch er blieb bis zum Kriegsende. Wir haben Freud und Leid und Arbeit zusammen ertragen."

Und Arbeit gab es genug auf dem Hof. Morgens um fünf Uhr ging es im Sommer mit dem Fahrrad zur Weide, zum Kühemelken. Um sieben Uhr mußten die Milchkannen fertig am Weg stehen. Dann wurden Kälber und Schweine, Pferde und Hühner gefüttert, bevor es aufs Feld ging – zum Pflügen oder Säen, zum Kartoffelnpflanzen oder Runkelnvereinzeln. „Das machten wir alles per Hand, Maschinen hatten wir noch nicht." Nur die Getreideernte wurde durch einen Mähbinder erleichtert, den ihr Mann noch kurz vor Beginn des Krieges angeschafft hatte – „als hätte er eine Ahnung gehabt", überlegt Hedwig Rolver.

Die Kreisbauernschaft in Ahaus bestimmte nach der Hofkarte das Ablieferungssoll. „Ich habe immer zugesehen, daß wir das einhielten. Ich wollte nicht, daß irgend so ein 'kleiner Hitler' aus der Kreisbauernschaft kam, um bei uns zu kontrollieren."

Für den Eigenverbrauch erhielt jeder Hof ein besonderes Kontingent eingeräumt. „Aber das reichte vorne und hinten nicht", meint Hedwig Rolver, und lächelnd fügt sie hinzu: „Es gab immer Mittel und Wege, die Vorschriften zu umgehen, nur vorsichtig mußte man sein."

Als ein Gendarm kam, um die Mühle zu plombieren, sagte sie zu ihm: „Plombieren Sie die Mühle aber richtig", und er wußte, was er zu tun hatte. „Er hatte selbst ein paar Schweine, und er kriegte dann Mehl, wenn wir 'schwarz' mahlten." Nachts wurde vorsichtig die Plombierung gelöst und die Mühle angeworfen – „das machten wir am besten bei stürmischem Wetter, damit niemand etwas hörte ..."

Auch Schwarzschlachten gehörte auf dem Hof Rolver – wie auf vielen Bauernhöfen – zum Alltag. Nach den Vorschriften mußte die Bäuerin, wenn ein Schwein geschlachtet werden sollte, vorher einen Erlaubnis-Schein holen. „Einmal fragte mich ein Beamter: 'Habt ihr denn noch ein Schwein?' Und dann sagte er leise: 'Besser ein Schwein ohne Schein als einen Schein ohne Schwein'!" Und Hedwig Rolver fährt fort: „Das war beinahe schon eine Aufforderung, das eine oder andere Tier 'ohne Sakramente' zu schlachten ..."

Nachts heulten immer häufiger die Sirenen auf – Fliegeralarm. Alliierte Bomber donnerten über den Hof hinweg in Richtung Industriegebiet oder Münster. Kurz vor Kriegsende, am 22. März 1945, wurde auch Alstätte in Schutt und Asche gelegt. In der Karwoche marschierten Alliierte Truppen im Dorf ein. „Endlich war die Gefahr vorbei, aber jetzt, in der ersten Nachkriegszeit, waren Hunger und Not größer."

Hedwig Rolver blieb zunächst im ungewissen über das Schicksal ihres Mannes. Erst im September 1946 erfuhr sie, daß er bei Kriegsende auf der Halbinsel Hela in russische Gefangenschaft gekommen war. Dort war er im Juni 1946 gestorben. „Der Krieg und die erste Nachkriegszeit", so sagt Hedwig Rolver abschließend, „das waren schlimme Jahre, und wenn ich zurückdenke, weiß ich gar nicht, wie wir das alles durchgestanden haben."

Schwarzschlachtende Bauern waren „Kriegsverbrecher"

Vier Zentner Weizen und sechs Zentner Roggen wurden einem Bauern aus einem Dorf bei Dortmund zum Verhängnis. Im Spätherbst und Winter 1941 hatte er, weil ihm Futtermittel ausgegangen waren, das Getreide an seine 20 Schweine sowie an Hühner und Enten verfüttert. Viele handelten so wie der Dortmunder Bauer, doch ihn hatte irgend jemand beobachtet und denunziert.

So fand er sich im Frühjahr 1942 vor dem Sondergericht Dortmund wieder. Dem Bauern wurde vorgeworfen, er habe mit der streng verbotenen Getreideverfütterung „die Deckung des Bedarfs der Bevölkerung in diesen höchst lebenswichtigen Erzeugnissen gefährdet". Den guten Ruf des unbescholtenen Bauern ließ das Sondergericht ebenso wenig gelten wie die Tatsache, daß er seinen Hof bis dahin mustergültig geführt hatte. Das Urteil lautete: Ein Jahr Gefängnis.

Das gleiche Sondergericht schlug mit einem drakonischen Urteil in einem anderen Fall zu. Ein Händler aus Hamm hatte bei Bauern in der Umgebung unter der Hand Fleisch aus Schwarzschlachtungen und andere Lebensmittel gekauft. Rund 200 Zentner Lebensmittel hatte die Polizei bei einer Durchsuchung gefunden. Mit diesen Waren, so sah es das Sondergericht als erwiesen an, habe er „Tausch- und andere Devisengeschäfte" gemacht. Der Händler wurde zum Tod verurteilt.

Solche Urteile wurden regelmäßig im Wochenblatt der Landesbauernschaft veröffentlicht unter der wiederkehrenden Überschrift „Strafen, die als Lehre dienen". Hier kommentierte der Jurist und Oberlandwirtschaftsrat Gerdsmeyer das Todesurteil gegen den Hammer Händler: „Es ist für jeden anständigen Deutschen selbstverständlich, daß der nationalsozialistische Staat derartige Schieber, die die Heimatfront gefährden, während unsere tapferen Soldaten an den Fronten bluten, aus der Volksgemeinschaft ausgemerzt werden müssen." In seinem Eifer hatte der Oberlandwirtschaftsrat die Übersicht über den verschlungenen Satz verloren.

Was mit solchen Kommentaren erreicht werden sollte, ist eindeutig: Bauern, die schwarz schlachteten oder andere Verordnungen der Kriegswirtschaft mißachteten, sollten abgeschreckt und gewarnt werden.

Zweifellos trafen die Verstöße gegen die Ernährungswirtschaft das Regime an einem empfindlichen Punkt. Die Vergehen wurden – ähnlich wie im Ersten Weltkrieg – geahndet, um das Versorgungssystem zu sichern, um Kriegsgewinnlern das Handwerk zu legen und nicht zuletzt auch, um der übrigen Bevölkerung zu demonstrieren, daß an den „Fronten der Erzeugungsschlacht" durchgegriffen wurde. Die Strafen allerdings, die im Zweiten Weltkrieg selbst für relativ geringe Delikte wie etwa für das Verfüttern von Getreide verhängt wurden, waren rigoroser und härter als in den Jahren des Ersten Weltkriegs.

Die Urteile wurden von Sondergerichten gefällt. Das erste westfälische Sondergericht, 1933 in Dortmund eingerichtet, verfolgte ursprünglich den politischen Widerstand. Hauptsächlich kommunistische und sozialdemokratische Arbeiter aus dem Ruhrgebiet wurden hier abgeurteilt. Seitdem im September 1939 die Zwangswirtschaft eingeführt worden war, nahmen auch die „Kriegswirtschaftsverbrechen" zu. Um sie zu ahnden, wurden für Westfalen weitere Sondergerichte in Bielefeld und in Hagen eingerichtet.

Wie viele Urteile hier gegen Bauern und Lebensmittelhändler gefällt wurden, weiß niemand zu sagen. Die Unterlagen sind verbrannt oder wurden gegen Kriegsende sorgfältig vernichtet.

Rund 8000 westfälische Sondergerichts-Akten, vor allem aus Bielefeld, sind noch erhalten. Michael Schwartz, ein Münsteraner Historiker, hat sie einmal ausgezählt. Er fand 283 Akten, in denen gegen westfälische Bauern Anklage erhoben wurde. Da ging es um das verbotene Abhören von „Feindsendern", um mißfällige Äußerungen gegen den „Führer" oder örtliche Partei-Größen und ähnliches. Zwei Drittel aller Verfahren jedoch betrafen das strikt verbotene Schwarzschlachten in den Kriegsjahren. Selbstverständlich ist das nur die Spitze eines Eisbergs. Die Zahlen jedoch zeigen, wodurch die meisten Bauern zu „Kriegsverbrechern" wurden.

Schwarzschlachten war auf dem Land beinahe gang und gäbe, trotz der angedrohten Strafen. Die Motive für das Schwarzschlachten konnten sehr unterschiedlich sein. Auf manchem Hof reichten die Rationen nicht, weil beispielsweise ausgebombte Flüchtlingsfamilien untergebracht waren; da kam dann ein Schwein unter das Messer, das in einem abgelegenen Stall versteckt gehalten wurde „für schlechtere Zeiten“. Der eine Bauer, unzufrieden über die Zwangswirtschaft, wollte den lästigen Papierkrieg umgehen, der mit einer legalen Hausschlachtung verbunden war, der andere wollte das knappe und begehrte Fleisch gewinnbringend „versilbern“.

Wie die Nazi-Richter gerade dagegen vorgingen, mögen folgende Beispiele zeigen. Vergleichsweise glimpflich noch kam ein Landwirt davon, der 1941 erwischt worden war, als er zwei Schweine schwarzgeschlachtet und das Fleisch teilweise weiterverkauft hatte. Damit habe er sich, so befanden die Richter, als „Volksschädling“ erwiesen, „selbst wenn er bisher unbestraft und tadelfrei durchs Leben gegangen ist“. Der Bauer wurde zu drei Jahren Zuchthaus verurteilt, und ihm wurden die Verwaltung und Nutznießung seines Hofes für sechs Jahre entzogen; er war also „abgemeiert“ nach dem Reichserbhofgesetz.

Ein überaus scharfes, furchtbares Exempel wurde statuiert, als in der Wiedenbrücker Gegend im Frühjahr 1942 eine „besonders üble Schwarzschlachtergesellschaft“ ausgehoben wurde, so die Anklage-Schrift. Sechs Bauersleute hatten über mehrere Monate hinweg 50 Schweine und 27 Kälber in einer Scheune schwarz geschlachtet; das Fleisch hatten sie an Gaststätten in Paderborn, Brackwede und Bielefeld geliefert.

Das Sondergericht verurteilte fünf der Beteiligten zum Tode, eine Ehefrau zu zehn Jahren Zuchthaus. „Im nationalsozialistischen Staat ist kein Platz für Schieber und Wucherer“, so der Vorsitzende des Sondergerichts, „sie haben deswegen ihr Leben verwirkt.“

Bauern, bei denen illegal angelegte Vorratskammern entdeckt wurden, mußten mit überaus scharfen Strafen rechnen.

Zwangsarbeiter auf westfälischen Bauernhöfen

Kriegsgefangene und ausländische Zwangsarbeiter arbeiteten in den Kriegsjahren fast auf jedem Hof in Westfalen. „Wir waren froh, daß wir sie hatten", erinnert sich Theodor Bühner, ein Bauer aus Altengeseke. „Wir waren doch auf sie angewiesen. Die meisten Männer waren ja fort, die waren eingezogen zur Wehrmacht. Wie sollten wir da im Stall und auf dem Feld klarkommen?"

Genau über diese Frage stritten noch vor Beginn des Krieges die Wirtschaftsplaner in der NS-Führung. Arbeitskräfte würden knapp, argumentierte Göring, der Chef des Vierjahresplanes, und da gebe es nur einen Ausweg: die Beschäftigung von „Fremdarbeitern". Andere trugen nicht etwa moralische, sondern allein rassen-ideologische Bedenken vor. So argumentierte beispielsweise Eduard Willeke, ein NS-Arbeitswissenschaftler: Die Beschäftigung von Ausländern, gerade in der Landwirtschaft, habe den Nachteil, „daß sie von dem Ideal wegführt, daß der deutsche Boden nur so lange dem deutschen Volke im echten Sinne des Wortes erhalten bleibt, als er auch von deutschstämmigen Menschen bewirtschaftet wird."

Doch wichtiger als der versponnene Mythos von „Blut und Boden" war die Sicherung der Ernährung. Bereits Mitte November 1939 kamen die ersten 9000 Kriegsgefangenen aus Polen nach Westfalen. Sie wurden nahezu ausnahmlos in der Landwirtschaft eingesetzt.

Ein Kriegsgefangenenlager in Raesfeld.

Weitere Arbeitkräfte wurden im besetzten Polen zunächst angeworben und, als sich kaum jemand auf die Werbeplakate meldete, ab Frühjahr 1940 „zwangsverpflichtet". Die deutschen Besatzer gingen in Polen regelrecht auf Menschenjagd. Kinos, Schulen und Straßenbahnen wurden umstellt, wer zufällig darin saß, wurde verhaftet. Dörfer wurden überfallen, die Bewohner festgenommen und ins „Altreich" deportiert.

Kriegsgefangene aus Frankreich und Holland erweiterten im Sommer 1940 das Heer der Zwangsarbeiter. Ein Jahr nach Kriegsbeginn wurden in der westfälischen Landwirtschaft rund 42 000 Zwangsarbeiter gezählt. Doch der Beutezug des NS-Regimes nach ausländischen Arbeitskräften war nicht beendet. Nach dem Überfall auf die Sowjetunion setzten SS-Truppen die barbarischen Menschenjagden fort. In Westfalen arbeiteten bis gegen Ende des Krieges 283 000 Zwangsarbeiter, hauptsächlich in der Rüstungsindustrie und im Bergbau des Ruhrgebietes, wo sie unter unvorstellbar erbärmlichen, unmenschlichen Bedingungen ein Sklavendasein fristeten und viele sich zu Tode schufteten, wenn sie nicht an Hunger starben.

Auf dem Land konnten es die Zwangsarbeiter besser treffen als in der Industrie – trotz ihres gemeinsamen Schicksals: arbeiten zu müssen für den Feind. In der westfälischen Landwirtschaft arbeiteten insgesamt rund 66 000 Zwangsarbeiter, so die letzte Zahl vom Februar 1944. Nur aufgrund ihrer erzwungenen Mitarbeit war es möglich, die landwirtschaftliche Produktion aufrechtzuerhalten. So mancher Hof in Westfalen, auf dem der Bauer eingezogen war und Frau und Kinder allein lebten, hätte ohne „Fremdarbeiter" die Kriegsjahre nicht überstanden.

In Altengeseke war, als die ersten polnischen Kriegsgefangenen kamen, ein Lager im Saal der Dorfgaststätte eingerichtet worden. „Da waren den Krieg über etwa 30 Leute untergebracht", erzählt Theodor Bühner. „Vier Polen wurden mir zugeteilt. Es waren ungelernte Arbeiter, und ich bin mit ihnen gut ausgekommen. Sie waren fleißig, und sie wußten, daß sie hier immer genügend zu essen bekamen."

Von Beginn des Krieges an waren die Lebensverhältnisse der Zivilarbeiter und Kriegsgefangenen streng geregelt. „Es war Vorschrift, daß ich sie morgens am Lager abholte und abends wieder zurückbrachte. Aber das machte ich nur die erste Zeit, dann kamen sie morgens ohne Aufsicht, und sie gingen auch wieder alleine – ja, ich hab' sie über Tag sogar alleine aufs Feld gschickt."

Es gab noch andere Bestimmungen: Die Zwangsarbeiter mußten beispielsweise an einem anderen Tisch als die Bauernfamilie ihr Essen einnehmen, sie durften im Dorf keine Gottesdienste besuchen, durften weder öffentliche Verkehrsmittel noch beispielsweise ein Fahrrad benutzen.

Alle diskriminierenden Vorschriften zielten darauf ab, zwischen Bauern und Zwangsarbeitern ein Herr-Knecht-Verhältnis herzustellen – und das stellte sich vielerorts auch ein. Und mehr noch: Ältere Leute wissen immer wieder von Landwirten zu erzählen, die „ihre" Zwangsarbeiter,

„Ostarbeiter" bei der Kartoffelernte, fotografiert im Herbst 1943 in der Nähe Lippstadts.

Ein polnischer Zwangsarbeiter beim Milchfahren, aufgenommen 1941 in Raesfeld.

vor allem die russischen und polnischen Kriegsgefangenen, hemmungslos ausnutzten, ihnen schlechte Verpflegung zukommen ließen und sie miserabel behandelten. Doch ebensogut gab es Landwirte, bei denen die Zwangsarbeiter ein vergleichsweise gutes Los treffen konnten und sozusagen zur Familie gehörten.

Der größte Vorteil, der sich Zwangsarbeitern auf dem Land bieten konnte, war die Versorgung mit Lebensmitteln. In den Städten erhielten sie so wenig zu essen, daß die zugeteilten Mengen nicht einmal den Namen „Hungerration" verdienten. Auf dem Land war das in der Regel anders. Es ging sogar soweit – so der Historiker Ulrich Herbert –, daß die Behörden die von Hunger und Entkräftung ausgemergelten Arbeitskräfte in die Landwirtschaft schickten zur „Aufpäppelung", wie es selbst offiziell hieß.

1943, so erinnert sich Theodor Bühner, wurden die polnischen Arbeiter von Altengeseke ins Ruhrgebiet geschickt. Russische Arbeiter kamen nun in das Bördedorf. „Sie waren vollkommen abgemagert und ausgezehrt", erzählt der Landwirt. „Sie konnten kaum gehen, und ich dachte erst, sie würden sich anstellen. So etwas kannte ich ja gar nicht – das war einfach unmenschlich." Die Polen hingegen, so Theodor Bühner, hätten noch Lieder gesungen, als es in Richtung Ruhrgebiet ging. „Sie sind ins Verderben gegangen", sagt er. „Ob sie überlebt haben, weiß ich nicht."

Mai 1942: Reichsbauernführer Darré wurde abgesetzt

Kindermund tut Wahrheit kund – diese Volksweisheit machte sich die Bochumer Hauptaußenstelle des Sicherheitsdienstes (SD), des Geheimdienstes im „Dritten Reich", oft zu eigen, um die Stimmung der Bevölkerung auszuhorchen. Ein Bochumer Volksschullehrer und Mitarbeiter des SD stellte im Frühjahr 1942 seinen 12- bis 13jährigen Schülern die Aufgabe: „Was sagen die Leute über den Krieg?"

In ungelenken Worten schrieben die Schüler auf, was sie, was ihre Familien bewegte. Einer der Bochumer Schüler meinte: „Die Leute sagen, wenn bloß der Krieg ein Ende hätte. Durch die Einteilung der Lebensmittel schimpfen verschiedene Leute darüber. Viele wünschen sich, daß die Engländer nicht mehr des Nachts kommen. Einige sagen, wenn es bloß mehr Brot geben würde. Durch die Abziehung des Fleisches meckern auch wieder Leute. Aber hoffentlich lassen sie uns noch die 300 Gramm."

Um die Ernährung war es schlecht bestellt. Seit der Jahreswende 1941/42 waren die Lebensmittel so knapp geworden, daß die Wochenrationen erstmals gesenkt werden mußten. Ein „Normalverbraucher" erhielt ab April 1942 statt 400 nur noch 300 Gramm

Ein Gehöft in Bochum, im Oktober 1940 durch Fliegerangriff zerstört.

Fleisch, die Butterration wurde von 150 auf 125 g gesenkt, Margarine von 97 auf 66 g, die Brotmenge von 250 auf 200 g. Die Ursachen waren offenkundig. Die vor dem Krieg angelegten Lebensmittelvorräte waren aufgebraucht; noch kamen vergleichsweise geringe Lebensmittelmengen aus dem besetzten Osteuropa. Und in der hiesigen Landwirtschaft sah es miserabel aus, wie ein anderer Schüler aus der ländlichen Umgegend Bochums unbeholfen schrieb:

„Die Leute auf dem Lande können die Arbeit auf dem Felde nicht alleine schaffen, die alten Leute auch nicht mehr so recht. Viele Bauern haben ihre Söhne im Krieg. So sagen die Bauern auch, wenn denn einmal der Frieden durchs Radio gesprochen würde. Damit die Söhne wieder von den Bauern nach Hause kommen und die Landarbeit wieder besser in die Bewegung kommt."

Die bäuerlichen Familien waren enorm belastet. Auf vielen Höfen fehlten Arbeitskräfte. Die Wehrmacht hatte zudem Pferde ausgemustert. Feldbestellung und Ernte waren immer schwieriger geworden. Die Plakkerei der oftmals allein wirtschaftenden Bäuerinnen war kaum noch zu steigern.

Die versponnenen Ideen des „Reichsbauernführers" und Landwirtschaftsministers Darré und seiner Anhänger waren dagegen blanker Hohn. Längst wurde der von Darré vielbeschworene „Odal", die „nordische" Bezeichnung für Erbhof, im Ernährungsministerium mit „Oh du arme Landwirtschaft" ausbuchstabiert.

Die „Sicherstellung der Ernährung" war das Hauptziel, dem sich alles andere unterordnen mußte – auch die Ziele der „Blut-und-Boden"-Ideologen um Darré. Über die unterschiedlichen Vorstellungen zur Agrarpolitik war es in der NS-Führung bereits seit Kriegsbeginn zu Spannungen gekommen.

Im Frühjahr 1942, als die Krise offenkundig und eine „rationale" Lösung erforderlich war, wurde Darré abgesetzt und in ein Jagdhaus in der Schorfheide verbannt. Dort wurde er nach Kriegsende verhaftet, 1949 im „Wilhelmstraßen"-Prozeß zu sieben Jahren Haft verurteilt, 1950 jedoch vorzeitig entlassen.

An seine Stelle trat am 23. Mai 1942 Herbert Backe, bislang Staatssekretär im Landwirtschaftsministerium und seit 1936 im Vierjahresplan für Ernährungsfragen zuständig. Backe, ein Agrar-Technokrat im Rang eines SS-Obergruppenführers, hatte ohnehin seit 1939 die Agrarpolitik bestimmt, weil sich Darré mehr und mehr zurückgezogen hatte.

SS-Obergruppenführer Herbert Backe.

Über die Ablösung Darrés, deren genaue Umstände bis heute nicht bekannt sind, drang damals kaum etwas nach außen. Das „Wochenblatt der Landesbauernschaft Westfalen" brachte erst acht Wochen später eine Notiz. Doch die Bauern wußten es längst. Woher? Ende Mai waren in Berlin Arbeiter und Bauern für ihre Verdienste „um die Volksgemeinschaft" ausgezeichnet worden, und die Auszeichnung der Bauern hatte nicht Darré, sondern eben Backe vorgenommen. Daraus hatten Bauern im märkischen Land geschlossen, „daß Darré wohl endgültig in der Versenkung verschwunden sei" – so jedenfalls meldete ein Hagener SD-Spitzel, der sich „im Volk" umgehört hatte.

Niemand weine Darré eine Träne nach, hatte er weiter erfahren. Denn die gesamte Organisation des Reichsnährstandes unter Darrés Führung, so meinten einige Bauern, habe während des Krieges versagt. „Nach Auffassung einzelner Bauern", so meldete ein anderer SD-Posten aus Dortmund, „sei es nicht zu verstehen, daß es einer Zeit von neun Jahren bedurft habe, um zu erkennen, daß Darré seiner Aufgabe nicht gewachsen gewesen sei."

Backe stellte am 27. Juni 1942 in Hannover seine Grundposition vor, mit einem Seitenhieb gegen die Bauerntümelei Darrés: „Die zukünftigen Aufgaben können nicht durch verschwommene Romantik gelöst werden, sondern nur durch einen realen Idealismus. Nicht wer etwas gemacht hat, ist wesentlich, sondern daß etwas gemacht wird."

Backe scheute vor nichts zurück. Er war es, der einige Unsinnigkeiten des Reichserbhofgesetzes, insbesondere die Benachteiligung der Bäuerinnen und Töchter, zurücknahm. Er war es, der unter dem Schlagwort von der „Aufrüstung der Dörfer" die weitere Mechanisierung der Landwirtschaft förderte, soweit es unter den Bedingungen des Krieges ging. Und er war es, der klug argumentierend von der „Nahrungsfreiheit im Großraum Europa" sprach – und die Ausplünderung Osteuropas meinte.

In Geheimdossiers für den „Führer" entwickelte Backe seine Pläne zum Raub von Lebensmitteln. Dabei nahm er nicht stillschweigend, sondern ausdrücklich in Kauf, daß viele Millionen Menschen in der Sowjetunion Rußland verhungern würden. Rücksichtslos wurden vor allem Getreide und Fleisch aus den besetzten Gebieten nach Deutschland geschafft, wie bereits berichtet. Diese Lieferungen beendeten die Ernährungskrise des Frühjahrs 1942; erst gegen Kriegsende schlug die Hungersnot auf Deutschland zurück.

Backe wurde im Frühjahr 1945 von den Alliierten gefangengenommen. Dem Urteil im Nürnberger Kriegsverbrecher-Prozeß entzog er sich am 7. April 1947 durch Selbstmord.

Polnische Jüdin überlebte auf Bauernhof unter falschem Namen

Erschöpft und abgezehrt kam eines Tages im Jahr 1943 ein 16jähriges Mädchen auf dem Hof Uelentrup an, der abseits des Dorfes Herzfeld liegt, auf halbem Weg zwischen Beckum und Soest. Das Mädchen zog einen verknitterten Zettel aus der Tasche, auf dem die Adresse des Hofes stand. Den Bauersleuten stellte sich das Mädchen in gebrochenem Deutsch als „Slava Wirtoszewska" vor.

Der 70jährige Bauer Franz Uelentrup und seine Frau Elisabeth kannten den Namen bereits. Ihr Sohn Franz hatte ihnen in einem Feldpostbrief von dem Mädchen geschrieben. In Ostpolen war der junge Leutnant Franz Uelentrup dem Mädchen begegnet, das hungernd und verstört in einem gottverlassenen Schützengraben umhergeirrt war. Sie sei Polin, hatte sie dem hilfsbereiten Soldaten erzählt, und sie habe Eltern und Geschwister im Krieg verloren.

Franz Uelentrup hatte sich des Mädchens erbarmt, sie zur Feldküche mitgenommen und ihr erst einmal zu essen gegeben. Allmählich hatte sie sich erholt. Nach einigen Tagen eröffnete er ihr, sie könne nicht bleiben. Er drückte dem Mädchen einen Zettel in die Hand, auf dem er die Adresse des elterlichen Hofes notiert hatte. Dort könne sie hin, sagte er.

Dem Mädchen gelang das Unmögliche. Von Ostpolen schlug sie sich durch die Wirren und Gefahren des Krieges bis nach Westfalen durch. Die Bauersleute nahmen die verwaiste Slava Wirtoszewska auf.

Drei Jahre lebte Slava auf dem Bauernhof in Herzfeld. Sie ging der Bäuerin in Haushalt und Garten zur Hand, lernte die Kühe zu melken, versorgte auch das Vieh und half bei den Erntearbeiten. Wie alle anderen nahm sie regelmäßig an den Gottesdiensten in der hofeigenen Kapelle teil.

Niemanden ließ sie anmerken, daß sie ein Geheimnis hütete: Sie war polnische Jüdin. Das junge Mädchen wußte, wenn das herauskam, dann war ihr Leben ebenso gefährdet wie das Leben der Bauersleute, ihrer „neuen" Eltern. Mit Geschick und Glück gelang es ihr, all die Kriegsjahre über ihre wahre Identität zu verbergen. Auch nach dem Krieg behielt sie ihr Geheimnis zunächst noch für sich.

Kurz nach Kriegsende plünderten russische und polnische Kriegsgefangene in den Bauerschaften. Etliche Höfe wurden überfallen. Doch der Hof Uelentrup blieb verschont, und das hatten die Bauersleute Slava zu verdanken. Sie hatte die Lager der Gefangenen in der Umgebung aufgesucht und für die Uelentrups ein gutes Wort eingelegt.

Im Sommer 1945 kehrte der Bauernsohn Franz Uelentrup zurück – ein freudiger Tag auf dem Hof: Die Eltern, die im Krieg einen Sohn verloren hatten, waren überglücklich, als ihr Sohn Franz wohlbehalten heimkehrte. Und Slava freute sich, den hilfsbereiten Mann wiederzusehen, dem sie ihr Leben verdankte.

Die Freude wurde kurz darauf jäh zerrissen. Franz Uelentrup verunglückte am 31. Oktober 1945 tödlich bei einem Autounfall im Nachbardorf Diestedde. Tief bewegt begleitete Slava die Familie Uelentrup bei der Beerdigung. Traurig dachte sie daran, daß der Bauernsohn nie erfahren hat, wem er eigentlich das Leben gerettet hatte.

Wenig später erhielt Slava einen Brief von der Kommandantur in Ahlen. Ein Zug sollte die polnischen Kriegsgefangenen in ihre Heimat bringen, und auch Slava sollte mitfahren. Doch sie blieb auf dem Hof. Mehrmals noch wurde sie aufgefordert, und jedesmal ließ sie das Schreiben links liegen. Im Herbst 1946, als der letzte Zug in Richtung Polen rollen sollte, wurde sie nach Ahlen vorgeladen. „Was wollen Sie von mir", erwiderte sie dem Militärkommandanten, „ich bin keine Polin – ich bin Jüdin!"

Als sie auf den Hof zurückkehrte, rief sie die Familie zusammen und begann, ihr Leben zu erzählen: Sie sei Jüdin und heiße nicht Slava Wirtoszewska, sondern Regina Singer. Ein SS-Trupp habe im Krieg ihr Haus in Ostpolen überfallen. Ihr Vater sei verhaftet worden, sie habe nie wieder etwas von ihm gehört; vermutlich sei er erschossen worden. Sie sei mit ihrer Familie in ein Ghetto deportiert worden. Dort seien ihre Mutter und ihre vier Geschwister eines Tages plötzlich abgeholt worden; sie selbst habe sich auf einem dunklen Dachboden verstecken können. Niemand habe sie entdeckt. Erst nach Tagen habe sie den Mut gefunden, das Haus zu verlassen.

Sie sei umhergeirrt, habe in einem Schützengraben Unterschlupf gefunden, und dort habe sie Franz Uelentrup getroffen. Daß sie noch lebe, habe sie ihm zu verdanken und der Familie in Herzfeld, die sie so herzlich aufgenommen habe.

Der Bauernfamilie verschlug es die Sprache. „Seid mir nicht böse", bat Regina ihre Gasteltern. Die beiden Bauersleute waren tief erschüttert. Wie sollten sie böse sein über die „Notlüge" des Mädchens?

Regina Singer alias „Slava Wirtoszewska" hatte sich inzwischen entschlossen, nach Israel auszuwandern. Bald verließ sie den Herzfelder Bauernhof. Jahre später heiratete sie in Israel den Maschinenschlosser Jona Steiner, der als Zwölfjähriger in ein KZ deportiert worden war und ebenfalls als einziger seiner Familie den Terror und den mörderischen Vernichtungswahn der Nazis überlebte.

Regina-„Slava" lebt heute mit ihrem Mann in einem Kibbuz in Israel. Vor zehn Jahren besuchte sie erstmals wieder den Bauernhof in Herzfeld. Seit dem Wiedersehen pflegen die beiden Familien eine tiefe Freundschaft.

„Retter in der Nacht“: Bauern versteckten jüdische Familie

Unbesungene Helden“– so bezeichnete ein Historiker jene winzige Schar mutiger Menschen, die in Deutschland und den besetzten Ländern unter höchster Lebensgefahr Juden vor dem sicheren Tod in den NS-Vernichtungslagern retteten. Den Mut zu solcher Hilfe brachten nur verschwindend wenige Menschen auf – unter ihnen auch Bauernfamilien im Münsterland. Sie versteckten und versorgten in den Kriegsjahren den Ahlener Viehhändler Siegmund Spiegel, seine Frau Marga und die Tocher Karin.

„Ich bin mir nicht sicher“, so Marga Spiegel später, „ob ich die Nerven für eine solche Mutprobe gehabt hätte; denn in jener Zeit unmenschlichen Terrors, da jeder von jedem bespitzelt wurde und schon ein Hauch Verrat bedeuten konnte, setzte man durch solche Hilfe sein Leben aufs Spiel.“

Lange vor dem Krieg begann für die Ahlener Viehhändlerfamilie Spiegel die Chronik der Angst und Verfolgung. Marga Spiegel hat sie nach dem Krieg unter dem Titel „Retter in der Nacht“ aufgezeichnet und darin den mutigen Bäuerinnen und Bauern ein Denkmal gesetzt.

Früh schon hatte Marga Spiegel ans Auswandern gedacht. Ihr Mann, Kriegsfreiwilliger des Ersten Weltkrieges und Träger des Eisernen Kreuzes, glaubte hingegen, daß niemand es wagen werde, „Hand an mich zu legen“. So wie er dachten viele jüdische Bürger – bis zur "Kristallnacht“ im November 1938. In dieser Nacht wurde die Familie Spiegel in der Wohnung brutal überfallen. Der Vater der Frau wurde noch in derselben Nacht ins Konzentrationslager Sachsenhausen deportiert. Vier Wochen später war er tot, „an inneren Verblutungen verstorben“, wie es hieß.

Im Oktober 1939, vier Wochen nach Kriegsbeginn, mußten sämtliche Juden die Stadt verlassen. Der Ortsgruppenleiter wollte Ahlen „judenfrei“ sehen.

Die Familie Spiegel fand in einer Baracke in Dortmund eine neue Unterkunft. Siegmund Spiegel fand auch Arbeit bei einem Mann, der seine jüdischen Arbeiter wieder und wieder „reklamierte“, als es ab Dezember 1941 hieß, die Juden sollten „in den Osten“ transportiert werden. Ein Dortmunder Polizist, den Siegmund Spiegel von früher kannte, flüsterte ihm zu: „Wenn sie dich zum Osten schicken, sieh zu, daß du eines Tages nicht in einen geschlossenen Wagen steigst. Dann bist du in fünf Minuten vergast! Ich habe es selbst gesehen.“ Die Spiegels waren entsetzt. Sie beschlossen, unterzutauchen – aber wo?

Siegmund Spiegel wandte sich an Freunde und Bekannte, die ihn noch als Viehhändler kannten. Der Nordkirchener Bauer Hubert Pentrop sagte ihm: „Wenn sie dich nach Polen schicken wollen, geh nicht mit. Von dort hört man nichts Gutes. Komm zu mir, ich verstecke dich!“ Hatten Soldaten auf Heimaturlaub dem Bauern erzählt, wohin die Juden verschleppt wurden, hatte er gehört von dem Massenmord der deutschen Besatzer in den Lagern im Osten?

Bald fand Siegmund Spiegel auch ein Versteck für seine Frau und das Kind. Die Bäuerin Maria Aschoff aus Herbern hatte sich bereit erklärt, Marga und Karin Spiegel aufzunehmen. Als die Spiegels am 27. Februar 1943 aufgefordert wurden, sich bei der Sammelstelle, dem Schlachthof in Dortmund einzufinden, von wo der letzte Deportationszug aus Westfalen in die Vernichtungslager rollen sollte, tauchten sie unter.

Während Marga Spiegel am frühen Morgen mit ihrem Kind das Versteck auf dem Hof Aschoff in Herbern aufsuchte, fuhr ihr Mann nach Dolberg. Dort hatte ihm eine andere Bauernfamilie angeboten, ihn zu verbergen. Drei Wochen konnte er dort bleiben. Dann hielten die Schwestern, die auf dem Hof wohnten, die Angst, entdeckt zu werden, nicht länger aus. „Wer“, so fragt Marga Spiegel, „kann ihnen deswegen zürnen?“

Ein anderer Bekannter, der Milchhändler und Kleinbauer Bernhard Sickmann aus Werne, bot ihm ohne Zögern Unterschlupf. Auch hier konnte Siegmund Spiegel nicht lange bleiben. Der Hof lag direkt an einer Hauptstraße. Zu viele Leute hätten ihn entdecken können. Bernhard Sickmann brachte ihn zur Bauernfamilie Pentrop in Nordkirchen.

Hubert Pentrop, dessen Frau gerade ihr siebtes Kind erwartete und im Krankenhaus lag, nahm Siegmund Spiegel für einige Monate auf. Abends suchte der Bauer ihn im Versteck auf, brachte ihm Essen und sprach mit ihm nächtelang. Hier auch konnte Marga Spiegel ihren Mann zum ersten Mal wiedersehen.

Neun Monate lang hielt sich Siegmund Spiegel bei den Pentrops versteckt. Im November 1943 entdeckte ihn ein Junge, der sein „Pflichtjahr“ auf dem Hof Pentrop ableistete. Neue Zuflucht fand Siegmund Spiegel wenig später auf einem anderen Hof in Ascheberg – und wieder mußte er nach einigen Wochen fort. Den Bauersleuten war die Furcht unerträglich geworden. Bei Nacht und Nebel suchte Siegmund Spiegel ein neues Versteck. Die Nordkirchener Bauernfamilie Silkenböhmer nahm ihn auf.

Die Silkenböhmers brachten ihn in einem abgelegenen Zimmer unter. Hier konnte Siegmund Spiegel jederzeit fliehen, wenn Gefahr drohte. Die Bäuerin brachte ihm still und leise Essen aufs Zimmer, spülte heimlich das Geschirr, damit niemand etwas entdeckte. Zum Kummer der Bauersleute konnte das Zimmer nicht geheizt werden. Nachbarn oder Angestellte hätten Rauch oder die getauten Fensterscheiben sehen können. Nur nachts konnte Siegmund Spiegel zu den Bauersleuten gehen, sich aufwärmen und aussprechen. „Und wieviel bedeutete in jener Zeit ein gütiges Wort von wohlwollenden Menschen!“

27 Monate konnte sich Siegmund Spiegel hier versteckt halten, bis Kriegsende. Die Bauersleute wußten, wo seine Frau und sein Kind sich aufhielten, und manchmal sogar luden sie sie für kurze Zeit ein, damit sich die drei wiedersehen konnten. Die meiste Zeit mußte Siegmund Spiegel allein verbringen. „Wie viele durchwachte Nächte gab es für ihn“, erinnert sich Marga Spiegel. „Welche Pein erlebt ein Mensch, der Tag und Nacht allein ist und der zu grübeln beginnt über

Von links nach rechts: Eheleute Sickmann aus Werne, Heinrich Silkenböhmer aus Nordkirchen.

Marga Spiegel und ihre Tochter Karin auf dem Hof Aschoff in Herbern.

das furchtbare Schicksal, das den Juden zugedacht war . . ."

Und was war nun aus seiner Frau Marga und der Tochter Karin geworden? An dem Tag im Februar 1943, als sich die Wege der Familie Spiegel trennten, war Marga Spiegel mit dem vierjährigen Mädchen zum Hof Aschoff nach Herbern gefahren. Die Aschoffs hatten den beiden Unterschlupf angeboten.

Nur die beiden ältesten Töchter der Aschoffs durften erfahren, wer die Gäste wirklich waren. Die anderen Kinder waren zu jung; die Gefahr, daß sie das Geheimnis ausplauderten, war zu groß. Ihnen und allen anderen, die auf den Hof kamen, gab sich Marga Spiegel als „Frau Krone" aus, deren Mann Soldat sei und die mit ihrem Kind in Dortmund ausgebombt sei.

Landwirt Heinrich Aschoff, auf dessen Hof in Herbern Marga Spiegel unter dem Namen „Frau Krone" und ihre Tochter Karin Unterschlupf fanden.

Die Spiegels waren gerade eine Woche auf dem Hof, als ein Wachtmeister kam und sich in der Küche zu der gerade vierjährigen Tochter wandte: „Na Kleine, wie heißt du denn?" – „Karin." „Und weiter?" Die Mutter erstarrte . . . „Krone", antwortete ihre Tochter ohne Stocken. Dieser Name war ihr vorher Tag für Tag eingeschärft worden. Der Wachtmeister nahm sie auf den Schoß, strich über ihre blonden Zöpfe und meinte: „Du bist doch wirklich ein richtiges deutsches Mädchen!"

Später sollte Marga Spiegel weitere solcher absurden Feststellungen zu hören bekommen. Einmal wurden junge Soldaten auf dem Hof Aschoff einquartiert, und einer von ihnen eröffnete Marga Spiegel eines Abends am Herdfeuer seine „Rassenlehre": Was ein Jude sei, könne er nicht so ohne weiteres erklären. Er fühle es eben ganz einfach, wenn jemand Jude sei; er spüre ganz instinktiv, wenn ein Jude in seine Nähe komme. „Es war schon recht schwer, unter den vielsagenden Blicken meiner 'Verbündeten' unbefangenen Ernst zu wahren."

Auf dem Hof Aschoff herrschte bald ein ständiges Kommen und Gehen. Evakuierte Familien aus den ausgebombten Städten wurden auf dem Hof einquartiert. Die Gefahr, entdeckt zu werden, war groß. Deswegen suchte Marga Spiegel mit ihrem Kind ab und zu für einige Zeit ein anderes Versteck auf. Die Familie Sickmann aus Werne, die bereits Siegmund Spiegel für kurze Zeit aufgenommen hatte, nahmen Marga „Krone" und ihre Tochter zeitweilig auf, ebenso auch die Bauernfamilie Südfeld in Südkirchen.

Sogar die Familie Pentrop in Nordkirchen, bei der ein Pflichtjahrjunge Siegmund Spiegel wenige Monate vorher entdeckt hatte, brachte den Mut auf, Marga Spiegel und der Tochter Unterschlupf zu gewähren.

Drei Tage erst waren sie auf dem Hof Pentrop, als mitten in der Nacht zwei Gendarmen aus Nordkirchen an der Haustür klopften. Sie sollten das Haus durchsuchen, eine unangemeldete Person halte sich im Haus auf! Der Bauer erschrak zutiefst. „Das muß aber ein Irrtum sein“, erwiderte er geistesgegenwärtig, „oder eine falsche Anschuldigung gegen mich. In meinem Haus ist keine Person versteckt. Wenn ihr mir aber nicht glaubt, könnt ihr ja selber nachsehen.“

Die Polizisten schenkten ihm Glauben, wagten es vielleicht auch nicht, dem angesehenen Bauern eine Lüge zu unterstellen. Er mußte unterschreiben, daß die Hausdurchsuchung stattgefunden habe und er niemanden verberge. Nachdem der Bauer den Schock einigermaßen verwunden hatte, wandte er sich erschöpft an Marga Spiegel: „Erst die Entdeckung ihres Mannes hier, und jetzt das. Das geht über meine Kräfte. Ich kann einfach nicht mehr.“

Zu den Aschoffs konnte die junge Mutter mit ihrer Tochter vorerst nicht zurückkehren. Wohin jetzt? Ihr fiel die Familie Sickmann in Werne ein, wo die beiden erst wenige Wochen zuvor untergekommen waren. Wie hatten sich die Sickmanns doch verabschiedet? „Wenn Sie wieder einmal mit Karin kommen wollen oder müssen, kommen Sie. Sie wissen ja, wo wir wohnen!“ Hier wurden die beiden „mit offenen Armen aufgenommen“, wie sich Marga Spiegel später erinnert.

Nach einiger Zeit kehrten die beiden wieder auf den Hof Aschoff zurück. Hier erlebte Marga Spiegel, nach Jahren der Angst und des Bangens, am Karfreitag 1945 den langersehnten Tag der Befreiung. Amerikanische Panzer rollten in Herbern ein. Noch am selben Tag konnte sie ihren Mann Siegmund Spiegel in die Arme schließen.

Über die Freude ihrer Befreiung legte sich bald ein tiefer Schatten. Die Familie Spiegel, so erfuhren sie bald, hatte 37 Angehörige verloren, ermordet in den deutschen Vernichtungslagern in Osteuropa. Die einstmals blühende jüdische Gemeinde ihrer Heimatstadt Ahlen gab es nicht mehr.

Nach der Befreiung 1945: Siegmund Spiegel mit Tochter Karin.

Die mutige Tat ihrer „Retter in der Nacht“ hat die Familie Spiegel nie vergessen. Noch heute halten Marga Spiegel, deren Mann vor einiger Zeit verstarb, und der Kreis der beteiligten Familien regelmäßigen Kontakt aufrecht. Auf Vorschlag von Marga und Siegmund Spiegel wurden die beteiligten Bauernfamilien mit dem höchsten Preis ausgezeichnet, den der Staat Israel an Nichtjuden vergeben kann – dem Ehrentitel „Gerechte der Völker“. In der Jerusalemer Gedenkstätte Yad Vashem, die des deutschen Massenmords an den Juden gedenkt, erinnert eine „Allee der Gerechten“ an jene Menschen, die im Krieg unter Lebensgefahr Juden vor der Verfolgung retteten. Hier sind auch die Namen der Münsterländer Bauernfamilien verewigt.

Präsident von Lüninck nach dem 20. Juli 1944 hingerichtet

Am Abend des 20. Juli 1944, nach dem mißglückten Attentat auf Adolf Hitler, erklärte der „Führer“ über Rundfunk: Die „Vorsehung“ habe ihn vor dem Tod bewahrt, damit er sein großes Werk vollenden könne. Und über die hinter dem Attentat stehenden Kreise geiferte er verächtlich: „Eine ganz kleine Gruppe ehrgeiziger, gewissenloser und zugleich verbrecherischer, dummer Offiziere hat ein Komplott geschmiedet.“

Die Opposition war jedoch keine „ganz kleine Gruppe“. Vielmehr war der fehlgeschlagene Umsturz getragen von einem weitverzweigten Netz der Verschwörer und Mitwisser. Verschiedene Fäden des militärischen, bürgerlichen und linken Widerstands liefen in der Verschwörung des 20. Juli zusammen. Mindestens 200 Menschen fielen der Verfolgung zum Opfer – Offiziere, Gewerkschafter, hohe Staatsbeamte. Einer von ihnen war Ferdinand von Lüninck aus dem sauerländischen Ostwig, von 1933 bis 1938 Oberpräsident von Westfalen und zuvor Präsident der westfälischen Landwirtschaftskammer. Sein Lebenslauf ist geradezu exemplarisch für zahlreiche konservative Verschwörer des 20. Juli.

Lüninck, 1888 geboren, stammte aus einer katholischen Adelsfamilie. 1919 wurde er Landrat in Neuss – ein Amt, das er bereits 1921 nach Konflikten mit der belgischen Besatzungsmacht niederlegte. Er zog sich auf sein Gut in Ostwig zurück, blieb aber politisch aktiv. Lüninck war Mitglied von Kreistag und Kreisausschuß in Meschede, und er führte den völkisch-nationalistischen „Westfalen-Bund“, aus dem sich später zahlreiche westfälische Nationalsozialisten rekrutierten. Den „Westfalen-Bund“ gliederte Lüninck 1924 dem Soldatenbund „Stahlhelm“ ein, dessen Landesführer er bis 1928 war.

Darüber hinaus nahm er eine maßgebende Rolle in den landwirtschaftlichen Verbänden und Organisationen Westfalens ein. Seit 1929 war er Vizepräsident des Westfälischen Bauernvereins, 1931 wurde er zum Präsidenten der westfälischen Landwirtschaftskammer gewählt.

Lüninck, deutschnational und monarchistisch gesinnt, lehnte die wirtschaftlichen und politischen Verhältnisse der Nachkriegszeit, lehnte Demokratie und Parlamentarismus ab. Die Gegnerschaft zur Weimarer Republik teilte er mit den Nationalsozialisten, und wie viele bürgerlich-konservative Politiker hoffte auch er, man könne mit Hilfe einer „gezähmten“ NSDAP die Demokratie aushebeln und einen autoritären Staat errichten.

Ferdinand von Lüninck im November 1944 vor dem Volksgerichtshof.

Dies kam den Machtinteressen der Nationalsozialisten entgegen. Im Frühjahr 1933 berief Göring ihn zum Oberpräsidenten von Westfalen, nachdem Johannes Gronowski, der auf dem linken Flügel des Zentrums stand, abgesetzt worden war. Mit Lüninck gewannen die NS-Machthaber – wie der Historiker Karl Teppe urteilt – „die Renommierfigur, geeignet dazu, die in Distanz stehenden katholischen und agrarischen Kreise zu beeindrucken, aufzuweichen und zur Mitarbeit an der nationalsozialistischen Ordnung zu gewinnen.“ Den Erwartungen der Nazis wurde Lüninck vollauf gerecht. So pries er Hitler vor dem Westfälischen Provinziallandtag im April 1933 als „überragenden Staatsmann“; pathetisch-beschwörend sprach er vom „Schauer heiliger Ehrfurcht, daß wir gerade in diesen Tagen einen jener ganz seltenen Augenblicke der Weltgeschichte durchleben, wo in Wahrheit der Mantel Gottes über diese Erde streicht“.

Erst allmählich erkannte er, welchem Regime er in seinem Amt diente. Vor allem der kirchenfeindliche Kurs ließ den überzeugten Katholiken nach und nach auf Distanz gehen. „In den Wein der ersten Begeisterung“, so soll Lüninck laut Vernehmungsprotokoll der Gestapo später ausgesagt haben, sei „manches Wasser geflossen“. Sein wachsendes Widerstreben im Amt blieb der NS-Führung nicht verborgen. In Juli 1938 wurde Lüninck „in den Wartestand versetzt".

1939 übernahm er in Potsdam das gerade aufgebaute Bataillon 178 als Kommandeur – ein Bataillon, das zum Potsdamer Infanterieregiment Nr. 9 gehörte, aus dem mehrere Verschwörer des 20. Juli hervorgingen. In seinem Kommandeurszimmer sollen manche Gespräche zur Vorbereitung des Attentats stattgefunden haben.

Im Herbst 1943 suchte ihn der ehemalige Leipziger Oberbürgermeister Carl Friedrich Goerdeler auf, der treibende Motor des bürgerlichen Widerstandes. Für die Zeit nach dem Umsturz suchte Goerdeler – so Lüninck später – „einen unbedingt zuverlässigen nationalen Katholiken" als politischen Beauftragten für Westpreußen. Lüninck erklärte sich hierzu bereit. In den Widerstandskreisen soll Lüninck anfangs auch im Gespräch gewesen sein für den Posten des Ministers für Landwirtschaft und Ernährung. Nach den letzten Plänen Goerdelers hingegen sollte diese Aufgabe Andreas Hermes übernehmen; er gehörte ebenfalls zum Verschwörerkreis, wurde kurz nach dem Attentat verhaftet und entging nur knapp seiner Hinrichtung.

Am Tag des Attentats besuchte Lüninck seinen Bruder Franz in Salzburg. Dessen Vorschlag, in die Schweiz zu fliehen, lehnte Lüninck ab. Er fürchtete, die Gestapo werde seine Familie in Sippenhaft nehmen. Auch hoffte er, daß die ihn belastenden Unterlagen nicht gefunden würden. Als er nach Ostwig zurückkehrte, erwartete ihn bereits die Gestapo. Er wurde zunächst in die Dortmunder Gestapo-Zentrale, wenig später nach Berlin gebracht.

In einem Prozeßbericht heißt es über Lüninck: „Suchte nichts zu beschönigen."

Am 13. November 1944, morgens um neun Uhr, stand er vor dem Volksgerichtshof. Dessen Vorsitzender, der berüchtigte „rasende Roland" Freisler, machte ihm den Schauprozeß. Ein Protokoll der Verhandlung existiert nicht, doch darf man annehmen, daß Freisler hier, wie bei den vorhergehenden „Prozessen", das bekannte Register seiner Einschüchterungsmethoden zog – von verächtlichem Gelächter über zynische Bemerkungen bis zu pöbelhaftem Gebrüll.

In einem Prozeßbericht an das Führerhauptquartier heißt es über Lüninck: „Suchte nichts zu beschönigen. Antwortete auf die Frage Dr. Freislers, ob er den hochverräterischen Charakter seiner Verbindung zu Dr. Goerdeler gekannt habe, mit einem klaren 'Jawohl'. Sicherte sich so einen anständigen Abgang. Nach Dr. Freislers Worten ein Beispiel für die furchtbare Erkenntnis, daß eine Persönlichkeit in einem einzigen Augenblick völlig zu Staub zerfallen kann."

Nach einer Stunde wurde das Urteil verkündet: Ehrverlust, Einzug des Vermögens und – Todesstrafe. Am 14. November 1944 wurde Ferdinand von Lüninck in der Hinrichtungsstätte Plötzensee gehenkt.

Lüninck war „bei allem tiefen Mitgefühl eine tragische Figur", urteilte später Hermann Pünder, 1932/33 Regierungspräsident in Münster und ebenfalls über den Goerdeler-Kreis am 20. Juli beteiligt. Lüninck war gewiß kein strahlender Held, schließlich hatte er anfangs die Gleichschaltungs- und Gewaltpolitik des NS-Regimes unterstützt, hatte er dem NS-Staat gedient, wie er die Weimarer Republik bekämpft hatte. Dennoch fand er im Zwiespalt mit sich selbst den Weg in die Opposition. Aus Einsicht in die eigenen Irrtümer entschied er sich zur Teilnahme am Widerstand – eine Entscheidung, die ihm das Leben kostete.

Ein Opfer der „Gewitteraktion“: Theodor Roeingh aus Beverungen

Am 22. August 1944 rollte eine Verhaftungswelle durch das Land: die sogenannte „Gewitteraktion“. Die Gestapo machte Jagd auf ehemalige Abgeordnete des Reichstages, der Landtage und Kommunalparlamente, auf Gewerkschafter und Parteifunktionäre. Rund 5000 Männer und Frauen vor allem des Zentrums und der SPD wurden verhaftet. Zu den prominentesten „Schutzhäftlingen“ dieser „Gewitteraktion“ gehörten Konrad Adenauer und Kurt Schumacher, Reichstagspräsident Paul Löbe, die beiden späteren NRW-Ministerpräsidenten Karl Arnold und Fritz Steinhoff sowie Christine Teusch, später Kultusministerin von NRW.

Die „Gewitteraktion“ war von der Gestapo lange vor dem Attentat auf Adolf Hitler vorbereitet worden. Nachdem die am 20. Juli 1944 direkt beteiligten Verschwörer unmittelbar nach dem Attentat verhaftet und hingerichtet wurden, hatte es die Gestapo nun auf „alle Frauen und Männer“ abgesehen, „die weltanschaulich nicht fest sind und eine Gefahr bilden“, so die Anordnung an die NSDAP-Kreisleitungen.

Im Kreis Höxter wurde der Beverunger Gutsbesitzer und Zentrumspolitiker Theodor Roeingh inhaftiert. Sein Schicksal ist nahezu unbekannt, sein Name heute fast vergessen, obwohl er in den 20er Jahren in den landwirtschaftlichen Organisationen Westfalens führend tätig war.

Theodor Roeingh, 1882 in Beverungen an der Weser geboren, hatte 1904 die Bewirtschaftung des elterlichen, 87 ha großen Gutes übernommen. 1919 trat er der Zentrumspartei bei, wurde wenig später Stadtverordnetenvorsteher Beverungens, Mitglied des Kreistages in Höxter und Direktor des landwirtschaftlichen Kreisvereins Höxter. 1924 rückte er in den preußischen Landtag in. Hier schloß er sich dem agrarisch-konservativen Flügel der Zentrumsfraktion um Andreas Hermes und Franz von Papen an. 1925 wurde er Mitglied der westfälischen Landwirtschaftskammer, 1927 Präsident des Paderborner Hauptvereins, 1928 Vorstandsmitglied im Westfälischen Bauernverein.

Am 11. Februar 1930 erreichte der honorige und engagierte Landwirt den Höhepunkt seiner Laufbahn. Der preußische Landwirtschaftsminister Steiger ernannte ihn zum Ministerialdirektor im Ministerium für Landwirtschaft, Domänen und Forsten. All seine bisherigen Ämter legte Theodor Roeingh nieder. Das Gut verpachtete er auf zwölf Jahre, die Familie zog nach Berlin.

Als Reichskanzler von Papen am 20. Juli 1932 in einem Staatsstreich die preußische Koalitionsregierung des Ministerpräsidenten Otto Braun (SPD) gewaltsam stürzte, wurden zahlreiche politische Beamte in den Ruhestand versetzt – unter ihnen Theodor Roeingh. Nach dem Machtantritt Hitlers wurde ihm seine Pension gestrichen.

Die Roeinghs waren nun nahezu mittellos geworden, denn das Gut war noch verpachtet, und es brachte nicht soviel ein, um die Familie mit fünf Kindern zu ernähren. Zunächst zog die Familie nach Paderborn. Hier schlug sich Theodor Roeingh als Handelsvertreter durch. Als im April 1942 die Verpachtung des Gutes auslief, zog die Familie nach Beverungen um. Theodor Roeingh brachte das heruntergekommene Gut, so gut es ging, wieder auf Vordermann.

Am 22. August 1944 wurde er in „Schutzhaft“ genommen. Seine Frau lag in einem Krankenhaus in Holzminden, die beiden Söhne waren Soldaten. Einzig die Tochter Trude Roeingh, damals Studentin in Göttingen, wurde Augenzeugin der Verhaftung: „Morgens um sieben Uhr, es war einer meiner ersten Tage der Semesterferien, klopfte es an die Tür zu meinem Schlafzimmer. Ich öffnete und sah meinen Vater, eingerahmt von zwei Gendarmen aus Beverungen. Er sagte, man habe ihn verhaftet – warum, wisse er nicht.“ Während ihr Vater abgeführt wurde, sah Trude Roeingh, daß Gestapo-Beamte die Papiere im Büro ihres Vaters durchwühlten.

Der NSDAP-Kreisleitung war Theodor Roeingh wegen seiner früheren Tätigkeit in der Zentrums-Partei und im Landwirtschaftsministerium verdächtig. Trude Roeingh vermutet weiter: „Mein Vater sprach darüber nicht, aber einmal hat er durchblicken lassen, daß jemand bei ihm angefragt habe, ob er nach dem Krieg zur Verfügung stehe.“ Woher die Anfrage kam, weiß Trude Roeingh nicht. Ihr Vater, so mutmaßt sie, sei gut bekannt gewesen mit Ferdinand von Lüninck, der zum Goerdeler-Kreis gehörte. Ob Theodor Roeingh tatsächlich Kontakte zu Widerstandkreisen hatte – darüber kann nur spekuliert werden.

Theodor Roeingh wurde, zusammen mit dem ebenfalls verhafteten Beverunger Stadtverordneten Johannes Dietrich (SPD), in das Gestapo-Gefängnis nach Bielefeld gebracht. Der Beverunger Tierarzt Böhme und der Bauer Wilhelm Crux, die mit Theodor Roeingh gut befreundet waren, setzten sich bei der Kreisleitung für seine Freilassung ein – erfolglos.

Unter äußerst schwierigen Bedingungen gelang es Trude Roeingh, ihren Vater mehrmals im Bielefelder Gestapo-Gefängnis zu besuchen. „Sieben Minuten durfte ich jedesmal mit Vater sprechen, unter Aufsicht von zwei Polizisten und einem Gestapo-Beamten.“ Über die Haftbedingungen durfte ihr Vater kein Wort verlieren. Der besorgten Tochter entging es indes nicht, daß ihr kräftiger Vater in der Haft stark abmagerte.

Mitte Januar 1945 teilte Theodor Roeingh in seinem letzten Brief seiner Frau mit, daß er mit anderen Häftlingen in das KZ Sachsenhausen gebracht werden sollte. Wenig später wandten sich die beiden Söhne Bernd und Carl Theodor direkt an das Reichssicherheitshauptamt in Berlin – der Zentrale des Terrors, in dem die Fäden des SS-Staates zusammenliefen. Eine Antwort auf ihr Freilassungsgesuch erhielten sie nie.

Das Ende des Leidensweges Theodor Roeinghs ist bis heute ungeklärt. Er gehörte – nach Aussagen eines ungarischen Mithäftlings – zu den letzten Überlebenden des KZ Sachsenhausen, die vor der anrückenden Roten Armee im April 1945 auf den Todesmarsch nach Norden getrieben wurden. Nahe der mecklenburgischen Stadt Parchim soll Theodor Roeingh – wie so viele Mithäftlinge

Gutsbesitzer Theodor Roeingh (1882 bis 1945).

vor ihm – entkräftet zusammengebrochen und von den Wachmannschaften niedergeschossen worden sein.

Anfang 1946 erfuhr die Familie Roeingh von dem Magdeburger Kaufmann Rudolf August, der an Eides-statt erklärte: Er, August, habe Roeingh im KZ Sachsenhausen kennengelernt. Beide seien, wie alle Kranken und Alten des Lagers, im Februar 1945 in das KZ Bergen-Belsen gebracht worden. Dort sei Theodor Roeingh Mitte März 1945 an Fleckfieber gestorben, kurz vor der Befreiung des Lagers durch britische Truppen.

In der Gedenkstätte Bergen-Belsen erinnern heute zahlreiche Dokumente an das unbeschreibliche Grauen des Konzentrationslagers. Fünf Portraits erinnern beispielhaft an das Schicksal prominenter Häftlinge – neben dem Bild Anne Franks ist auch ein Portrait Theodor Roeinghs angebracht. Darunter die Inschrift: „Ihr Sterben symbolisiert Leid und Schicksal der über 50 000 Toten des Lagers.“

April 1945: Blutiges Kriegsende in Westfalen

Am Karsamstag, ganz früh am Morgen, hat meine Schwiegermutter ein großes, weißes Bettlaken in einem Baum vor unserem Hof aufgehängt." Franziska Lüring, Bäuerin auf einem Hof bei Tönnishäuschen, einem kleinen Dorf zwischen Sendenhorst und Beckum, erzählt von den letzten Kriegstagen im Frühjahr 1945, als amerikanische Truppen in Westfalen einmarschierten.

Karsamstag – das war der 31. März 1945. An diesem Tag sollten US-Truppen durch Tönnishäuschen ziehen. Einen Tag zuvor waren die Amerikaner in Drensteinfurt eingerückt. Dort und auch in anderen Gegenden des Münsterlandes hatten sich fanatische SS-Leute und Soldaten auf Höfen und in Scheunen verbarrikadiert – wild entschlossen, sich letzte, sinnlose Kämpfe mit den US-Truppen zu liefern. „Einige Höfe sind dabei in Flammen aufgegangen, hieß es. Bei uns auf dem Hof", so erzählt die Bäuerin, „hielt sich niemand versteckt, und das sollten die Amerikaner auch wissen. Deshalb hat meine Schwiegermutter das Bettlaken aufgehängt."

Weiße Fahnen und Bettlaken wurden auf vielen Häusern, auf Kirchen und an Amtsgebäuden gehißt – vielfach dort, wo noch wenige Tage zuvor die Hakenkreuzfahne geweht hatte. Die weißen Tücher wurden als hilfloses, heute beinahe naiv anmutendes Zeichen der Kapitulation gehißt, als Zeichen auch an die einmarschierenden Truppen, daß militärischer Widerstand nicht zu erwarten sei.

Noch bevor die ersten US-Panzer zu sehen waren, fuhren drei Jeeps auf den Hof Lüring. Einige Soldaten stiegen aus, und Bauer Heinz Lüring ging ihnen entgegen. Militär sei nicht auf dem Hof, gab er ihnen zu verstehen. Die US-Soldaten musterten Fenster und Türen, durchsuchten auch die Scheune nach deutschen Soldaten. Erst als sie niemanden entdeckten, zogen sie wieder ab.

Doch auf anderen, abgelegenen Bauernhöfen in der weiteren Nachbarschaft setzten sich noch versprengte deutsche Soldaten zur Wehr. Einige Höfe wurden in Brand geschossen, fünf Soldaten wurden bei den Gefechten erschossen, drei andere ergaben sich.

Am frühen Nachmittag donnerten hinter Lürings Hof die ersten Panzer vorbei. Pausenlos bis in die tiefe Nacht fuhren die Truppen die Straße entlang in Richtung Ahlen und Beckum. Viele standen am Wegrand und schauten den vorbeiziehenden US-Soldaten nach. Kriegsgefangene und Zwangsarbeiter begrüßten jubelnd ihre Befreier; den meisten Einheimischen hingegen war nicht zum Jubeln zumute. Sie betrachteten schweigend und bedrückt die durchmarschierenden Truppen.

„Wir atmeten auf", sagt Franziska Lüring. „Der Krieg war doch schon lange verloren. Aber Frieden – das dauerte noch seine Zeit." Und sie

Das Gehöft Lüring bei Tönnishäuschen.

erzählt, wie eine Woche nach Ostern ein US-Soldat mittags auf den Hof kam und den verblüfften Bauersleuten erklärte, sie müßten binnen zwei Stunden das Haus räumen. Nachrükkende Soldaten sollten auf dem Hof einquartiert werden.

Zu der Zeit wohnten dort die Bauersleute, ein Melker, eine verwandte Familie, die in Bochum ausgebombt war, und noch ein „Düsseldorfer Kriegskind“, wie die Bäuerin sagt. Eilig packten sie das Nötigste zusammen und fuhren zu einem Nachbarn, wo sie Unterkunft fanden. Heinz Lüring und der Melker durften nur auf den Hof kommen, um die Tiere zu versorgen. Nach einigen Tagen zogen die Soldaten weiter, und die Lürings durften wieder auf den Hof. Beschädigt war zwar nichts, doch: „Wir brauchten einige Zeit, um das Durcheinander wieder hinzukriegen.“

Die Truppen, die am Karsamstag durch Tönnishäuschen gezogen waren, gehörten zu jenem Teil des Alliierten Heeres, der Mitte März vom Rhein aus den Norden des Ruhrgebiets umgangen hatte und das Münsterland besetzte. Eine andere Heeresgruppe zog währenddessen von Süden her über Marburg, Korbach und Brilon nach Paderborn. In der Gegend zwischen Lippstadt und Paderborn schloß sich dann Anfang April 1945 der sogenannte „Ruhrkessel“. Von hier aus wurde dann Stadt um Stadt das Ruhrgebiet besetzt, während ein Teil der Truppen in Richtung Ostwestfalen und Weser weiterzog.

Immer wieder stießen sie auf zum Teil erbitterten Widerstand. Die Gefechte in der westfälischen Region erloschen erst mit der Einnahme Dortmunds am 22. April 1945. Diese letzten Kämpfe sollen in Westfalen rund 12 000 deutschen Soldaten das Leben gekostet haben; die Zahl der Toten auf alliierter Seite ist unbekannt, dürfte aber erheblich niedriger gewesen sein.

In seinem sicheren Untergang schlug das Regime, schlugen fanatische Nazis noch einmal verbissen und rücksichtslos um sich. Manche Kleinstadt, die bis dahin den Luftkrieg unbeschadet überstanden hatte, wurde noch in Schutt und Asche gelegt, weil sich realitätsblinde NS-Funktionäre oder Militärs weigerten, den Ort kampflos zu übergeben. Ein letztes Mal setzten sie Menschenleben rücksichtslos aufs Spiel, ein letztes Mal nahmen sie in Kauf, daß die Menschen Haus und Hof verloren.

Daher spielten sich in vielen Orten dramatische Szenen ab. In Ahlen beispielsweise gelang es dem Oberfeldarzt Dr. Rosenbaum, NS-Kreisleitung und lokale Wehrmachtsführung nach langwierigen Verhandlungen davon abzubringen, die Stadt zu verteidigen. Auch den Kampfkommandanten im benachbarten Beckum überzeugte er von der Sinnlosigkeit militärischen Widerstands. So rettete Rosenbaum beide Städte vor der Beschießung.

Daß solches Handeln nicht ungefährlich war, zeigen zwei Fälle in Ostwestfalen: In Brackwede bei Bielefeld gab Bürgermeister Bitter den Befehl, die Panzersperren vor dem Dorf wegzuräumen. Er wurde deswegen auf Befehl des Kreisleiters erschossen. In Lemgo hatte Bürgermeister Gräfer mit den anrückenden US-Truppen über die Übergabe der Stadt verhandelt. Bei seiner Rückkehr wurde er verhaftet, von einem Standgericht zum Tode verurteilt und hingerichtet.

„So endete im April 1945 das bisher wohl düsterste Kapitel der Geschichte Westfalens im blutigen Chaos“, schreibt der Historiker Bernd Hey, und er resümiert: „Das Land mußte mit vielen Menschenleben, dem Verlust an politischer Moral, der Zerstörung der Städte und Dörfer und der Vernichtung jahrhundertealten Kunst- und Kulturguts seinen Preis für die zwölf Jahre nationalsozialistischer Herrschaft zahlen, gewann aber mit der Befreiung durch die Alliierten auch die Chance zur Wiederherstellung von Recht und Demokratie, zum Wiederaufbau des Zerstörten und zu neuer Wohlfahrt seiner Bevölkerung.“

Nach dem Krieg und vor dem Frieden (1945–1949)

Herbst 1947: Hungernde Menschen lesen ein abgeerntetes Kartoffelfeld nach.

Als der Krieg zu Ende war

Der „totale Krieg", den Propagandachef Goebbels 1943 im Berliner Sportpalast erklärt hatte, endete im Frühjahr 1945 in der totalen Niederlage Deutschlands. Alliierte Truppen besetzten das Land und befreiten es vom nationalsozialistischen Regime. Am 8. Mai 1945 unterzeichneten die letzten militärischen Befehlshaber Jodl und Keitel die bedingungslose Kapitulation.

Die Bilanz des Krieges war schrecklich: Deutschlands zweiter Griff nach der Weltmacht kostete 55 Millionen Menschen das Leben. Hitler-Deutschland hatte Europa mit barbarischer Gewalt und Zerstörung überzogen und verwüstet, bevor der Krieg auf Deutschland zurückschlug. Der nationalsozialistische Größenwahn und Terror mündete nun auch hier in unbeschreiblichem millionenfachen Leid, in Chaos, Elend und Zerstörung.

Und was für eine Zerstörung! Deutschland lag unter 400 Millionen Kubikmeter Trümmern begraben. Kaum eine größere Stadt war von den Bombenangriffen der Alliierten verschont geblieben, nachdem die deutsche Luftwaffe mit den Bombardements von Conventry und Rotterdam den Luftkrieg eröffnet hatte.

In Westfalen war die Provinzhauptstadt Münster das erste Ziel der Alliierten gewesen, das in Schutt und Asche versank. Statt der 145 000 Einwohner lebten gegen Kriegsende noch rund 25 000 Personen in der Stadt; zwischen den Trümmerresten innerhalb des Promenadenrings hausten im Frühjahr 1945 noch ganze 17 Familien.

Bielefelds Innenstadt wurde am 30. September 1944 durch einen Luftangriff vollkommen zerstört, Paderborn noch sechs Wochen vor Kriegsende am 27. März 1945. Besonders schlimm waren die Städte des Ruhrgebiets getroffen. Nach andauernden Flächenbombardements und nach den letzten Kämpfen im Frühjahr 1945 war aus der einstigen „Rüstungsschmiede des Dritten Reiches" eine einzige Mondlandschaft aus Ruinen, Schutthalden und unwegsamen Straßen geworden. Einzig die Bergarbeiterstadt Herne überstand die Kriegsjahre aus unerfindlichen Gründen beinahe unbeschadet.

Der Krieg hatte selbst vor kleineren Städten nicht halt gemacht. So wurden beispielsweise Dülmen, Coesfeld oder Soest schwer getroffen. Ferner waren zahllose Eisenbahnlinien, Straßen und Wege zerstört, so beispielsweise die wichtigen Verkehrsknotenpunkte der Eisenbahn in Altenbeken und Lage. Das Chaos war noch verschlimmert worden, als Volkssturmleute oder versprengte Soldaten Hitlers Befehl der „Verbrannten Erde" blind ergeben ausführten und vielerorts noch Straßenbrücken oder sogar Flußstege über den Dorfbach in die Luft jagten – angetrieben von dem Wahn, damit noch irgendeinen Panzer aufhalten zu können.

Kriegszerstörungen gab es auch in den ländlichen Regionen Westfalens. Vor allem in der zweiten Kriegshälfte waren immer wieder alliierte Flieger über das Land gedonnert, hatten Menschen auf freiem Feld beschossen, über Dörfern oder vereinzelten Bauernhäusern Bomben niedergeworfen.

Genaue Zahlen über das Ausmaß der Kriegsschäden an landwirtschaftlichen Betrieben in Westfalen gibt es nicht. Eine spätere Erhebung ergab, daß in ganz Nordrhein-Westfalen rund 28 000 Betriebe mehr oder weniger zerstört waren. Die größte Zahl der betroffenen Höfe dürfte jedoch vor allem im Rheinland zu suchen sein, wo seit Ende 1944 nahezu sechs Monate lang schwere Kämpfe zwischen Alliierten Truppen und der Wehrmacht tobten. Dabei wurden vor allem im Regierungsbezirk Aachen vielerorts ganze Dörfer fast restlos zerstört.

Im Vergleich dazu und auch im Vergleich zum Ruhrgebiet waren die ländlichen Regionen Westfalens geradezu glimpflich davongekommen. Die Beobachtungen eines britischen Journalisten, der sich im süddeutschen Raum umsah, treffen wohl auch für Westfalen zu, wenn er im Juni 1945 schrieb:

„Einer der auffallendsten Eindrükke des Reisenden ist der schroffe Gegensatz zwischen Stadt und flachem Land. Die Stadt scheint auf einen deutschen Jeremias zu warten, der ihre Trümmer beweint. Die liebliche Landschaft zeigt kaum eine Spur von Zerstörung. Die soliden, geräumig gebauten, sonnenbeschienenen Häuser der Bauern verraten einen Wohlstand und ein Gedeihen, denen weder Krieg noch Niederlage etwas anhaben können." Dem Journalisten fiel allerdings auch auf, „daß so viele Frauen und Kinder so fieberhaft auf den Feldern arbeiten, daß so viele Frauen schwarz gekleidet sind und daß man so wenig Männer sieht".

Auch sonst war der Krieg nicht spurlos an den Höfen vorübergegangen. Die Felder waren ausgelaugt, und der Tierbestand hatte unter der Kriegswirtschaft erheblich gelitten.

Doch was zählte das schon in einer Zeit, in der die meisten Menschen entwurzelt waren, in der Millionen ihr Zuhause, ihre Heimat verloren hatten; was zählte das in einer Zeit, in der Familien vom Krieg auseinandergerissen waren, in der sich tagtäglich armselige Menschenkolonnen über die Landstraßen schleppten – Flüchtlingstrecks und Evakuierte, Gruppen von Kriegsgefangenen, rucksackschleppende Hamsterer, alte Leute, Frauen und Kinder, hier und da auch die ersten Heimkehrer.

Jeder dritte, nach anderen Schätzungen sogar jeder zweite war im Frühjahr und Sommer 1945, in der Zeit zwischen Krieg und Frieden, auf irgendwelchen Landstraßen unterwegs – auf der Suche nach einer Bleibe, nach Verwandten und Freunden, auf der Suche auch nach Lebensmitteln.

In diesem Moment des totalen Zusammenbruchs durften sich Bauernfamilien glücklich schätzen. Sie gehörten zu den wenigen, denen noch ein Dach über dem Kopf geblieben war. Und was noch wichtiger war: Auf den Höfen brauchte niemand zu hungern.

Die Versorgung der übrigen Bevölkerung mit Lebensmitteln war hoffnungslos zusammengebrochen. Hier Lebensmittel, dort Hunger – das schuf Reibungen und Spannungen in einer Zeit, die als „Schwarzmarkt-“ und „Hamsterzeit“ in der Erinnerung der Zeitgenossen haften geblieben ist.

Blick auf das zerstörte Paderborn im Frühjahr 1945: Oben Abdinghofkloster und -kirche in Schutt und Trümmern, unten die Ruinen des Gymnasiums Theodorianum.

Gewalttaten und Rache befreiter Zwangsarbeiter

Angst und Schrecken gingen in den ersten Wochen nach Kriegsende auf dem Land um. Ehemalige Zwangsarbeiter, von den alliierten Truppen befreit, zogen in Gruppen über das Land, überfielen Bauernhöfe, stahlen vor allem Lebensmittel oder Vieh. Bäuerinnen, alte Leute und selbst Kinder wurden geschlagen und mißhandelt; etliche Menschen verloren sogar ihr Leben.

Weil es hauptsächlich polnische und russische Arbeiter waren, die die Höfe überfielen, sahen sich viele Einheimische in ihren düstersten Ahnungen und Vorurteilen bestätigt, wie sie die NS-Propaganda genährt hatte: „der Russe" oder „der Pole" als plündernder und mordender Bandit. Allzu gerne indes wurde – und wird zum Teil bis heute – die Vorgeschichte der Überfälle vergessen oder verdrängt.

„Die slawischen Untermenschen sind mir so gleichgültig wie irgend etwas, und wenn sie sich das geringste Vergehen im Betrieb zuschulden kommen lassen, dann bitte sofort Anzeige an die Polizei, aufhängen, totschießen! Das kümmert mich gar nicht! Wenn sie gefährlich werden, muß man sie auslöschen!" Dieser Satz des „Generalbevollmächtigten für den Arbeitseinsatz" Fritz Sauckel war für das Millionenheer der Zwangsarbeiter in den Kriegsjahren bitterste Realität. Im Chaos der letzten Kriegswochen flohen viele vor der heranrückenden Front aus den Ruinenstädten. Auch der Hunger trieb sie aufs Land – ausgezehrt, zerlumpt, obdachlos und von den Nazis verfolgt.

Kurz vor Einzug der Alliierten Truppen kam es in den Städten und auf dem Land vielerorts zu Erschießungen. Eine Bäuerin aus Hilbeck beispielsweise wurde Augenzeugin, wie SS-Leute zwei ausgemergelte Russen hinter die Scheune ihres Hofes führten, dort erschossen und verscharrten.

Berüchtigt ist ein Massaker in Suttrop bei Warstein. Auf Befehl des SS-Obergruppenführers Kammler wurden hier noch in den letzten Kriegstagen 208 „Ostarbeiter" – 129 Männer, 77 Frauen und 2 Kinder – ermordet. Zu Plünderungen und Ausschreitungen seitens der „Ostarbeiter" sei es in dieser Gegend noch nicht gekommen, begründete Kammler seinen Mordbefehl, sie seien aber unbedingt zu erwarten, und dem müsse vorgebeugt werden ...

Bei vielen Zwangsarbeitern, die diesen Terror überlebten, entluden sich nach der Befreiung lange angestaute Gefühle des Hasses gegen ihre Unterdrücker. Bei den Bauern, die sie in den Kriegsjahren miserabel behandelt hatten, rächten sie sich in den Wochen nach der Befreiung. Allerdings sprach sich unter ihnen auch oft herum, bei welchem Bauern Kriegsgefangene ein vergleichsweise gutes Los getroffen hatten; diese Landwirte, so ist es vielfach belegt, blieben von Überfällen verschont.

Nicht selten aber traf es auch unbeteiligte, unschuldige Menschen, und gerade dies schuf eine Atmosphäre ständiger Angst und Bedrohung. „Es waren schreckliche Monate", erinnert sich die 65jährige Bäuerin Elisabeth Schulz aus dem Dorf Eickum bei Herford. „Hauptsächlich waren es ehemalige polnische Kriegsgefangene, die hier bewaffnet über die Dörfer zogen. Es hieß, sie würden aus einem Lager aus Minden kommen."

Wie in vielen Dörfern wurde auch in Eickum eine Art Selbstschutz organisiert. Einige Männer – meist waren es alte Leute oder halbwüchsige Jugendliche – gingen nachts auf Wachpatrouille. „Wenn jemand etwas Verdächtiges hörte, wurde auf einem alten Horn geblasen. Wir standen sofort auf, wenn wir das Signal hörten. In dieser Zeit gingen wir angezogen ins Bett, damit wir schnell auf den Heuboden klettern konnten ins Versteck."

Ihr Hof sei zum Glück verschont geblieben, erzählt Elisabeth Schulz weiter, aber bei einem entfernteren Nachbarn hätten ehemalige Kriegsgefangene nachts Schweine aus dem Stall geholt. „Bei einem anderen Bauern haben sie Rinder direkt auf der Weide geschlachtet. Die besten Stücke wurden herausgeschnitten, der Rest blieb liegen. Sicher, die Menschen hatten Hunger, aber das war doch purer Übermut", entrüstet sich Elisabeth Schulz.

Entsetzt erzählt sie von einem Überfall, der ihr besonders im Gedächtnis haften geblieben ist. Auf einem Nachbarhof in der Nähe lebten ein betagter Landwirt, eine junge Frau mit ihren Kindern – der junge Bauer war Soldat und noch nicht wieder heimgekehrt – und eine ausgebombte Familie aus Düsseldorf. „Eines Nachts sind dort Polen gekommen. Alle, die auf dem Hof waren, mußten sich im Halbkreis im Wohnzimmer aufstellen. Einer bewachte sie, und die anderen wühlten Zimmer und Schränke durch. Zum Schluß schoß einer wie wild um sich, und dabei ist eine 13jährige Tochter ums Leben gekommen. Die anderen hatten Glück, sie kamen mit einem Schreck davon. Da wollte keiner mehr eine Minute länger auf dem Hof bleiben. Die Leute haben dann auf einem anderen Hof Unterkunft gefunden."

Nicht überall in Westfalen kam es zu solchen Überfällen; es gab Gegenden, in denen die Menschen davon nur vom Hörensagen wußten. Einige Dörfer sogar blieben unbehelligt, weil die Bauern, wie berichtet wird, in den Wochen nach Kriegsende Lebensmittel zusammentrugen und in die Lager brachten.

Über die Zahl der Überfälle ist nichts Genaues bekannt. Nach einer Umfrage der Kreisbauernschaften, die nach dem Krieg zunächst fortbestanden, sollen bis Ende 1945 in Westfalen und Lippe insgesamt rund 13 500 Höfe „von Ausländern", wie es hieß, überfallen worden sein – also etwa jeder zehnte Bauernhof; die Aufstellung verzeichnet ferner 1990 „Tötungen, Körperverletzungen und Mißhandlungen".

Abgesehen davon, daß diese unterschiedlichen Delikte in einer Rubrik zusammengefaßt wurden: Die Umfrage der Kreisbauernschaften ist auch in anderen Punkten ungenau; so werden in der zusammenfassenden Statistik etliche Delikte doppelt oder sogar dreifach gezählt. Die Umfrage spiegelt damit eher die bittere Entrüstung und die tiefsitzenden Vorurteile unter der Landbevölkerung wider als das tatsächliche Ausmaß der Taten.

Die Überfälle gingen im Laufe des Sommers 1945 allmählich zurück. Erst jetzt hatte die britische Militärregierung im Chaos der ersten Nachkriegszeit Mittel und Wege gefunden, um die ehemaligen Kriegsgefangenen und Zwangsarbeiter in ihr Land zurückzubringen. Doch Ernte- und Felddiebstähle gab es weiterhin. Nur jetzt waren es hungernde Deutsche, die Kartoffeln und Rüben aus den Äckern ausgruben und Speisekammern ausraubten.

Flüchtlinge kamen mit „Schnee in den Taschen“

Wir wurden erst nur 'Die von dahinten' genannt, oder 'Die von da driben'; einige Leute hielten uns sogar für Kommunisten oder beschimpften uns als 'Polacken'. Das vergißt man nicht, auch wenn's später besser wurde.“ Erbitterung schwingt in ihrer Stimme mit, als Maria Neumann (Name geändert) erzählt, wie sie und ihre Familie, aus Schlesien geflohen, im Herbst 1945 in das Paderborner Land kamen. „Wir besaßen nichts mehr außer unsere abgerissenen Kleider, und deswegen hießen wir bei den Leuten auch 'Die mit Schnee in den Taschen'. Weil wir aus dem Osten kamen! Die Leute hier glaubten wohl, in Schlesien würde es immer nur schneien . . .“

Maria Neumann, 72 Jahre alt, stammt aus einem kleinen Dorf in Oberschlesien. Ihr Vater war Justizbeamter, sie selbst hatte in einem Nachbarort als Volksschullehrerin gearbeitet.

Nach Kriegsende wurde ihre Heimat polnisch. Die deutschen Bewohner wurden gewaltsam vertrieben und umgesiedelt, wenn sie nicht schon vorher evakuiert oder geflohen waren.

Im Spätsommer 1945 flüchtete Maria Neumann mit ihren Eltern und ihrer Schwester in Richtung Westen. Mit zwei befreundeten Bauernfamilien schlugen sie sich durch, bepackt mit den notwendigsten Habseligkeiten. Maria Neumann berichtet von Schikanen und Racheakten polnischer und russischer Milizen, sie erzählt, wie sich die Familien vor Überfällen in den Wäldern vesteckten. „Aber in dieser schlimmen Zeit erlebten wir auch hilfsbereite Menschen“, sagt sie. Und sie erzählt von einem russischen Milchkutscher, der sie die letzten Kilometer zur Neiße brachte – „ohne etwas dafür zu verlangen“.

Das Ziel der Neumanns hieß Paderborn. Dort lebte ein entfernter Verwandter. Bei ihm hofften sie unterzukommen. Nach Wochen erreichten sie, bitter hungernd und völlig erschöpft, im Oktober 1945 ihr Ziel. Das Haus des Verwandten allerdings war zerbombt, die Neumanns mußten sich eine andere Bleibe suchen. Sie kamen in einer dürftigen Baracke in einem Dorf bei Paderborn unter.

Die Neumanns gehörten zu den ersten Flüchtlingen, die im Sommer und Herbst 1945 ins Land kamen. Bis 1949 kamen insgesamt rund siebeneinhalb Millionen Menschen aus den ehemaligen Ostgebieten nach Westdeutschland. Die britische Militärregierung lenkte, so weit dies überhaupt möglich war, den größten Flüchtlingsstrom in die weithin unzerstörten ländlichen Regionen, vor allem nach Schleswig-Holstein und Niedersachsen. In Nordrhein-Westfalen wurden Mitte 1947 rund 900 000 Flüchtlinge gezählt, davon rund 630 000 in Westfalen. Davon wiederum waren die meisten im Sauerland und in Ostwestfalen untergebracht. In ländlichen Kreisen wie Herford oder Höxter, Brilon oder Meschede wurde jeder dritte Einwohner in der Statistik als

Flüchtlingstreck aus Schlesien auf einem Bauernhof in Greven.

„evakuiert“ oder „geflohen“ registriert.

Viele Flüchtlinge wurden auf Bauernhöfen zwangseinquartiert. Wenn sie es gut trafen, fanden sie Bauernfamilien, die ihnen bereitwillig halfen und sie bei den Mahlzeiten mit „durchzogen“. Oft jedoch gab es Schwierigkeiten und Spannungen. Auf etlichen Bauernhöfen drängten sich bereits evakuierte Familien aus den ausgebombten Städten. Andere Bauern wiesen den Flüchtlingen widerwillig leerstehende Schuppen oder zugige Verschläge in Stallgebäuden zu; wieder andere lehnten es rundweg ab, die „Polacken“ aufzunehmen.

Der Bauer betrachte die Flüchtlinge als Eindringlinge, so gab im Sommer 1946 ein Kaplan im Landkreis Münster, der für die Flüchtlingsseelsorge zuständig war, die Stimmung wieder. Und Maria Neumann ist noch heute entsetzt über den Spruch, den sie im Gespräch zweier Bauern aufschnappte: „Wir haben zwei Plagen – Kartoffelkäfer und Flüchtlinge . . .“

Neben den fehlenden Wohnungen war die Versorgung mit Lebensmitteln das größte Problem. „In unserer Baracke hatten wir ja erst ’mal ein Dach überm Kopf, aber in der ersten Zeit sind wir vor Hunger die Wände hochgegangen“, so erzählt Maria Neumann. „Bucheckern und Pilze haben wir in den Wäldern gesucht. Und immer wieder mußten wir zu den Bauern betteln gehen, damit wir überhaupt etwas zum Leben hatten.“

Hier hat sie Bitteres erlebt: „Es gab Bauern, die sind auf Flüchtlinge losgegangen, nur weil sie die Birnen aus dem Straßengraben gesucht haben.“ Ihr Vater, so erzählt sie, habe einmal ihrer Mutter zum Geburtstag ein Ei

Flüchtlinge im Aufnahmelager Ehringhausen bei Lippstadt.

kaufen wollen. Dafür sei er einen ganzen Nachmittag durch die Bauerschaft gewandert, von Hof zu Hof – ohne Erfolg. „Er wurde abgewiesen, weil er ein Fremder war“, so Maria Neumann.

Aber nach und nach lernten sie auch andere Bauern kennen. Ein Landwirt beispielsweise, dessen Hof in der Nähe des Behelfsheims lag, bot der Familie Neumann im Frühjahr 1946 ein schmales, brach liegendes Ackerstück zur Bewirtschaftung an. Irgendwo, so erzählt Maria Neumann, habe ihr Vater ein bißchen Saatgut organisiert. Und so zogen die Neumanns auf der kleinen Parzelle Gemüse und ein paar Kartoffelstauden. Die erste „Ernte“

sorgte für neue Kontakte: „Irgendwann kam ein anderer Landwirt vorbei. Er hielt sogar extra seine Kutsche an, denn hier hatte er noch nie etwas wachsen gesehen. Und dann, im Laufe des Gesprächs, bot er meinem Vater Arbeit an."

Einen dritten Landwirt schließlich lernte ihr Vater kennen, als er die Bauerschaftswege nach „Pferdeäppeln" absuchte, um damit sein Fleckchen Land zu düngen. „Ein Bauer sprach ihn an, und das war dann typisch für Männer: Es stellte sich heraus, daß beide zu Kaisers Zeiten im selben Ort beim Militär gedient hatten. Zu diesem Bauern konnten wir dann immer hingehen, bei ihm bekamen wir die herrlichsten Äpfel und Kartoffeln", schwärmt Maria Neumann.

Es dauerte Jahre, ehe für Flüchtlinge wie die Neumanns die schlimmste Not vorbei war, ehe sie nicht mehr hungerten und schließlich aus dem Behelfsheim in ein richtiges Haus umziehen konnten. In dem Dorf lebt Maria Neumann noch heute mit ihrer hochbetagten Mutter. Hier haben sie eine neue Heimat gefunden; nur manchmal noch werden sie als „Zugezogene" bezeichnet.

Die Menschen, die ihnen das Leben damals schwerer machten, als es für sie ohnehin schon war, hat Maria Neumann nicht vergessen. Vergessen aber hat sie auch nicht die Menschen, die ihnen weiterhalfen. „Das waren so die Lichtblicke in einer schlimmen Zeit", sagt sie. Und lakonisch setzt sie hinzu: „Durch sie wurde die Sache dann allmählich menschlich."

„Säuberungen" in der Landesbauernschaft

Die Provinz Westfalen und der ehemalige Freistaat Lippe gehörten nach Kriegsende zur britischen Besatzungszone, neben Schleswig-Holstein, dem heutigen Niedersachsen und der nördlichen Rheinprovinz. Die Aufgaben, vor die sich die Besatzungsmacht gestellt sah, waren immens: Sie mußte die Versorgung der Bevölkerung sicherstellen und Verwaltung, Gerichtsbarkeit, Schul- und Bildungswesen entnazifizieren und neu aufbauen, um so die Weichen für ein demokratisches Gemeinwesen zu stellen.

Eines der drängendsten Probleme war es, die Ernährung der Bevölkerung zu sichern. Hier griff die britische Militärregierung in Münster auf den Apparat der Landesbauernschaft zurück. Diese Behörde mußte für eine Übergangszeit weiterhin dafür sorgen, daß die landwirtschaftlichen Produkte erfaßt und verteilt wurden. Die Landesbauernschaft arbeitete bis zur Gründung der „vorläufigen Landwirtschaftskammer Westfalen-Lippe" im Jahr 1948 weiter.

Unmittelbar nach Kriegsende begann die Militärregierung damit, die Landesbauernschaft und ihren Unterbau in Kreisen und Gemeinden von belasteten Parteimitgliedern zu „säubern". Landes- und Kreisbauernführer sowie andere Amtsträger wurden, soweit sie als besonders belastet galten und nicht untergetaucht waren, festgenommen und in den Lagern Recklinghausen, Staumühle in der Senne und Hemer bei Iserlohn interniert.

Statt der ehemaligen „Kreisbauernführer" setzte die britische Militärregierung andere Landwirte auf die Posten. Diese „Männer der ersten Stunde" durften politisch nicht belastet sein. Meist wurden sie danach ausgewählt, ob sie in irgendeiner Weise mit dem NS-Regime in Konflikt geraten waren oder sich renitent gezeigt hatten. Hierzu drei Beispiele:

Im Kreis Altena-Lüdenscheid ernannten die britischen Behörden Ende April 1945 den Landwirt Franz Brüggenwirth aus Kierspe zum neuen „Kreisbauernvorsteher", wie das Amt nun hieß. Von ihm hatten die Briten erfahren, daß er bis in die Kriegszeit mit einem jüdischen Viehhändler in Meinerzhagen Kontakt gehalten und gehandelt hatte.

Im Kreis Beckum setzten die Briten den Liesborner Landwirt Franz Luster-Haggeney ein. Er war als konservativer Zentrumspolitiker in den 20er Jahren in Gemeinde- und Amtsvertretung, ab 1929 in Kreistag und in Provinziallandtag gewählt. Aus diesen Ämtern wurde er von den Nazis 1933 „entfernt". Luster-Haggeney zog sich auf seinen Hof bei Liesborn zurück. Hier erreichte ihn Ende April 1945 die Mitteilung der Militärregierung, daß er Kreisbauernvorsteher im Kreis Beckum werden solle. 1946 wurde er zum Landrat des Kreises gewählt, bis zu seinem Tod 1958 hatte er zahlreiche Ämter in den landwirtschaftlichen Organisationen Westfalens inne.

Einen wiederum anderen Lebenslauf hatte der Landwirt Fritz Hollmann aus Bittingen bei Werl, ab 1947 erster Präsident des neu gegründeten Westfälisch-Lippischen Landwirtschaftsverbandes. Hollmann, unter den Bauern im Kreis als Schwarzbuntzüchter bekannt, war bis 1941 Leiter der Hauptabteilung II in der Kreisbauernschaft Soest. Er wurde 1941 entlassen, weil er sich geweigert hatte, der NSDAP beizutreten. Aufgrund seines Verhaltens setzten ihn die Briten am 20. April 1945 als Kreisbauernvorsteher für Soest ein.

Auch die Ortsbauernführer wurden überprüft und – wenn nötig – ihres Amtes enthoben. Einige hatten sich schon vorher an die neuen Kreisbauernführer gewandt und „wegen Arbeitsbelastung in der bevorstehenden Ernte“, wie es in manchen Briefen hieß, ihren Rücktritt erklärt. Zum Leiter des Landesernährungsamtes und „Präsidenten der Landesbauernschaft“ ernannte die Militärregierung im Sommer 1945 Hermann Heukamp. Er war parteiloser, dem Zentrum nahestehender Jurist und hatte bis 1934 als Staatssekretär im Reichsernährungsministerium gearbeitet, ehe die Nazis ihn zwangspensionierten.

Heukamp sollte nicht lange Präsident der Landesbauernschaft bleiben. Im November 1946 berief ihn der erste Ministerpräsident in NRW, Rudolf Amelunxen, als Landwirtschaftsminister ins Kabinett. Heukamps Nachfolger wurde der oben bereits erwähnte Fritz Hollmann. Er blieb bis zur Gründung der vorläufigen Landwirtschaftskammer Präsident der Landesbauernschaft.

Auch die Institute, Forst- und Untersuchungsämter, die Marktverbände, Landwirtschaftsschulen und Wirtschaftsberatungsstellen der Landesbauernschaft wurden anfangs „durchleuchtet“. Die Hauptabteilung I „Der Mensch“, wegen ihrer Blut-und-Boden-Propaganda besonders berüchtigt, wurde aufgelöst. Die Hauptabteilung III „Der Markt“ mit Sitz in Unna-Königsborn meldete im Sommer 1946, daß 19 Prozent des Personals Mitglieder der NSDAP oder einer ihrer Gliederungen seien, „im Gegensatz zu 43 Prozent in der Zeit vor der Besatzung“.

Gegen Kriegsende hatte die Landesbauernschaft Westfalen rund 1800 Beschäftigte. Von ihnen wurden bis Februar 1946 „bei der Reinigung vom Nazigeist“, wie es in einer Aufstellung heißt, 463 Personen entlassen oder vom Dienst suspendiert.

Bis zur Jahresende 1945/46 waren die Spitzen der regionalen und lokalen Stellen der Landesbauernschaft ausgewechselt und neu besetzt worden; auf der mittleren Ebene der Verwaltung scheint es – abgesehen von Versetzungen – kaum zu nennenswerten Veränderungen gekommen zu sein.

Die erste Säuberungswelle ebbte rasch ab. Beim weiteren Wiederaufbau der Ernährungsverwaltung herrschte dringender Bedarf nach fachlich qualifiziertem Personal. Die wenigen unbelasteten Fachleute reichten nicht aus, um die Versorgung der Bevölkerung aufrechtzuerhalten. Damit schlug die Stunde ehemaliger Reichsnährstandsbeamter.

Um die Jahreswende 1945/46 begann die britische Militärregierung damit, aus den Lagern einen Teil der internierten Beamten des Reichsernährungsministeriums und des Reichsnährstandes zurückzuholen. Auch wurde die Entnazifizierung mehr und mehr formalisiert. Vor den Entnazifizierungsausschüssen wurden ehemaliges Nazis – und nicht nur die damals vielzitierten nominellen Parteimitglieder – zu „Mitläufern“ erklärt.

Der Entnazifizierungsausschuß der westfälischen Landesbauernschaft war hier keine Ausnahme; lediglich einzelne, die Schweres auf dem Kerbholz hatten, seien nicht anerkannt worden, so ein ehemaliger Beamter. Insgesamt jedoch galt, wie die Historikerin Irmgard Lange feststellt: „Wer in Wirtschaft oder Verwaltung dringend gebraucht wurde, konnte ruhig ein alter Parteigenosse sein.“ Es gab also – trotz der ersten Verhaftungen, Entlassungen und Umbesetzungen – eine Kontinuität zwischen der alten und der neuen Landesbauernschaft.

Landwirtschaft in den bitteren Hungerjahren

Am 6. November 1945 versammelten sich in der Bielefelder Oetker-Halle sämtliche westfälischen Kreisbauernvorsteher. Auch zwei Offiziere der britischen Militärregierung waren nach Bielefeld gekommen. Vor ihnen zeichnete Hermann Heukamp, Präsident der Landesbauernschaft, ein finsteres Bild der Lage:

„Die Landwirtschaft unserer Provinz besitzt bei weitem nicht mehr die Produktionskraft wie in den vergangenen Jahren. Vor allem der Mangel an Kunstdünger und Kraftfutter in Zusammenhang mit der anormalen Witterung dieses Sommers hat bewirkt, daß die landwirtschaftlichen Erzeugnisse zurückgegangen sind. Aufgrund der Erntebilanz für 1945 können wir aus eigener Erzeugung im Großen gesehen nicht einmal 50 Prozent des Nahrungsbedarfs der Provinz bis zur neuen Ernte decken. Bei Zucker, Brot und Fett ist die Verhältniszahl noch wesentlich kleiner."

Die Ernte 1945 war in der Tat miserabel ausgefallen, und das sollte sich auch vorerst nicht bessern. Im Gegenteil: Viehbestand und Felderträge sanken bis 1947 auf einen katastrophalen Tiefstand.

Unmittelbar nach Kriegsende bahnte sich vor allem im bevölkerungsreichen Ruhrgebiet eine Hungersnot an, die sich 1947/48 dramatisch zuspitzte. Die Städte an Rhein und Ruhr waren seit jeher auf Zulieferungen aus dem deutschen Osten und aus dem Ausland angewiesen. Die Zonengrenze allerdings war nun dicht, der Außenhandel zusammengebrochen. Das Revier blieb vorerst einzig auf das agrarische Hinterland Westfalens und des Rheinlands angewiesen. Doch die hiesige Landwirtschaft war arg angeschlagen – auch dies gehörte zur lange nachwirkenden Hinterlassenschaft des „Dritten Reiches".

Schon in den Kriegsjahren hatte es an Düngemitteln gefehlt. Die „Kriegserzeugungsschlachten" hatten ausgezehrte Äcker hinterlassen. Düngemittel blieben auch weiterhin knapp – wie knapp, zeigt ein Blick in die erste Nachkriegsnummer des „Landwirtschaftlichen Wochenblattes" vom 20. April 1946: Danach konnte die britische Militärregierung den westfälischen Bauern zur Frühjahrsbestellung nur 6400 t Stickstoff zuteilen – angemeldet hatten die Bauern einen Bedarf von 40000 t. Statt der angeforderten 60000 t Phosphorsäure erhielten die Bauern nur 11200 t, statt 80000 t Kali konnten lediglich 22800 t Kali angeliefert werden. Der Bedarf war also nicht einmal zu einem Viertel gedeckt. An diesen knappen Zuteilungen änderte sich vorerst wenig.

Die Bauern hatten auch Mühe, das notwendige Pflanz- und Saatgut zu beschaffen. Hinzu kam, daß ein Großteil der Landmaschinen und Geräte hoffnungslos überaltert, ausgeleiert und reparaturbedürftig war. Die Landmaschinenindustrie hatte ab 1939 mehr und mehr auf Rüstungsproduktion umstellen müssen; ab 1942 war in Deutschland die Landmaschinenproduktion ganz eingestellt zugunsten der totalen Kriegswirtschaft. Nach Kriegsende hatte sich ein entsprechend großer Bedarf angestaut.

Die Bauern, so meldete die Landesbauernschaft 1947, bräuchten vor allem Gespannpflüge, Eggen und Akkerwagen. Ferner fehlten wichtige Betriebsmittel wie beispielsweise Treibstoff, Bindegarn oder Handwerkszeug; viele Bauern „organisierten" oder „kompensierten", wie es hieß, diese begehrten Waren im Tauschhandel.

Der Mangel an nahezu sämtlichen Betriebsmitteln schlug sich deutlich in den Ernteerträgen nieder, wie die Tabelle zeigt. Die Zahlen sind freilich mit Vorsicht zu genießen. Viele Bauern gaben nicht den tatsächlichen, sondern einen niedrigeren Ertrag an; der Rest landete als „schwarzer Vorrat" in sicherem Versteck – für „Kompensationsgeschäfte".

Im großen und ganzen jedoch stimmen die Zahlen darin überein, daß die Ernte 1946 um etwa ein Viertel, die Ernte im ausgesprochen heißen Dürrejahr 1947 sogar um mehr als ein Drittel unter der bis dahin gewohnten Durchschnittsernte lag.

In der Viehwirtschaft war die Lage kaum besser. Betriebseigene Futtermengen gingen zurück, Handelsfuttermittel fehlten fast ganz. Der Rindviehbestand hatte in der Kriegszeit bei rund 940000 Tieren gehalten werden können. Im bitteren Hungerwinter 1946/47 ordnete die Militärregierung eine Abschlachtung des Rindviehbestandes von 15 Prozent an. Einerseits sollte vermieden werden, daß Getreide und vor allem Kartoffeln im Futtertrog landeten statt in den städtischen Lebensmittelläden; andererseits soll-

Ernteerträge der ersten Nachkriegsjahre (in dt/ha)

	Roggen	Weizen	Gerste	Hafer	Kartoffeln
1939	21,3	23,9	21,9	21,0	198,2
1945	13,5	17,6	15,8	15,2	155,1
1946	14,0	16,3	14,9	14,2	124,1
1947	14,4	14,1	13,6	13,4	111,7
1948	20,5	22,1	22,3	16,9	203,2
1949	26,5	29,7	28,2	26,5	252,4

ten die ohnehin äußerst dürftigen Fett- und Fleischrationen ein wenig aufgebessert werden.

Bis zum Jahresende 1947 erreichte der Rindviehbestand in Westfalen den absoluten Tiefpunkt von rund 830 000 Tieren – nach offizieller Zählung wohlgemerkt. Die Milch- und Buttererzeugung sank ebenfalls katastrophal ab. Der Schweinebestand hatte bereits im Krieg von 1,9 Millionen auf rund 900 000 Tiere abgenommen; Ende 1947 wurden in Westfalen nur noch rund 770 000 Schweine gezählt – der niedrigste Stand seit der Jahrhundertwende.

Am System der Lebensmittelbewirtschaftung hatte sich nach Kriegsende nichts geändert. Die unmittelbar drohende Hungersnot hatte der britischen Militärregierung keine andere Möglichkeit gelassen, als die knappen Lebensmittel weiterhin zu erfassen und zu verteilen. An die Verbraucher waren weiterhin Lebensmittelkarten verteilt, an die Landwirte weiterhin Ablieferungsbescheide versandt worden.

Orts-, Kreis- und Landesbauernschaften sowie die Marktverbände setzten ihre Arbeit fort, zunächst unter Aufsicht der britischen Militärregierung. Im Sommer 1945 wurde in Obernkirchen, einem kleinen Dorf unweit von Minden, eine deutsche Behörde gebildet: das spätere „Zentralamt für Ernährung und Landwirtschaft". Diese Behörde hatte anfangs

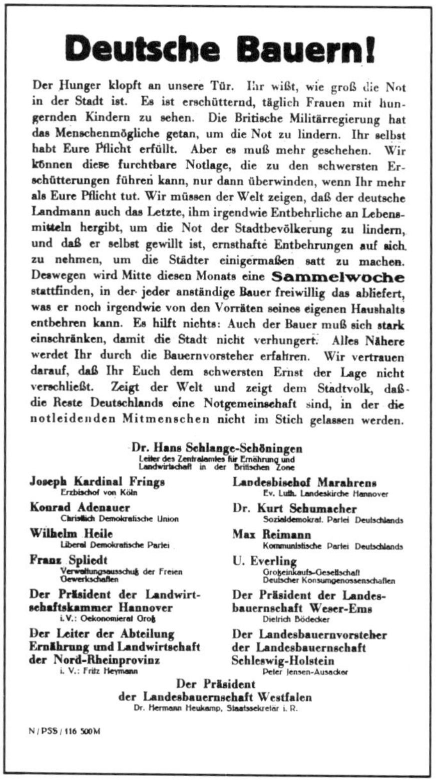

Deutsche Bauern!

Der Hunger klopft an unsere Tür. Ihr wißt, wie groß die Not in der Stadt ist. Es ist erschütternd, täglich Frauen mit hungernden Kindern zu sehen. Die Britische Militärregierung hat das Menschenmögliche getan, um die Not zu lindern. Ihr selbst habt Eure Pflicht erfüllt. Aber es muß mehr geschehen. Wir können diese furchtbare Notlage, die zu den schwersten Erschütterungen führen kann, nur dann überwinden, wenn Ihr mehr als Eure Pflicht tut. Wir müssen der Welt zeigen, daß der deutsche Landmann auch das Letzte, ihm irgendwie Entbehrliche an Lebensmitteln hergibt, um die Not der Stadtbevölkerung zu lindern, und daß er selbst gewillt ist, ernsthafte Entbehrungen auf sich zu nehmen, um die Städter einigermaßen satt zu machen. Deswegen wird Mitte diesen Monats eine **Sammelwoche** stattfinden, in der jeder anständige Bauer freiwillig das abliefert, was er noch irgendwie von den Vorräten seines eigenen Haushalts entbehren kann. Es hilft nichts: Auch der Bauer muß sich stark einschränken, damit die Stadt nicht verhungert. Alles Nähere werdet Ihr durch die Bauernvorsteher erfahren. Wir vertrauen darauf, daß Ihr Euch dem schwersten Ernst der Lage nicht verschließt. Zeigt der Welt und zeigt dem Stadtvolk, daß die Reste Deutschlands eine Notgemeinschaft sind, in der die notleidenden Mitmenschen nicht im Stich gelassen werden.

Dr. Hans Schlange-Schöningen
Leiter des Zentralamtes für Ernährung und Landwirtschaft in der Britischen Zone

Joseph Kardinal Frings
Erzbischof von Köln

Landesbischof Marahrens
Ev. Luth. Landeskirche Hannover

Konrad Adenauer
Christlich Demokratische Union

Dr. Kurt Schumacher
Sozialdemokrat. Partei Deutschlands

Wilhelm Heile
Liberal Demokratische Partei

Max Reimann
Kommunistische Partei Deutschlands

Franz Spliedt
Verwaltungsausschuß der Freien Gewerkschaften

U. Everling
Großeinkaufs-Gesellschaft Deutscher Konsumgenossenschaften

Der Präsident der Landwirtschaftskammer Hannover
i.V.: Oekonomierat Groß

Der Präsident der Landesbauernschaft Weser-Ems
Dietrich Bödecker

Der Leiter der Abteilung Ernährung und Landwirtschaft der Nord-Rheinprovinz
i. V.: Fritz Heymann

Der Landesbauernvorsteher der Landesbauernschaft Schleswig-Holstein
Peter Jensen-Ausacker

Der Präsident der Landesbauernschaft Westfalen
Dr. Hermann Heukamp, Staatssekretär i. R.

N / PSS / 116 500M

Aufruf an die Bauern im Juni 1946.

nur beratende Aufgaben bei der Ernährungswirtschaft. Ab Frühjahr 1946 wurde sie Aufsichtsbehörde der Landesbauernschaften in der britischen Besatzungszone.

Das Zentralamt wurde geleitet von Hans Schlange-Schöningen. Dieser Politiker ist heute weithin vergessen, damals aber war sein Name in aller Munde. Schlange-Schöningen war ehemaliger Gutsbesitzer in Pommern, prominentes Mitglied der Deutschnationalen Volkspartei und im zweiten Kabinett Brüning Reichskommissar für die Osthilfe; er hatte zum Widerstandskreis um Goerdeler gehört und war einer der Mitbegründer der CDU. Als Leiter des „Zentralamtes für Ernährung und Landwirtschaft" erwarb sich Schlange-Schöningen bald den schillernden Beinamen des „Hungerdiktators". Nach Ansicht eines Mitarbeiters hatte er ein „Himmelfahrtskommando" übernommen, stand er doch zwischen den Fronten, zwischen der Landwirtschaft auf der einen und den hungernden Verbrauchern auf der anderen Seite.

Erfolg oder Mißerfolg maß das Zentralamt an einer nackten Zahl – den täglichen Kalorien pro Person. Die durchschnittliche Normalernährung liegt bei 3 000 Kalorien, als Existenzminimum werden 2 000 Kalorien angesehen. In den Kriegsjahren hatte der „Normalverbraucher" in Deutschland zwischen 2 000 und 2 500 Kalorien pro Tag erhalten. In der Nachkriegszeit sollten die besiegten Deutschen rund 2 800 Kalorien pro Tag und Person erhalten – so hatten es die alliierten Siegermächte im Potsdamer Abkommen festgelegt.

Dieses Ziel jedoch blieb blanke Illusion: Nach dem Krieg war durch die

Die Ernährungslage

Sind Ihnen folgende Tatsachen bekannt?

Während der letzten sechs Monate wurden mehr als 50% des Brot- und Mehlverbrauchs der britischen Zone durch Einfuhr in die Zone gedeckt.

500,000 Tonnen Nahrungsmittel wurden während dieser sechs Monate in die britische Zone importiert.

Keine Nahrungsmittel wurden aus der Zone exportiert und fast der gesamte Nahrungsmittelbedarf der britischen Besatzungstruppen wurde durch Einfuhr gedeckt.

Während derselben Zeitspanne wurde die Lebensmittelzuteilung in England gekürzt.

Der Krieg hat eine Nahrungsmittelknappheit in der ganzen Welt verursacht und andere Länder, besonders Indien, stehen vor der Hungersnot.

93% der Nahrungsmittel für die verschleppten Personen in Deutschland werden jetzt eingeführt, obwohl die deutsche Bevölkerung die Verantwortung für die Ernährung dieser schwerbetroffenen Menschen trägt.

Der deutsche Beitrag für die Ernährung dieser Menschen beträgt demnach nur 7% und besteht nur aus frischem Gemüse.

Eine unmittelbare Besserung der Lage ist nicht zu erwarten, da eine Erhöhung der deutschen Lebensmittelzuteilung nur mit einer Vergrößerung der Hungersgefahr in den alliierten und in den früher von Deutschland besetzten Ländern erkauft werden könnte.

Jeder einzelne Deutsche in der britischen Zone muß deshalb zunächst alles tun, um die Nahrungsmittelerzeugung zu steigern und eine gerechte Verteilung sicherzustellen.

Sobald die gegenwärtige Welternährungskrise überwunden ist, werden Schritte unternommen, um die Ernährungslage auch in der britischen Zone zu bessern.

Herausgegeben von den britischen Militärbehörden

Informationsplakat der britischen Militärbehörden vom Sommer 1945.

Ankunft von CARE-Paketen in einem Lippstädter Flüchtlingslager.

Die

Genehmigung zur Hausschlachtung

wird **nur** erteilt, **wenn** der Betrieb seine

Ablieferungsverpflichtung erfüllt

Militärregierung und Zentralamt Hamburg haben verschärfte Anwendung dieser Vorschriften angeordnet.

Industrie- und Stadtbevölkerung

müssen vor allem mit den wichtigsten Nahrungsmitteln **versorgt werden,**

deshalb müssen die Erzeuger insbesondere

Brotgetreide

Kartoffeln

Milch

Schlachtvieh

rechtzeitig und restlos abliefern!

Wer die Allgemeinheit im Stich läßt, hat nicht verdient, die höheren Selbstversorgerrationen in Fleisch und Schlachtfetten zu erhalten.

Es ist Sache jeden Betriebsinhabers

durch schnelle und restlose Ablieferung der Allgemeinversorgung wirksam zu helfen!

Nur so erhält der Bauer die Berechtigung zur Hausschlachtung!

Landesernährungsamt Westfalen

Aufruf an die westfälischen Bauern aus dem Sommer 1946.

Gebietsabtrennungen im Osten rund ein Viertel der landwirtschaftlichen Nutzfläche weggefallen. Auf der verkleinerten Anbaufläche der vier Besatzungszonen mußte aber etwa die gleiche Bevölkerung wie vorher ernährt werden – und dies von einer Landwirtschaft, die sich ebenfalls erst von den Kriegsfolgen erholen mußte.

Die hiesigen Ernten fielen von Jahr zu Jahr schlechter aus, der Viehbestand nahm ab, und ausländische Lebensmittel kamen bis Ende 1946 noch kaum ins Land. Verschärfend kam hinzu, daß viele Bauern einen Teil ihrer Produkte für den Tauschhandel auf dem Schwarzmarkt absetzten. Denn das strenge Diktat des NS-Ernährungssystems mit seinen drakonischen Strafen brauchte kein Landwirt mehr zu fürchten. Etwa ein Viertel bis ein Drittel der hiesigen landwirtschaftlichen Produkte, so vorsichtige zeitgenössische Schätzungen, sollen die Erfassungsstellen gar nicht erst erreicht haben. Diese Waren versikkerten auf dem Schwarzmarkt.

Unter diesen Umständen beschränkte sich die Arbeit der Ernährungsbehörden notgedrungen darauf, den Hunger zu verwalten. In der britischen Besatzungszone wurde die Tagesration für „Otto Normalverbraucher“ auf 1550 Kalorien heruntergesetzt, und selbst dies war nur eine dürre Zahl auf wertlosem Papier. Denn was nutzten die pünktlich ausgeteilten Lebensmittelmarken, wenn es dafür nichts zu kaufen gab?

Die Menschen vor allem im Industriegebiet an Rhein und Ruhr litten unter bitterstem Hunger. In Städten wie Gelsenkirchen oder Recklinghausen sah die durchschnittlich zugeteilte Tagesration für einen erwachsenen Menschen 1945/46 so aus: zwei dünne Scheiben Brot mit etwas Margarine, eine Kelle dünne Milchsuppe und zwei kleine Kartoffeln – das ergab zusammen rund 1000 Kalorien.

Vor dem Schloß in Münster.

Selbst in Städten mit eher ländlicher Umgebung, wie etwa in Bielefeld, Detmold oder Paderborn, herrschte ein heute unvorstellbarer Hunger. Sportplätze und Schloßgärten wurden zu Ackerland umgepflügt; auf jedem Fleckchen Boden wurden Kartoffeln oder Gemüse gezogen. Je knapper die Lebensmittel wurden, um so mehr Menschen drängelten sich in und sogar auf den Hamsterzügen, die in die ländlichen Regionen rollten.

Katastrophal spitzte sich die Hungersnot im langen und überaus kalten „sibirischen Winter“ 1946/47 zu. In den Ruhrgebietsstädten, wo die Not am größten war, kam es zu Massenstreiks und Hungermärschen; am 3. April 1947 legten 300000 Bergleute die Arbeit nieder. Wenige Wochen vorher hatten Hunger und Kälte 15000 Menschen in Essen auf die Straße getrieben. „Ausgiebige Brotversorgung“, „schnellste Heranschaffung aller verfügbaren Kartoffelbestände“ und sogar „Todesstrafe für En-Gros-Schwarzhändler durch sofortiges Erhängen“ lauteten die Forderungen.

Die Lebensmittelversorgung in Nordrhein-Westfalen stand in den beiden Wintern 1946/47 und 1947/48 mehrfach kurz vor dem Zusammenbruch. Daß viele Menschen überhaupt vor dem Hungertod bewahrt wurden, war vor allem den Hilfslieferungen aus Westeuropa und Nordamerika zu verdanken. Am bekanntesten waren – und sind noch heute – die CARE-Pakete, die von Wohlfahrtsverbänden aus den USA und Kanada nach Westdeutschland geschickt wurden. Ferner kamen staatliche Lebensmittellieferungen aus Großbritannien und den USA: Tag für Tag landeten ab Frühjahr 1947 Schiffe in den norddeutschen Häfen, vollbeladen mit Kartoffeln, Zucker, Fetten, Getreide und mit Mais.

Die drei Westzonen in Deutschland, vor allem aber die großen Städte an Rhein und Ruhr, lebten ab 1947 „vom Schiff in den Mund", wie Schlange-Schöningen seinerzeit treffend formulierte. Der Wert der Lebensmittellieferungen betrug bis 1949 insgesamt 1,6 Milliarden Dollar; er lag also noch über der Geldsumme, die später aus dem legendären Marshall-Plan nach Westdeutschland kam.

Als im März 1948 in Nordrhein-Westfalen die tägliche Fettration von 2,5 g auf 5,5 g angehoben wurde, galt dies unter den Zeitgenossen schon als erstes Zeichen der Besserung. Doch auch nach der Währungsreform am 20. Juni 1948 verging noch etliche Zeit, ehe eine ausreichende Versorgung der Bevölkerung mit Lebensmitteln gesichert war.

Hamstern, Fringsen und Teppiche im Kuhstall

Die Normalverbraucherrationen des Frühjahrs 1947 sind so niedrig, daß sie nur ein Drittel des Bedarfs decken und in der Zeit von einigen Monaten zum Tode führen werden." So heißt es in einem Bericht der Deutschen Ärzteschaft über die Hungerkatastrophe in den Ruhrgebietsstädten. Wer nur auf die zugeteilten Rationen angewiesen war, geriet tatsächlich in Lebensgefahr – wie jene 700 Insassen der Psychiatrie in Grafenberg bei Düsseldorf, von denen im Frühjahr 1947 160 Menschen an Hunger starben.

Das offizielle Verteilungssystem konnte die Menschen nicht einmal mit dem zum Leben Notwendigen versorgen. Die „Normalverbraucher" mußten sich auf allen möglichen Wegen zusätzliche Lebensmittel beschaffen. Aus purer Not und Verzweiflung wurden sie zu „Sammlern und Jägern", zu Bettlern, Tauschhändlern und Dieben. Es war die Zeit, als der Kölner Erzbischof Joseph Frings von der Kanzel verkündete, jedermann könne sich, „um sein Leben und seine Gesundheit zu erhalten, das nehmen, was er dazu nötig hat". Im Winter 1946/47 bezog sich dieses Predigtwort hauptsächlich auf das Kohlenklauen – vom Volksmund fortan „fringsen" genannt; aber auch Lebensmittel wurden „gefringst": Kartoffeln klaubten sich die Menschen nachts aus dem Boden, Getreideähren wurden vom Halm geschnitten, Räucherkammern ausgeräumt.

Zwei Mädchen auf „Hamstertour".

Die meisten Menschen indes versuchten es auf „legale" Weise. Zu Fuß, per Anhalter und vor allem mit der Bahn, „Kalorien-Expreß" genannt, machten sie sich Tag für Tag, Woche für Woche auf den langen Weg in die entlegensten Dörfer. Die Lebensmittel, die sie auf dem Land zu bekommen suchten, hätten die Landwirte eigentlich gar nicht haben dürfen. Denn wenn es nach den Vorschriften gegangen wäre, hätten die Bauern alles, was sie nicht zum Eigenbedarf brauchten, abliefern müssen. Aber das stand nur auf dem Papier.

Wie schon in der Zwangswirtschaft des Ersten Weltkrieges, so fanden auch jetzt viele Bauern Mittel und Wege, die Ablieferungsvorschriften zu umgehen. Sie erwarben sich den

Ruf, sowohl die Größe ihrer Ackerflächen als auch die erzielten Erntemengen geschickt zu untertreiben. Auch wurden kleinere Parzellen auf der Hofkarte als Weideland angegeben; tatsächlich wuchsen dann dort Getreide oder Kartoffeln. Rinder oder Schweine, in einem abgelegenen Stall vor Kontrolleuren versteckt gehalten, wurden schwarzgeschlachtet. Zwar wurden die Höfe überprüft, mancher Landwirt auch erwischt und bisweilen hart bestraft; insgesamt jedoch waren die Behörden machtlos.

Aus diesen Quellen speiste sich also der Schwarzmarkt, den es schon während der Kriegszeit gab, der aber jetzt, nach Kriegsende, erst richtig aufblühte. Anfangs konnten die Städter Lebensmittel gegen Geld bei den Landwirten erstehen – für die Bauern ein durchaus einträgliches Geschäft: Erhielten sie Ende 1945 für einen Zentner Kartoffeln, ordnungsgemäß abgeliefert, 3,50 Reichsmark, so konnte der Schwarzmarktpreis bei 8 bis 10 RM liegen. Er stieg bis zum Herbst 1947 auf rund 200 RM – da war das Geld allerdings fast nichts mehr wert.

Geld wurde denn auch bald von kaum einem Landwirt mehr angenommen. Statt dessen wurde „kompensiert“. Die Bauern tauschten alles, was sie brauchen konnten und auf legalem Wege nicht bekamen: Glühbirnen, Bindegarn, Dachpappe, Schuhe, Werkzeug oder Textilien.

Wer nichts mitbringen konnte, ging auch nicht unbedingt leer aus – vorausgesetzt, er traf auf gutmütige Leute. Auf etlichen Höfen, so erzählen ältere Leute immer wieder, stellten die Bäuerinnen oder Bauern am Morgen einen Korb Kartoffeln bereit, aus dem sie bettelnden Städtern eine Konser-

Sommer 1947: Tauschgeschäfte auf einem Bauernhof.

Schwarzmarkt in Dortmund, aufgenommen im Frühjahr 1948.

Bischofswort

Eine himmelschreiende Sünde ist es, die Not des Mitmenschen auszunutzen.

Das tut,
wer Bedarfsgüter und Lebensmittel dem Normalverbraucher vorenthält, um einen höheren Preis zu erzielen.

Das tut,
wer aus reiner Gewinnsucht die Preise in die Höhe treibt.

Das tut erst recht,
wer die Ware in die Kanäle des Schleichhandels leitet.

Auf solche Weise verdientes Geld ist unrecht erworbenes Gut,
ist Sündengeld.

Wer solches tut, dem nützt kein Beten, kein Kirchengehen und kein Sakrament.

In seiner Seele wohnt Gott nicht mehr.

Der Käufer, der Wucherpreise zahlt, macht sich mitschuldig.

Der Bischof ist der Anwalt der Armen, Witwen und Waisen. In dieser Stunde der Not muß er offen sprechen. Gebe Gott, daß alle, die es angeht, dieses Wort willig hören. Wer sein Herz verschließt, mag selbst sein Tun vor Gottes strengem Richterstuhl verantworten.

Ich habe mein Gewissen entlastet.

Münster, am 7. November 1948

† Michael
Bischof von Münster

Im Auftrage des Bischöflichen Generalvikariats Münster
gedruckt bei der Westf. Vereinsdruckerei, Münster. NRW – 6.7 D 3.415. 4721 2300 11 48. Ki ℭ

Aufruf des Münsteraner Bischofs Michael Keller im November 1948.

vendose voll in den Rucksack schütteten. Auch abgeerntete Getreidefelder oder Kartoffeläcker wurden von den hungernden Menschen noch einmal nachgelesen.

Auf diese Weise konnten die Hamsterer nach zeitgenössischen Schätzungen ihre äußerst kargen Lebensmittelrationen um 200 bis 500 Kalorien pro Tag aufbessern – je nach Art der „Handelsbeziehungen", je nach Geschick im Verhandeln mit den Bauern.

Wenn die Bauern Lebensmittel gegen Waren tauschten, die sie auf dem Hof brauchten, konnten sie durchaus mit dem Verständnis der Städter rechnen. Jene Landwirte indes, die die Notlage der Hamsterer ausnutzten, zogen sich den geballten Volkszorn zu.

Da gab es Bauern, die im Laufe der Zeit stapelweise Radios „kompensierten", andere, die Korn, Kartoffeln oder Fleisch nur gegen wertvolle Teppiche oder Uhren, gegen Schmuck oder Silberbestecke tauschten. Auf sie war das bittere Wort gemünzt, wenn es hieß, die Bauern könnten „ihre Kuhställe mit Teppichen auslegen".

Dieses bäuerliche Verhalten stieß auf mächtige Kritik von allen Seiten. Hermann Heukamp, Präsident der Landesbauernschaft, geißelte es schon Ende 1945 in Bielefeld als „krassen Egoismus und Gewinnsucht".

Der Münsteraner Bischof Michael Keller nutzte ausgerechnet die Feierlichkeiten zum 50. Jahrestag der Einweihung des Billerbecker Domes, um im April 1948 den Münsterländer Landwirten von der Kanzel die Leviten zu lesen. Auf dem Land, so Michael Keller, greife „eine materialistische Denkweise" immer mehr um sich: „Die Vergnügungssucht kennt oft keine Schranken mehr; die Schwarzbrennerei treibt ihr Unwesen." Er beließ es bei diesen Andeutungen, und doch verstand jeder seine Worte – etwa auch, wenn er die Bauern aufrief: „Lindert auch die materielle Not, so weit ihr es vermögt. Gebt mit vollen Händen. Hüten wir uns, daß nicht ungeordnete Selbstsucht unser Herz verschließt."

Allerdings scheinen solche Appelle nicht viel gefruchtet zu haben. Noch im November 1948, also fünf Monate nach der Währungsreform, hielt es der Münsteraner Bischof für notwendig, in allen Kirchen seines Bistums ein Plakat auszuhängen, das in breiten, leuchtend roten Lettern Schleichhandel und Wucher geißelte. Doch solche Mahnworte hielten kaum jemanden zurück, zumal die „große Zeit" des Schleichhandels und Wuchers ohnehin vorüber war.

„Wem Ehrlichkeit im Blute rauscht ..."

Heute sind sie in Elbrinxen, und morgen kommen sie zu uns!" In Ratsiek, einem Dörfchen zwischen Lügde und Höxter, verbreitete sich 1946 das Gerücht in Windeseile. Die Bauern, so erzählt der 62jährige Landwirt Heinrich Erdmeier, warnten sich gegenseitig: Die berüchtigten „Männer aus Unna" gingen um, die Kontrolleure der Landesbauernschaft.

Wie in den Kriegsjahren, so wurden auch in den Hungerjahren nach dem Zweiten Weltkrieg die Bauernhöfe unter die Lupe genommen. Die Kontrolleure aus Unna-Königsborn überprüften, ob die Bauern ihre Ablieferungspflichten einhielten, und vor allem, ob die Angaben auf der Hofkarte, nach der das Ablieferungssoll bestimmt wurde, den Tatsachen entsprachen.

Fanden die Kontrolleure bei einem Bauern ein Tier, das nicht auf der Hofkarte stand, beschlagnahmten sie es entschädigungslos; ferner mußten die erwischten Landwirte ein Bußgeld zahlen. Die Strafen waren empfindlich, aber bei weitem nicht so hoch wie während des Krieges. Gefängnisstrafen drohten nicht mehr. Auch die Kontrolleure waren in der Regel nicht mehr so scharf: Sie hungerten schließlich selbst, und wenn sie von Bauern etwas zu essen bekamen, „übersahen" sie auch schon einmal eine „schwarze" Kuh im Stall.

Auch auf dem Hof Erdmeier gab es für die „Männer aus Unna" einiges zu entdecken. 74 Morgen – halb Acker, halb Weide – gehörten zum Betrieb, der damals mitten im Dorf lag, inzwischen aber ausgesiedelt ist. Sechs Milchkühe, sechs Rinder und 20 Schweine standen im Stall, rund 30 Enten und Gänse, 70 Hühner und Schafe. Die Schafe allerdings standen nicht auf der Hofkarte; auch eine Kuh und ein Rind fehlten in der Statistik. Einen Tag Zeit hatten die Erdmeiers, um die Tiere zu verstecken. Ihnen kam gelegen, daß Ratsiek damals „Grenzdorf" war: Der Wörmke-Bach, der sich direkt hinter dem Hof Erdmeier durchs Dorf schlängelte, bildete damals die Grenze zwischen Lippe und dem Landkreis Hameln-Pyrmont. Die Erdmeiers trieben also die Tiere über den Bach zu einem niedersächsischen Nachbarn. Dort wurde von Hannover aus kontrolliert, aber eben nicht am gleichen Tag.

Andere Bauern taten es ähnlich. Ganz sicher jedoch waren sich die Erdmeiers ihrer Sache nicht. Seine Mutter, so erzählt der Landwirt, habe vorsorglich einen Topf Sauerkohl mit Speck auf den Herd gestellt. Die Rechnung ging auf: Gegen Mittag kamen die Kontrolleure auf den Hof, rochen das Essen und fragten, wo in der Nähe eine Gaststätte sei. „Meine Mutter bot ihnen an, bei uns zu essen, und das haben sich die Herren nicht zweimal sagen lassen."

Sogar schwarzgebrannten Rübenschnaps habe sein Vater aus dem Schrank geholt – „gutgläubig, wie mein Vater war". Aber die Kontrolleure fragten nicht danach, woher der Schnaps kam. „Gut zufrieden" verließen sie den Hof. Sie hatten „vergessen", die Tiere zu zählen.

„Irgend etwas zu verbergen hatte wohl jeder", meint Heinrich Erdmeier. „Es gab ja nichts in der Zeit. Das Geld war nichts wert, da brauchte man doch was zum Tauschen und Handeln." Für den begehrten Speck, für Eier, Fleisch oder Getreide konnten die Bauern nahezu alles erstehen. „Aber Perserteppiche", so setzt Heinrich Erdmeier schmunzelnd hinzu, „die hatten wir nicht im Kuhstall liegen."

Sein Vater habe gegen die Lebensmittel Sachen eingetauscht, die er dringend brauchte. Bei einem Bekannten aus Hannover beispielsweise habe er einen Schraubstock bestellt, der dann für eine Gans den Besitzer wechselte. Als die alte Wasserpumpe kaputt und nicht mehr zu flicken war, lieferte ein Klempner aus Polle an der Weser eine neue Pumpe – ebenfalls für eine Gans.

An den Tauschgeschäften waren manchmal auch mehrere beteiligt: „Mein Vater war mit einem Bauunternehmer hier in der Nähe befreundet, und der brauchte irgendwann einen Zylinderkopf für seinen alten Deutz-Traktor. Den bekam er aber nur, wenn er mit Speck zahlte – und den wiederum bekam er von meinem Vater." Dafür half dann der Bauunternehmer, als auf dem Hof ein Stall gebaut werden sollte. Die Steine kamen aus den ausgebombten Städten an der Ruhr und wurden mit Eisenbahnwaggons nach Bad Pyrmont, 12 Kilometer von Ratsiek entfernt, transportiert. Dort holten die Erdmeiers die Steine mit dem Pferdewagen ab; bezahlt wurde das Baumaterial mit schwarzgeschlachtetem Fleisch. Natürlich war das alles verboten, aber wer konnte das schon kontrollieren?

Auf dem Land wurde jedoch nicht nur geschoben und getauscht, sondern auch gestohlen und stiebitzt. Eine halbvolle Kanne Milch beispielsweise, die die Erdmeiers nach dem abendlichen Melken in einem Graben versteckt hatten, war am anderen Morgen verschwunden. Wenig später, im Mai 1947, wurde ein Rind von der Weide geraubt. „Wir haben das Tier nie wiedergesehen, aber es wurde immerhin auf unser Ablieferungssoll angerechnet."

Im Sommer 1947 schließlich wurde die Räucherkammer auf dem Hof Erdmeier ausgeraubt. „Da hatten nicht nur Würste und Schinken gehangen, wir hatten da auch Schafwolle gelagert, in mehreren Säcken." Solche Diebstähle waren nicht selten, und meist schoben die Bauern Hamsterern aus den Städten die Schuld zu. „Aber Hamsterer waren das hier nicht", so Heinrich Erdmeier. „Mein Vater vermutete, daß das Leute hier aus der weiteren Umgebung waren. Die waren bekannt dafür, daß sie im großen Stil Schiebergeschäfte betrieben – aber daß sie unsere Räucherkammer ausgeplündert haben, konnten wir nie beweisen."

Gegen solche Diebstähle war die Polizei ebenso machtlos wie gegen die Tausch- und Schiebergeschäfte. Am Schwarzmarkt war nahezu jeder in irgendeiner Weise beteiligt: Auf der einen Seite die Bauern, als „Lieferanten" begehrter Lebensmittel in einer mächtigen Position, auf der anderen Seite alle anderen als „Kunden" – Kaufleute, Händler und die bitter hungernde Bevölkerung.

Diese vielbeschriebene und manchmal auch verklärte Schwarzmarkt-Zeit brachten die Zeitgenossen auf einen Reim, den Heinrich Erdmeier von einem benachbarten Müller erfuhr: „Wer heut sein Leben liebt, der schiebt. Wem Ehrlichkeit im Blute rauscht, der tauscht. Wem beide Wege sind verbaut, der klaut."

„Demontagen“ auch im Wald

Landforstmeister Wilhelm Hertz-Kleptow, seit 1946 Leiter der Forstabteilung der westfälischen Landesbauernschaft, sah für die Zukunft des Waldes schwarz: Wenn die Abholzung so weiter gehe wie bisher, so warnte er im April 1947, seien binnen zehn Jahren sämtliche Holzvorräte aufgebraucht.

In den Augen der Forstleute bahnte sich ein Kahlschlag ungeahnten Ausmaßes an. Schon das NS-Regime hatte regelrechten Raubbau in den Wäldern betrieben. Holzeinfuhren waren gedrosselt worden, und es war angeordnet worden, den Normalhiebsatz um 50 Prozent zu erhöhen. Zunächst hatte dies für Staats- und Gemeindewald, ab 1936 dann auch für den Privatwald gegolten. Im Krieg war das Einschlagsoll weiter nach oben geschraubt worden; Förster und bäuerliche Waldbesitzer hatten nicht einmal annähernd mit der Wiederaufforstung nachkommen können.

Gegen Kriegsende klafften breite kahlgeschlagene Schneisen in den Wäldern. Im Privatwald, der in Westfalen und Lippe mit rund 360000 ha etwa zwei Drittel der gesamten Waldfläche ausmachte, wurde unmittelbar nach Kriegsende eine Kahlfläche von rund 16000 ha ausgemessen; gewöhnlich lag dieser Anteil bei etwa 4000 ha!

Das „Ausbluten“ der Wälder ging weiter. Holz war einer der wichtigsten Rohstoffe zum Wiederaufbau – für Brücken, Eisenbahntrassen und für den Hausbau, vor allem aber für die Bergwerke: Ohne Grubenholz konnte die Kohleförderung nicht wieder in Gang gesetzt werden. Schließlich mußte der Wald herhalten, um die Menschen notdürftig mit Brennholz zu versorgen.

Für den Wiederaufbau waren die Waldbesitzer durchaus zu Opfern bereit. Die Emotionen allerdings kochten hoch, als die britische Militärregierung ganze Waldstücke beschlagnahmte und „für den heimischen Eigenbedarf“, die britische Holzindustrie, abholzen ließ. Britische Pioniere, befreite Zwangsarbeiter und auch deutsche Kriegsgefangene wurden eingesetzt, um das Holz zu fällen.

Dieses Vorgehen nannten die Briten „direct operations“, und als „Direktoperationen“ geistern sie durch die Forstchroniken. Die betroffenen Waldbesitzer indes nannten das Abholzen – durchaus doppeldeutig – „Engländer-Hiebe“: Sie empfanden die Einhiebe als schweren Schlag gegen ihre Eigentumsrechte; denn wehren konnten sie sich nicht, und bezahlt wurde das Holz vorerst auch nicht.

Die „Direktoperationen“ gingen auf die Potsdamer Konferenz im Sommer 1945 zurück. Dort hatten die Siegermächte vereinbart, ihre Reparationsansprüche gegenüber Deutschland in der jeweils eigenen Zone zu befriedigen. Es ist weithin bekannt, daß die Briten Listen zur Demontage von Industriebetrieben an Rhein und Ruhr aufstellten; daß letztendlich nur wenige Betriebe tatsächlich demontiert wurden, ist schon weniger bekannt. Fast vergessen indes sind die Einschlagaktionen in den Wäldern.

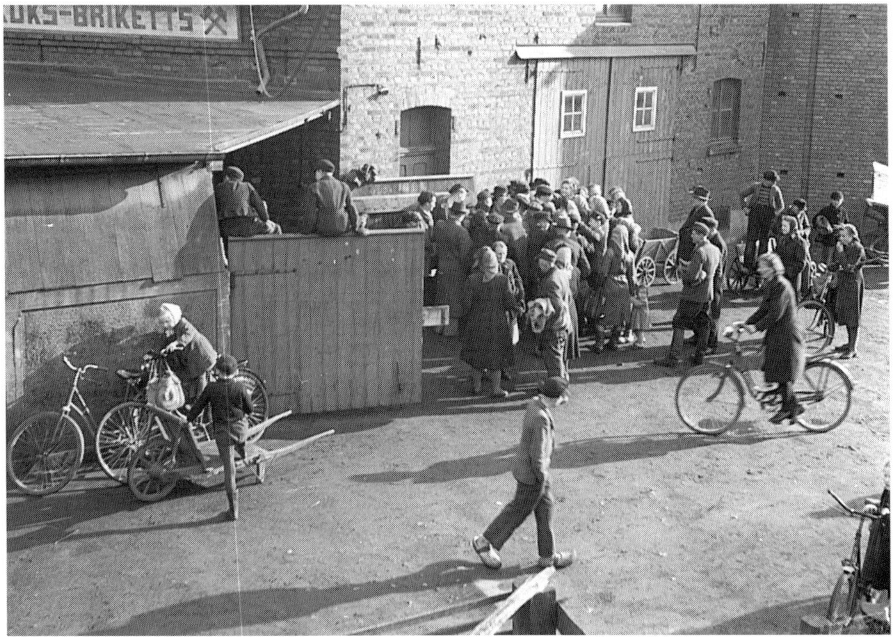

Im bitterkalten Nachkriegswinter 1946/47 können den Haushalten nur ein paar Brocken Kohle zugeteilt werden.

Herbst 1947: Rückkehr vom Brennholzsammeln.

Bereits im Oktober 1945 wurden die westfälischen Forstämter aufgefordert, eine statistische Bestandsaufnahme des Waldes aller Besitzarten vorzulegen. Auf dieser Grundlage begann dann die Forst-„Demontage“. Die Briten holten sich das Holz zurück, das sie im waldarmen Großbritannien während des Krieges für die Rüstungsindustrie hatten schlagen müssen.

„Anfangs ging das ohne jede Vorwarnung los. Da tauchte plötzlich eine Holzfällerkolonne auf, und die Besitzer konnten dagegen gar nichts ausrichten“, so erinnert sich der 84jährige Julius Niemann, damals Leiter des Forstamtes Paderborn und seit 1950 Leiter der Forstabteilung der Landwirtschaftskammer Westfalen-Lippe. „Erst nach und nach wurde das anders. Da konnten wir dann schon ein wenig Einfluß nehmen. Aber wenn man hier und da einen Einschlag verhindern konnte, dann wurde eben anderswo geschlagen.“

Es wurde auch darüber verhandelt, die Zwangseinschläge vorrangig im Staatswald durchzuführen. „Doch da kam es – ich sag mal vorsichtig – zu Meinungsverschiedenheiten zwischen dem staatlichen Forstmeister und uns“, so Julius Niemann. „Denn jeder Forstmann versucht natürlich, seinen Wald möglichst zu schonen.“

Erst nach der Währungsreform stellten die Briten ihre „Direktoperationen“ ein. Der letzte Baum für die britische Holzindustrie wurde Ende September 1948 gefällt.

Später wurde oft behauptet, die Wälder hätten besonders nachhaltig unter den „Engländer-Hieben“ gelitten. Britische Sägen wurden nicht selten an jungem, noch gar nicht hiebreifem Holz angesetzt; auch hinterließen die Kolonnen große Kahlflächen, die erst im Laufe der 50er Jahre wieder aufgeforstet werden konnten.

Das Ausmaß der „Direktoperationen“ allerdings war weitaus geringer, als es die lange nachwirkende Erbitterung vermuten läßt: Ende September 1948, nach Ende der Fällaktionen, lagen im westfälischen Privatwald insgesamt fast 26000 ha kahl. Etwa 10000 ha Wald waren seit Kriegsende abgeholzt worden, davon nur rund 2700 ha Wald durch „Direktoperationen“.

Im Münsterland waren rund 1300 ha Wald, größtenteils Kiefernbestände, geschlagen worden – aber weniger von den Briten als vielmehr von holländischen Kolonnen. Die Niederlande hatten nämlich von der britischen Militärregierung die Erlaubnis erhalten, innerhalb eines 50 km breiten Streifens entlang der Grenze Holz zu schlagen; diese Aktion ist noch heute als „Holländer-Einschlag“ bekannt.

Neben dem westlichen Münsterland war vor allem das waldreiche Südwestfalen betroffen. In Sauerland und Siegerland wurden fast 1000 ha Wald gefällt, davon allein im Kreis Wittgenstein 500 ha Fichtenbestände aus dem Besitz der Wittgensteiner Fürsten in Laasphe und Berleburg. Vergleichsweise glimpflich kamen ostwestfälische Waldbesitzer davon: Hier wurden rund 380 ha Privatwald geschlagen, hauptsächlich Kiefern und Fichten.

In ganz Nordrhein-Westfalen zählten die Forstbehörden später exakt 2753946 Festmeter Holz, die durch „Direktoperationen“ zwischen Kriegsende und Herbst 1948 in den nordrhein-westfälischen Wäldern eingeschlagen worden waren. Im gleichen Zeitraum lag jedoch der Gesamteinschlag in NRW bei rund 22 Mio. Festmetern. Lediglich ein Achtel des Holzeinschlags ging also auf die Briten zurück.

Das zwangsexportierte Holz wurde dann doch noch bezahlt. Die Briten zögerten allerdings einen Teil der Entschädigung bis kurz vor die Währungsreform hinaus: 1,5 Mio. Festmeter wurden vor dem Stichtag mit 25 Mio. Reichsmark beglichen – Geld, das seinen Wert weithin verloren hatte. Weitere 11,8 Mio. DM erhielten die Waldbesitzer bis Februar 1951.

Schäden, die über den rein wirtschaftlichen Holzwert hinausgingen, wurden nicht ersetzt. Darüber entzündete sich ein Streit, der bis in die 60er Jahre immer wieder aufflackerte. Auch dies sorgte dafür, daß die „Engländer-Hiebe“ bei den Waldbesitzern so schnell nicht in Vergessenheit gerieten.

Währungsreform: 40 DM gab's als „Kopfgeld“

Unser Lehrling ist an dem Sonntagnachmittag auf den Hof gegangen, mit ein paar Geldscheinen in der Hand. Und da hat er sich einen kleinen Spaß daraus gemacht – er hat sie angezündet und in die Luft gehalten. Die alten Scheine waren ja nichts mehr wert. Da war das Anzünden dann auch egal.“

So erzählt der 88jährige Friedrich Wehking, Bauer im ostwestfälischen Petershagen, von dem Tag, als „die Währung“ kam – vom 20. Juni 1948. „Tage vorher gab's nichts mehr in den Läden“, erinnert er sich. „Ich weiß noch, daß wir beim Eisenhändler ein paar Sachen kaufen wollten – Nägel und Stacheldraht und so weiter. Aber es war nichts zu kriegen. Ja, und mit dem neuen Geld war plötzlich wieder alles zu haben.“

Kaum anders als der Eisenwarenhändler in Petershagen, damals ein kleines Fischerdorf an der Weser, verhielten sich auch die Lebensmittelhändler im Land. Mitte Juni 1948 hatten sich die Gerüchte überschlagen, daß der Stichtag bevorstehe. Viele hielten ihre Waren zurück oder machten ihre Läden ganz dicht, um die gehorteten Waren am Tag nach der Währungsreform gegen harte DM

Am 20. Juni 1948 wird das neue Geld ausgezahlt. Hier ein Blick in die Umtauschstelle in der Bielefelder Oetker-Halle.

Markttag in Lippstadt, kurz nach der Währungsreform: Die Verkaufsstände der Bauern sind schlagartig ebenso prall gefüllt wie die Schaufenster der Händler.

feilbieten zu können. Auch die Bauern versuchten, ihre Ablieferungspflichten auf den Tag danach hinauszuzögern.

Am Sonntag, dem 20. Juni 1948, war es soweit: Jede Person erhielt ein „Kopfgeld" von 40 DM, sechs Wochen später noch einmal 20 DM. Für einen kurzen Moment lang waren alle gleich – so jedenfalls will es die Legende, die sich später um dieses Datum bildete.

Doch die Währungsreform stellte erhebliche soziale Härten und Ungerechtigkeiten her: Löhne und Gehälter, Renten und Mieten mußten zum nächstfälligen Termin 1:1 gezahlt werden; auch der gesamte Aktienbesitz wurde zu diesem Verhältnis umgestellt. Anders die Sparer – sie wurden vom Währungsschnitt am härtesten getroffen: Wer 100 RM auf der „hohen Kante" liegen hatte, bekam dafür faktisch 6,50 DM ausgezahlt.

Geschont, ja begünstigt wurden die Eigentümer von Sachwerten, von Häusern und Produktionsstätten etwa oder von Grund und Boden. Die Bauern durften sich also zu den Gewinnern der Währungsreform zählen. Auf diese Weise sollte die Produktion in Industrie und Landwirtschaft angeheizt werden, hieß es im Umkreis Ludwig Erhards, des „Vaters der Währungsreform".

Eindeutige Verlierer waren vor allem diejenigen, die ohnehin schon fast alles verloren hatten. Die Härte des Währungsschnitts wurde erst vier Jahre später, im Mai 1952, durch den „Lastenausgleich" abgemildert.

Doch zurück zum „Tag X" im Sommer 1948: Mit der Geldumstellung hoffte mancher Bauer, daß nun auch die Zwangswirtschaft ein Ende habe. Schließlich verkündete Ludwig Erhard am Abend über den Rundfunk, daß die Bewirtschaftung und die Preisbindung aufgehoben sei: „Der einzige Bezugsschein ist jetzt nur noch die Deutsche Mark."

Das allerdings bezog sich nur auf Industrieprodukte, nicht auf Nahrungsmittel. Zwar waren Obst, Gemüse und auch Eier zum Handel freigegeben; die Haupterzeugnisse wie Getreide, Fleisch und Milch mußten die Bauern nach wie vor abliefern. Immerhin wurden Ende Juni die Festpreise für Getreide und Schlachtvieh um 25 Prozent angehoben, wenig später dann auch die Preise für Kartoffeln und Milch.

Am „Tag danach" öffneten die Händler wieder ihre Läden. Menschentrauben standen vor prall gefüllten Schaufenstern – halb staunend, halb empört. So berichtete die „Westfälische Rundschau" aus dem sauerländischen Letmathe: „Noch in der Vorwoche erhielten Bezugsscheinbesitzer die Auskunft: ‚Nichts vorhanden!' Der kleine Mann aber fragt sich: Woher kommen jetzt plötzlich die Schuhe und all die anderen Sachen?"

Die Menschen ärgerten sich auch über die gepfefferten Preise. Die Geldmenge wurde bewußt knapp gehalten, die Nachfrage indes war groß, und so stiegen die Preise. Vier Wochen nach der Währungsreform hatte sich der Preis für Äpfel und Birnen fast verdoppelt; ein Ei kostete vor der Währungsreform 13 Pfennig, im November 1948 jedoch mehr als 70 Pfennig! Den Weihnachtsbraten konnte sich ebenfalls kaum jemand leisten, denn ein Kilogramm Rindfleisch gab's in den Metzgereien nicht unter drei Mark.

Andere Folgen der Währungsreform waren auf dem Schlachtviehmarkt spürbar. Friedrich Wehking berichtet von einem Händler in einem Nachbardorf: „Der hatte einen Maststall voller Schweine. Mehrfach hat ihn das Amt aufgefordert, sein Soll zu erfüllen, aber die Ablieferung hat er immer wieder hinausgezögert. Er hat erst nach der Währungsreform verkauft."

Auch die Bauern holten ihre gut gemästeten Tiere eilig aus dem Stall und brachten sie zum Schlachthof. Im Juli 1948 wurden in Nordrhein-Westfalen rund 20000 Rindviehschlachtungen gezählt, in den beiden Vormonaten waren es jeweils lediglich rund 6500. Insgesamt fielen im Juli 4500 t Rindfleisch an – soviel wie seit Kriegszeiten nicht mehr in einem Monat.

Der Zeitpunkt der Währungsreform war für die Bauern denkbar günstig: Die DM wurde noch vor der neuen Ernte eingeführt. Sie fiel unerwartet gut aus, so daß die Landwirte schnell zu neuem Geld kommen konnten.

Geld brauchten sie auch, denn schon bald nach der Währungsreform klafften die festen Erzeugerpreise und die freien Preise der Industrie für Düngemittel, Landmaschinen und an-

Nach der Währungsreform kommt es vielerorts, wie hier im August 1948 in Lippstadt, zu Protesten „gegen den Preiswucher".

dere Betriebsmittel auseinander. Erst ein Jahr nach der Währungsreform war das Mißverhältnis einigermaßen ausgeglichen.

Die Ernte 1949 fiel noch besser aus als im Vorjahr, sie überstieg sogar das Vorkriegsniveau. Auch stieg die Lebensmitteleinfuhr, zunächst finanziert durch US-amerikanische Gelder, dann durch den Export hiesiger Industrieprodukte. Die Versorgung mit Lebensmitteln war gesichert, und so wurde im März 1950 die Bewirtschaftung für beinahe alle Agrarprodukte aufgehoben; als letztes Lebensmittel wurde im April 1950 Zucker freigegeben.

Die Zeit des bitteren Hungers in den Städten, die Zeit der Lebensmittelkarten und des Schwarzmarkts war vorüber. Nach mehr als zehn Jahren waren auch die Bauern aus der Zwangswirtschaft entlassen.

Tricks und Täuschungen um die Bodenreform

Junkerland in Bauernhand" – unter dieser Parole wurden unmittelbar nach Kriegsende in der damaligen sowjetischen Besatzungszone Großgrundbesitzer gewaltsam und entschädigungslos enteignet. Kaum ein Thema sorgte unter den westfälischen Landwirten, vor allem unter den meist adligen Großgrundbesitzern, für mehr Gesprächsstoff. Denn auch in Nordrhein-Westfalen wie in den übrigen Ländern der drei Westzonen stand das Thema Bodenreform auf der Tagesordnung.

Die Siegermächte hatten schon während des Krieges Fragen einer Bodenrefom in Deutschland erörtert. Der Großgrundbesitz galt – neben den Industriekartellen und der Großfinanz – als eine der Wurzeln von Militarismus und Nationalsozialismus. Die Alliierten waren sich auf der Potsdamer Konferenz 1945 einig im Ziel der „Entmachtung des Großgrundbesitzes". Doch Näheres hatten sie nicht festgelegt. So nahmen die Agrarreformen in den jeweiligen Besatzungszonen unterschiedliche Gestalt an.

Anders als in der sowjetischen Besatzungszone vertraten die Militärregierungen der drei Westzonen grundsätzlich die Auffassung, abgabepflichtige Eigentümer zu entschädigen. In der US-Zone trat im August 1946 ein „Gesetz zur Beschaffung von Siedlungsland und zur Bodenreform" in Kraft. Der Titel nennt bereits das veränderte, gedämpfte Ziel des Gesetzes, nämlich: Siedlungsland für Kleinbauern, Landarbeiter und vor allem für die Flüchtlinge zu gewinnen.

Diesem Zweck sollte die Bodenreform auch in der britischen Besatzungszone dienen; anders als die Amerikaner hielt die britische Militärregierung auch am ursprünglichen Ziel fest, den Grundbesitz zu entmachten. Bald allerdings mußte sie einsehen, daß sie damit „einem Phantom nachjagte", wie der Historiker Ludwig Hügen in seiner Studie über die Bodenreform in NRW urteilt.

Einem Phantom aus zwei Gründen: Zum einen war in Westfalen wie auch im Rheinland der Großgrundbesitz bei weitem nicht so umfangreich wie jenseits der Elbe. In Westfalen machten die Eigentumsflächen über 150 ha in Hand natürlicher Personen insgesamt rund 250 000 ha aus; das entsprach einem Anteil von etwa 13 Prozent der gesamten land- und forstwirtschaftlichen Nutzfläche.

Zum anderen hatten sich viele Landwirte und Gutsbesitzer seit Kriegsende beeilt, sich ihres Besitzes formal zu entledigen: Vorsorglich teilten sie ihr Landeigentum auf und „verkauften" es an Kinder, Verwandte oder auch an Freunde, um so die erwartete Bodenreform zu umgehen. Nach späteren Angaben der Landesplanungsbehörde sollen in NRW bis September 1947 mehr als 126 000 ha land- und forstwirtschaftlich genutzter Flächen den Eigentümer gewechselt haben, und zwar von 406 Großgrundbesitzern an insgesamt 1933 Käufer. Den Anteil der Scheinverkäufe konnte die Behörde natürlich nicht angeben.

Im September 1947 erließen die Briten ein Rahmengesetz zur Bodenreform. Die Landesregierungen Schleswig-Holsteins, Niedersachsens und Nordrhein-Westfalens waren nun gehalten, ein Ausführungsgesetz zu zimmern.

In Nordrhein-Westfalen fiel dieser Auftrag an Landwirtschaftsminister Heinrich Lübke (CDU). Der Bock sei zum Gärtner gemacht worden, hieß es unter westfälischen und rheinischen Großgrundbesitzern. Denn „der rote Lübke", wie sie ihn nannten, war kein Unbekannter: Er galt als Verfechter kleinbäuerlicher Interessen und entschiedener Befürworter der Bodenreform.

Lübke, Sohn eines Schuhmachers und Kleinbauern im sauerländischen Enkhausen, hatte sich in den 20er Jahren mit dem Mecklenbecker Pfarrer Ferdinand Vorholt, dem „schwarzbunten Pastor", im Westfälischen Bauernbund der Kleinbauern und Heuerlinge engagiert; ab 1926 hatte er die Geschäfte der „Deutschen Bauernschaft", des kleinbäuerlichen Dachverbandes, geführt. Mit Vorholt und anderen Politikern vom linken Flügel des Zentrums und der CDU hatte Lübke unmittelbar nach Kriegsende erste Bodenreformpläne geschmiedet.

Im Dezember 1947 legte Lübke den Gesetzentwurf zur Bodenreform vor. Im wesentlichen sah er eine Höchstgrenze von 150 ha vor, oder eine Fläche unter dem Einheitswert von 200 000 RM. Was darüber hinaus ging, sollten die Besitzer gegen Entschädigung zur Siedlungszwecken abgeben.

Dies stimmte mit den von den Briten gezogenen Grenzen überein. Doch Lübkes Entwurf ging in manchen Punkten weiter: Am schwerwiegendsten war die Regelung, daß Verkaufsverträge, die nach dem 1. Januar 1945 abgeschlossen worden waren und Landverkauf aus Grundbesitz von mehr als 100 ha betrafen, für unwirksam erklärt werden konnten. Dadurch sollten die Scheinverkäufe rückgängig gemacht werden.

Nun folgte ein zähes parlamentarisches Hickhack. Der Entwurf wurde an den Ernährungsausschuß weitergeleitet, und dessen Vorsitzender, der CDU-Abgeordnete Karl Müller, im Landtag bekannt als Vertreter der Landwirtschaftsverbände und als Gegner der Lübkeschen Reformpläne, schlug eine Verzögerungstaktik ein. Fast ein ganzes Jahr ging ins Land, ehe der Düsseldorfer Landtag mit fast allen Stimmen – allein die KPD enthielt sich der Stimme – im November 1948 die Bodenreform-Gesetze verabschiedete.

Doch für die Parlamentarier gab es kurz darauf eine Überraschung: Die britische Militärregierung stimmte dem Gesetz nicht zu. Im Landtag schlugen die Wogen hoch: „Nachdem auch dieses Gesetz abgelehnt worden ist", rief der CDU-Abgeordnete Karl Müller empört, „empfinden wir, daß die Demokratie allmählich im deutschen Volk zu einer lächerlichen Angelegenheit gemacht ist!"

Doch der „Schwarze Peter" lag nicht bei den Briten, sondern beim Landwirtschaftsminister Lübke: Hinter den Kulissen hatten die Briten ihn mehrmals wissen lassen, daß sie jene Bestimmungen nicht dulden würden, die über ihre Vorgaben hinausgingen. Vor dem Parlament indes hatte Lübke mehrfach erklärt, die Briten hätten seinen Gesetzentwurf gebilligt . . .

Lübke hatte wohl gehofft, die Briten würden schon noch einlenken. Vielleicht auch war er ganz und gar eingenommen von der Möglichkeit, seine langgehegten Siedlungspläne Gesetz werden zu lassen – so eingenommen, daß er alle Warnungen in den Wind schlug. Auf alle Fälle war seine Taktik gescheitert. Jetzt mußten die Parlamentarier einen neuen Anlauf nehmen, sollte die Bodenreform noch in die Tat umgesetzt werden.

Im Düsseldorfer Landwirtschaftsministerium, in einer deutsch-britischen Kommission und im Ernährungsausschuß des Landtags wurde im Eilverfahren ein neues Gesetz erarbeitet. Im Frühjahr 1949 lag es dem Landtag vor.

Gegenüber dem ersten, abgelehnten Entwurf war es in einem Punkt verschärft worden: Die Höchstgrenze des Grundeigentums wurde auf 100 ha festgesetzt statt der ursprünglich vorgesehenen Grenze von 150 ha; die Höchstgrenze des Einheitswertes lag nun bei 130 000 DM. Ansonsten aber enthielt das Gesetz wesentlich günstigere Vorschriften für die betroffenen Grundbesitzer. So mußten sie nicht mehr sämtliches Land abgeben, das die Höchstgrenze überschritt, sondern jetzt war eine Staffelabgabe vorgesehen.

Ein Gutsbesitzer mit beispielsweise 280 ha landwirtschaftlich genutzter Fläche hätte nach dem ursprünglichen Gesetz 130 ha abgeben müssen. Nun sollte anders gerechnet werden: Von den ersten 100 ha mußte er ein Zehntel, also 10 ha abgeben, von den nächsten 100 ha ein Fünftel, also 20 ha;

Der nordrhein-westfälische Landwirtschaftsminister Heinrich Lübke legt im Dezember 1947 den Gesetzentwurf zur Bodenreform vor.

Landbesitz über 200 ha wurde mit einer Abgabe von 30 Prozent belegt – in unserem Beispiel also noch einmal 24 ha. Insgesamt hätte der Gutsbesitzer nurmehr 54 ha abgeben müssen.

Auch die Scheinverträge, mit denen sich Landwirte und Gutsbesitzer in den ersten Nachkriegsjahren der Bodenreform entzogen hatten, sollten nicht mehr rückgängig gemacht werden. All diese Bestimmungen führten dazu, daß sich das anfallende Siedlungsland gegenüber früheren Plänen um die Hälfte verringerte – so jedenfalls schätzte Landwirtschaftsminister Lübke; er rechnete jetzt mit insgesamt nur noch 110 000 ha „Bodenreformland" in Nordrhein-Westfalen.

Nur widerwillig verabschiedeten die Abgeordneten des Landtags am 16. Mai 1949 das Gesetz. Auf der einen Seite hatten sich Lübke und seine Mitstreiter mehr von der Bodenreform versprochen; sie waren jedoch mit ihren Plänen am Einspruch der britischen Militärregierung gescheitert. Auf der anderen Seite waren die Vertreter der beiden Landwirtschaftsverbände gegen die Bodenreformpläne Sturm gelaufen; sie traten für eine freiwillige Landabgabe ein.

Nur wenige Tage nach der Verabschiedung des Gesetzes war es schon Makulatur: Am 23. Mai 1949 trat das Grundgesetz für die Bundesrepublik Deutschland in Kraft, das in Artikel 14 das Eigentumsrecht garantiert.

Die Landesregierung richtete noch spezielle Siedlungsbehörden ein, erließ auch verschiedene Durchführungsverordnungen, doch den Enteignungsverfahren war wortwörtlich der Boden entzogen worden.

Schon kurz nach Inkrafttreten des Grundgesetzes gingen mehrere Landwirte und Gutsbesitzer, denen die Enteignung drohte, vor Gericht, um gegen das nordrhein-westfälische Bodenreformgesetz zu klagen. Schließlich legte im August 1951 der Landwirt Hamker aus dem lippischen Blomberg Verfassungsbeschwerde beim Bundesverfassungsgericht in Karlsruhe ein – „wegen Verletzung der Grundrechte auf Gleichheit und auf Eigentum", wie es in seiner Eingabe hieß.

Das Urteil des Karlsruher Gerichts ließ auf sich warten. Noch 1955 lag keine Entscheidung vor, und bis auf weiteres sei deswegen – so Ministerpräsident Arnold vor dem Landtag – das Bodenreformgesetz praktisch lahmgelegt. Dennoch konnten vertriebene Landwirte neu angesiedelt werden. Im Sommer 1949 trat das „Flüchtlingssiedlungsgesetz" in Kraft: Es sah nicht die Enteignung, sondern eine freiwillige Landabgabe vor. Vertriebene Bauern konnten also dort angesiedelt werden, wo hiesige Grundbesitzer freiwillig Land zur Verfügung stellten und an die Siedlungsgesellschaften verkauften.

In Nordrhein-Westfalen wurden seit Anfang der 50er Jahre verschiedene Siedlungen angelegt, unter anderem in der Eifel und im Reichswald bei Kleve, einem ehemaligen Staatsbesitz; im westfälischen Landesteil entstanden größere Siedlerdörfer unter anderem in den Kreisen Höxter, Warburg und Paderborn sowie im Weißen Venn im Kreis Coesfeld. Bis 1962 wurden 23 900 Siedlerstellen in NRW geschaffen – rund 1600 Vollerwerbsstellen und rund 22 300 Nebenerwerbs- oder Landarbeiterstellen.

Schon im Laufe der 50er Jahre rückte die Siedlungspolitik mehr und mehr in den Hintergrund. In den Jahren des „Wirtschaftswunders“ suchten immer weniger Menschen das „Glück auf dem Lande“. Viele zogen in die Städte, wo Industrie und Handwerk mit besseren Löhnen winkten.

So gab es viele Gründe, als der Landtag im März 1962 das Bodenreformgesetz aufhob. Es war ohnehin wertlos, da die Entscheidung aus Karlsruhe noch immer auf sich warten ließ; auch stand zu erwarten, daß die Richter zugunsten der betroffenen Landwirte entschieden. Im Düsseldorfer Landtag blickte der damalige Landwirtschaftsminister Gustav Niermann auf die Entstehung des umstrittenen Bodenreformgesetzes zurück und zog eine Bilanz: Insgesamt, so Niermann, seien über 40 000 ha Land in NRW abgegeben worden, und damit habe der Grundbesitz Tausenden von heimatvertriebenen Landwirten, aber auch zahlreichen einheimischen Landwirten und Landarbeitern eine neue Heimstätte gegeben.

Doch das war nur zur Hälfte richtig: Private Grundbesitzer hatten lediglich 26 000 ha Land abgegeben – und dies nicht durch Enteignung, sondern auf freiwilliger Basis. Niermann verschwieg auch, daß die restlichen 14 000 ha aus Staatsbesitz stammten. Das Land NRW hatte fast seinen gesamten Domänenbesitz der „Aufsiedlung“ zur Verfügung gestellt. Nach der Bilanz Niermanns und einer kurzen Debatte hoben die Landtagsabgeordneten einstimmig das Bodenreformgesetz auf. Es war das erste Landesgesetz aus der Nachkriegszeit, das im Düsseldorfer Landtag wieder für Null und nichtig erklärt wurde.

Siedlerland für Flüchtlingsbauern

Unsere Familie ist in jeder Generation einmal umgesiedelt“, so erzählt Franz Voss, Landwirt in dem Dörfchen Eichholz bei Steinheim. Sein Großvater, ein nachgeborener Bauernsohn aus der Nähe von Herzfeld, war 1903 mit seiner Ehefrau ins Posener Land gezogen – in einen Landstrich, den sich Preußen zu Zeiten des „Alten Fritz“ in den polnischen Teilungen einverleibt hatte. Nach dem Ersten Weltkrieg fiel das Posener Land an das neugegründete Polen zurück. Die Familie Voss siedelte nach Schlesien um, in die Grenzgegend bei Gleiwitz.

„Und dann, 1945, mußte unsere Familie wieder weg“, erzählt Franz Voss, der als Schulkind die Flucht aus Schlesien erlebte. „Mit Pferd und Wagen zogen wir im großen Treck in Richtung Westen, und zum Glück hatten wir immer noch Kontakte nach Westfalen, so daß wir zumindest ein grobes Ziel hatten.“

Die Familie Voss landete bei Verwandten im Korbmacherdorf Dahlhausen bei Beverungen. „Das war eine schlimme Zeit“, so Franz Voss, „aber mein Vater hatte immer die Hoffnung, irgendwann einmal wieder als Landwirt selbständig zu werden.“ Zunächst einmal schlug sich sein Vater Karl Voss mit Gelegenheitsarbeiten durch, so gut es ging; eine Zeitlang schaffte er beispielsweise für eine Firma Grubenholz an.

Im Jahr 1950 wurde bekannt, daß in der Nähe der Stadt Steinheim eine Siedlung für vertriebene Landwirte entstehen sollte. Siedlungsbewerber mußten einen „Siedler-Eignungsschein“ vorlegen. Karl Voss besorgte sich das Papier umgehend. Damit wurde nachgewiesen, daß er früher einen Hof besessen hatte, und daß er fachlich geeignet war, als selbständiger Landwirt einen Siedlerhof zu bewirtschaften.

Das Land der geplanten Siedlung Eichholz stammte aus dem Besitz des Grafen Wolff-Metternich und des Freiherrn von Weichs zu Wenne. Die Verhandlungen mit den Eigentümern zogen sich mehrere Jahre hin, ehe im Frühjahr 1952 die zuständigen Behörden mit den Planungen für das Siedlerdorf beginnen konnten. Beteiligt waren unter anderem das Kreissiedlungsamt in Höxter, die Gesellschaft zur Förderung der Inneren Kolonisation in Detmold, das Kulturamt – heute Amt für Agrarordnung – in Warburg, und schließlich die Siedlungsgesellschaft „Deutsche Bauernsiedlung GmbH“ in Düsseldorf.

Rund 410 Hektar Acker und Weideland standen zur „Aufsiedlung“, wie es hieß, zur Verfügung. Zunächst mußten die Nachbargemeinden Vinsebeck, Steinheim und Bergheim, die Ansprüche auf das Land anmeldeten, befriedigt werden; dann lagen dort noch zwei Resthöfe mit 40 und 50 Hektar, die zwei Pächtern zugesprochen wurden. Zum Schluß blieben 250 Hektar Fläche für Neusiedler übrig.

Etwa 300 Interessenten hatten sich bei der Meldebehörde in Detmold beworben – unter ihnen auch Karl

Voss. Seine Hoffnungen aber hätten sich beinahe zerschlagen. Für den Sitzungstermin nämlich, auf dem die endgültige Entscheidung fallen sollte, hatte er keine Einladung erhalten. Hingefahren ist Karl Voss aber doch, wie sein Sohn nicht ohne Stolz zu berichten weiß: „Mein Vater hat sich vor die Tür des Kreisdirektors gesetzt und 'gestreikt'. 'Ich gehe erst wieder, wenn ich etwas habe, und wenn es nur zehn Morgen sind' – so ungefähr hat er das gesagt, und das hat die Herren wohl beeindruckt."

Karl Voss bekam genau 12,36 Hektar Land und ein Pferd, dazu ein Wohnhaus, daneben einen Stall mit Stellplätzen für sieben Milchkühe und mit drei Schweinebuchten. Insgesamt wurden 24 „Vollbauernstellen" in Eichholz angesiedelt, mit ähnlicher Ausstattung, aber nicht immer mit gleicher Fläche. Das Land wurde nach der Bodenqualität verteilt, die in Eichholz etwa zwischen 60 und 80 Bodenpunkten liegt.

Neben den „Vollbauern" erhielten weitere 20 Siedler „Nebenerwerbsstellen" – kleinere Wohnhäuser mit einem Stallanbau für ein oder zwei Schweine; zu diesen Stellen gehörten noch je ein halber bis ganzer Morgen Acker als Obst- und Gemüsegarten. Diese Siedler gingen im Hauptberuf einer außerlandwirtschaftlichen Arbeit nach, etwa in der nahen Steinheimer Möbelindustrie.

Die Siedlerstelle von Karl Voss kostete seinerzeit rund 80 000 DM. Finanziert wurde sie durch ein zinsloses Aufbaudarlehen der „Deutschen Bauernsiedlung", das der Eigentümer bis zum Jahr 2012 mit zwei Prozent jährlich zu tilgen hat. Und der vielzitierte „Lastenausgleich"? „Davon haben wir bis jetzt keinen Pfennig gesehen", so Franz Voss, „denn der Betrag, der uns aus dem Lastenausgleich zusteht, wird sozusagen 'hinten' abgezogen: Der letzte Tilgungstermin ist dann also nicht im Jahr 2012, sondern zwei, drei Jahre früher."

Die Siedlung Eichholz wurde im Juli 1953 feierlich eingeweiht. Wenig später lebten insgesamt rund 380 Menschen in dem neuen Dorf.

Anfangs gab es Vorbehalte unter der einheimischen Bevölkerung. Die Siedler ernteten nicht selten neidvolle Blicke; es hieß, sie hätten für billiges Geld die schönsten Häuser und ringsherum besten „Schokoladen-Boden" bekommen.

Doch das Leben und Arbeiten war für die angesiedelten Bauern alles andere als mühelos. Blitzblank sahen die neuen Siedlerhäuser ja aus, aber innendrin waren sie auch für damalige Verhältnisse dürftig ausgestattet. Niemand sah beispielsweise, daß die Schlafzimmerböden aus gestampften Lehm waren.

Im Laufe der Zeit haben sich die Eichholzer eingerichtet. Straßen wurden angelegt, 1955 wurde eine zweiklassige Schule eingeweiht; bald gab es auch einen kleinen „Tante-Emma-Laden" mit einer Dorfkneipe. Sogar eine kleine Poststelle wurde eingerichtet mit öffentlichem Telefon. Denn Telefon gab es in den ersten Jahren in keinem der Siedlerhäuser.

Doch inzwischen hat sich viel verändert. Der Strukturwandel macht auch vor Eichholz nicht halt. Den „Tante-Emma-Laden" beispielsweise gibt es nicht mehr. Etliche Landwirte

Blick auf zwei „Vollbauernstellen" im Siedlerdorf Eichholz unweit von Steinheim.

sind seit längerem in den Nebenerwerb gegangen oder haben ganz aufgegeben. Von den 24 Vollbauern sind neun Betriebe übriggeblieben, und die wiederum haben sich spezialisiert, wie Franz Voss feststellt. Er selbst hat vor einiger Zeit die Milchviehhaltung aufgegeben und setzt jetzt ganz auf Schweinezucht.

Daß es aber immer noch Landwirte in Eichholz gibt, hätte den bayerischen Agrarexperten Geiersberger in ungläubiges Staunen versetzt. Er nämlich hatte schon in den 50er Jahren die Siedlung Eichholz fast „für tot erklärt", als er bei einem Vortrag in Brakel meinte, die Siedlerhöfe nahe Steinheim seien „agrarpolitische Irrtümer, in Beton gegossen und mit Ziegeln vermauert."

Landwirtschaftsverband wurde 1947 gegründet

Überall in den drei Westzonen wurde in der Nachkriegszeit das landwirtschaftliche Organisationswesen neu gegliedert. Der Reichsnährstand, der leicht verändert vorerst weiterbestanden hatte, löste sich wieder in seine drei Bestandteile auf – Landwirtschaftskammern, Genossenschaften und Bauernverbände.

Der Weg dahin war unmittelbar nach Kriegsende noch keineswegs sicher gewesen. Die britischen Besatzungsbehörden beispielsweise dachten anfangs daran, das Organisationsgefüge des Reichsnährstandes auch auf längere Sicht beizubehalten und durch nachträgliche Wahlen zu demokratisieren.

Auch in der Landwirtschaft äußerten sich Stimmen, die positiven Seiten der Reichsnährstands-Organisation beizubehalten. Selbst ein unverdächtiger Agrarpolitiker wie Andreas Hermes dachte über einen „Reichsnährstand auf freiwilliger Grundlage" nach. Diesen Prinzipien entsprach der „Allgemeine Deutsche Bauernverband", der im September 1945 auf Initiative von Hermes entstand. Die Alliierten verweigerten jedoch ihre Zustimmung, da sie die Bildung überregionaler Zusammenschlüsse allgemein verboten hatten.

Über die Zukunft der Agrarorganisation wurde auch in Westfalen lebhaft debattiert. Bereits im August 1945 kamen die neu ernannten Kreisbauernvorsteher in der kleinen Gemeinde Delecke am Möhnesee zusammen, um darüber zu beraten. Einstimmig beschlossen sie, bei der Militärregierung den Antrag zu stellen, die Landesbauernschaft in „Landwirtschaftskammer Westfalen" umzubenennen. Auch solle ein Beirat von „11 praktischen Bauern und Landwirten" gebildet werden; dessen Aufgabe sollte es sein, die Anordnungen des Landesbauernführers auf ihre Auswirkungen für die Praxis zu überprüfen – der erste Vorstoß zur landwirtschaftlichen Selbstverwaltung.

Diese Pläne lehnte die britische Militärregierung ab. Im November 1945 erklärte der zuständige Offizier McPherson: „Die Lage der deutschen Volksernährung wird noch auf Jahre hin einen straffen Aufzug der Lebensmittelablieferungen nötig machen, und dies ist mit einer bäuerlichen Selbstverwaltung im landwirtschaftlichen Berufsstand unvereinbar."

Nun wurde ein anderer Weg eingeschlagen – die Gründung eines neuen Interessenverbandes neben der bestehenden Landesbauernschaft. Überall im Land wurden neue landwirtschaftliche Ortsvereine aus der Taufe gehoben. Zum Vorsitzenden wählten die Landwirte meist den amtierenden Ortsbauernvorsteher. Bis zum Mai 1947 sollen sich schätzungsweise rund 600 Ortsvereine gebildet haben.

Seit Herbst 1946 wurden auch erste Vorbereitungen getroffen, um einen Verband auf Landesebene zu gründen. Einige Kreisbauernvorsteher und Beamte der Landesbauernschaft trafen sich am 25. November 1946, um über Ziele und Aufgaben eines Landesverbandes zu beraten und um eine Satzung auszuarbeiten. Ein „vorbereitender Ausschuß“ wurde gebildet, zu dem unter anderem gehörten: Fritz Hollmann, der Präsident der Landesbauernschaft und Kreisbauernvorsteher in Soest, Franz Bornefeld-Ettmann, der gerade neugewählte Präsident der westfälischen Genossenschaften, Antonius von Oer, Ahauser Kreisbauernvorsteher, sowie einige Beamte der Landesbauernschaft.

Bis zum Frühjahr 1947 waren die Grundlinien gezogen: Die angestrebte Organisation solle nicht „Bauernverband“, sondern „Landwirtschaftsverband“ heißen, weil das – wie es im Protokoll heißt – „auch die Einbeziehung der Landarbeiter, der Pächter sowie der Beamten und Angestellten ermögliche“.

Ferner war sich die Gesprächsrunde einig darüber, daß eine „möglichst einheitliche und umfassende Organisation“ aufgebaut werden solle. Alle Beteiligten erinnerten sich dabei jener konfessionellen und parteipolitischen Spaltung der landwirtschaftlichen Interessenverbände vor 1933. „Mit Rücksicht auf die Erfahrungen der zurückliegenden Zeit“ einigten sich die Beteiligten darauf, die konfessionelle und parteipolitische Neutralität des Verbandes zu sichern. In die Satzung wurde eine Klausel aufgenommen, die den Mitgliedern der Organe des Landesverbandes untersagte, ein politisches Amt oder Mandat über die Kreisebene hinaus zu bekleiden. Um „allzu münsterländische oder zentralisierende Bestrebungen“ zu verhindern, sollten noch vor Gründung des Landwirtschaftsverbandes die früheren Hauptvereine als Bezirksverbände neu aufgebaut werden.

Unklar blieb lediglich, wie sich der neue Verband zur Landesbauernschaft stellen sollte. Sie solle aufgelöst und durch eine gewählte Landwirtschaftskammer ersetzt werden, meinten die einen; das sei überflüssig, meinten die anderen: Der Verband solle die Aufgaben der früheren Kammer übernehmen. Diese Frage wurde bis auf weiteres vertagt.

Nach den Ortsvereinen wurden ab Januar 1947 Kreisverbände gewählt. Den Anfang machten am 4. Januar 1947 der Kreisverband Lippstadt, wenige Tage später folgten Iserlohn und Herford. Bis Mai 1947 waren – mit Ausnahme von Siegen – fast alle Kreisverbände in Westfalen gebildet. Auch auf Kreisebene wurden als Vorsitzende meist die amtierenden Bauernvorsteher gewählt.

Nach den Wahlen der Bezirksverbände wurde am 12. Mai 1947 „der Schlußstein gesetzt“: 44 gewählte Vertreter aus den Kreis- und Bezirksverbänden versammelten sich im Hotel Druffelsmeier in Neuenkirchen, einem kleinen Dorf nahe Wiedenbrück, zur Gründungssitzung des Westfälisch-Lippischen Landwirtschaftsverbandes (WLV). Zum ersten Präsidenten wurde Fritz Hollmann gewählt; Hermann Meyer zu Bentrup, Vize-Präsident der Landesbauernschaft und Bielefelder Kreisbauernvorsteher, wurde zum Vizepräsidenten des WLV gewählt.

Vor den Wahlen hatten die Delegierten noch einmal über die ungeklärte Zukunft der Landesbauernschaft debattiert. Franz Luster-Haggeney vertrat die Position, diese Organisation beizubehalten und in Personalunion mit dem Verband zu führen, „um ein Instrument zu schaffen, was nach beiden Seiten schlagen kann“ – im Klartext: Der Verband solle einerseits die landwirtschaftlichen Interessen vertreten und andererseits die Aufgaben der früheren Kammer und damit auch staatliche Aufgaben übernehmen.

Antonius von Oer hingegen war entschieden anderer Meinung. Eine solche Personalunion werde die Unabhängigkeit des WLV gefährden, meinte er, denn: „Es muß einmal auch dem Herrn Minister ein ’Nein‘ entgegengesetzt werden können.“

Eindeutig geklärt wurde diese Frage vier Wochen später. Der WLV-Vorstand stellte fest, „daß die Wiedereinrichtung der Landwirtschaftskammer in dem Umfang wie vor 1933 als Körperschaft des öffentlichen Rechts erreicht und die engste Zusammenarbeit zwischen Kammer und Verband sichergestellt werden muß.“

Neue Landwirtschaftskammer: „Der Weg war schwer"

Den Landwirten, die aus allen Regionen Westfalens am 18. November 1949 nach Münster reisten, bot sich ein denkwürdiger Anblick: Der Dom lag noch immer in Trümmern und Schutt; ein Steinwurf weit entfernt indes zeigte sich das Landesmuseum, das den Krieg glimpflich überstanden hatte, festlich ausstaffiert.

Hier sollte am Nachmittag der 50. Gründungstag der westfälischen Landwirtschaftskammer gefeiert werden – einer Kammer allerdings, die seit 1933 nicht mehr existierte. Doch von diesem 18. November 1949 an sollte es sie wieder geben: Am Vormittag, vor den Feierlichkeiten, wurde die neue Landwirtschaftskammer Westfalen-Lippe gegründet.

Einen Tag zuvor war in Bonn die Landwirtschaftskammer Rheinland gegründet worden. Wie in Bonn, so eröffnete auch in Münster der nordrhein-westfälische Landwirtschaftsminister Heinrich Lübke die konstituierende Hauptversammlung – mit einem rhetorischen Schnitzer: „Wir stehen vor der Tatsache", so Lübke vor den mehr als hundert Vertretern der westfälischen Landwirtschaft, „daß wir nach langer, kaiserloser, schrecklicher Zeit eine arbeitsfähige Landwirtschaftskammer endgültiger Natur wiederbekommen." Wie seine Zuhörer das Wort von der „kaiserlosen" Zeit aufgenommen haben, ist dem Protokoll nicht zu entnehmen.

Lübke fuhr fort: „Ich kann Ihnen sagen, der Weg war schwer. Ich habe in meinem Amt selten Gelegenheit, mich zu freuen. Aber darüber, daß die Kammern in unserem Lande wieder aus der Taufe gehoben werden können, habe ich mich außerordentlich gefreut."

Der Weg zur Neugründung der Landwirtschaftskammern im Land war nach dem Krieg keineswegs vorgezeichnet. Die Verantwortlichen im Düsseldorfer Landwirtschaftsministerium waren sich mit den beiden landwirtschaftlichen Interessenverbänden in Rheinland und Westfalen darin einig, an die Tradition der früheren Kammern wieder anzuknüpfen. Gegen diese Pläne aber hatte sich die britische Militärregierung anfangs quergelegt. Zum einen kannten die Besatzungsoffiziere eine solche Einrichtung nicht, zum anderen sollte der Kampf gegen den alles beherrschenden Hunger nicht zusätzlich durch Organisationsfragen belastet werden.

Um die Briten für die hiesigen Pläne zur Selbstverwaltung der Landwirtschaft zu gewinnen, bedurfte es, wie Lübke sich später erinnerte, „zahlreicher, zäher Verhandlungen, die sich oft dem Nullpunkt der Verhandlungsbereitschaft näherten". Erst Anfang 1948 erlaubte es die britische Militärregierung, die landwirtschaftliche Selbstverwaltung wieder aufzubauen.

Im März 1948 trat das „Gesetz über die Auflösung des Reichsnährstandes" in der britischen und amerikanischen Besatzungszone in Kraft. Damit war die entscheidende Weiche zur Neuorganisation gestellt. Fünf Monate später wurde in Münster die „Vorläufige Landwirtschaftskammer Westfalen-Lippe" eingerichtet; sie war noch „vorläufig", weil sie nicht auf einem regulären Gesetz, sondern lediglich auf einer befristeten Übergangsverordnung des Ministers aufbaute; vor allem aber waren die Mitglieder der Hauptversammlung nicht gewählt, sondern von Lübke ernannt worden.

Die Mitglieder wählten Hermann Meyer zu Bentrup zum „vorläufigen" Präsidenten. Meyer zu Bentrup, 1904 geborener Landwirt aus Brönninghausen bei Bielefeld, war seit Sommer 1945 Kreisbauernvorsteher in Bielefeld und seit 1946 Vizepräsident der westfälischen Landesbauernschaft.

Zum Direktor wurde Fritz Tasch gewählt. Tasch, 1893 geborener Bauernsohn aus Hessen, hatte bereits als 29jähriger die volkswirtschaftliche Abteilung der Landwirtschaftskammer Brandenburg geleitet, fünf Jahre später war er sogar zum Vizekammerdirektor aufgestiegen. 1933 hatten ihn die Nazis seiner Ämter enthoben; ab 1935 bis Ende des Krieges leitete er den kurmärkischen Molkereiverband. Andreas Hermes berief ihn 1945 zum Leiter des Hauptenährungsamtes der Millionenstadt Berlin, 1948 schließlich holte ihn Lübke ins Düsseldorfer Landwirtschaftsministerium. Seit September 1948 wurde er als „vorläufiger" Kammerdirektor zur eigentlich treibenden Kraft beim Wiederaufbau der westfälischen Landwirtschaftskammer.

Nicht mehr vorläufig, sondern endgültig konstituierte sich die Landwirtschaftskammer Westfalen-Lippe an besagtem 18. November 1949 auf der Gründungssitzung im Münsteraner

Die Kreislandwirte aus Westfalen-Lippe im Herbst 1948 auf ihrer ersten Tagung nach Errichtung der vorläufigen Landwirtschaftskammer.

Erste Reihe, von links nach rechts: Schlüter (Paderborn), Schürholz (Olpe), Massmann (Unna), Tasch (Direktor der Landwirtschaftskammer Westfalen-Lippe), Rudolphi (Arnsberg – Vizepräsident), Meyer zu Bentrup (Bielefeld – Präsident), Hollmann (Soest – Präsident des Westfälisch-Lippischen Landwirtschaftsverbandes), Hünninghaus (Ennepe-Ruhr), Feldmann (Siegen), Luster-Haggeney (Beckum), Böhner (Büren).

Zweite Reihe: Schulze-Blasum (Lüdinghausen), Frederking (Minden), Roeren-Schotte (Beckum), Löher (Höxter), Jürging (Bielefeld), Bruns (Bochum), Brüggenwirth (Altena-Lüdenscheid), Horstmann (Steinfurt), Born (Wittgenstein), Venker-Metarp (Wiedenbrück), Timmermann (Lippstadt).

In der dritten Reihe: von Oer (Ahaus), Wehking (Minden), Tölle (Lippe), Hüttemann (Soest), Schulze-Kelling (Warendorf), Pehle (Lippstadt), Hovestadt (Münster) Jacobi (Warburg), Worpenberg (Tecklenburg), Junge (Dortmund) Leisse (Meschede), Wittkamp (Halle), Feldmann (Iserlohn).

Oberste Reihe: Rathert (Herford), Kämper (Lübbecke), Sickelmann (Recklinghausen), Gehring (Lage) Möller (Hillegossen), Kropff (Brilon), Hollinde (Dortmund).

Landesmuseum. Die Mitglieder, die hier aus allen Regionen Westfalens zusammenkamen, waren nun gewählt – oder genauer gesagt: Die Vertreter der Landwirte waren nach den Prinzipien der „Friedenswahl" vom Westfälisch-Lippischen Landwirtschaftsverband benannt worden, die Vertreter der Landarbeiter von ihrer Gewerkschaft.

Auf der Gründungssitzung mußten noch einmal Präsident und Direktor formell neu gewählt werden. Niemanden überraschte es, daß die meisten für Hermann Meyer zu Bentrup als Präsidenten und für Fritz Tasch als Direktor der neuen Landwirtschaftskammer Westfalen-Lippe stimmten.

Von der alten „preußischen" Landwirtschaftskammer für die Provinz Westfalen, wie sie 1899 gegründet und bis 1933 bestanden hatte, unterschied sich die neue Kammer zum Teil erheblich. Schon ein Blick in die Hauptversammlung zeigt dies: Zwei Drittel der Mitglieder waren Landwirte; ein Drittel, und das hatte es in der alten Kammer Westfalens bis dahin nicht gegeben, waren Landarbeiter und Heuerlinge.

Auch die Aufgabe war im neuen Kammergesetz anders gestellt: Nicht mehr die „Gesamtinteressen“ der Landwirtschaft sollte sie vertreten, wie noch der alten Kammer von 1899 aufgetragen war; für die Interessenvertretung der Bauern gegenüber Staat und Gesellschaft war nun der WLV zuständig. Der gesetzliche Auftrag an die neue Kammer lautete vielmehr, „die Landwirtschaft und die in ihr Berufstätigen zu fördern und zu betreuen“. Sie war nun zuständig für das Ausstellungs- und Vereinswesen, für die Entwicklung der Landtechnik, für die Beobachtung der Betriebs- und Preisverhältnisse sowie für das landwirtschaftliche Versicherungswesen.

Vor allem aber war die Kammer nun zuständig für das gesamte landwirtschaftliche Schulwesen. Die alte „preußische“ Kammer hatte sich dieser Aufgabe zwar auch schon gewidmet, doch es hatte viele Schulen, vor allem Hauswirtschaftsschulen, gegeben, bei denen die alte Kammer „nichts zu melden“ hatte; erst die NS-Landesbauernschaft hatte das ganze land- und hauswirtschaftliche Schulwesen unter seine Regie gezogen.

Von der NS-Landesbauernschaft übernahm die neue Landwirtschaftskammer noch eine Neuerung, die es so vor 1933 nicht gegeben hatte – den organisatorischen Unterbau auf Kreisebene. Diese Behörden, bis 1945 die „Kreisbauernschaften“, erhielten nun die Bezeichnung „Kreisstellen“, die sie bis heute tragen.

Ein neuer Anfang in der Landfrauenarbeit

Das mit den Landfrauen, mit der Organisation so direkt nach dem Krieg, das ging erst alles ganz allmählich los.“ So beginnt Josefine Eschhaus, 85jährige Bäuerin aus Bockum-Hövel, von den Anfängen des Westfälisch-Lippischen Landfrauenverbandes zu erzählen. Die Gründung hat Josefine Eschhaus unmittelbar miterlebt; sie war über lange Jahre zweite Vorsitzende des Verbandes.

Wie die meisten „Frauen der ersten Stunde“ war auch Josefine Eschhaus Lehrherrin. 1931 hatte sie auf den Hof in Bockum-Hövel eingeheiratet, in Lehrgängen und Kursen hatte sie sich zur Meisterin der ländlichen Hauswirtschaft fortgebildet, ehe bei ihr 1937 das erste Mädchen in die Lehre ging. Im Krieg war sie dann als „Kreisbäuerin“ ehrenamtlich in der Kreisbauernschaft zuständig für Fragen der ländlichen Hauswirtschaft – „Ich war aber nicht in der Partei“, setzt sie rasch hinzu.

Nach Kriegsende, im November 1945, fuhr Josefine Eschhaus, die in ihrem Amt als Kreisbäuerin von der Militärbehörde gerade bestätigt war, mit dem Zug nach Unna. Dort trafen zum ersten Mal Kreisbäuerinnen aus ganz Westfalen zusammen, um über den organisatorischen Neuaufbau der Landfrauenarbeit zu beraten. „Wir haben da in unseren dicken Mänteln am Tisch gesessen“, erinnert sich Josefine Eschhaus, „weil es nichts zu heizen gab. Und mittags zogen wir unsere Butterbrote aus der Tasche – denn irgendwo essen gehen, daran war nicht zu denken.“

Auf dieser Tagung wählten die Frauen den sogenannten „Hauptausschuß der Landfrauen“. Seine Aufgabe sollte es sein, „über alle Fragen, die die Landfrauen und ihre künftige Organisation angehen, zu beraten“, wie es in einem Protokoll heißt. Zur Vorsitzenden wurde die damals 50jährige lippische Gutsfrau Elisabeth Rhodovi gewählt, zu ihrer Stellvertreterin Josefine Eschhaus.

Vor Ort ging es nun darum, für den Zusammenschluß der Landfrauen zu werben. „Wir gingen damals von Hof zu Hof“, so Josefine Eschhaus, „aber die Bauersfrauen waren dafür zuerst gar nicht zu begeistern. Die einen wollten sich nicht belehren lassen, bei den anderen waren die Männer nicht dafür, daß ihre Frauen ’rausgingen. Und wieder andere waren einfach nur mißtrauisch.“

Nachdem im Mai 1947 der Westfälisch-Lippische Landwirtschaftsverband (WLV) gegründet worden war, trafen sich acht Wochen später die Kreisbäuerinnen auf der Grotenburg bei Detmold. Hier beschlossen sie, einen Landfrauenverein für Westfalen und Lippe aus der Taufe zu heben. Diese Organisation, so entschieden wenig später Landfrauen, Vertreter der Landesbauernschaft und des WLV, sollte dem WLV angegliedert werden, allerdings mit eigenem Vorstand und eigenen Richtlinien.

Erst jetzt kam die Gründung von Orts- und Kreisvereinen in Gang. Im Oktober 1947 konstituierte sich der erste Kreisverein der Landfrauen in Bielefeld, bis Weihnachten folgten

Elisabeth Rhodovi, Mitbegründerin und von 1949 bis 1967 Vorsitzende des Westfälisch-Lippischen Landfrauenvereins.

Kreisvereine in Paderborn und Soest. 1949 schließlich hatten alle westfälischen Kreise einen Kreislandfrauenverein.

Am 28. April 1949 kamen die Vorsitzenden der Kreislandfrauenvereine im Hotel „Drei Kronen“ in Lippstadt zusammen. Der erste geschäftsführende Vorstand des Westfälisch-Lippischen Landfrauenvereines (WLLV) wurde gewählt: Elisabeth Rhodovi als erster Vorsitzenden, Josefine Eschhaus und Maria Rath, eine Landfrau aus dem Dörfchen Uentrop bei Arnsberg, als Stellvertreterinnen.

Auch auf der Ortsebene tat sich einiges – trotz der Vorbehalte, die allenthalben zu spüren waren. Elisabeth Rhodovi beschrieb damals die Startschwierigkeiten: „Für uns ist es schwer, unter den Landfrauen geeignete Mitarbeiterinnen zu finden, da die meisten Frauen vor einem Auftreten in der Öffentlichkeit und der Übernahme eines Amtes zurückschrecken und auch durch Arbeit so stark belastet sind, daß sie sich nur schlecht freimachen können.“

Bis zum September 1949 hatten sich immerhin 545 Ortsvereine gegründet; rund 13 000 Bäuerinnen waren zu diesem Zeitpunkt dem WLLV beigetreten.

Unter den Aufgaben, die sich der WLLV in seiner ersten Satzung gestellt hatte, stand die Förderung der ländlichen Hauswirtschaft an erster Stelle. Den Bäuerinnen sollte Wissen für Haus, Hof und Garten vermittelt werden. Ferner sollten die „gesunde Lebenshaltung“ gefördert, die „sozialen Verhältnisse“ verbessert werden, und schließlich sollten die Landfrauen „zur Mitarbeit im öffentlichen Leben“ angeleitet werden.

Landesbauernschaft Westfalen
Gesch.-Z.: II J Münster, den 12.6.1945

An die Kreisbauernschaften und Landw. Schulen.

Betr.: Wiederaufnahme der Landfrauenarbeit.

Nach Weisung der Militärregierung wird die Landfrauenarbeit in fachlicher Hinsicht fortgeführt, um auch von dieser Seite her die höchstmöglichste Erzeugung und Bereitstellung von Nahrungsmitteln für die allgemeine Volksernährung zu fördern. Soweit noch nicht geschehen, sind deshalb die diesbezüglichen Arbeiten sofort wieder aufzunehmen.

Folgende Arbeiten kommen zunächst in Frage:

1. In jeder Kreisbauernschaft ist die fachlich beste Bäuerin, die den gegenwärtigen politischen Anforderungen entspricht, als Kreisbäuerin vorzuschlagen. Zu diesem Zwecke wollen Sie sich mit dem Kreisbauernführer in Verbindung setzen und mir einen entsprechenden Vorschlag bis zum 1.7.1945 einreichen.

   In jeder Ortsbauernschaft ist in gleicher Weise die tüchtigste Landfrau auf Ihren Vorschlag hin durch den Kreisbauernführer als Ortsbäuerin zu benennen. Das Verzeichnis der Ortsbäuerinnen ist Ihrem Bericht beizufügen oder in kürzester Zeit nachzureichen.

2. Die praktische Beratungstätigkeit hat sich mit folgenden Aufgaben zu befassen:
   1. Produktionssteigerung in Milchwirtschaft, Kleintierhaltung (Geflügelhaltung in beschränktem Umfange), bäuerl. Hausgarten (Feldgemüsebau).
   2. Anpassung an die Ernährungslage.

   Ferner erfordert die Lage, dass eine intensive Beratung auf folgenden Sachgebieten erfolgt:
   1. Vorratswirtschaft, der Versorgungslage entsprechend,
   2. Wärmewirtschaft,
   3. Selbsthilfemassnahmen,
   4. Technische Verbesserungen in der Hauswirtschaft im Rahmen des Möglichen (Selbsthilfe),
   5. Hauswirtschaftlicher Vorrats- und Pflanzenschutz,
   6. Massnahmen zur Regelung des Einsatzes weiblicher Arbeitskräfte,
   7. Förderung der Hygiene auf dem Lande (gesunde Kleidung, Wohnung)

   Weitere Anweisungen folgen.

3. Ich bitte, mir bis zum 1. Juli kurz über die in der Zeit von April bis Juli durchgeführten Arbeiten zu berichten.

Im Auftrage:

Juni 1945: Erstes Rundschreiben zur Wiederaufnahme der Landfrauenarbeit nach dem Krieg.

Dieses Programm war in den Anfangsjahren kaum umzusetzen. Die Aktivitäten der Landfrauenvereine waren notgedrungen noch sporadisch. Beispielsweise wurden an die Bäuerinnen Rezeptsammlungen verteilt; hier und dort wurden auch – unter Anleitung von Hauswirtschaftslehrerinnen – besondere Koch-, Back- und Schlachtkurse durchgeführt.

„Was sollte man auch sonst machen", so Josefine Eschhaus. „Das Geld war knapp, die Städte waren zerstört – große Ausflüge oder so etwas, das war einfach noch nicht drin. Und der Etat reichte auch nicht, um viele Vorträge zu organisieren, wie wir das heute haben." Immerhin wurden in manchen Kreisen Lebensmittelfirmen, Webereien oder auch Schulen besichtigt. „Am beliebtesten waren die Hofbesichtigungen", so Josefine Eschhaus. „Da kamen dann alle, da gab's gute Anregungen, und neugierig war man ja auch . . ."

Der erste Tätigkeitsbericht des WLLV zählt für 1949 lediglich 76 Besichtigungen und 13 Lehrgänge für ganz Westfalen, ferner 184 Tagungen der Ortsvereine – ein mageres Ergebnis, doch es konnte anfangs kaum besser sein.

Mitte der fünfziger Jahre hingegen zählte der WLLV auf Ortsebene über 650 Veranstaltungen: meist „geistig vertiefende Vorträge über Erziehungsfragen und Familienpflege, über sinngemäße Wohnraum- und Gartengestaltung, über neuzeitliche Ernährung und Pflege der Gesundheit", wie es im Jahresbericht des WLLV für 1956 heißt. Zu ähnlichen Themen fanden auf Kreisebene über 470 Lehrgänge statt, neben Besichtigungsfahrten und Landfrauentagen.

Diese Aufbauarbeit der Landfrauenvereine war die beste Werbung, vor allem gegenüber denjenigen Bäuerinnen, die sich anfangs nicht zu einem Beitritt hatten entschließen können. Zwanzig Jahre nach Gründung des WLLV, als die „Frauen der ersten Stunde" vom Vorstand zurücktraten, zählte der Verein in Westfalen immerhin rund 21 000 Mitglieder.

Ausblick: Die „stille Revolution" auf dem Land

Nie zuvor in der Geschichte veränderte sich die Landwirtschaft so schnell und so tiefgreifend wie in den Jahrzehnten nach der Währungsreform. Der vielseitige Bauernhof, wie er noch um 1950 typisch war, wandelte sich in den 50er und 60er Jahren zu einem hochtechnisierten und auch spezialisierten landwirtschaftlichen Betrieb. Er wird in der Regel nur noch von zwei Menschen bewirtschaftet: von der Bäuerin und vom Bauern. Mägde und Knechte, Heuerlinge und Tagelöhner sind heute von den Höfen verschwunden.

Das Land trägt ein anderes, ein moderneres Gesicht. Schmale Äcker und Wiesen wurden in der Flurbereinigung zusammengelegt. Statt der alten Trampelpfade, Hohlwege und Sandpätte ziehen sich heute befestigte Wirtschaftswege durch die Flur. Breit ausgebaute Landstraßen führen durch die Ortskerne der Dörfer, deren soziales Gefüge sich ebenfalls verändert hat.

Der Bauernhof Vornholt in Borken-Weseke um 1900. Dem Photographen präsentierten sich der Bauer (rechts, auf dem Heurechen sitzend) und die Bäuerin (Bildmitte) inmitten einer großen Zahl von Knechten, Mägden und Heuerlingen.

Der Wirtschaftshistoriker Dietmar Petzina übertreibt nicht, wenn er mit Blick auf die Veränderungen in der Landwirtschaft feststellt: „An Rhein und Ruhr hat innerhalb einer Generation auf dem Land eine wenig beachtete, stille Revolution stattgefunden."

Das auffälligste Merkmal dieses Wandels ist das Schwinden der Bauernhöfe, wie die Tabelle (S. 236) zeigt. Jahrzehntelang hatte sich die Zahl der Höfe kaum verändert. 1949 wurden in Westfalen-Lippe rund 170000 landwirtschaftliche Betriebe gezählt, davon 69000 über 5 Hektar. Zwanzig Jahre später waren es insgesamt rund 103000, davon 55000 über 5 Hektar. Heute gibt es in Westfalen-Lippe noch 58000 Betriebe, davon rund 39500 über 5 ha.

Die Gründe für diese Entwicklung sind vielfältig und kaum auf einen gemeinsamen Nenner zu bringen. Viele Bauern standen vor der schwierigen Entscheidung, entweder den Hof unter enormem Aufwand an Kapital und Arbeit zu modernisieren oder abzuwandern in andere Berufe. Gerade in „Wirtschaftswunder"-Zeiten lockten Industrie, Handel und Gewerbe mit besseren und vor allem mit sicheren Verdiensten.

Doch das düstere Bild sterbender Höfe darf nicht darüber hinwegtäuschen, daß die Landwirtschaft gerade in den Jahrzehnten nach der Währungsreform ihre Produktivität in ungeahntem Ausmaß steigerte. Sie überholte darin sogar alle anderen Wirtschaftszweige. Statistiker errechnen, daß der Produktivitätsanstieg der nordrhein-westfälischen Landwirtschaft in den 50er Jahren bei 66 Prozent, in den 60er Jahren bei 62 Prozent lag, während er in der Industrie bei lediglich 59 bzw. 44 Prozent lag.

Dieser Wandel wurde hauptsächlich vorangetrieben durch den Schlepper. Nur rund 5 800 Traktoren tuckerten kurz nach der Währungsreform auf Höfen, Straßen und Feldern in Westfalen und Lippe. Geld war noch knapp, und viele Bauern schworen wie eh und je auf ihre Ackerpferde. Bis in die 50er Jahre hinein wurde an Stammtischen und auf Agrartagungen noch lebhaft darüber debattiert, ob der Schlepper überhaupt je die Zugtiere ersetzen könne.

Er konnte es, wie sich rasch herausstellte. Außerdem wurden auf den Höfen die Arbeitskräfte knapp. Mägde und Knechte, Heuerlinge und Tagelöhner wanderten in die Industrie ab. Bald konnte und wollte kein Landwirt mehr auf den Traktor verzichten. Anfang der 60er Jahre liefen in Westfalen und Lippe bereits rund 70 000 Schlepper, 1970 waren es rund 92 000. Sie ersetzten die Zugkühe, Zugochsen und vor allem die Pferde. Knapp 200 000 Pferde standen 1949 in Westfalen und Lippe in den Ställen, 1970 waren es nicht einmal mehr 40 000; davon waren die meisten überdies Reitpferde, keine Zugtiere mehr.

Der Traktor erleichterte nahezu sämtliche Arbeiten, wenn er sie nicht sogar ganz abnahm. Mit dem Schlepper eroberten auch andere Geräte die Bauernhöfe, wie größere Ackerpflüge, Düngerstreuer, Drillmaschinen, Miststreuer und dergleichen.

Eine der wichtigsten und aufwendigsten landwirtschaftlichen Arbeiten, die Ernte und der Drusch des Getreides, wurde vom Mähdrescher abgenommen. Wo früher ein Heer von Menschen das Getreide in mühseliger Arbeit schneiden, binden und ausdreschen mußte, erledigte die neue Maschine dies in einem Zug. Bis Ende der 60er Jahre setzte sich der selbstfahrende Mähdrescher gegenüber dem schleppergezogenen Mähdresch-Binder durch. Allein auf den Kornfeldern in Westfalen und Lippe liefen Ende der 60er Jahre rund 12 000 Mähdrescher.

Im Gegenzug zu den Maschinen verließen viele Landarbeiter die Höfe. Der Bauer und seine Frau blieben mit ihren Familien oft alleine übrig. 1949 wurden auf den Bauernhöfen in Nordrhein-Westfalen rund 196 000 „familienfremde Arbeitskräfte“ gezählt, zwanzig Jahre später waren es gerade noch 20 000.

Motorisierung und Mechanisierung kamen zunächst hautpsächlich dem Ackerbau zugute. Doch die Ertragssteigerungen haben noch eine weitere Ursache: den Einsatz von Pflanzenbehandlungs- und Düngemitteln. Je Hektar wurden 1950 im Bundesdurchschnitt rund 23 kg Stickstoff, 24 kg Phosphat und 42 kg Kali eingesetzt. Für 1970 lauten die Zahlen: 80 kg Stickstoff, 63 kg Phosphorsäure und 82 kg Kali. Über den Einsatz von Pflanzenbehandlungsmitteln liegen keine verläßlichen Zahlen vor.

Der Bauernhof Vornholt in Borken-Weseke, 1990. Heinrich und Elisabeth Vornholt und der Hofnachfolger Hendrik Vornholt erledigen mit Hilfe der Technik, für die stellvertretend die beiden Traktoren stehen, die Arbeit auf dem Hof.

Die Auswirkungen dieser Produktionsmethoden auf den Naturhaushalt wurden damals noch vergleichsweise wenig diskutiert. Nach den Hunger- und Mangeljahren der Nachkriegszeit standen Wachstum und Produktionsfortschritt im Vordergrund.

Zwischen 1949 und 1970 stiegen in Westfalen und Lippe die Hektarerträge bei

- Weizen von 29,7 dt auf 39,4 dt,
- Roggen von 26,5 dt auf 34,0 dt,
- Gerste von 28,2 dt auf 37,4 dt,
- Hafer von 26,5 dt auf 31,8 dt.

Die Gesamterntemenge bei Getreide stieg bei zunehmender Anbaufläche um etwa das Zweieinhalbfache auf über 1,6 Millionen t. Bei Zuckerrüben stiegen die Erträge von 312 auf 404 dt/ha. Die Anbauflächen wurden ausgeweitet, und so ernteten die westfälischen Zuckerrübenbauern beispielsweise in der Kampagne 1970 über 440000 t; 1949 waren es noch insgesamt 270000 t.

Auch der Kartoffelertrag stieg von 252 auf 290 dt/ha. Die Anbaufläche jedoch nahm rapide ab, so daß sich die Kartoffelerntemenge mehr als halbierte: von rund 2,6 Millionen t (1949) auf 1 Million t (1970). Das Kartoffelgeschäft lohnte sich immer weniger, denn nach den Kriegs- und Hungerjahren sank die Nachfrage der Verbraucher nach Kartoffeln. Eine „Freßwelle“ rollte durch die „Wirtschaftswunder“-Republik. Fleischprodukte sollten auf den Tisch.

Dies kam der Veredlungswirtschaft zugute, die in Westfalen und Lippe seit der Jahrhundertwende eine wichtige Rolle spielte. Vor allem der Schweinebestand verzeichnete ein geradezu explosionsartiges Wachstum: von 1,3 Millionen Tieren (1949) auf knapp 3,3 Millionen Tiere (1970). Der Schweinebestand hatte sich also in Westfalen und Lippe fast verdreifacht, während er sich im Bundesgebiet lediglich verdoppelt hatte.

Diese enorme Steigerung ist auch auf die Spezialisierung zurückzuführen, die in den 60er Jahren einsetzte. Unter dem Motto des „Wachsens oder Weichens“ vergrößerten die Landwirte ihre Betriebe oder stellten sie völlig um. Viele entschieden sich dabei für die Schweinehaltung und gegen die arbeitsintensive Milchviehhaltung. Denn mehr noch als die Schweinehaltung bedeutete die Milchviehhaltung eine ständige Arbeitsbelastung, vor allem durch das tägliche Melken morgens und abends.

Die Zahl der Milchkühe ging zurück, Grünland wurde zu Ackerland. Auf den Höfen in Westfalen und Lippe wurden 1949 noch 562000 Milchkühe gemolken, zwanzig Jahre später waren es noch 461000. Allerdings blieb der Jahresmilchertrag bei etwa 2 Millionen kg konstant, da sich durch Züchtung und bessere Fütterung die durchschnittliche Milchleistung der Kühe von 2900 auf 4100 kg erhöhte.

Insgesamt haben die modernen Produktionsmethoden zu beachtlichen wirtschaftlichen Leistungen geführt, zu Leistungen, die noch eine Generation zuvor für undenkbar gehalten worden wären.

Durch den enormen Wandel sind aber Probleme entstanden, die auch aus einem langfristigen historischen

Strukturwandel der Landwirtschaft in Westfalen-Lippe

(Zahl der landwirtschaftlichen Betriebe und ihre landwirtschaftlich genutzte Fläche)

	1949		1970		1989	
	Zahl der Betriebe	Fläche (in ha)	Zahl der Betriebe	Fläche (in ha)	Zahl der Betriebe	Fläche (in ha)
0,5– 2 ha	59863	58078	26705	28672	7613[1])	10526[1])
2– 5 ha	40780	116048	20493	67178	11209	36640
5–10 ha	26718	164064	16034	115614	8905	64252
10–20 ha	22311	269122	20527	298532	11040	161418
20–50 ha	16280	386956	16999	493706	16005	505267
mehr als 50 ha	4030	202024	1838	136958	3538	257673
insgesamt	169982	1196292	102596	1140660	58310	1035776

1) Zahlen gelten für die Betriebsgröße von 1 bis 2 ha.

Blickwinkel völlig neu sind. Zum einen sind seit Mitte der 70er Jahre die ökologischen Grenzen des landwirtschaftlichen Wachstums deutlich sichtbar geworden. Zum anderen schlägt sich die nationale wie die westeuropäische Agrarpolitik mit Agrar-Überschüssen herum. Der Gegensatz könnte größer nicht sein: Denn noch in den Kriegs- und Krisenzeiten in der ersten Hälfte dieses Jahrhunderts – wie auch in den zurückliegenden Jahrhunderten – war es immer um die Frage gegangen, ob es den Bauern überhaupt gelingt, die Menschen ausreichend mit Lebensmitteln zu versorgen und Hungersnöte zu vermeiden.

Ausgewählte Literatur:

Bauer, Armin: Schlepper. Die Entwicklungsgeschichte eines Nutzfahrzeugs. Stuttgart 1987.

Boelcke, Willi A.: Der Schwarzmarkt 1945–1948. Vom Überleben nach dem Krieg. Braunschweig 1986.

Entwicklung und Aufgaben der Landwirtschaftskammer Westfalen-Lippe vom Beginn des Jahrhunderts bis heute. Münster-Hiltrup 1959.

Farquharson, John Edgar: The Plough and the Swastika. The NSDAP and Agriculture in Germany 1928–1945. London 1976.

Först, Walter: Geschichte Nordrhein-Westfalens. Band 1: 1945 bis 1949. Köln, Berlin 1970.

Frank, Claudia: Der ‚Reichsnährstand' und seine Ursprünge. Struktur, Funktion und ideologische Konzeption. Hamburg 1988.

Franz, Günther (Hrsg.): Die Geschichte der Landtechnik im 20. Jahrhundert. Frankfurt 1969.

Gessner, Dieter: Agrarverbände in der Weimarer Republik. Wirtschaftliche und soziale Voraussetzungen agrarkonservativer Politik vor 1933. Düsseldorf 1976.

Gies, Horst: Konfliktregelung im Reichsnährstand: Der Westfalenstreit und die Meinberg-Revolte. In: Zeitschrift für Agrargeschichte und Agrarsoziologie 30 (1982), S. 176 bis 204.

Gies, Horst: NSDAP und landwirtschaftliche Organisationen in der Endphase der Weimarer Republik. In: Vierteljahreshefte für Zeitgeschichte 15 (1967), S. 341–376.

Gies, Horst: Aufgaben und Probleme der nationalsozialistischen Ernährungswirtschaft 1933–1939. In: Vierteljahreshefte für Sozial- und Wirtschaftsgeschichte 66 (1979), S. 466 bis 499.

Gebhardt, Wolfgang H.: Taschenbuch Deutscher Schlepperbau. Zwei Bände. Stuttgart 1987/88.

Grundmann, Friedrich: Agrarpolitik im „Dritten Reich". Anspruch und Wirklichkeit des Reichserbhofgesetzes. Hamburg 1979.

Hanau, Artur und Roderich Plate: Die deutsche landwirtschaftliche Preis- und Marktpolitik im Zweiten Weltkrieg. Stuttgart 1975.

Haushofer, Heinz: Die deutsche Landwirtschaft im technischen Zeitalter. (= Deutsche Agrargeschichte, Bd. 5, hrsg. v. Günther Franz) Stuttgart 1972.

Henning, Friedrich-Wilhelm: Landwirtschaft und ländliche Gesellschaft in Deutschland. Band 2: 1750 bis 1976. Paderborn 1978.

Herrmann, Klaus: Traktoren in Deutschland 1907 bis heute. Firmen und Fabrikate. Frankfurt/Main 1987.

Herrmann, Klaus: Pflügen, Säen, Ernten. Landarbeit und Landtechnik in der Geschichte. Reinbek 1985.

Hügen, Ludwig: Das Gesetz für die Wolfsschlucht. Britische Besatzungsmacht und Bodenreformpolitik in Nordrhein-Westfalen 1945–1949. (= Düsseldorfer Schriften zur Neueren Landesgeschichte und zur Geschichte Nordrhein-Westfalens, Bd. 28) Essen 1990.

Hüttenberger, Peter: Nordrhein-Westfalen und die Entstehung seiner parlamentarischen Demokratie. Siegburg 1973.

Jacobs, Ferdinand: Von Schorlemer zur Grünen Front. Zur Abwertung des berufsständischen und politischen Denkens. (= Schriften zur ländlichen Bildung, Bd. 1) Düsseldorf 1957.

Kerckerinck zur Borg, Engelbert von (Hrsg.): Beiträge zur Geschichte des Westfälischen Bauernstandes. Berlin 1912.

Kohl, Wilhelm (Hrsg.): Westfälische Geschichte. Band 2: Das 19. und 20. Jahrhundert. Wirtschaft und Gesellschaft. Band 3: Das 19. und 20. Jahrhundert. Politik und Kultur. Düsseldorf 1983/84.

Kutz, Martin: Kriegserfahrung und Kriegsvorbereitung. Die agrarwirtschaftliche Vorbereitung des Zweiten Weltkrieges in Deutschland vor dem Hintergrund der Weltkrieg-I-Erfahrung. In: Zeitschrift für Agrargeschichte und Agrarsoziologie 32 (1984), S. 59–82 und S. 135–164.

Die Landwirtschaftskammer für die Provinz Westfalen. Ihr Werden und Wirken im Dienste der westfälischen Landwirtschaft 1899 bis 1929. Münster 1929.

Moeller, Robert G.: German Peasants and Agrarian Politics, 1914–1924. The Rhineland and Westphalia. Chapel Hill/London 1986.

Muth, Heinrich: Die Entstehung der Bauern- und Landarbeiterräte im November 1918 und die Politik des Bundes der Landwirte. In: Vierteljahreshefte für Zeitgeschichte 21 (1973), S. 1–39.

Petzina, Dieter: Autarkiepolitik im Dritten Reich. Der nationalsozialistische Vierjahresplan. (= Schriftenreihe der Vierteljahreshefte für Zeitgeschichte, Nr. 16) Stuttgart 1968.

Puhle, Hans-Jürgen: Politische Agrarbewegungen in kapitalistischen Industriegesellschaften. Deutschland, USA und Frankreich im 20. Jahrhundert. (= Kritische Studien zur Geschichtswissenschaft, Bd. 15) Göttingen 1975.

Roerkohl, Anne: Der Erste Weltkrieg in Westfalen. Lebensmittelmangel und Hunger an der „Heimatfront". (= Westfalen im Bild, Westfälische Wirtschafts- und Sozialgeschichte, Heft 3) Münster 1987.

Rohrbach, Justus: Im Schatten des Hungers. Dokumentarisches zur Ernährungspolitik und Ernährungswirtschaft in den Jahren 1945–1949. Hrsg. v. Hans Schlange-Schöningen. Hamburg, Berlin 1955.

Schwarze, Gisela: Eine Region im demokratischen Aufbau. Der Regierungsbezirk Münster 1945/46. (= Düsseldorfer Schriften zur Neueren Landesgeschichte und zur Geschichte Nordrhein-Westfalens, Bd. 11) Düsseldorf 1984.

Sondermann, Klaus: Wirtschaftsentwicklung und landwirtschaftliche Verbandspolitik. Eine historische Analyse zum Radikalisierungspotential in Zeiten ungünstiger Wirtschaftsentwicklung. (= Schriftenreihe des Bundesministers für Ernährung, Landwirtschaft und Forsten. Angewandte Wissenschaft, Reihe A, Heft 283) Münster-Hiltrup 1983.

Theine, Burkhard: Westfälische Landwirtschaft in der Weimarer Republik. Ökonomische Lage, Produktionsformen und Interessenpolitik. (= Diss. 1989; Veröffentlichungen des Provinzialinstituts für westfälische Landes- und Volksforschung, Bd. 28) Paderborn 1991.

Ullmann, Hans Peter: Interessenverbände in Deutschland. Frankfurt 1988.

Vogeding, Ralf: Lohndreschbetriebe und Maschinendrusch. Eine volkskundliche Untersuchung zur Mechanisierung einer landwirtschaftlichen Arbeit in Westfalen 1850–1970. (= Beiträge zur Volkskultur in Nordwestdeutschland, hrsg. von der Volkskundlichen Kommission für Westfalen, Bd. 63) Münster 1989.

Bildnachweis

Titelbild: Privatbesitz; Reproduktion: Roland Hübler, Konstanz.

Bistumsarchiv Münster: S. 214.

Bundesarchiv Koblenz: S. 185, 192, 193.

Dokumentationszentrum für jüdische Geschichte und Religion, Dorsten: S. 162, 163.

Ignaz Böckenhoff, Raesfeld: S. 115, 150, 169, 173, 176, 177 o. und u., 182, 183 u., 212, 217, 218.

Hauptstaatsarchiv Düsseldorf: 199, 213 o., 223.

Institut für Zeitungsforschung, Dortmund: S. 37.

Landschaftsverband Westfalen-Lippe,
– Volkskundliche Kommission Münster: S. 14, 19, 31, 33, 35, 36, 70, 82, 88, 89, 94, 96, 181, 204, 211.
– Westfälisches Landesmuseum für Kunst und Kulturgeschichte Münster: 175 l. und r.

Landwirtschaftskammer Westfalen-Lippe, Münster: S. 25 (Kreisstelle Paderborn), 158 (Kreisstelle Steinfurt), 230.

Westfälisches Pferdestammbuch, Münster: S. 28.

Pressebüro Ostwestfalen-Lippe, Löhne: S. 97.

Privat: S. 40, 46, 57, 78 o. und u. (Repro: B. Lütke Hockenbeck), 85, 101, 108 o. und u., 111, 117, 118, 128, 129, 137, 141, 155, 170, 171, 189 o. und u., 190, 191, 195, 196, 234, 235.

Staatsarchiv Detmold: S. 61, 131, 132.

Staatsarchiv Münster: S. 15, 27, 65 o., 68, 147, 157, 165, 169, 184, 209, 210 r.

Stadtarchiv Bielefeld: S. 39, 42, 50, 58, 63, 210 o.l., 219.

Stadtarchiv Bochum: S. 13, 81.

Stadtarchiv Goslar: S. 133, 144 m.l.

Stadtarchiv Lippstadt: 183 o., 205, 210 u.l., 213 u., 142, 143.

Stadtarchiv Münster: S. 9, 38, 41, 45, 48, 49, 55, 59, 60, 65 u., 75, 76, 116, 136.

Stadtarchiv Paderborn: 201 o. und u.

Stadtarchiv Soest: S. 16 (veröffentlicht in: G. Köhn: Soest in alten Bildern, Bd. 1), S. 99 o. und u. (veröffentlicht in: G. Köhn: Soest in alten Bildern, Bd. 3), S. 91, 144 o.l., 179.

Werkfoto: 93, 95, 98.

WDR-Archiv, Köln: S. 92.

WLV-Archiv, Münster: S. 121.

WLLV-Archiv, Münster: S. 232, 233.

Landwirtschaftliches Wochenblatt Westfalen-Lippe: S. 103, 226.

Reproduktionen:

Westdeutscher Bauer, Jg. 1928: S. 122.

Westfälischer Bauer, Jg. 1928: S. 113.

Westfälischer Bauernstand, Jg. 1934: S. 148.

W. Freitag: Spenge 1900–1950. Bielefeld 1988: S. 126.

Handbuch über den Preußischen Staat, 1934: S. 127, 135.

H. Oswald (Hrsg.): Erntedankfest 1933. – Berlin o.J.: S. 144 m.r.

Hans Sprenger: Haustenbeck. Ein Buch der Erinnerung. Detmold 1939: S. 159, 160.

Walderhaltung im Ruhrkohlenbezirk. Denkschrift des Siedlungsverbandes Ruhrkohlenbezirk 1927: S. 22, 23.

Landwirtschaftliche Zeitung für Westfalen und Lippe, Jg. 1930: S. 90; Jg. 1931: S. 105, 106; Jg. 1933: S. 135.